Educating Physicians:
A Call for Reform of
Medical School and Residency

의학교육의
개혁과 미래

Molly Cooke · David M. Irby · Bridget C. O'Brien 공저
신익균 · 정욱진 · 박이병 · 박귀화
유찬종 · 박정율 · 임기영 · 임 준 공역

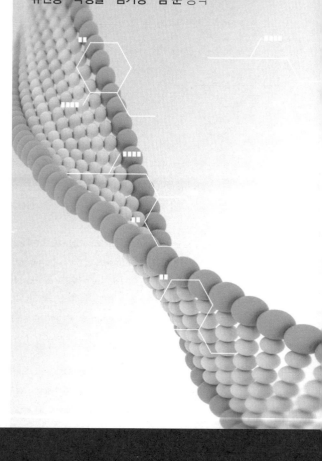

학지사

역자 서문

우리가 이 책을 접할 수 있었던 것은 일종의 행운이었다. '의과학자 양성 프로그램 개발'을 위해 교육과학기술부의 정책연구과제를 수행하고 있었던 우리는 이 연구의 일환으로 UCSF를 방문하였는데, 그곳에서 flexner 보고서가 출간된 지 100년 만에 의학교육의 새로운 비전을 제시했다고 찬사를 받았던 이 책의 저자인 David M. Irby를 만나게 되었다. 만약 교육부 정책과제를 수행하지 않았다면, 과제를 수행했더라도 다른 대학을 방문하게 되었다면 그를 만날 수 없었을 것이고 당연히 이 책의 번역은 상당 기간 미루어졌거나 이루어지지 않았을지도 모를 일이다.

우리가 저자로부터 이 책을 선물로 받고 이 책의 의미를 들었을 때만 해도 우리는 의학교육에서 이 책이 가지는 의미를 충분하게 인지하지 못하였다. 그러나 책의 시문에서부터 마지막 정책적 함의에 이르기까지 한 장 한 장 책장을 넘기면서 우리가 의사의 길에 발을 내딛고 의학교육을 접하면서 느꼈던 수많은 고민에 대해 깊은 통찰

과 혜안을 주고 있음을 느끼게 되었고, 의학교육의 변화와 발전에
있어서 이 책의 시대적 소명을 인지하게 되었다. 제2의 flexner 보고
서라고 말해도 과언이 아니다.

현재 한국의 의학교육은 지금 큰 위기를 맞이하고 있다. 의과학자
양성을 목적으로 야심차게 진행한 의학전문대학원 체제가 거의 좌
초 단계에 이르렀고 거의 모든 의과대학이 기존의 의학과 체제로 복
귀하고 있다. 그렇다고 의학교육이 정체를 거듭하고 있는 것은 아니
다. 십 수 년 전부터 자기 주도적이고 문제해결 중심의 방법론(PBL)
이 도입되었고, 최근에는 TBL이라는 이름으로 의학교육에 광범위
하게 확산되고 받아들여지고 있고, 더 나아가 성과 바탕으로 교과과
정을 개편해야 한다는 목소리가 지배적인 흐름으로 자리 잡고 있다.
오래 전부터 제안되어 왔던 통합교육이 질병 및 장기 중심에서 임상
표현 중심으로 재구성해야 한다는 담론이 형성되고 있고, 임상실습
까지 통합교육이 확대되어야 하며, 더 나아가 의학교육을 졸업 후
교육까지 확대해야 한다는 주장도 커지고 있다.

그런데 이러한 의학교육의 변화는 근본적으로 의사-환자 관계를
포함한 의료체계에 있어서 근본적인 사회적 변화에 의해 강제되고
있는 측면이 크다. 배아 복제, 생명 연장 등 지금까지 한 번도 경험
해 보지 못한 생명윤리에 대한 성찰을 의사에게 요구하고 있고, 만
성질환 시대에 수평적이고 참여적인 환자-의사 관계를 새롭게 재구
축해야 한다는 목소리가 지배적인 담론으로 형성되고 있다. 소득 증
가, 수명 연장 등 의료에 대한 사회적 욕구의 변화로 인해 의료의 질
에 대한 관심이 과거에 비교할 수 없을 정도로 커졌고, 그 과정에서

의료비용의 폭발적 증가로 인한 가계 부담과 사회적 부담이 급속도
록 커지고 있다. 서구의 어느 나라와 비교해 보아도 환자-의사 관계
가 신뢰와 연대에 기초하지 못하고 불신과 갈등의 구조에 기반하고
있다. 당연하게 과거의 의학교육으로는 이러한 변화에 조응하는 것
이 불가능하고 새로운 변화가 요구되는 상황이다.

사실 의학전문대학원 체제는 단순하게 의과학적 양성이라는 협
소한 시각에서 볼 문제가 아니라 미국의 예에서 보듯이 임상의사로
서의 기술적 능력과 의과학자로서의 연구 능력, 그리고 더 나아가
사회적 변화에 능동적으로 대처하는 의료전문가로서의 사회적 소
통 능력을 갖추기 위한 집약적인 의학교육 체제라고 보아야 했다.
이 책에서 다루고 있는 의학교육의 새로운 비전 속에서 의학전문대
학원 체제를 고민하지 못한 채 단지 의과학자 양성이라는 협소한 틀
속에서 문제를 바라보았기 때문에 의학교육 체제 변화의 동력을 형
성하지 못하였다고 볼 수 있다.

이러한 측면에서 우리의 이번 번역 작업이 의학교육의 새로운 변
화를 추동하는 데에 너무 늦은 감이 없지 않다고도 할 수 있다. 좀
더 빨리 이 책의 저자를 만났다면, 조금 더 빨리 의학전문대학원의
새로운 비전을 찾았더라면 하는 아쉬움이 남는다. 그렇지만 늦었다
고 느낄 때가 가장 빠르다는 격언이 단지 빈말이 아님을 우리는 또
한 잘 알고 있다. 이미 성과 바탕의 의학교육, 임상표현 중심의 의학
교육, 진공의까지 의학교육을 확장하려는 시도 등이 이미 보편적인
흐름으로 자리 잡고 있는 상황에서 이 책의 번역은 왜 이러한 변화
를 의학교육의 확고한 방향으로 자리 잡아야 하는지를 우리에게 다

시 한 번 각인시켜 주는 기회가 될 것으로 믿어 의심치 않는다. 더욱
이 지금은 실패로 돌아갔지만, 향후 의학전문대학원 체제를 포함한
의학교육과정의 새로운 변화가 요구되는 이유를 좀 더 근본적인 질
문에 근거하여 되돌아보는 중요한 계기가 될 것으로 생각한다.

  이러한 실천 과정에 많은 분이 함께 참여를 해 주었다. 가천대학
교의 동료 교수인 정욱진, 박이병, 유찬종, 박귀화, 임준 교수가 수
고를 공유하였고, 의학교육의 선도적 역할을 해 오고 계신 아주대학
교의 임기영 교수, 고려의대 박정율 교수가 우리의 작은 실천에 손
을 맞잡았다. 어려운 상황에서 선뜻 출판을 결정해 주신 학지사의
김진환 사장님에게 많은 빚을 졌다. 이러한 실천이 의학교육의 큰
변화와 발전에 밑거름이 될 것을 기대해 보며 독자 여러분에게 이
책을 소개하고자 한다.

송도에서
역자 대표 신익균

저자 서문

'카네기 교육발전재단(The Foundation for the Advancement of Teaching)' 초대 이사장이었던 Henry S. Pritchett은 1910년 4월 16일 Abraham Flexner의 유명한 '미국과 캐나다의 의학교육' 서문 첫 문장에서 "의학교육에 관한 이 보고서는 카네기 교육발전재단에서 발간하는 전문 직업군에 관한 최초의 저작물이다."라고 기술하였다. 카네기 교육발전재단의 8번째 이사장직을 맡고 있는 난 이번에 새롭게 출간된 의사 교육에 관한 보고서에 거의 100년 만에 Pritchett과 같은 서문을 쓰게 되었다. Flexner 보고서가 시작한 지 얼마 안 된 조직에 의해 발간된 최초의 저작물이었다면, 현 보고서는 한 세기 동안 이루어진 뛰어난 연구들에 기초하여 카네기 교육발전재단에서 이루어 낸 전문 직업군에 관한 일련의 연구물 중에 가장 최근의 것이다.

의학교육에 관한 Flexner의 연구가 전문가의 양성에 관한 한 세기에 걸친 작업을 개시한 것이었다고 한다면, 현 연구는 법률가, 공학자, 성직자, 간호사, 의사 등 전문 직업군의 교육에 관하여 십 년 넘게 진행된 연구를 완성하고 일단락 짓는 의미를 갖는다. 같은 기간 동안 재단은 여러 영역에 걸쳐 박사학위 프로그램에 관한 연구를 통하여 학자 양성교육에 관한 연구를 진행하였다. 이들 연구에서 박사학위는 전문 직업인의 삶을 준비하는 과정으로 여겨졌고, 다른 형태의 전문가 양성 과정 등과 많은 측면에서 구별되는 것으로 나타났다. 전문가 교육에 관한 일련의 작업을 마무리 지으면서 이러한 연구들이 한 세기의 연구와 그 반영을 회고하기에 적합할 뿐 아니라 독자 여러분이 과거를 돌아보고 미래의 비전을 생각해보는 데에도 적합할 것으로 보인다.

좀 더 개인적인 측면에서 보면, 내가 1997년 초 카네기 교육발전 재단 이사회 구성원으로 첫 회의에 참가하면서 했던 약속을 지킬 수 있도록 해 주었다는 점에서 이 책의 의미가 남다르다. 회의 때 나는 92년 동안 재단이 이룩한 성과를 축복해야 한다고 이야기했다. 그렇지만 Flexner 보고서를 포함하여 교육 영역에서 재단이 이룩한 가장 성공적이고 역사적인 기여의 일부에서 의도하지 않은 결과가 나타나는 것을 막는 데에 헌신적인 노력을 기울이겠다고 이야기했다.

돌이켜 보면, 재단의 많은 연구와 권고가 제때에 주요 문제에 대한 해결책을 제시해 주었다는 점은 명확하다. 그러나 한 시대의 문제를 해결하기 위한 행동이 종종 다음 세대에 딜레마로 남을 수 있다는 것 또한 확실하다. 따라서 비조직적이거나 또는 표준화를 하는 데 혼동을 초래하는 것들을 바꿀 필요가 있다. '그래서 카네기 교육발전재단의 중등 교육 학업성취도 평가부서에서는 고등학교 졸업과 대학의 입학에 있어서 새롭고 더 높은 표준화를 설정함으로써 중등 교육과 고등 교육 사이의 명확한 구분이 필요하다는 점을 언급하였다. 이러한 구분을 너무 강조한 나머지 학생들의 실제적 성취 수준을 평가하기보다는 학교교육에 소요한 시간을 가지고 평가를 하게 되었다.'

유사한 역학관계가 Flexner 보고서에서도 나타나는데, 보고서는 질이 낮은 학교에서 이루어지고 있는 통제되지 않는 의학교육의 문제점을 다루었다. 전형적으로 질이 낮은 학교는 현대 과학에 관한 교육을 거의 하지 않고 있고, 입학이나 진급에 필수적인 선행조건을 고려하지 않고, 모범적인 병원에서 주의 깊은 감독하에 이루어지는 임상실습과 중요한 학술 작업 간에 어떠한 연관도 없다. 보고서는 매우 강력한 비판과 권고를 담고 있어서 몇 년 지나지 않아 많은 학교가 폐교되는 상황이 발생하였다. Flexner의 보고서 출간 후 30년 안에 미국 의과대학이 155개에서 60개로 줄어들었다(Flexner, 1943, p. 113). 이것은 좋은 일임에 틀림없지만, 흑인 의사를 양성하고자 했던 두 개의 의과대학과 여자 의사를 양성하고자 했던 한 개 의과대학을 제외한 모든 흑인 의사 양성대학과 여자 의사 양성대학이 사라지게 되면서 흑인과 여성 의사의 숫자가 줄어들게 되었다. 결과적으로 'Flexner 커리큘럼'은 흑인과 여성 의사 양성에 문제가 되었고, 이 보고서의 저자들은 이 문제를 다루고 있다.

Flexner는 Pritchett과 매우 특별한 관계를 가졌다. 1908년의 한 경사스러운 날에 Pritchett이 의학교육에 관한 연구 목적으로 Flexner를 초대하여 두 사람이 만나기 전까지는 안면이 없었지만 그들은 그 이

후 오랜 시간 동안 친구로 남게 되었다. 그들의 우정은 너무나 두텁고 유대감이 강해서 1939년 프리쳇이 사망하자 그의 미망인은 Flexner에게 남편의 전기를 작성해 줄 것을 요청할 정도였다. 전기에서 Flexner는 Pritchett과의 첫 만남을 이렇게 묘사하였다.

Pritchett은 미국 대학에 관한 나의 작은 책에 대해 좋게 평가해 주었고, 그로 인해 나는 1908년 미국과 유럽의 의학교육에 관하여 연구를 수행할 기회를 얻었다. 첫 만남에서 그는 나에게 이 주제에 대해 연구할 의사가 있는지를 물어보았다.

"난 의사가 아닙니다. 혹시 록펠러 연구소에 있는 Simon 형과 날 혼돈한 것은 아닙니까?" 라고 대답했다.

"그렇지 않아요." Pritchett이 다시 이야기했다. "난 당신의 형을 잘 압니다. 나의 관심사는 의학 연구가 아니라 교육에 관한 연구입니다. 의과대학 역시 학교이고 교육으로 판단되어야 합니다. 이를 위해서 다양한 분야에서 사용되는 개념이 필요합니다. 당신이나 다른 유능한 법률가가 참여해 준다면 좋겠습니다. 내가 그동안 생각해 온 연구가 재정 지원을 받을 수 있게 되었습니다. 이제부터는 의과대학은 교육의 관점으로 바라봐야 합니다. 당신은 의과대학이 유능한 의사와 외과의사를 양성할 수 있을 만큼 잘 준비되어 있고, 실제 잘 가르칠 수 있다고 생각하십니까?"
(Flexner 1943, pp. 108-109)

Flexner에게 보낸 지침에 따르면, Pritchett은 다음 세기를 위한 카네기 교육발전재단 연구의 특성을 정의하였다. 연구는 내부 구성원을 위해 내부 구성원에 의해 수행되지 않았고, 전문가가 아닌 비전문가(또는 전문가와 비전문가의 결합)에 의해 수행되었다. 또한, 단지 전문가 집단 내부가 아니라 더 많은 청중에게 알리는 방식으로 이루어졌다. 마지막으로 전문가 패널을 모아서 그들이 갖고 있는 지식을 끄집어 내어 연구를 진행한 것이 아니라 Flexner는 'ambulando discimus'로 표현되는 '진행하면서 배우는' 과정으로 묘사되는 방법으로 연구를 진행하였다. 이러한 관점으로 그는 출장, 관찰, 인터뷰, 질문, 첩보활동, 숙고, 조언 등의 방법을 통해 2년의 연구 기간을 보냈고, 155개에 달하는 의과대학을 모두 방문할 정도로 '진행하면서' 배워 나갔다. 그러한 과정에서 그는 특별 보고서와 정책 분석의 개념을 만들어 냈다.

여기서 난 불필요하게 '첩보 활동'라는 단어를 사용한 것은 아니다. 일례로 Flexner는 디모인에 있는 한 정형외과 의과대학을 방문할 때에 "학장과 함께 있었는 데도 모든 문이 잠겨 있었고 열쇠를 갖고 있는 수위를 찾을 수 없었기" 때문에 그 의과대학을 충분히 조사하는 것이 어려웠다고 기술하고 있다. 문 위에는 '연구실' '조직학실' '해부학실' 등과 같은 명패가 붙여져 있었다. 기차역에서 학장과 헤어진 후에 Flexner는 비밀리에 학교를 다시 방문하였고, 수위를 찾아내어 5달러를 주고 모든 문을 열어 달라고 했다. 그 결과 문 위에 붙어 있는 명패와 달리 방이 전혀 사용되지 않았음을 확인할 수 있었다. 비록 현재의 연구팀이 그러한 조사 방법을 사용할 필요는 없었지만, Flexner의 연구 방법과 같이 때때로 주위를 둘러보고 비밀리에 관찰하는 과정에서 무언가를 배워 나갈 수 있다고 생각한다.

의학교육에 관한 영향 이외에도 Flexner 보고서에 의해 남겨진 유산 가운데 하나는 정책 보고서가 철저하게 현장에 기반하여 만들어졌다는 것이다. 교육 정책의 이슈에 관하여 숙고하기 위해서 간단히 전문가 패널을 모으는 대신 Flexner와 Pritchett은 현장을 방문하여 돌아다니고 사람들에게 질문을 던지는 '진행 과정'에서 해답을 찾아 나가는 길을 선택하였다. 많은 연구 방법은 이미 첫 방문 전에 구성되어졌다. Flexner는 모든 의과대학을 판단하기 위한 표준으로 학문적 엄격함을 갖고 있으면서 교육 병원과 양질의 전임교원을 확보하고 있는 Johns Hopkins를 상정하였다.

Flexner가 남긴 또 다른 유산은 외부인의 시각을 통해 교육적 평가를 수행하고자 하였다는 점이다. 그는 교육적인 연구를 통해 판사와 같은 역할을 수행하였을 뿐 아니라 내부자의 관점을 배제하고자 하였다.

Flexner처럼 우리의 연구팀 역시 진행 과정에서 많은 것을 배우고자 하였다. 그들은 지역을 넘어서서 이미 표준이 될 만한 행위를 하고 있다고 생각되는 의과대학을 선택하여 방문하였다. 우리는 Flexner가 Johns Hopkins를 상정한 것과 같이 이상적인 프로그램 모델로 그들 중 하나를 상정하지는 않았다. 오히려 우리 연구팀은 대학의 다양한 행위에서 가능한 일련의 집합적 비전을 도출하였다. 그러므로 이후 장에서 권고는 유토피아가 아니라 이미 현장에서 존재하는 일련의 행위에 대한 제안이라고 할 수 있다.

이러한 의미에서 'ambulando discimus'는 의학교육 연구에 접근하기 위한 적절한 모토일 뿐 아니라 아이러니하게도 경험 많은 멘토 및 동료들과 함께 환자에서 환자로, 병상에서 병상으로, 의원에서 의원으로, 병원에서 병원으로 이동하면서 의사가 '반복적인 경험을 통해(going around)' 의학을 배우기 위한 기초 원리로서 임상 회진과 로테이션 등 같은 임상 현장에서 적용되는 의학교육법을 위한 적절한 모토라 하겠다. 이러한 방법으로 신참 의사는 질병 및 치유의 다양한 예를 공부하고, 다양한 의학의 역할 모델 및 선생님과 함께 일을 하게 되며, 다양한 형태의 질환과 장애를 다루게 된다. 100년이 지난 지금 Flexner와 카네기 계승자처럼 의사들은 회진과 로테이션을 통해 반복적으로 경험하면서 의학을 배워 나가고 있다.

또한 최근 수행된 전문직업군 교육에 대한 재단의 다른 연구에선 찾아볼 수 없는 주제들이 현 보고서에서 생생하게 다뤄지고 있다. 실제로 우리는 의식적으로 의학이 연구 순서에서 마지막에 위치하도록 설계하였다. Flexner 이후로 의학은 '전문가 모형'으로 간주되었고 대부분의 다른 전문직업군 교육은 의학의 눈으로 해석되었다. 우리는 간호와 의학교육에 대한 연구를 시작하기 전에 공학과 성직자에 대한 연구와 법학 교육을 시작하였다. 주제들은 각각의 전문영역에 Flexner의 시각이 침투한 차례대로 나타났다. 의학교육에서의 주제들은 커리큘럼의 통합, 커리큘럼의 표준화와 교육 기회의 개별화 사이에 필수적으로 발생하는 긴장, 그리고 의사가 되기 위한 학습에 있어서 전문가와 개인의 개성이 갖는 위상과 역할 등을 포함하고 있다.

통합은 의학교육의 유비쿼터스라 할 수 있다. 현장이 성숙할 때에

현장은 합성과 단순화보다 분화와 복합화 경향이 있다. 새로운 영역
이 추가되고, 새로운 주제가 나타나며, 새로운 전문화가 규범에 추가
된다. 각각의 추가사항에 새로운 과정, 새로운 로테이션, 새로운 학
회지가 만들어질 것임에 틀림없다. 그런데 의과대학대학원 학생들은
아직 이러한 영역을 모두 공부해야 하고, 스스로 자신의 이해력과 전
문가의 정체성을 결합하고 통합하는 방법을 배워야 한다고 요구하고
있다. 우리 연구팀은 이러한 과정이 학생들에게 전체적으로 부담으
로 인식되고 있다고 생각하고, 더 많은 통합을 위해서는 새로운 교육
커리큘럼과 프로그램이 필요하다는 사실을 계속적으로 확인하였다.

쉽게 말해서 어떤 작업에 있어서 지적이고 기술적 요구와 같은 문
제뿐 아니라 전문가가 작업에 대해서 갖는 인식론적이고 도덕적인
측면과 같은 요구들이 함께 통합될 필요가 있다는 것이다. 우리가
연구 과정 중 전문가의 양성에서 가장 살펴보고자 했던 부분은 서비
스의 도덕적·윤리적 핵심과 함께 전문가의 정체성 형성에 대한 부
분과 태도와 행동의 습관에 둘러싸여 있으면서 조직될 수 있는 책임
감의 형성에 대한 것이었다. 우리는 처음으로 법학 교육의 연구에서
전문가의 정체성의 중요성을 인식하였고, 성직자 교육을 연구할 때
에 더 나은 용어와 과정의 예를 개발하였다('형성'이라는 단어는 종교
교육으로부터 가져온 것이다).

깊은 이해력, 복잡한 기술적 수용성, 그리고 깊은 내적 도덕적 책
임감에 목표를 두고 조정된 커리큘럼의 필요성을 인식하자마자, 하
나의 잣대가 모두에게 맞는 것이 아닐 수 있음을 명확하게 인식하게
되었다. 이 보고서의 저자들은 기술(skill) 및 민감성과 함께 통합 커

리큘럼의 표준화가 개인에게 어떻게 적용될 필요가 있는지를 다루
고 있다. 통합 커리큘럼은 개개인이 전문가로 성장하기 위한 기초를
제공해야 한다. 이것은 적지 않은 도전이다.

Flexner는 뛰어나게도 혼자 연구를 수행하였다. 그의 보고서를 의
학 전문가 지도자와 프리쳇이 주의 깊게 읽고 비평하였지만, 그는 혼
자서 기관을 방문하였고 혼자서 보고서를 작성하였다. Flexner의 단
독 작업과는 달리 이번 새로운 카네기 교육발전재단의 의학교육 연
구는 내부와 외부를 포함하여 다양한 학문 영역과 배경하에서 만들
어진 종합적인 작품의 한 부분이라 할 수 있다. 의사 교육에 관한 연
구 프로그램의 책임은 UCSF의 Molly Cooke 교수와 David Irby 교수
가 맡았다.

Molly Cooke는 UCSF 의과대학 교수로서 UCSF의 Haile T. Debas
의학교육학회의 책임을 맡고 있으면서 William G. Irwin 재단법인
의 의장을 역임하고 있는 임상의사다. 그녀는 만성적인 에이즈 환자
의 치료에 선구자이기도 하다. 의학교육에 있어서 그녀의 기여가 얼
마나 큰가는 임상교육 분야에서 가장 권위 있는 상 중에 하나인 미
국의과대학협회가 임상교육에서 훌륭한 업적을 보인 사람에게 수
여하는 Robert J. Glaser 상의 2006년 수상자로 선출된 사실만으로도
알 수 있다.

David Irby는 현재 UCSF 의학교육 부학장으로 일하고 있다. 그는
오랫동안 의학교육 분야의 연구의 리더 역할을 하였는데, 의학교육
분야에서 그의 업적을 기리기 위해 미국 교육연구협회와 의학국가
고시위원회에서 그에게 상을 수여하였다. 교육연구 분야에서 박사

학위를 갖고 있는 Irby는 Flexner 보고서와 같이 심오한 교육적 연구 성과를 보이는 이번 연구에서 이론적이고 방법론적인 능력을 보여 주고 있다.

Bridget O'Brien은 UC 버클리 대학원에서 박사 논문을 준비하는 과정에서 대학원 연구조교를 시작으로 연구팀에 합류하였다. 그녀는 박사학위 논문을 완성하면서 연구에 전적으로 참여하게 되었고, Cooke와 Irby와 함께 UCSF의 교수가 되었다.

앞에서 언급한 바와 같이 이번 연구는 재단이 수행한 일련의 전문 직종군 비교 조사 연구에서 가장 마지막에 이루어진 연구라 하겠다. 법학 교육에서 시작하여 공학 교육, 가톨릭, 기독교, 유대교의 성직자 교육, 간호 교육 등 다른 분야의 연구로부터 통찰력을 얻었다. 또한, 연구팀은 방문지 시찰을 해 나가는 과정에서 많은 것을 배우기 위하여 재단의 다른 연구 프로그램으로부터 학자들을 정기적으로 초빙하였다.

정신적인 측면에서 이번 보고서는 William Sullivan과 Anne Colby의 흔적이 모든 작업에서 나타나고 있다. Sullivan과 Colby는 재단의 전문가 교육의 전반적인 조정자 역할을 담당하였다. Bill Sullivan은 철학적 분석만큼이나 사회과학 분야에서 전문성을 갖고 있는 철학자다. 그는 '심장의 습관과 좋은 사회'라는 기념비적인 연구물을 작성한 연구팀의 구성원이기도 하다. 그 책의 두 번째 판인 '일과 통합'은 전문적인 일에 있어서 도덕적 기초에 대한 개념을 다루었다. 그는 법학 교육에 관한 카네기 교육발전재단의 보고서인 '법률가 교육하기'와 학부생을 대상으로 한 '고등교육의 새로운 의

제'라는 책의 선임 저자이기도 하였다.

아동과 성인의 도덕 발달과 도덕 학습에 관하여 평생 동안 연구해 온 발달심리학자인 Anne Colby는 국제적으로 큰 영향력을 갖고 있는 인물이다. 그녀는 Lawrence Kohlberg와 함께 『도덕 판단력 측정』이라는 책의 공동 저자이고, 성인의 도덕 발달에 관한 세미나 결과물인 'Some Do Care'를 William Damon과 함께 출간하기도 하였다. 최근에는 카네기 프로그램의 일환으로 출간된 시민과 정치적 약속에 대하여 교육하는 것을 대학의 역할로 규정한 『시민 교육하기』와 『민주주의 교육하기』라는 책의 공동저자이기도 하다.

이와 같이 Flexner가 홀로 일했던 공간에서 한 세기가 지난 후 우리는 의사, 의학교육자, 심리학자와 철학자, 그리고 고등교육과 전문가, 교육 분야의 학자들을 포함한 다학제팀의 재능을 이용하였다. 그럼에도 불구하고 이번 보고서 작업이 가능했던 것은 Flexner의 업적이 있었기 때문이었다. Flexner와 프리쳇의 위대한 업적의 평가를 통해 신뢰성이 입증된 100년의 역사를 갖고 있는 오래된 연구 기관의 배경하에서 일을 수행할 수 있었기 때문에 가능한 일이었다.

Pritchett은 53번째 생일이었던 1910년 4월 16일에 Flexner 보고서의 도입부를 작성하였다. 아마도 그는 그 보고서를 좋은 친구인 Flexner가 자기에게 준 생일 선물로 보았을 것이다. 그러한 보고서는 이전에는 없었던 것으로서, 카네기 교육발전재단을 단순한 연금 기관에서 보는 측면에서 교육과 학습을 진작시키는 '위대한 기관'으로 변화시키고자 했던 프리쳇의 꿈을 실현시켜 주었기 때문이다. 그리고 그것은 진짜 생일 선물이 되었다! 연구의 질과 교육의 질에 대한 비판적 평가를 겨냥한 일종의 현장 기반 정책 연구의 영향으로 인해 고취된 후 카네기는 뉴욕 카네기 법인의 대표에게 '카네기 교육발전재단'에 125만 달러를 기부하도록 지시하였다. 이 기부액은 2010년 달러 기준으로 3000만 달러가 넘는 엄청난 금액이다. 이보다 더 중요한 것은 연금 프로그램을 세계 정상급 교육 연구 정책 센터로 전환하는 신호탄이 되었다는 점이다.

이제 'Ambulando discimus'는 카네기 교육발전재단의 특징으로 남게 되었다. 'Educating Physicians'을 준비했던 학자들은 그들이 대표하는 많은 연구 분야를 경험한 후 참여하였다. 그들은 의학 내부와 외부에서 서로 다른 의견을 찾아 나가고, 관찰, 인터뷰, 설문조사, 문헌 고찰 등을 수행하면서 광범위한 기관을 방문하였다. 나는 의학교육 영역에서 그들 모두가 이 책의 관찰과 조언을 심각하게 받아들여야만 하고 그러한 인식이 현장 밖에 있는 교육자들에게도 가치가 있다고 믿는다. 난 이러한 중요한 결과물을 당신에게 권하고자 한다. 이것은 수년 동안 나의 모든 관심을 바쳤던 책이다. 나는 연구 팀과 더불어 이러한 뛰어난 노력을 지지하는 데에 한 부분을 담당했던 모든 사람에게 감사하다는 말을 전하고 싶다. 또한, 그의 어깨 위에 설 수 있도록 해 준 Flexner와 내가 이러한 자리에 있도록 특전을 베푼 넓은 어깨를 소유한 Pritchett에게도 감사를 표한다.

Lee S. Shulman, 명예 회장

카네기 교육발전재단

스탠퍼드, 캘리포니아

♥ 알림글

이 책은 4년 이상의 협력 작업을 통해 완성된 것이다. 현장 작업, 아이디어 산출, 공동 원고 작업, 상호 비판을 통하여 상호의존적인 과정을 개발하였고, 진정으로 집단적 노력의 결과물로 원고를 생산하였다. 따라서 우리는 어느 누구에게도 이러한 결과물에 있어서 우선권이 있지 않음을 강조하기 위해서 저자명을 알파벳 순서로 작성하였다. 우리는 독자들이 우리와 똑같이 인식하기를 바라면서 이러한 작업에서 불가분의 팀으로 일했다는 사실에 감사하고 있다.

연구팀은 다양한 영역에서 많은 지원을 받았는데, 프로젝트의 수행과 책 발간에 기여한 많은 분들에게 깊은 감사를 드린다. 처음으로 감사를 드려야 할 분은 학생, 전공의, 교수, 학장, 그리고 기꺼이 병원 방문을 허락해 준 병원장이다. 그들은 인터뷰와 포커스그룹에 참여했고, 그들의 강의와 의과대학, 그리고 교육병원 등을 불러볼 수 있도록 허락해 주었다. 해당 기관으로는 Atlantic Health, Cambridge Health Alliance, Northwestern University, Henry Ford

Health System, Mayo Medical School, Southern Illinois University, University of California, San Francisco, University of Florida, University of Minnesota, University of North Dakota, University of Pennsylvania, University of South Florida, University of Texas Medical Branch, Galveston, University of Washington 등이다.

우리는 또한 프로젝트 기간 동안 중도적이면서 사려 깊은 제안을 해 주었던 우리의 동료인 Patrick Alguire, Fichard Bell, Georges Bordage, Judith Bowen, Paul Fridedmann, Fobert Galbraith, Kevin Grumbach, Paul Fockey, Gordon Russell, David Shearn, Steve Wartman, 그리고 Michael Whitcomb 등에게 감사를 전한다. 또한, 원고를 검토하고 조언을 아끼지 않았던 Eva Aagaard, Alan Bleakley, Robert Centor, Carrie Chen, Jordon Cohen, Debra DaRosa, Gurpreet Dhaliwal, Robert Dickler, Karen Fisher, Larry Gruppen, Jeanne Heard, Mike Hindery, Audiey Kao, Darrell Kirch, Richard Knapp, Jack Krakower, Jon Lang, David Leach, Helen Loeser, Kenneth Ludmerer, Bonnie Miller, Gail Morrison, Caro-Anne Moulton, Patricia O'Sullivan, Roy Pea, John Prescott, Glenn Regehr, Arthur Rubenstein, Jed Shivers, Deborah Simpson, Yvonne Steinert, David Stern, George Thibault, Robert Watson, Dan West, Reed Williams, David Wilson, 그리고 Paul Worley 등에게도 감사를 표한다.

특히 이 프로젝트를 설계하고 완성할 수 있도록 창조적이고 협동적인 환경을 제공해 준 '카네기 교육발전 재단'에 무한한 감사를 표

한다. 우리는 비전과 적극적인 개입과 지원을 해 주었던 재단의 전
임 회장인 Lee Shuman에게 감사를 드린다. 또한 일련의 전문직종군
교육 저작물이 파급될 수 있도록 지원을 지속해 주신 현 재단 회장
인 Anthony Bryk에게도 감사를 표한다. 우리는 이 책의 안내자 역
할을 해 온 William Sullivan과 Anne Colby, 그리고 그들의 비서 역
할을 해 온 Gay Clyburn, Lydia Baldwin, Ruby Kerawalla, Molly
Breen, 현장 방문에 참여했던 외부 동료들인 Pat O'Sullivan, Arthur
Elstein, rmflrh Molly Sutphen에게 감사를 표한다. 또한, 원고를 편
집해 준 Ellen Wert에게도 감사를 표한다.

마지막으로 이 프로젝트에 기금을 조성해 준 '카네기 교육발전재
단'과 'Atlantic Philanthropies'에게 감사를 표하고 이번 연구에 참여
하도록 지원해 준 UCSF에 감사드린다.

Molly Cooke
David M. Irby
Bridget C. O'Brien

차 례

• 역자 서문 / 3

• 저자 서문 / 7

• 알림글/ 19

• 서 론 / 27

PART 1
오늘의 실천, 어제의 유산, 미래의 도전

Chapter
❶

Chapter
❷

의학교육: 배경과 과제 / 43

Flexner 보고서 / 46

제2차 세계대전 후 의과대학 증가 / 51

의료의 질 개선 / 53

전공과목의 세분화 / 54

의학교육과 경영 / 55

의학교육의 현대 모델 / 57

의학교육의 중요 도전 과제 / 62

과거의 뉴산, 미래의 실천 / 76

의사되기: 전문 교육의 기초 / 77

의사 업무 영역 / 78

전문성 형성 / 88

실행을 위해 학습하기 / 128

앞으로의 과제: 실무를 준비하기 / 137

PART 2
의과대학교육과 전공의 교육

Chapter
3

학생의 경험:
의과대학 의학교육 / 141

UME 교육과정 / 142
의과대학 의학교육을 위한 교육학 / 163
의과대학 의학교육과정에서의 평가 / 187
의과대학 의학교육: 앞으로의 과제 / 199

Chapter
4

전공의의 경험:
졸업 후 의학교육 / 203

전공의 경험 / 204
GME를 위한 규제와 재정 / 207
전공의 교육과정 / 209
전공의 교육을 위한 교육학 / 221
절차적 술기 평가 / 245
졸업 후 의학교육: 앞으로의 과제 / 254

PART 3
변화를 위한 외부 압력과 내부 추진력

Chapter
5

**의학교육의 포괄적 조정 및
재정적 측면** / 273

사명감과 압박감 / 274

조정제도: 인증, 면허, 자격증 / 277

재 정 / 286

의학교육 재정의 혁신 / 231

조정 및 재정: 앞으로의 과제 / 306

Chapter
6

조직 변화를 이끄는 리더십 / 309

조 직 / 310

책임 소재 / 311

혁신 지원 / 312

유능한 리더와 생산적인 팀 / 313

창조, 혁신, 그리고 지속적 개선의 문화 / 321

행동과 규율, 그리고 혁신을 촉진하는
    조직 구조 / 325

혁신과 수월성을 유지해 나가기 위한
    교육 자원 및 지원 서비스 / 330

교수학습 분야의 학문적 연구를
    발전시키는 학내 커뮤니티 / 336

변화를 이끌며: 앞으로의 과제 / 342

PART 4
미래를 위한 도전: 가능성의 비전 제시

Chapter
7

비전의 실현:
의학교육을 변화시키기 / 345

핵심 교육 목표 / 346
체계적 접근: 11가지 가능성 / 351
변화를 위한 행동 / 394

Chapter
8

효과적인 정책을 통한
수월성 지원 / 395

교육과정의 기준과 입학 과정 개선하기 / 397
CME를 위한 틀과 효과적인 체제 수립하기 / 39
진료 기준에 따른 환자 진료와 임상교육의
    결합 / 402
재정, 멘토링, 교수 개발, 평가, 그리고 학문적
    발전안 제공하기 / 403
투명하고 공정하게,그리고 목표 달성을 위해
    재정 사용하기 / 405
기본 구조, 혁신, 연구를 지원하기 위한
    지속적인 재정 확보 / 406
미국의 의료 부분의 노동 정책 / 407
협력을 통한 노력 / 409

• 참고문헌 / 411
• 찾아보기 / 453

서 론

1910년 Abraham Flexner는 북미에서 현 의학교육의 청사진을 제시하였다. 그의 보고서인 '미국과 캐나다의 의학교육'은 '교육 발전을 위한 카네기 교육발전재단'에서 준비해 온 의학교육의 포괄적인 조사와 미국의사협회 의학교육위원회의 요구에 의해 이루어졌다. Flexner에 의해 틀이 잡힌 보고서의 기본적 특징은 오늘날에도 남아 있는데, 대표적으로 2년간 기초과학을 하고, 2년간 교육병원에서 임상경험을 하도록 한 대학 기반 교육 과정이 바로 그것이다. 이러한 청사진이 갖는 함의는 높은 수준의 의학교육을 가져다 주었다는 점일 것이다. 그렇지만 과거 한 세기 동안 거대한 사회적 변화에 따라 의료 행위와 의학의 과학적·약리적·기술적 기반이 바뀌었다. 지금 미국 의학교육은 갈림길에 놓여 있다. 학생과 전공의에게 백 년 이상 지속되어 온 의학교육의 방향을 지속하느냐, 아니면 학습 방법에 대한 새로운 이해와 현대적 혁신에 기초하여 기본적으로 새로운 과정을 다져 나가느냐를 선택해야 하는 상황이 도래하였다.

의학 연구에 있어서 뛰어난 과거가 훌륭한 미래에 대한 충분한 안
내자의 역할을 할 수 있는가? Flexner는 과거의 전통과 행위가 아닌
과학적인 조사와 발견이 의학과 의학교육의 미래로 가는 길임을 강
조했다. 오늘날 이러한 충고는 의학 행위의 빠른 변화와 인간 학습
에 대한 확장된 이해로 인하여 더 중요하게 받아들여지고 있다. 새
로운 기술과 신약은 급격한 진단법과 치료법의 변화를 가져오고 있
고, 의사들은 점차 복잡해지고 있는 보건의료체계 내에서 더 광범위
하게 더 전문화된 역할을 요구받고 있다. 동 시점에서 보건의료 전
달체계, 재정, 공공정책의 변화는 보건의료 서비스를 받지 못하는
수백만 명의 미국인을 발생시키고 있고, 많은 보건의료 기관이 심각
한 재정 고갈사태에 직면하고 있다. 학습과학(learning sciences) 분야
에서의 새로운 발견과 의사 양성 과정의 변화 모두는 의학교육이 재
검토되어야 할 필요성을 역설하고 있다.

의학에서 이러한 환경적 변화에 반응하기 위해 의료전문가 조직들
은 실제로 의학교육을 재검토하고 있다. 미국의사협회, 미국의과대
학협회, 의학교육인증위원회, 졸업 후 의학교육인증위원회, 주의료
위원회연합, 의사국가고시위원회, 그리고 전문의 면허와 관련되어
있는 특별위원회 등 수많은 기관에서 근본적인 질문을 던지고 있는
중이다. 어떻게 우리는 의학교육을 향상할 수 있을까? 우리는 더 효
율적으로 더 효과적으로 유능하면서도 자비로운 의사를 양성할 수
있을까? 어떻게 우리는 미국인에게 더 좋은 보건의료 결과를 성취할
수 있는 의사를 양성하기 위해 의학교육을 재조직할 수 있을까?

이러한 자가평가의 맥락에서 Flexner의 랜드 마크 연구 후 거의

백 년이 지난 지금 우리는 '카네기 교육발전재단'에 의해 지원이 되
고 있는 전문직업군 교육에 관한 광범위한 연구의 한 부분으로서 의
학교육에 대한 탐구를 진행하였다. '카네기 교육발전재단'에 액자
로 걸려 있는 Flexner는 연구가 진행되는 동안 친구이자 하나의 아
이콘이 되었다. 그가 했던 것처럼 우리는 전국에 위치한 의과대학
의료기관들을 방문하였다.

그러나 우리는 전임자와 달리 방문한 의과대학에서 교육의 질적
차이를 발견하지 못했다. 비록 연구에 포함될 대학을 선택적으로 골
랐고, 그들 대부분 매우 혁신적인 대학이라고 볼 수 있지만, 인증과
면허라는 두 체계 내에서 의과대학의 차이가 크지 않음을 인식하게
되었다.

두말할 나위 없이 오늘날 의학교육은 Flexner가 조사했던 1909년
의 상황과 다르다. 오늘날 미국 의학교육은 교육적인 측면에서 매우
큰 창의성과 혁신으로 특징지을 수 있다. Flexner는 그가 설정해 놓은
현 의학교육의 패러다임을 쉽게 이해할 수 있을지는 모르겠지만, 현
대적 의료 행위을 인식하기는 어려울 것이다. 그는 현대 의학의 과학
적 기초와 건강 향상을 달성해 나가는 과정에 대해 박수갈채를 보낼
것이다. 그러나 그는 의학교육의 오래된 구조가 의학교육의 내부와
외부에서 제기되는 도전에 대해 지원자의 역할을 계속할 수 있을지
에 대해서는 의구심을 가질 것이다. 의학교육이 직면한 도전이 증가
한 만큼 새로운 수준에서 의학교육의 질 향상을 가져오기 위한 새로
운 비전이 반드시 필요하게 되었다. 미래의 수요는 의사의 태도
(mind), 술기(hands), 열정(heart)을 형성하기 위한 새로운 접근을 요구

하고 있다. 의학교육의 근본적 변화는 새로운 교과과정을 요구할 것이고, 새로운 교수법, 그리고 새로운 평가 형태를 요구하게 될 것이다.

운 좋게 이러한 비전은 일정한 모양새를 갖추고 있다. 미래의 씨앗은 의학교육의 학부 과정과 의과대학 양쪽에서 혁신적으로 발아하고 있다. Kenneth Ludmerer가 『Time to Heal』(1999)에서 지적한 것처럼 Flexner가 주장했던 개혁은 그가 비판을 이슈화하기 전에 이미 하부에서 시작되고 있었다. 유사하게 우리는 의학교육과 학습과학(learning sciences)에 관한 문헌을 검토하고 현장 작업을 진행하는 과정에서 많은 혁신을 목격하였다. 예를 들어 대부분의 의과대학은 초기 2년의 과정을 위해 통합 교과목을 개발하였고, 강의와 평가를 위해 웹 기반의 학습 자료, 시뮬레이션, 그리고 표준화 환자 과정을 개발하였으며, 명확한 성과와 학습 목표를 정의하고 있었고, 다양한 교육 상황에서 소그룹 학습 방법을 사용하고 있었으며, 효과적인 교육 리더십에 의해 운영되고 있었다. 이와 마찬가지로, 전공의 프로그램 역시 교육과 성과 평가에 있어서 시뮬레이션을 사용하고 있었고, 팀 작업 술기를 중요하게 다루기 시작하고 있었으며, 전공의 평가 요소로서 환자 결과를 사용하는 시범 사업이 진행되고 있었다.

그러나 Flexner가 그 당시에 그랬던 것처럼 우리는 의학교육이 많은 중요한 측면에서 부족하다는 점을 알게 되었다. 의학 훈련은 유연하지 못하고, 지나치게 길고, 학습자 중심이 아니었다. 우리는 임상 교육이 지나치게 입원 환자의 임상 경험에 집중되어 있고, 가르칠 시간이 없는 임상 교수에 의해 지도되고 있으며, 전공의에게 교육에 대한 책임이 과도하게 부과되고 있고, 교육 미션을 지원할 수

있는 기본적인 수용 능력을 갖추지 못한 병원이 존재한다는 사실을
확인하였다. 우리는 기존의 지식과 경험적 학습 사이에 연결이 제대
로 이루어지지 않고 있고, 환자 집단, 보건의료 전달체계, 효과성에
대한 관심이 충분하지 못하다는 것을 확인하였다. 학생은 환자에 대
한 전인적 관점이 부족하고 종종 비임상적 의사의 역할에 대한 이해
도가 떨어졌다. 학부와 의과대학 수준 모두에서 미국 인구집단의 보
건의료 필요에 조응하는 지식과 술기에 대한 관심이 불충분한 것으
로 관찰되었다. 전공의는 학습자의 교육적 필요보다 입원환자에 대
한 서비스 명령체계에 기초하여 임상 상황에 배치되고 있었다. 지속
성이라는 시각에서 볼 때 의학교육에서 학습과학(learning sciences)
의 이용이 충분하게 이루어지지 못하고 있음을 관찰하였다. 마지막
으로 보건의료의 속도와 상업적 특성이 전문가의 근본적 가치에 대
한 깨우침을 어렵게 만들고 있다는 사실을 반복적으로 확인하였다.

　우리가 확인한 결과를 토대로 우리는 의학교육의 중요한 강점에
기반하면서 여러 문제점을 해결할 수 있는 미래의 비전을 제시하고
자 이 책을 발간하게 되었다.

연구 배경

　우리 연구는 '카네기 교육발전재단'에 의해 위임된 전문가 양성
에 관한 광범위한 연구 프로그램의 일환으로 진행되었다. 작업은
'Atlantic Philanthropies'로부터 연구비를 받아 진행되었고, 이 책은

성직자, 법률가, 공학자, 간호사 교육에 관한 보고서 등과 짝을 이루
어 출간되었다(Benner, Sutphen, Leonard, & Day, 2009; Foster, Dahill,
Golemon, & Tolentino, 2005; Sheppard, Macatangay, Colby, & Sullivan,
2008; Sullivan et al., 2007; see also Sullivan 2004; Sullivan & Rosin, 2008).
프로그램은 당시 카네기 교육발전재단의 의장인 Lee Shulman과 카
네기 교육발전재단의 선임연구원인 Anne Colby와 William Sullivan
에 의해 제기되었다.

Flexner는 1909년에 북미에 있는 155개 의과대학 전부를 방문하
였고, 그는 하나의 연구 방법론으로써 현장 방문에 기반한 연구 방
법의 선구자 역할을 하였다. 연구 계획을 설계하고 카네기 교육발전
재단과 UCSF 인체주제심의위원회로부터 승인을 받은 후 우리는 미
국의과대학협의회의 의학교육위원회에 의해 인증을 받은 미국 내
130개 의학전문대학원과 교육 병원 중 11개를 방문하였고, 3개의 비
대학 교육병원을 방문하였다(기존 의학전문대학원과 다른 교과과정과
비용 구조, 그리고 인증체계를 갖고 있는 정형의학전문대학원은 연구에 포
함하지 않았다.) 비록 각각의 장소가 흥미로운 교육 혁신이 이루어진
곳이기 때문에 선택한 것이지만, 가급적 기관의 유형과 지리적 위치
에 따라 조사가 이루어지기를 원했다. 기관들은 미국의 의학교육이
이루어지고 있는 연구 중심성을 대표하는 기관, 지역 기반 의학전문
대학원을 대표하는 기관, 학술적인 의료센터를 대표하는 기관, 그리
고 비대학 교육병원 등을 각각 대표하고 있다.

• Atlantic Health, Morristown, New Jersey

- Cambridge Hospital, Cambridge, Massachusetts
- Henry Ford Hospital and Medical Center, Detroit, Michigan
- Mayo Medical School, Rochester, Minnesota
- Northwestern University, Chicago, Illinois
- Southern Illinois University, Springfield
- University of California, San Francisco
- University of Florida, Gainesville and Jacksonville
- University of Minnesota, Minneapolis
- University of North Dakota, Grand Forks
- University of Pennsylvania, Philadelphia
- University of South Florida, Tampa
- University of Texas Medical Branch Galveston
- University of Washington, Seattle

방문에 앞서서 우리는 거의 10명의 교수, 학장, 교육 관련 부학장, 그리고 교육병원장을 인터뷰하였다. 대부분 방문은 3일 동안 지속되었고, 다른 카네기 교육발전재단 연구원들을 포함하여 저자들이 직접 참여하였고, 학생, 전공의, 학생실습 책임자, 전공의 프로그램 책임자 등에 대한 인터뷰와 포커스그룹회의, 그리고 임상교육에 대한 관찰이 이루어졌다. 우리는 거의 184회의 인터뷰를 실시하였고, 104회의 포커스그룹 회의, 그리고 100회의 관찰을 수행하였다. 인터뷰와 포커스그룹 회의의 녹취록은 풀어서 일반화가 가능하도록 코드화하였다.

또한 연구 결과를 해석하고 제언을 도출하기 위해 의학교육과 학
습과학과 관련한 문헌을 검토하였다. 방문 전과 방문 기간 그리고
방문 후에 우리는 미국의과대학협회, 미국의사회, 의사국가고시위
원회, 의학교육연구책임자협회, 그리고 다른 의료전문가조직 등 많
은 관계자와 함께 면담을 가졌다. 우리가 관찰한 기초 데이터를 검토
하기 위하여 전문가 패널이 소집, 운영되었다.

Flexner의 경우 의학교육이 존스 홉킨스의 모델을 따라야 한다는
명확한 생각을 방문조사 전에 갖고 있었다는 점에서 우리는 그를 부
러워하였다. "내 생각 이면에 이러한 유형이 없었다면, 난 이번 일을
완성하기 어려웠을 것이다. 이러한 생각 속에서 난 미국과 캐나다
의과대학을 빠르게 방문할 수 있었다."고 Flexner 보고서에 쓰여 있
다(1940, p. 115). 우리는 그러한 모델을 갖고 있지 않았다. 그렇지만
우리의 방문지를 방문할 때에 의학교육과 학습과학에 대한 문헌을
광범위하게 검토하였고, 이 책에서 제공하고 있으면서 새롭게 출현
하고 있는 의학교육의 비전을 여러 사람과 공유하면서 시작하였다.

의학교육의 미래 비전을 향하여

1장에서 자세하게 다룰 연구의 핵심 결과는 우리에게 의학교육을
위한 네 가지 목표를 제안하도록 했다.

• 학습 성과의 표준화와 학습 과정의 개별화: Flexner 모델(2년의

기초 과정과 2년의 임상경험)은 엄격한 인증체계를 통해 유지된 반면, 새로운 의학교육의 미래는 학습 결과와 수행 능력을 표준화하고, 동일한 수준 안에서 그리고 각 수준을 가로질러 빠르게 추적하는 것이 가능하도록 돕는 방법을 제공하는 등 학생과 전공의의 학습 경험을 개별화하기 위한 옵션을 제공함으로써 가능하다.

• 형식적 지식과 임상경험의 통합: 의사는 의료 행위에서 일정하게 그들의 지식과 술기를 모두 통합해야만 한다. 또한 의사는 팀을 교육하고 혁신하고 조사하고 관리해야만 한다. 학생과 전공의들은 다양한 역할, 책임감, 지식, 술기의 통합에 대해 이해하고 준비할 필요가 있고, 기초, 임상, 인문사회의학을 학습하면서 임상 경험을 통합해야 한다. 이러한 술기와 지식의 통합을 경험하기 위해서 의과대학 학생은 조기 임상 노출이 필요하고, 전공의는 의료 행위의 기저에 있는 과학과 최상의 증거에 기반한 더 강력한 임상 노출이 필요하다.

• 탐구의 습관화와 혁신의 개발: 새로운 의학교육의 미래는 의학과 보건의료를 지속적으로 발전시키도록 생각의 습관을 개발하는 것을 수반한다. 이것은 기관과 개인에게 모두 적용된다. 학생과 전공의가 평생 동안 의료행위를 하면서 스스로의 장점을 증진해 나가기 위해서는 탐구하는 습관을 기르고 개선 활동을 스스로 해 나가는 것이 필요한데, 이를 돕기 위하여 학교의 교육병원은 탐구, 발견, 혁신에 대해 수련 중인 의사들과의 약속을 지지해야 한다.

- 전문가의 정체성 형성에 초점: 전문가의 가치, 행동, 열망의 개
  발과 같은 전문가의 정체성 형성은 의학교육에 주요한 초점이
  되어야 한다. 임상수행 능력, 개인 간의 소통 기술, 도덕적 법적
  이해의 필수적인 기초를 세우고 탁월한 성과, 책임성, 인본주
  의, 박애주의 등과 같은 열망이 포함되는 방향으로 목표를 확장
  해야만 한다.

의학교육에 대한 Flexner 보고서에서 근원을 갖고 있는 이러한
목표는 미국 의학교육의 강점을 반영하고, 단점을 극복하며, 미래
를 지향한다. 그러나 그러한 미래를 인식하는 것은 프로그램에 대
한 중요한 개혁을 수반한다. 이러한 변화를 지지하기 위해서는 미
국 의학교육의 설계와 전달체계에 영향을 미치는 정책을 변화시켜
야만 한다.

예를 들어, 4년 동안의 의과대학 과정에서 졸업 전 교육을 생각해
보자. 학습에서 진보적이고 발전적인 특성은 교육자와 피교육자, 환
자 간에 그리고 의과대학 4년에 걸쳐 더 장기간의 연계를 요구하고
있다. 학습에 있어서 적용되고 배분된 특징은 특정 맥락에서 임상
공부와 의료 행위에 기초가 있는 공식적 지식 간에 더 강한 연계 필
요성을 보여 주고 있다. 이것은 조기 임상 몰입의 증진과 커리큘럼,
교수법, 평가 등으로 나타나는 공식적 지식과 임상 경험 간에 지속
적인 연계의 중요성을 의미한다.

그러나 의학교육의 교육적 성취를 지원하고 도전하는 데에는 조
직, 재정, 규제 간에 관계망이 존재한다. 의학교육의 참여적 측면,

예를 들어 졸업 전과 후에 의학교육의 주요한 강점을 유지하는 것은 지금의 교육과 학습이 갖고 있는 한계적 상황에서 재정적 압력에 의해 도전을 받고 있다. 교육과 학습의 새로운 모델이 개발되어야 할 뿐 아니라 임상 교육에 소요되는 재원을 조달하는 데에 새로운 접근법이 필요하고, 기관 내외부의 기금과 규제에 정책적 변화가 수반되어야 한다. 그러므로 의학교육의 새로운 비전을 성취하는 것은 각 의학교육의 이해집단이 커리큘럼, 교수법, 평가, 인증, 면허, 보증, 그리고 기금 등을 검토, 강화, 정비하는 데에 함께 노력해야만 한다. 모든 것은 의사를 갈망하는 교육과 환자의 치료 간에 일반적인 목표를 향해야 한다.

책의 순서

책은 1부에서 의학교육과 의료전문가에 대한 개괄로 시작된다. 1장에서 우리는 환경적 경향과 도전을 포함한 의학교육의 역사적 환경과 현 의학교육의 구조를 기술하였다. 2장에서는 환자를 보살피고, 전문가 커뮤니티에 참여하며, 끊임없이 개선과 질문을 유도해 나가는 의사 업무의 핵심 영역을 다루고 있다. 우리는 어떻게 핵심 영역의 수행을 잘 할 수 있는지를 설명하는 학습 관련 연구를 검토하고 전문가 형성 과정을 다루었다.

2부에서는 의사가 되기 위한 학습에 있어서 의학교육의 경험을 살펴보았다. 3장에서 우리는 의과대학의 교육기간 동안 이루어지는 과정을 검토하였고, 4장에서 전공의 수련 동안 이루어지는 학습의 경험을 다루었다. 두 장에서 우리는 혁신을 약속하고 강점과 실패를 고찰하기 위해 교육과정, 교수법, 평가 등의 설계와 경험에 초점을 맞추었다.

의학교육의 재정, 규제, 혁신과 관련되어 있는 복잡한 환경은 3부에서 다루었다. 5장은 의학교육의 규제와 재정에 대해서 다루고 있다. 비록 이러한 외부의 힘이 역사적으로 교육 혁신을 방해하였다고 하더라도, 방문을 통하여 교수의 비전과 리더십, 어떤 경우엔 창조성에 의해 변화가 일어나고, 강력한 리더십과 규제를 통해 변화가 활성화된다는 점을 인식하게 되었다. 6장에서 우리는 연구 기간 동안 목격하고 학습한 전환기적 리더십에 영감을 불어넣어 준 사례와 함께 리더십 원칙을 다루었다.

우리는 가능한 비전을 갖고 이 책을 끝맺고자 4부에서 미국 의학교육을 증진시키기 위한 기회에 대해 논의하였다. 우리가 믿고 있는 일련의 제안을 통해 우리의 비전을 제공하고 그러한 기회가 많아질수록 의학교육이 최초의 전문가 교육으로 만들어질 수 있음을 주장하였다. 7장에서는 의과대학의 학생과 전공의 수준에서 교육 프로그램의 예를 제시하면서 전문가로서의 정체성을 형성하기 위한 관심과 노력을 기울여야 하고 개별화, 통합, 탐구, 혁신의 원칙을 깨닫는 것이 중요함을 다루었다. 의학교육에서 중대한 개혁은 구조적 변화와 함께 투명성과 책임성의 문화가 어느 정도 정착하느냐에 달려 있기 때문에 8장에서 표준화, 개별화, 통합, 탐구 습관과 혁신, 그리고 전문가 정체성의 형성 등의 목표에 도달하기 위한 의학교육의 지원 정책을 제안하였다.

책의 활용

이 책은 현 상태와 의학교육의 미래 방향, 그리고 전 세계적인 건강 증진에 관한 논의를 자극하는 데에 관심을 기울이고 있다. 우리는 학생, 전공의, 임상 의사가 그들의 관심사와 희망이 이 책을 통해 드러나길 희망한다. 학장과 교육부학장, 의학교육자, 교수는 커리큘럼의 개발, 교수법, 평가를 위한 방향을 찾는 데 도움이 될 수 있다. 교육 연구자들은 의학교육에서 장학금의 새로운 영역의 이론적 기초를 찾는 데에 도움이 될 수도 있다. 인증, 보증, 면허 업무를 담당하고 있는 정책 기관의 경우 변화에 대한 제안을 찾을 수 있을 것이다. 전문가 조직은 전문가의 미래를 위한 안내자 역할을 찾을 수 있다. 병원과 재정 당국은 의학교육의 재정에 근본적 변화를 요구하는 목소리를 들을 수 있을 것이다.

무엇보다도 우리는 이 책이 이러한 그룹 간에 필요한 대화를 매개하는 역할을 담당할 수 있기를 희망한다. 대화는 의학교육을 강화하고 궁극적으로 환자 치료를 제공하기 위한 더 좋은 행동으로 이끌 것이다.

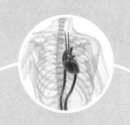

오늘의 실천,
어제의 유산,
미래의 도전

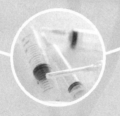

ART ONE

1

Chapter 01

의학교육: 배경과 과제

19세기 미국에서 의사들은 근대 의학교육에 대한 인식이 없었다. 그 당시 의사가 되는 과정은 체계적이지 않았고 특별한 제한이 없었다. 의과대학 입학 기준은 엉성했으며 대부분의 경우 고등학교 정도의 교육 수준만을 요구하였다. 교육과정은 16주간의 강의와 8개월 동안의 반복 학습으로 이루어졌다. 환자 실습 또는 실험실 경험은 없었고, 모든 의과대학 입학자는 학업 성과의 결과에 관계없이 M.D. 학위를 취득하고 졸업했다. 교수들은 전형적으로 임상 의사들로 구성되어 있었는데, 이들은 수입 증대를 목적으로 하는 시간제 교육 강사였다(Ludmerer, 1985, 1999). 의과대학은 조직체계와 교육 수준에 따라 엘리트 대학과 소규모의 영리 추구 대학으로 양분되어 있었다. 평가 기준은 없었으며, 많은 의과대학은 실제로 교육 수준이 매우 낮았다. 의사자격증이나 면허를 요구하지 않았기 때문에, 대부분의 의사는 임상에 투입되더라도 겨우 진료를 할 수 있을 정도였다.

일반 대중들이 그들이 받은 진료 행위가 우수했는지 혹은 돌팔이 수
준이었는지 알아내는 것은 사실상 불가능했다.

이러한 의학교육과 진료 행위를 변화시킨 근거는 1910년 Flexner
의 기록에서 찾아볼 수 있다. 표준이 정립되어 있지 않았던 의학교
육의 개선과 보다 나은 진료 행위를 위해 우수하고 다양한 진료를
수행한 의사들이 노력했고, Dr. Colwell의 주도하에 미국의학교육
협회(AMACME)가 의과대학들을 조사했다. 그 결과 많은 의과대학이
수준 미달이라는 것이 밝혀졌다. 그러나 의학교육에 대한 전면적인
비판이 요구되는 경우 협의체 기구로서 미국의학협회(AMA)는 곤란
한 처지에 직면하게 되었다. 이러한 이유로, AMA는 새로 설립된 카
네기 교육발전재단의 도움을 얻어 1908년에 교육 개선을 위해 북미
지역에서 의학교육에 관한 광범위한 연구를 진행하게 되었다. 카네
기 교육발전재단의 총수였던 Henry Pritchett는 비의사 교육자인
Flexner에게 의학교육에 관한 연구를 의뢰했다. 비의사 출신을 선택
한 것은 예상 밖이었다. "Dr. Colwell과 나는 함께 의과대학 현장 방
문을 많이 했다. 그는 필요한 절차를 조심스럽고 요령 있게 진행한
반면, 나는 다행스럽게도 사실을 아주 솔직하게 말할 수 있는 위치
에 있었다(Flexner, 1940, p. 115)."

그 당시 Flexner와 Colwell은 1909년에 미국과 캐나다에 있는
155개 모든 의과대학을 방문했고, 1910년에 보고서를 통해서 근대
의학교육의 구조는 이미 모양새를 갖추고 있다고 발표했다. 의학교
육이 현대의 엄격하고 과학에 기초를 둔 형태로의 변화는 19세기 중
엽에 실험의학의 개시와 더불어 독일 대학에서 시작하였고, 당시 독

일 대학에서는 실험실 연구를 통해 질병의 기전을 경험적으로 확인하거나 혹은 가설을 반박했다. 이런 실험주의자 접근법은 전통과 고대 의사들의 업적에 기반을 둔 기존 의학 문화에 반하는 것이었다. 독일과 그들의 실험연구에 매료된 미국 의사들은 과학적 의학에 감명받고 그들의 대학에서 의사 준비 과정 모델로서 채택하기로 결정했다. 시카고, 코넬, 하버드, 미시간, 펜실베이니아 그리고 후에 존스 홉킨스 등이었으며, 이들 대학에서는 의학의 근간으로 경험적 접근법을 채택하고 있었다. 이러한 개혁자들의 노력을 통해서 의학교육은 대학으로 유입되었고, 의학연구소들이 의과대학 부속병원과 더불어 설립되었다(Ludmerer, 1985).

의과대학 방문 준비 과정에서, Flexner는 그의 동생인 Simon이 록펠러 의학연구소 초대 소장이 되기 전에 의학 공부를 하고 있던 존스 홉킨스 의과대학을 방문했다. 존스 홉킨스 의과대학에서 Flexner는 불과 20년 전에 의과대학이 어떠한 형태를 갖추어야 한다고 강력히 주장했던 지도자급 의사를 만났다. Flexner는 의학교육의 표준으로서 존스 홉킨스 모델을 인용하였고, 존스 홉킨스와 그가 방문했던 의과대학들의 의학교육과정을 비교하였다.

의과대학을 방문하는 동안, Flexner는 그가 생각하는 기준과 일치하는 우수한 대학 중심 의학교육 프로그램을 상당수 대학에서 발견하였다. 또한 의료는 과학의 근거하에 굳게 뿌리내려야 하며, 미신, 추측, 무비판적인 경험에 근거를 두어서는 안 된다고 믿었다. 그는 의학교육의 필수조건으로서 과학적 호기심과 연구 방법을 터득해 연구와 임상의학을 병행하는 것을 보았다. "연구와 임상을 별개로

떼어 놓을 수는 없다. 연구자는 분명하게 관찰하고, 경험하고, 판단
한다는 현대적 사고를 갖고 있는 내과 및 외과 의사들이 확실한 관
찰, 경험 및 판단하에 의료 행위를 한다. 만일 연구, 치료, 교육의 관
점에서 병동과 실험실이 필연적으로, 불가분하게 뒤얽혀 있다면, 실
제로는 연구와 임상 관련 지적 사고방식과 과정은 일치해야 한다."
(Flexner, 1925, pp. 4, 6)

Flexner 보고서

의학은 과학 중심 의료 행위이기 때문에, Flexner는 다음과 같이
주장하였다. 즉, 의과대학은 대학 내에 설립되어야 하고, 교육 병원
을 갖고 있어야 하며, 과학적인 연구는 실험실에서부터 병원까지 연
결되는 작업방식을 갖추어야 한다. 모든 북미 의학교육은 제시된 기
준을 달성하였다는 것을 확인하기 위하여, Flexner는 4년제 M.D. 학
위 취득에 요구되는 공통 필수조건을 제안하였다.

- 당시에 전형적이었던 고등학교 졸업 수준의 학력에서 탈피하
  여 강력한 과학 중심의 학사학위를 요구하는 고학력 입학 기준
  설정
- 단순 8개월의 이론 강의 대신 2년 과정의 기초과학 지도를 통해
  학생이 과학자의 사고를 갖출 수 있도록 대학 중심의 의학교육
  제공

- 교육 병원에서 2년간 대학교수의 지도하에 임상 실습
- 실험실 및 임상 실습실에서 교수 지도하에 집중 훈련을 통한 연구 경험 축적
- 연구 실험실로부터 임상 적용까지 어렵지 않게 적용할 수 있는 의사과학자에 의한 교육 지도

Flexner는 보고서에서 존스 홉킨스 대학교 모형(템플릿)에 맞지 않는 몇몇 의과대학을 발견했다. 그에게 충격을 안겨 주었던 이런 의과대학은 보고서에서 신랄하게 비판한 것처럼 소규모의 개인 소유(이름뿐인) 대학이었다. 그는 이런 학교들의 수준 낮은 교육, 시설, 교원, 학생, 행정 및 임상 실습 등을 비난하였다. Flexner 보고의 영향은 당시의 폭로 전문 기자에 의하여 널리 알려졌고, 이후 10년 내에 155개 의과대학 중 약 1/3이 폐교하거나 다른 대학과 통합되었다. 불행히도, 폐교되었던 일부 학교들은 여성과 흑인만을 위한 의학교육 기회를 제안했었는데, 이들만을 위한 의학 교육의 기회는 1970년대까지 제공되지 않았다.

의학 직업 과정

Flexner의 보고서 발행 이후 시민을 보호하고 의과대학을 감시(필요한 경우 제재)하기 위하여 10년 내에 인증, 자격 및 면허 과정이 제정되었다. 의과대학의 인증과정은 강화되었고, NBME(National Board of Medical Examiners: 의사시험위원회)는 의사시험 프로그램을

완성하였다. 1880년 중반에 임상의사에게 면허를 부여하기 시작한 주 산하 의사회(State Medical Board)는 이전 NCSE(National Confederation of State Examining) & LMB(Licensing Medical Boards)를 FSMB (Federation of State Medical Boards)로 개편하여 1912년에 새롭게 창 립하였다. 현재 의사면허제도인 USMLE(United States Medical Licensing Examination)는 1990년대 초기에 도입되었으며, 기존의 NBME 시험과 FSMB의 시험을 대체하는 계기가 되었다. 모든 의과 대학 졸업생은 자격을 갖추었다고 보증할 수 있어야 한다는 Flexner 의 바람이 1915년 발표로 이루어지게 되었는데, NBME는 의사가 되 기 위한 과정으로 4년의 의과대학과 1년의 인턴 과정을 규정했다. 즉, AMACME는 기구의 역할을 5년으로 연장하는 것으로 간주하였 다. 그리고 1919년에 위원회는 '인턴십 승인을 위한 필수 사항 (Essentials for Approved Internship)'이란 규정과 관련 규정의 목록을 발표하였다. 1923년까지 모든 미국 의과대학 졸업생이 인턴 과정에 배정될 수 있을 만큼 충분한 자리가 확보되었다.

전문의 과정 및 졸업 후 의학교육

20세기 전반부에 대부분의 의사는 성인과 소아진료, 외과적 수술 및 출산 등을 책임지는 일반의로서 역할을 하였다. 결론적으로, 대 부분의 의사에게는 일반의 수준의 인턴십이 적절한 준비 과정이었 으며, 전문의가 되기 위한 수련 기간은 필요 없었다. 그러나 인턴십 과정 중 몇몇 졸업생은 보다 앞선 임상교육을 원했다. 그 당시 전문의 수련은 교원이나 임상연구자로서의 자격을 갖추기를 원했던 졸업생을 위한 준비 과정으로 간주되었다. 이런 고급수련 과정은 주로 대학원 의학교육과정의 학위취득 프로그램이나 혹은 전공의라는 더욱 심화된 대학 중심의 임상수련 과정을 통해서 이루어졌다. 이 두 가지 과정은 강력한 학문적 연구의 성격을 갖고 있었다. 1925년에 전 미국에서 단지 29개 병원만이 전공의 프로그램을 제공하였고, 제2차 세계대전까지도 소수의 의과대학과 인턴십 과정 졸업생만이 전공의 수련을 받았다(Ludmerer, 1985).

Flexner 보고 이전에 존재했던 다양한 학부 과정 의학교육을 연상케 하면서, 1920년대에 들어서는 엄격한 전공의 프로그램뿐만 아니라 2주 정도의 짧고 불충분한 과정을 이수 후, 의사들 스스로 본인이 전문의라고 선언하는 부적합한 단기수련 과정이 생겨나기 시작하였다. 1917년에 시작되어 1930년대에 활발하게 전문의 제도가 제정되었으며, 주된 목적은 고급수련 과정의 기간과 내용을 정의하고 표준화하며, 의사가 자신을 전문의라고 부를 수 있기 위해서는 전문의 시험을 거치게 하는 것이었다. 1930년대 말까지 병원 중심의 전공의 프로그램은 대학원 과정 의학교육의 자율적 교육과정으로 대체했으나, 아직도 75%의 의과대학 졸업생은 인턴십 과정만을 이수한 후 일반의로서 진료를 담당했다.

제2차 세계대전 후, 전공의 자리는 대폭 증가했으며, 수련 기간 동안 학문적으로(연구 분야에) 큰 기대가 되지 않는 피라미드형 분산형태 수련 과정이었던 전공의 프로그램들은 재조정되었고, 이로 말미암아 전공의 과정을 시작했던 대부분이 수련 과정을 이수할 수 있었다. 제2차 세계대전 이전에 전공의 수련 과정의 목표였던 고도의 임상 수련과 임상연구역량강화 과정은 전공의 후 전임의 과정으로 전환되었다. 1950년대 초기에는 의과대학 졸업 후에 이루어지는 의학교육이 체계적으로 확대되기 시작하였다. 제2차 세계대전 중 사보험과 고용자 기준 보험의 발전은 교육병원에서 진료 요구가 증가하는 계기가 되었고, 교육병원의 전공의 인력에 대한 관심을 고조시켰다. 고도의 전문의 과정 및 세부 분과 전문의 과정이 우수해질수록 전공의 수련을 받지 않은 의과대학 졸업생이 행하는 일반의 수준의 의료 행위에 대한 관심은 감소하였다. 현대의학이 초창기였지만 그래도 의학이 갖는 복잡성은 일차적 진료의사의 진료수행 능력으로는 복잡한 의료 행위를 하기 어렵게 만들었다.

1938년 이후 1년차 전공의 정원은 미국 의과대학의 졸업생 수를 넘어서고 있다. 부족한 전공의는 정골 요법(Osteopathy) 의과대학 졸업생과 미국 외의 대증요법(allopathy) 의과대학 졸업생으로 채워지고 있다. 전공의 정원과 교육병원 환자 진료에 있어서 전공의 참여 의존도가 현재까지 지속되고 있다.

⚕ 제2차 세계대전 후 의과대학 증가

제2차 세계대전 이후 의과대학 수가 증가되고, 의생명연구가 심화되었으며, 전공의 교육이 강화되었다. 의과대학은 주로 NIH를 통한 연방정부의 연구지원 정책으로 규모가 커지고 대학 수가 확대되

었다. 이 기금은 주로 연구 중심 의과대학과 대학 부속 교육병원에
제공되었다. 결과적으로, 교육병원이 없는 작은 규모의 지역의과대
학과 지역병원은 이러한 지원에서 제외되었다(AAMC, 2008).

1960, 1970년대 연방 및 주정부는 의사 수가 부족함을 인식하고
의과대학을 늘리는 데 자금을 지원했다. 이것을 기점으로 교과과정
혁신이 이루어졌으며, 캐이스 웨스턴 리저부대학(Case Western
Reserve University)에서는 장기 중심 교과과정을 창안하였고, 미시간
주립대학(Michigan State University), 멕마스터대학(McMaster University
in Ontario), 뉴멕시코대학(University of New Mexico)에서는 문제 중심
교과과정(PBL)을 제시하였다. 구체적인 내용은 3장에서 기술된다.
또 다른 중요한 변화가 이 기간에 시작되었다. 의학교육실을 설치하
고 교육대학으로부터 교원을 초빙하여 의학교육에 투입시켜 평가,
교수·교과과정 개발, 그리고 교육공학을 지원하도록 하였다. 의학
교육실은 전문직 교육을 위한 독특한 상황이다. 6장에서 기술한 것
처럼 의학교육실 교원은 교과과정 개혁을 유도하는 데 많은 도움을
주었다.

의료현장의 요구가 커지고 메디케어 및 메디케이드에 대한 연방
정부의 재정 지원이 증가함으로써 의과대학의 교육과정도 재편되었
으며, 5장에서 언급했던 것처럼 이러한 경향은 지속되었다. 메디케
어가 시작된 1965년 이전에는 의과대학은 규모가 작았고 교원의 수
도 적었다. 진료 수익은 전체 학교 교비의 3% 미만이었다(Watson,
2003). 반면, 2007년까지 진료 수익은 전체 교비의 40%를 상회하였
고, 임상교원의 수는 수익에 비례하여 증가하였다(AAMC, 2008). 메

디케어와 메디케이드 재정 확보는 국가 의료 체계를 일원화하는 방향으로 전환시켰을 뿐 아니라, 교육병원들을 자선의료(charity care) 공급자 역할에서 빈곤층을 위한 의료 공급자의 형태로 전환하는 계기가 되었다. 임상 영역의 재원 확보에 대한 변화는 의과대학에서 더 많은 환자를 진료하는 방향으로 전환하는 계기가 되었고, 임상교원의 증가도 진료 수익과 연관되었다. 임상 분야의 이러한 성장은 학생과 전공의에게 더 많은 교육 기회를 제공하였는데, 그 이유는 더 많은 환자를 볼 수 있고 최신 의학 및 의료 기술을 접할 수 있었기 때문이었다.

이러한 성장 시기는 1970년대에 보건의료 비용을 급상승시켰고, 반면에 의료 비용을 억제시키고 메디케어와 메디케이드에 의한 비용 사용에 제한을 두는 규정을 강화시키는 시대가 도래되었다. 이와 같은 규제는 1980년대에 교육병원들에게 비용을 절감하고, 효율을 증가시키며, 더욱 가격 경쟁 우위에 놓이게 하는 압력을 가했고, 그에 따라 의과대학 학생과 전공의들에게 양질의 교육환경을 제공하는데 어려움을 주었다. 결과적으로, 대학부속병원들은 환자의 입원 기간은 단축되는 반면, 입원환자의 상태 파악 요구는 증가하고, 환자 치료에 더 복잡한 의료 기술과 치료법의 적용은 확대됨으로써 교육하고 수련하는 데 어려움이 가중되었다.

🩺 의료의 질 개선

1990년대와 21세기 초기 10년까지 의과대학과 교육병원들에 대해 위에 언급한 바와 같이 외부압력은 임상 교육 현장에서의 상황을 악화시켰고, 환자 안전 문제, 전공의 근무시간 및 의과대학 졸업생의 최소 능력에 대한 우려를 야기했다. 의학교육 관련 몇몇 기관은 의학교육의 연속성을 통한 개선 노력을 촉구하여 환자진료의 질 개선 및 오진 감소에 많은 주의를 갖도록 요구했다. 전국의 병원들에서도 요구되었다(Committee on Quality of Health Care in America, 2000, 2001; Committee on the Health Professions Education Summit, 2003; AAMC, 2004). 동시에 전공의들의 긴 업무시간과 주당 120시간에 달하는 업무와 수면 부족은 환자 안전 문제와 전공의 삶의 질과 연계되었다. 연방의회법의 압박하에 ACGME(Accreditation Council for Graduate Medical Education)는 전공의 근무 시간을 주당 최대 80시간으로 정하는 규정을 도입하였다. 많은 전공의 프로그램 지도자와 임상교원은 이러한 제약에 반대했다. 왜냐하면 전공의들이 난이도 높은 시술 수행 능력과 다양한 환자의 진료 및 환자에 대한 직업적 의무를 다하는 데 충분한 경험을 가질 수 없기 때문이다. 많은 병원도 반대했는데, 그 이유는 전공의에 대한 저임금 정책의 파괴와 고정비용의 증가 때문이었다. 그러나 모든 기관은 이 새로운 규정을 수용했고, 교육에 미칠 수 있는 부작용을 완화시키도록 노력했다.

의료의 질 개선은 미국 의료계에서 가장 중요한 움직임이 되었다.

질 개선은 모든 전공의에게 ACGME 역량을 요구했는데, 6개 역량 중 2개는 질 개선과 관계되었다. 2개의 역량은 임상 실습교육 및 개선 역량(각자에 배정된 환자로부터 배우고 진료를 개선시킴), 그리고 기관 중심 실습 역량(기관 내 근무 및 보건의료 시스템의 개선)이다. 나머지 역량은 의학 지식, 임상 추론, 환자와의 소통, 그리고 전문 직업 교육이다. 의과대학 또한 학부 교육에서도 같은 역량 지표를 사용하기 시작했다. 역량은 각 연차별 소속 모든 전공의에게서 예상되는 수행 능력에 관계된 일반적인, 비영역 특수분야를 정의하였고, 졸업 후 의학교육과 재학생 의학교육의 교과과정 쇄신을 촉구하였다(Irby & Wilkerson, 2003).

🩺 전공과목의 세분화

1990년대부터 20세기 초반까지 NIH의 의생명 연구비는 2배로 증가했다. 이와 같은 연구비 증가의 결과는 분자의학연구와 진단 및 치료 분야 발전에 초점이 맞추어졌다. 새로운 의학 지식과 의료 기술이 발전할수록 의사의 관심 분야 범위는 축소되기 시작했고, 결과적으로 세분화되고, 그 밑의 범주로 다시 나뉘었다. 1970년 이전에는 ABMS(American Board of Medical Specialties)에서 인정한 19과목의 전문의 제도와 10개 분야의 분과 전문의 제도가 있었지만 오늘날에는 24과목 전문의 제도와 121개 분야의 분과 전문의 제도가 시행되고 있다.

전공 과정이 세분화될수록 Flexner가 예측하지 못했던 새로운 임상 분야 역할과 임상 관련 인력과의 관계가 대두되었다. 의사는 마취간호사, 의사보조원(PA), 임상약사와 같은 여타 보건의료 전문가들과 협동하에 환자를 진료하게 된다. 전공과목이 활성화될수록 여타 보건 의료 인력과의 파트너십이, 협진팀, 협력연구와 같이 이루어지기 시작했다. 흔히 외래진료는 치료에 중점을 두지만, 일반의(generalist physician)도 1차 진료의 핵심에 있고, 전문의의 소견을 취합해서 환자 진료에 관여하기 때문에 병원에서 중요한 역할을 담당한다. 전담 전문의(hospitalist)라고 알려진 이런 의사들은 주로 병원에서 근무하며, 환자 진료와 여러 분야 전문의의 치료 과정을 조율해 주는 역할을 한다.

⚕ 의학교육과 경영

전문의 혹은 분과전문의 제도에도 불구하고 의사들은 보건의료 시스템 테두리 내에서 교육을 받고 진료 활동을 한다. 거시적 수준에서 보면, 미국에서 보건의료 비용은 연간 2조 1천억 달러로서 국내총생산의 16%에 해당한다. 여타 선진국에 비해 보건의료 비용을 2배 정도를 지출하는 데도 불구하고 미국은 여러 지표를 고려할 때 만족할 만한 보건의료 성과를 얻지 못하고 있다(Ginsburg et al., 2008). 사보험 혹은 공공의료보험을 갖고 있는 환자에서조차 의료전달체계의 결함 때문에 의료 성과는 기준에 미달한다. 더욱이 4,700만 미국인은 의료보험이 없다. 이런 환경에서 대학부속병원은 차세대 의사들을 위한 교육환경 개선과 임상연구 수행을 지속해야 하는 반면에 의료보험이 없는 환자의 치료를 분담해야 하는 불균형적인 형태를 유지하고 있다. 환자 진료, 저소득층 의료 시행, 교육 및 연구 등 여러 미션들(제한된 재원과 경쟁해야 함)을 시행해야 하는 많은 교육병원은 보건의료시장에서의 경쟁에서 불리한 상황으로 내몰렸다. 이런 맥락에서 의과대학생과 전공의는 수준 높은 진료를 수행하기에는 열악한 시스템에 있게 된다.

다양한 문화적 수준 위에 소비문화의 고조 및 의무와 투명성에 대한 기대감은 의료 시행과 의학교육에 막대한 영향을 미치고 있다. 병원, 클리닉, 개별 의사들의 의료 수행에 관한 정보가 취합되고 시민에게 제공되고 있다. 의료 수행 기준을 세우고, 기준이 항상 유용한 지침은 아닐지라도 결과는 발표되었다.

결과적으로 이러한 의료체계의 확대는 미국에서 필요한 의사 수가 부족한 현상을 초래하고 있다. 새로운 의과대학이 설립되고 기존의 의과대학은 입학생 수를 늘려 가고 있다. 그러나 이런 것들은 의사의 지역 분포 및 전문의 수 등을 고려할 때 의사 수의 부족과 근무지역의 쏠림 현상 등 때문에 미래의 장기적인 요구에는 부적합할 것이다. 농촌과 도심 빈민지역 등은 의사들이 기피하고, 그리고 너무 많은 학생이 1차 진료의보다 시술을 많이 하는 전문의 과정을 선호한다. 이러한 문제점은 의료 요구를 필요로 하는 지역의 의사 수급을 어렵게 한다.

의학교육의 현대 모델

현재 미국에는 130개의 공식적으로 인증된 의과대학이 있다. 4년간의 학부 의학교육의 목적은 의사로서의 일반적인 직업교육을 수행하고 전공의 수련 기간 동안 지도 전문의의 감독하에 전공의사가되기 위한 준비에 있다.

예비 의학교육 및 입학

의과대학생이 되기 위해서는 학사학위를 취득해야 하는데, 대부분 과학계열을 전공한다. 이런 기본 과정은 Flexner의 제안이다. 이과정은 1년간의 생물학, 2년간의 일반 및 유기화학, 1년간의 물리학, 그리고 몇몇 대학에서는 1년간의 수학을 포함한다. 입학에 요구되는 기초과학교육은 의과대학 교과과정 중 첫 2년의 심도 높은 과학교육 때문에 학생의 성공적인 학업 수행에 매우 중요한 것으로 오랫동안 인식되었다. 그러나 의과대학 입학에 필요한 이수 교과과정의 요구는 아직도 논란이 많다(Dienstag, 2008). AAMC와 하워드 휴 의학연구소 (Howard Hughes Medical Institute)의 최근 연구는 예비 의과대학생 및 의과대학생의 과학교육 수행 능력만의 평가에 대해 변화를 제안하였으며, 기초, 임상, 사회과학의 통합과 의사에게 기대되는 핵심 수행 능력을 광범위하게 반영하는 준비 과정으로 확대할 것을 제안했다(Association of American Medical Colleges & Howard Hughes Medical

Institute, 2009).

2007년, 의사면허 취득이 가능한 미국 의과대학 입학 정원은 18,000명이었으며, 42,000명이 지원했다(AAMC, 2008). 입학 심사는 주로 과학 분야 관련 학부 성적(GPA) 및 의과대학 입문시험(MCAT) 성적으로 결정한다. MCAT는 과학 지식과 추론, 프리메디컬 코스의 성취도를 평가한다. 이런 기준은 의과대학 첫 2년 동안 우수한 학업 성취도를 기대하게 하지만, 임상 실습 혹은 면허시험 성적과는 의미 있는 상관관계를 보이지 않는다(Kreiter, Yin, Solow, & Brennan, 2004). 의료 수행에 필수적인 지원자의 인성, 즉 동정심(compassion), 신뢰성(trustworthiness), 신인성(dependability)을 평가하기 위해서 의과대학 입시위원회 및 전공의 선발위원회는 지원자를 면접한다. 이런 면접은 많은 시간을 필요로 하고, 크게 신뢰할 수 없다(Kreiter et al., 2004). 다른 면접 방법이 도입되기 시작했으며, 비인지적 요인을 더 정확히 평가하려고 한다(Eva, Reiter, Rosenfeld, & Norman, 2004a, 2004b; Eva, Rosenfeld, Reiter, & Norman, 2004).

의과대학 입학생은 우수하고 다양한 경험을 갖고 있다. 하지만 Flexner 시대에는 의과대학 입학생의 환경은 다양하지 않았다. Flexner 보고서 이후 여학생과 아프리카계 미국인을 교육시킨 일부 의과대학은 폐쇄되었다. 1960년대 초기까지도 수련받는 의사 대부분이 백인 남성이었다. 의학교육의 다양성은 교육의 질을 향상시켜 학생 및 전공의가 효과적이고 문화적으로 더 유능한 의사가 되게 한다. 이런 의사는 문화적으로 다양한 환자에게 보다 나은 진료봉사를 제공할 수 있다. 더욱이 소수민족 출신 의사는 환경이 열악한 지역에서 의료 행위를 많이 하게 된다. 또한 영어 이외의 외국어에 능숙한 경우, 언어 및 문화 장벽을 해소할 수 있어서 치료에 도움이 되기도 한다.

의과대학 의학교육

의과대학에 입학하면 학생은 첫 2년간 강의 중심 교육을 받게 되는데, 이는 임상의학에 바탕을 둔 기본 지식을 습득하도록 구성된다. 대부분의 의과대학은 신체 장기 중심(심혈관, 신장, 호흡기, 유전학, 암)으로 기초 및 임상통합 교과과정으로 운영한다. 초기 2년간의 기초 수업 후 2년간은 전문 임상 실습 과정을 수행한다. 3학년 동안 학생들은 4~8주 동안씩 가정의학과, 내과, 신경과, 산부인과, 소아청소년과, 정신과, 일반외과 등의 핵심 과를 필수적으로 순환한다. 핵심 과 순환 후, 4학년은 주로 학생이 선택하여 임상 실습을 한다.

광범위한 의학교육 범위 내에서 일부분 의과대학에서는 대학의 교육 목표에 맞는 특별한 교과과정을 제공한다. 예를 들어, 농촌 지역을 위한 1차 진료, 공중보건문제, 미래 연구자 및 학자 양성 등에 관한 교육과정 등이다. 어떤 의과대학은 교과과정 내에서 특성화 트랙을 제공하며, 학생은 의공학, 임상 및 중개연구, 분자의학, 그리고 세계 보건 같은 관심 분야를 공부하도록 한다. 이와 같은 특성화 프로그램은 학생 각자가 갖고 있는 관심 분야에 대해 배움의 기회를 제공하는 맞춤형 교육과정이다.

졸업 후 의학교육

의과대학 4학년 때, 학생은 본인이 선택한 전공과목의 전공의가 되기 위해 전국의 병원을 상대로 다수의 전공의 프로그램 관련 인터뷰를 한다. 졸업 후 의학교육은 전공의가 전공과 내에서 의학 지식과 시술 경험이 점진적으로 향상되도록 구성된 광범위하고 심화된 임상 경험 과정으로 이루어진다. 각 전공과정은 어느 정도 이론 교육을 필요로 한다. 전공의 수련 기간은 전공과목에 따라 차이는 있지만 3~7년이다. 예를 들어, 내과, 가정의학과, 소아청소년과의 전공의 기간은 3년이며, 일반외과 및 영상의학과는 최소한 5년이다.

의과대학과 같이 전공의 프로그램은 특정 지역에서 의료 봉사 활동을 하도록 수련 교육, 학문적 리더 준비, 연구자가 되기 위한 임상 토대 확립 등의 구체적인 목표를 갖고 있다. 전공의 수련을 마치면 의사들은 본인 전공 분야에서 독립적인 진료를 위한 준비를 하거나 분과전문의를 위해 전임의 과정을 선택한다. 거의 대부분의 임상과목 전문의는 세부전공을 갖고 있다. 분과전문의 자격을 획득하기 위하여 1~3년의 추가 수련 기간이 필요하다. 대부분의 내과 전공의는 심장학, 소화기내과학, 노인학, 혈액종양학 분야의 세부전공을 한다. 전임의 제도는 제2차 세계대전 후 체계화되기 시작했는데, 일반적으로 1년의 임상 경험과 1~2년의 연구 과정으로 이루어져 있다.

현재 가정의학과나 내과 같이 1차 의료 담당 전문의 양성 전공의 수련 프로그램은 학생 대부분이 전문적 시술 수행 전문의 과정을 선택하기 때문에 큰 문제가 되고 있다. 이유는 여러 요인에 기인하는데 내과 전문의 간의 연봉 차이, 학자금 대출로 인한 부담 증가(2008년 의과대학에서 학생당 평균 학자금 대출 액수는 140,000달러였다), 그리고 학자금 상환이 충분할 만한 연봉과 일과 삶의 균형 및 조정 가능한 근무시간 같은 학생들의 욕구 때문이다. 결과적으로 1차 의료 담당 전문의 과정 지원자 수는 감소함으로써 이 분야의 전공의 프로그램은 미국 의과대학 졸업생만으로 정원을 채우기는 어렵게 되었다.

2008년 미국에서 8,490개의 ACGME 인증 수련 프로그램에 전공의는 107,851명이었다(ACGME, 2009). 미국에서는 대부분의 전공의 프로그램은 지역사회 중심 교육병원에서 운영되고, 대학 중심 전공의 프로그램에서 일부분의 전공의가 수련받는다(반대로 캐나다는 의과대학에서 모든 졸업 후 의학교육을 관리 감독한다). 1년차 전공의 정원은 의과대학 졸업생 정원의 1.3배로 더 많다. 2003년도에는 1년차 전공의 정원은 24,000여 명이었으며, 반면 미국 의과대학 졸업생 수는 15,000명이었다. 미달된 전공의 정원은 특수 분야(osteopathy) 전공 의과대학의 졸업생(전체 전공의의 6%)과 외국 의과대학 졸업생(전체 전공의의 27%)으로 보충하였다. 미국에서 종사하는 외국 의과대학 출신 의사들은 인도(20.3%), 필리핀(10.7%), 멕시코(6.2%), 파키스탄(4.5%), 중국(3.3%), 한국(2.7%) 등에서 이주한 의사다(Hart et al., 2007). 외국 의과대학 졸업생의 숫자가 증가하는데, 외국 특히, 카리브 현인 의과대학에서 교육받은 미국시민권자다. 농촌과 도심 빈민 지역에 있는 전공의 프로그램은 미국 의과대학 졸업생의 흥미를 끌지 못했기 때문에 외국 의과대학 출신 의사로 충당되었다.

의료 환경의 급격한 변화로 말미암아 의사들은 지속적으로 새로

운 의학 지식을 습득하고, 새로운 의료 기술과 시술을 배우는 방법
을 찾아야만 한다. 평생 의학교육(CME) 프로그램은 지속적인 교육
기회를 제공하고, 프로그램에 참석하는 의사는 여러 주에서 의사면
허를 유지하고 각 분야의 전문의 자격증을 지속적으로 유지 한다.
CME는 이 책에서 다루는 범위 외에도 상당히 많은 연구 문헌이 있
다(Davis, 2005; Davis et al., 1999).

의학교육의 중요 도전 과제

Flexner가 제안했듯이 의학 대학원의 인턴십부터 펠로우십까지
의 단계적 프로그램 개발, NIH를 통한 생물의학적 연구 투자 기금
마련, 노인, 장애인, 빈곤층을 위한 공공 기금 마련 등으로 의학교육
이 개선되면서 보건 의료 시스템이 발전하고 질 높은 의사 양성 교
육 프로그램이 개발되었다는 점은 의심할 여지가 없다. 하지만 맥글
린 등이 주장하듯 최근 21세기 초반 십 년간 미국의 보건의료 시스
템은 부족하였다. 보건의료 시스템에서 많은 문제가 내재되어 있듯
이 의료 교육 또한 현재 극심한 결함을 갖고 있어 즉각적이고 적극
적인 수정 작업이 꼭 필요하다.
현장조사 과정에서 근본적 지식이 경험과 잘못 결합된 사례, 정말
좋은 생각으로 이루어진 통합교육이 부적절한 평가에 의해서 왜곡
된 사례들, 그리고 학생들이 보다 넓은 사회와 의료 체계 속에서 의
사들이 하게 될 비임상적인 역할을 경험할 기회를 잃어 버리게 되는

사례들을 목격할 수 있었다. 또한 우리는 학생들과 전공의들이 자신이 학습할 환경을 향상시킬 수 있는 권위를 갖게 됨으로써 흥미로운 혁신이 일어나는 것을 목격할 수 있으며, 또한 학습자의 인본주의적이고 전문가적인 가치를 향상시키는 조직 문화도 볼 수 있었다.

의학교육을 검토하고 관찰하는 동안, 학습과학과 의학교육에 대한 연구로부터 많은 도움을 받았다. 이러한 연구의 많은 내용이 국립과학원에서 출간한 『어떻게 배우는가: 뇌, 이성, 경험, 그리고 학교(How people Learn: Brain, Mind, Experience, and School)』(Brandsford, Brown, & Cocking, 1999)에 담겨져 있다. 의학교육에서 의학지식, 추론과 행동, 그리고 작업장에 관한 탐구에 관한 연구들이 변화에 대한 논의를 지지해 주었다. 이러한 연구 내용은 2장에서 다루었으며, 또한 책 전체에 걸쳐 의학교육의 실태를 비판하고 미래의 발전을 위한 제언을 하는 데 기본적인 관점으로 활용된다.

서론에서 설명하였듯이, 학습과학에 대한 현장 연구와 검토를 통해 의학교육의 네 가지(① 표준화와 개별화, ② 통합화, ③ 수월성 추구, ④ 전문인 정체성의 형성) 목표를 규명하였다. 비록 이 네 가지 목표가 Flexner 주장의 연장선상의 내용으로 이해되기도 하지만, 이 목표들은 변화에 대한 논의의 출발점이기도 하다. 따라서 이 네 가지 목표를 바탕으로 의학교육의 다양한 측면을 기술적으로 분석하였다.

〈표 1-1〉은 목표를 1910년 Flexner가 찾은 주요 문제점과 그에 대한 해결방안 제시를 이용하여 만든 것이다. 〈표 1 2〉의 목표들을 우리가 제시한 미래 의학교육에 대한 추천방안이다. 자세한 내용은 7장과 8장에서 제시할 것이다.

✚ 〈표 1-1〉 Flexner가 권고한 의사 교육, 1910년

목 표	과 제	권 고
표준화	• 기준의 부족, 경직된 교육 프로그램 • 준비가 되지 않은 학생, 학생의 성취 불균형	• 의학교육 전 4년제 학사학위의 의무화(전제조건) • 표준화된 4년의 커리큘럼 • 의과대학교의 인가 절차 수립
통합	• 커리큘럼 과학 • 수련과 과학의 연결 부족	• 실험실에서의 발견 사실들을 의료와 통합 • 대학병원에서 임상 훈련 제공하기
탐구 습관과 향상	• 실험실과 병원에서의 학습 대신 기계적 암기의 지나친 강조 • 과학지향적이지 못하고 교수에 의존	• 의사가 과학자처럼 생각하게끔 훈련 • 대학 환경 안에서 과학적으로 훈련된 교수에게서만 의학교육을 받게 함
전문성 형성	• 무자격의 교수진에게 배움 • 일관적이지 못한 숙련도를 가짐	• 대학 문화에 의학교육을 보편화시킬 것 • 학생에게 과학적 환경을 가진 교수가 롤모델로 가깝게 연결될 것

✚ 〈표 1-2〉 의사 교육을 위한 권고, 2010년

목 표	과 제	권 고
표준화와 개별화	의학교육은, • 결과에 기반을 두지 않음 • 융통성이 없음 • 지나치게 기간이 김	• 역량 평가를 통해 학습 결과를 표준화함 • 학습 수준에 따라 학습 과정을 개별화함 • 탐구와 향상 스킬의 개발을 지원하는 선택 프로그램 제공
통합	• 학생 중심적이 아님 • 정규 지식과 경험적 학습 사이의 약한 연결 • 환자 경험의 단편적 이해 • 의사의 사회적 역할과	• 정규 지식과 임상 경험의 연결. • 기초, 임상, 그리고 사회과학의 통합 • 포괄적인 관점에서 환자의 병적 경험과 치료 경험을 모든 수준의 학생들이 환자와의 수평적 연결을 통해 참여하게 함

	비의료적인 역할에 대한 낮은 이해 • 복잡한 보건 의료 체제 안에서 효과적인 팀 전달 관리에 필요한 스킬의 부족	• 교육자, 제안자, 조사자 등 학생들이 폭넓은 의사의 역할을 경험해보도록 기회를 제공 • 전문직 간 교육과 팀워크를 위한 커리큘럼 포함
탐구 습관과 향상	• 오직 현재의 스킬과 지식 습득에만 집중 • 제한적이고 형식적인 과학적 탐구와 향상 연습의 부족 • 환자 인구, 건강 증진 그리고 실습 바탕의 배움과 개선에 관심 부족 • 배우고 일하는 보건의료 체제의 관리와 향상에 참여할 기회가 부족함	• 학생이 통상적인 방식과 조정된 방식 모두로 전문지식을 얻을 수 있게 준비시킴 • 학생이 도전적인 문제에 관심을 갖게 하고, 그들이 진정으로 연구, 혁신, 그리고 치료 발전 등에 참여하게 유도 • 학생이 주민 건강, 질적 발전, 그리고 환자 안전 등에 자발적인 집중을 하게 함 • 대학병원 안에서 뿐만 아니라 환자 치료가 직접 행해지는 지역에서 임상 교육이 이뤄지게 함
전문성 형성	• 명확성과 전문적 가치의 집중 부족 • 전문적 태도를 가늠하고 인정하고 증진시키는 것에 실패 • 계속해서 고차원의 전문적 책무의 부적절한 기대 • 속도와 상업적 본질에 따른 전문적 가치 부족	• 정규 윤리 교육, 윤리이야기, 그리고 상징(예법, 서약, 흰 가운 의식) 등을 촉진시킴 • 숨겨진 커리큘럼 안에 표현되어 있는 숨은 메시지를 다루고, 지지받고 제정된 임상 환경의 가치를 맞추기 위해 노력함 • 전후 사정에 맞게 종적인 모니터링과 조언에 따른 피드백, 설명의 기회, 그리고 전문성의 평가를 제공 • 동시에 학생들을 지지하고 그들을 높은 표준에 오르게 하는 교수와의 관계를 촉진 • 뛰어남과 지속적인 발전에 몰두할 수 있는 협동적 학습 환경을 조성

표준화와 개별화

높은 학문적 수준을 촉진시키기 위해서 Flexner는 구조적 필수 요건을 바탕으로 표준화를 주장하였다(입학에 필요한 철저한 과학적 환경을 충족하는 학사학위, 2년간의 기초 과학 수업 중심의 대학 교육, 대학 부속병원에서의 2년간의 임상 경험). 표준화에 대한 또 다른 접근은 졸업생의 학업 결과와 기본적 능숙도에 시선이 맞춰졌다. 역량 향상에 대해 두 개의 대표적인 쟁점(복잡한 역량을 어떻게 정의하고 가늠할 것인지, 그리고 역량을 충분히 좋음이나 최소 수행 기준으로 겨냥했을 때 어떻게 우수함을 진작시킬 것인지)이 제기되었다. 비록 Flexner의 교육 구조의 단일화가 학문적 수준을 한층 끌어올렸지만, 그와 상응되는 문제(수련 기간의 유연성 부족)가 부각되었다. Flexner의 시절부터 1940년까지 대부분의 의사는 대학 졸업 후 5년 이내에 의료 업무를 할 수 있었다. 따라서 의사들은 직장생활을 26~27세에 시작을 했었다. 현재 독립적으로 의료 행위를 위한 준비 기간은 최소 대학 졸업 후 7년을 필요하고, 장기 수련을 요구하는 전문의나 전문적 학문 경력을 준비하는 전공의들은 이 과정을 마치고 나면 30대 중반의 나이가 되곤 한다. 확실히 의학 분야는 과거 Flexner의 시대보다 훨씬 복잡해졌지만, 의학교육의 지속적 연장 과정은 복잡해진 의학 때문만이 아닌 다른 인자들에 의해 기인하였다. 학부의학교육은 시간-절차공식에 의해 운영되어 왔다. 일반적으로 4년이 걸리거나 조금 더 소요되는데, 학생이 복수전공을 하거나 개인적인 흥미를 추구하거나, 성적으로 인해 재수강을 할 경우에는 4년이 더 걸릴 수 있다. 전반적으로 학생들은 상당한 양의 입문 수업을 그들의 학부 전공과 의예과 경험에 상관없이 통과할 수 없었다. 지금까지 의학교육의 효율성을 증가시킬 수 있는 뒷받침이 될 접근법의 연구가 적었다. 내과학에서 우수한 성적의 전공의가 3년차의 전공의 프로그램을 건너뛰고 곧바로 펠로우십 훈련을 시작하는 경우의 단축 과정을 제외하고선 지금까지 의학 피교육자가 다양한 의학교육 단계로 신속히 나아가는 경우는 많지 않았다.

마찬가지로 전공의 프로그램은 모든 또는 대부분의 전공의에게 명시된 기간과 전반적으로 구체화된 임상 활동과 환경 등에 의해 진행되도록 최대한 가능성을 극대화하게 설계되었으므로 감독 없이 능숙하게 의료 수행을 진행하게 된다. 이러한 접근을 채택하면 필연적으로 일부 전공의는 명시되어 있는 수련 기간이 끝나기 전에 전반적인 역량을 달성할 수 있을 것이고, 상급 수준에 더 빠르게 도달할 것이다. Long에 의한 한 연구에 따르면, 철저한 역량 기반 수련 프로그램(competency-based training program)을 받아 온 전공의는 만족할 만한 수준이 되기까지 현재의 의무적 시간 기반 순환 시스템(time-based rotation system)을 거치는 학생보다 1/3가량 적은 시간을 소요한다(Long, 2000). 이러한 관점에서 보면 우리가 이야기하는 개별화(individualization)란 현행 획일화된 접근과 달리 교육 프로그램의 기능을 학생과 전공의의 학습 필요에 맞게 조절하고, 환경, 준비, 개념과 기술 숙달 등의 차이를 인정하며 이에 따른 치등화된 교육적 경험을 제공해야 함을 뜻한다.

또 다른 의학교육의 능률의 증가와 기간의 감소에 대한 논쟁은 의

사를 준비하는 대부분의 학생의 특이한 채무 습득에 따른 것이다. 이
러한 빚의 부담은 전문 분야 진입에 심각한 장벽을 만들고, 전공 선택
에 왜곡된 현상을 만든다. 졸업 시 평균 의과대학생의 채무는 1998년
80,000달러에서 2007년 140,000달러로 상승하였다. 이 빚은 의예과
에서의 빚을 포함하지 않은 금액이다(AAMC, 2008). 잘 교육된 전문의
노동자는 분명한 사회적 필요 요소와 중요한 사회적 재산이다
(Starfield, 1992). 따라서 사회는 반드시 전문의 노동력 구성원의 적절
한 대중적 요구에 대한 보장에 대해 높은 관심을 가져야 한다(금전적
보상을 말함). 직업 선택은 복잡하고 다면적이다. 그러나 의과대학생
의 빚을 다루는 것은 광범위한 전공과 부전공 중에서 선택을 하는 사
회 경제적 다양한 그룹의 졸업생을 보장해 준다는 점에서 대단히 중
요하다.

통합

기본적인 의학 수련에 대한 형식적인 지식은 연속된 의학교육 기
간 동안 습득하는 경험적 지식과 잘 통합되지 못한다. 의예과 필수
요건은 사회과학이나 다른 학문 분야보다는 물리학과 같은 과학 분
야를 지나치게 강조한다. 의과대학 초기에 상당히 비싼 임상 환경에
노출되어 있는 대학조차 학생은 임상적 역할의 분명하고 정확한 규
정을 잘 이해하지 못하고 정규 수업은 학생의 임상 환경에서의 경험
과 매우 약하게 연결되어 있다. 이러한 부족한 통합은 초기의 의과
대학 학생들이 일반적으로 강의실에서 접하게 되는 정보의 관련성

과 임상적 전후 사정을 인식하는 데 실패하게 한다. 또한 일단 임상 환경에 들어가면, 학생은 그들이 강의실에서 배운 내용과 현재 환자의 문제의 관계에 대한 인식의 혼란을 겪고, 처음부터 전부 다시 배워야 한다고 느끼게 된다. 환자의 상태와 연관되지 않은 지식은 학생이 임상 환경에 도달할 때까지 걸린 시간 때문에 30~50% 잃어 버리게 되고, 학생은 기초과학 분야 관점에 대한 기억을 환자 중심의 임상적 관점의 지식으로 재편성하게 된다(Custers, 2008). 또한 학생들은 환자들의 치료를 위해 반드시 여러 형태의 추론들(비판과 창조적인 사고와 패턴의 인식)과 지식(일반적 지식과 특수상황 지식)을 연결하고 통합하는 법을 배워야 한다.

형식화된 지식과 경험적 학습 통합의 균형은 전공의 기간에도 주어지는 지속적인 도전과제다. GME(general medical education)에서는 임상적 경험이 우세하다. 전공의는 종종 부족한 시간 때문에 환자를 치료하면서 얻은 사실을 충분히 생각해볼 기회가 없다. 환자들이 짧게 입원하고, 임상적 치료에 대한 많은 지식을 가지고 있는 것과 교수, 학생, 전공의, 병원 직원 그리고 환자 간에 조화를 이루지 못하는 문제점들은 전공의 업무를 더욱 복잡하게 하며 오히려 학습을 포기하게 만든다. 종적인 관계의 부족은 학생과 임상 교수들에게 비효율적이고 무계획적인 제도를 만들고 최선보다 부족한 치료를 환자에게 제공한다. 사려 깊은 주의는 반드시 임상 학습 환경 측면과 의학교육 전반의 형식과 경험적 학습 사이의 적절한 균형 측면 모두에 제공되어야 한다.

통합의 두 번째 측면은 전문의의 일대일 임상 치료 제공을 넘어서

는 복합적인 역할에 대한 이해와 공감을 수반한다. 의과대학 입학자
는 종종 국제 보건 업무나 새로운 일을 주창하거나, 그리고 연구 등
의 경험을 갖고 있다. 다른 학생들은 인류학과 깊은 연관을 갖고, 그
들의 임상가로서의 업무와 시인 또는 음악가로서의 경험 사이의 연
관성을 탐구하고 싶어 한다. 뿐만 아니라, 전문의는 개인 병원부터
종합병원, 관리 의료 기관, 그리고 보험 회사까지 전반에서 보건의
료체제의 중심적인 역할을 한다. 우리는 의과대학생과 전공의가 전
문의들이 의료제도와 사회에 행하는 광범위한 역할에 노출될 것이
라 믿고, 그들은 지속적인 방법으로 임상적 역할과 이런 다른 역할
들의 통합을 탐구할 기회가 있을 것이다. 현재 이러한 역할들은 대
부분의 학교들과 전공의 프로그램, 절충된 학습자 평가, 그리고 전
문의가 되기 위한 모든 차원의 경험 등에서 과소평가되고 있다.

탐구와 향상

의학교육은 사실에 기반을 둔 의학 지식만을 지나치게 강조를 하
고, 임상 경험에 의해 생겨난 호기심과 전문의들이 반드시 활용해야
하는 시스템의 중요성은 과소평가한다. 호기심은 평생 동안 배움의
엔진이다. 환자를 치료하는 데 도움이라는 지식과 치료법이 있는지
계속 찾아봐야 한다. 따라서 교육 프로그램은 암기 학습, 암기법, 일
방적 지식 전달과 연상법 등이 아닌 호기심, 탐구, 비판적 태도, 경
이 등으로 발전될 것이다. 단순히 과학적 개념을 사실로 제시하는
것 대신 의학교육은 최첨단 과학적 탐구를 수반함과 동시에 의학 분

야 내의 논란을 검토해야 한다. 학문의 한 분야를 숙달함으로 인해
(예를 들어, 분자의학, 임상연구, 의학교육, 국제건강과학, 건강 격차) 수
련 중인 전공의의 스킬과 사고방식을 발달시킬 수 있고 그렇게 습득
한 내용은 전공의가 임상적 과제들의 문제점과 도전을 해결해 나가
면서 평생에 걸쳐 수련하게 될 것이다.

전문성 형성

교육과정, 그리고 교수 방법과 평가는 근본적으로 의료 행위와 의
학교육의 도덕적 본질을 소홀히 여기는 경향이 있다. 지난 30년 동
안 의과대학과 전공의 교육과정에 윤리 과정을 포함시키고, 개선하
는 데 상당한 노력을 했지만, 의학교육은 아직도 의학적 열정, 즉
구체적으로 더 동정심이 있고, 더 이타적이며, 더 인간적인 의사가
되라고 강조하는 것에 약하다. 수월성은 의사의 도덕적 정체성의 측
면이다.

학생들은 전형적으로 의학 전문직업성을 뒷받침하는 가치와 그
리고 이 가치들이 교육을 받는 모든 단계에 어떻게 영향을 미치는지
를 피상적으로 이해한 채 의과대학에 입학한다. 학생들은 직접적인
교수, 모델링, 그리고 사회화를 통해 이러한 가치를 배우기를 기대
하지만, 실제적으로 적용하기는 쉽지 않다. 예를 들어, 환자 문제 또
는 수술실에서 교수의 분열성 행동에 대해 팀 구성원 간에 갈등이
있을 때 전문직업성 가치를 어떻게 적용할 것인가? 또는 만약 전공
의가 남학생에게 남자가 검사하는 것을 거절한 마취상태의 여성에

게 골반 검사를 시행하라고 한다면 이 상황에서 남학생은 어떻게 해
야 하는가? 전형적으로 임상 환경은 학생이 환자나 다른 보건의료
전문가와 의사의 긍정적 상호작용(가끔은 부정적 상호작용)을 관찰하
는 곳이다.

불행하게도 장차 의사가 될 사람의 도덕성 발달은 의과대학과 전
공의 수련 과정 동안 멈추거나 퇴행하는 것으로 보고되었다(Branch,
2000; Branch, Pels, Lawrence, & Arky, 1993). 학생들은 병원 문화에 적
응하고 완전히 이해하는 데 큰 어려움을 가지고 있다(Branch, Hafler,
& Pels, 1998). 학생들은 그들의 도덕적 이상과 규범, 가치, 그리고 팀
의 행동을 따르려는 욕구 사이에서 함정에 빠진 듯한 느낌을 가진
다. 그들의 도덕적 선택을 공유하고 반성하는 포럼이 열리지 않는다
면, 학생들은 고립감을 느끼며 그들의 정체감과 윤리적 갈등을 해결
할 수 없다. 이것은 우울증을 유발하고, 공감의 상실과 도덕적 퇴행
을 가져온다(Branch, 2000).

의과대학생이 전공의 과정에 입문할 때까지 2년 이상 임상 환경
에 처하게 되고, 이미 많은 문화적 적응이 일어난다. 그러나 전공의
과정은 장차 되고자 하는 의사의 형상을 본뜨고 담금질하는 대장간
과 같다. 전공의의 세 가지 업무(교육, 팀 리더십과 팀워크, 의료에서 전
공의의 역할의 본질)는 의학교육의 중요성을 설명한다.

전공의에게 가르칠 것을 기대한다(전공의가 피교육자이면 교육자인
상황)는 사실은 학습 공동체에서 그들의 위치가 이동한다는 신호다.
아직까지는 독립적으로 환자를 진료할 준비가 되어 있지는 않지만,
전공의가 충분한 지식과 경험이 있고 후배 전공의의 학습을 점검하

고 지원할 수 있길 기대한다. 4장에서 논의한 것처럼, 전공의과정은
모든 의학 전공자가 팀 리더 역할에서 요구되는 리더십과 관리 기술
을 사용할 필요가 있는 시기다. 비록 담당의사가 있어서 그녀의 책
임하에 팀의 임상 결정이 이뤄진다 하더라도, 팀 상호작용의 질, 업
무와 학습 환경의 본질은 대개 전공의에 의해 좌우된다. 결론적으로
환자 진료에서 전공의의 역할은 학생의 역할과 다르다. 4학년 학생
이 예기치 않은 신체 진찰 결과를 제시했다면, 전공의에 의해 그 학
생의 검사는 재검사되어질 것이고 결과는 몇 분 또는 몇 시간 내에
받아들여지거나 반박되어질 것이다. 마찬가지로 인턴이 환자를 입
원시킬 때, 입원 계획을 세우고 입원 명령서를 작성하더라도 인턴과
병행하여 근무하는 전공의가 입원 노트와 입원 명령서를 검토하고
만약 필요하다면 수정하고 고친다.

　반대로 담당의사가 매일 각 환자를 회진한다 하더라도, 전공의의
평가와 담당의사의 확인 사이에 시간적 간격이 있을지도 모른다. 전
화 호출로 항상 슈퍼비전이 가능하지만, 전공의는 담당의사의 도움
이 필요한 때가 언제인지 인지하여야 한다.

　물론 부정적인 영향도 있다. 책임감을 가르치고 팀에 대한 리더십
을 가지고, 실시간 슈퍼비전이 부재한 상태에서 도움이 필요할 때를
아는 책임감을 갖게 하는 긍정적인 효과를 상쇄하는 부정적인 영향
도 있다. 이러한 주요 영역에서 실패하면 전공의의 자신감은 흔들릴
수 있다. 게다가 학생과 마찬가지로, 전공의도 의학 전문직업성의
핵심 가치에 대해 혼동된 메시지를 경험하고 본보기로 삼을 수 없는
부적절한 행동 사례들을 목격하게 된다. 의과대학생에게 드러나는

전문직업성의 상실에 대한 최근 연구 결과로 인해 적절한 전문직업성 정체감 형성이 교육과정의 주요 목표가 되었다. 그리고 수련 과정에서 전공의의 의료 행위 이후 전문가의 승인도 이와 관련이 있다(Papadakis, Arnold, Blank, Holmboe, & Lipner, 2008; Papadakis, Loeser, & Healy, 2001; Papadakis, Hodgson, Techerani, & Kohatsu, 2004; Papadkis, Osborn, Cooke, & Healy, 1999; Papadakis et al., 2005). 자주 무시되지만 주요한 의학교육의 도전 과제는 의과대학과 전공의과정에서 전문직업성을 기르는 가장 좋은 방법을 찾는 것이다(Stern & Papadakis, 2006).

전문성 형성을 촉진하는 가장 주요한 방법 중 하나는 피교육자(전공의나 학생)들을 전문성의 가장 높은 가치(우수성, 협력, 존경, 동정심)를 구현할 수 있는 환경에 배치하는 것이다.

지역사회에서 일하는 임상 선생님은 그곳에서 임상 실무를 배워 나간다. 교수 개발 프로그램과 의학교육의 학술적 가치를 추구하는 집단에서는 교수 공동체가 교수와 학습에 대한 아이디어들을 공유할 수 있는 장을 만들려고 애쓰고 있다. 이것은 평생학습과 교수학습의 학문 분야가 가치 있다는 문화를 형성하는 것과 관련이 있으며, '티칭 커먼즈(teaching commons)'라는 공유 공간을 만들어 내는 것이다(Huber & Hutchings, 2005; Irby, Cooke, Lowenstein, & Richards, 2004). Boyer(1990)는 『학문재조명(Scholarship Reconsidered)』이라는 책을 통해 전문직업인으로서의 책임감은 자신의 근무의 질을 연구하려는 지속적인 노력을 하는 것이고, 자신의 임무에 충실하는 것이고, 지식적으로, 기술적으로, 도덕적으로 학생에게 영향을 미치는 것임을 명백하게 하였다(Shulman, 2005a, p. vi). 그러므로 교수와 학생은 같은 전문직업인 공동체로서의 가치와 실제에 의해 강력하게 관계가 형성되게 된다.

과거의 유산, 미래의 실천

의학교육과 의학은 과거 100년 동안 크게 발전하였다. 비록 Flexner가 의사교육의 현재 패러다임을 쉽게 이해한다 할지라도, Flexner가 동시대의 의학을 인지하는 것은 결코 쉬운 일은 아닐 것이다. 그는 의학의 과학적 기초와 의료가 발전해 온 과정에 갈채를 보낼 것이다. 그러나 그는 의학교육의 낡은 구조가 교육과정, 교육학, 의학교육의 평가에 있어 도전적 과제들을 지지해 줄 수 있을지 궁금해 할 것이다. 그래서 다음 장에서 우리는 의학의 실제와 학습의 본질을 연구해보고, 의학교육이 어떻게 구조화되어야 하는지에 대해 논의할 것이다.

Chapter 02

의사되기: 전문 교육의 기초

의학교육에서는 학생과 전공의가 의료 업무를 위해서 첨단 과학적 지식과 문진기술, 그리고 높은 수준의 숙련된 기술까지 방대한 양의 의학적 지식을 반드시 습득하도록 강조해 왔다. 그러나 임상교육은 의사에게 과학적 지식과 숙련된 기술을 갖추도록 하는 것보다 훨씬 많은 의미를 포함한다. 의사들이 임상에서 환자를 보거나 다른 전문적 활동을 하는 것은 일종의 사회적 활동으로서, 의사들은 병원, 의료센터, 그리고 지역사회에서 환자와 다른 분야의 전문가들, 그리고 비전문직 사람들과 관계를 맺으며 일을 하는 방법을 반드시 익혀야만 한다. 환자를 돌보는 일은 사람 간에 일어나는 일로서 환자와 의료진 간에 교류가 반드시 일어난다. 이는 아주 간단한 임상 상황에서도 많은 사람이 관련되는 일이며, 다양한 분야의 전문가들이 참여하는 복잡한 의료 상황에서는 더더욱 그러하다.

우리는 이 장에서 의료 업무를 위한 학습과 훈련에 초점을 두고자 한다. 두 명의 임상 의사의 일상의 삶을 간단하게 다룰 것이며, 이들의 이야기를 통해 의사직을 수행하는 데 관련되는 활동과 역량을 살펴볼 것이다. 한 의사는 의사면허를 가지고 5년째 의료 행위를 하고 있는 외상외과의사이며, 또 다른 의사는 20년 이상 의사직을 수행하고 있는 가정의다. 그 후에는 의과대학 학생들이 이러한 영역에 숙련된 의사가 되어 가는 과정과 그러한 과정에 깊게 관여된 전문성 형성에 대한 이해를 도울 수 있는 관련된 학습이론과 개념 틀, 그리고 연구를 살펴볼 것이다. 그리고 교육과정, 교수 방법, 그리고 평가에 대한 시사점을 강조하면서 끝맺을 것인데, 이 세 가지 주제는 3장과 4장에서 자세하게 살펴보고, 7장에서 다시 의학교육의 미래를 논의할 때 언급될 것이다.

⚕ 의사 업무 영역

Sam Caldwell은 38세의 외상외과의사다. 그는 자동차 사고로 치명적인 부상을 입은 한 여자 환자가 도착할 예정이기 때문에 응급실로 호출을 받았다. 그는 환자가 자기 차에 갇혀 있다가 'Jaws of Life(사고 난 차 안에 갇힌 사람을 꺼내는 데 쓰는 공구 상표명)'를 이용해서 밖으로 빠져나왔다고 들었다. 의료보조진은 그 광경에서, 20대로 보이는 한 여성이 몸통, 좀 더 정확히 말하면 골반에 상처가 난 상태로 신음하고 있다고 설명했다. 그리고 10분 만에 병원으로 호송하기 위해서 준비가 끝났을 무렵, 쇼크가 왔다고 했다.

Caldwell이 외상외과의사로서 도전받는 일 중의 하나는 환자가 가진 상처가 모두 각각 독특한 특성을 갖는다는 것이다. 전문적 치료를 하기 위해서는 그가 이 분야에서 알고 있는 것, 전공의를 하면서 얻었던 경험과 지식, 그리고 의사가 된 후 5년 동안의 경험을 환자의 독특한 상황에 잘 통합시켜야 한다. 응급실로 급하게 내려가면서 이 여자를 치료하는 데 무엇이 필요한지를 생각하였다. 먼저 응급실 직원과 간호사, 호흡기 치료전문가, 엑스레이 기사, 그리고 환자 초기 사정과 안정화를 위해 필요한 인력을 이끄는 능력이 필요할 테고, 둘째로, 자신의 전문성을 활용해 상처를 치료하는 외과적 기술과 정형외과와 비뇨기과적 상처를 치료할 전문가를 부르는 일, 그리고 마지막으로 깜짝 놀란 여성의 가족과 효과적으로 상호작용하는 능력이 필요할 것이다.

만약 그 여성이 오늘 밤 생존해 준다면, 그는 집중치료실(ICU: Intensive Care Unit) 직원과 숙련된 간호사들과 함께 통풍기로 인한 폐렴 발생을 줄이라는 병원 측의 노력에 함께 동참하게 될 것이다. 그 후, 환자가 준비가 되면 물리치료사와 자연요법 치료사를 부르게 될 것이다.

Caldwell의 병원은 큰 도로 근처에 있어서, 알코올과 관련된 사고를 많이 목격한다. 그는 지역에 있는 학교에 가서 보통은 상처를 예방하는 방법을, 그리고 특별하게는 미성년자의 음주와 운전에 관해서 강연을 많이 한다. 지역사회에서 좀 더 효과적인 치료를 하기를 원하기 때문에 의료보조진이 도움을 준다. 그는 큰 IV 두 개를 놓도록 하고, 외상 사정을 시작한다.

Susanna Alvarado는 51세로 대부분의 라틴 사람을 진료하는 가정의(family physician)다. 그녀는 보통 아침 7:15분에 조그만 자신의 진료소에 출근해서는 아침 스케줄을 살핀다. 12명의 환자 명단 중에는 6개월 난 아기의 건강 체크, 침대에서 떨어져 어려움을 겪고 있는 80대 노인, 피임약을 받고 성적인 건강에 대해서 조언을 듣고자 하는 한 대학생이 포함되어 있다. 그리고 5명의 당뇨병 환자가 있다. 2명은 그녀와 함께 일하는 간호사가 의료보조진과 함께 운영하는 자기

관리그룹에서 보내 온 환자로 투약 조정이 필요하다. 한 명은 63세 남성으로 무릎 이하 절단 수술을 한 지 3주가 지났다. 그녀는 "왜 나는 Romon Gutierrez가 혈당을 좀 더 잘 조정하고 자신의 발을 잘 관리하도록 하지 못했을까?"하면서 머리를 흔들었다. 관리만 잘 했으면 다리를 절단하는 일은 피할 수 있었던 것이다.

몇 년 전, Alvarado는 자신과 자신의 동료들이 제공하는 당뇨병 치료의 효과성에 대해서 고민을 했다. '얼리 어댑터(early adopter: 남들보다 신제품을 먼저 사서 써 보는 사람)'인 그녀는 그녀의 지역사회에서 마음이 맞는 동료들과 함께 전자건강기록(electronic health record: EHR)에서 그들의 필요에 가장 잘 맞는 기능이 무엇인지를 확인했다. 여러 업무를 하는 사람들이 협력해서 지역사회에 있는 병원으로 하여금 동일한 시스템을 도입해 줄 것을 계속 설득했다. 왜냐하면 환경이 달라져도 정보를 공유할 수 있기 때문이다.

EHR은 그녀로 하여금 다양한 일을 할 수 있도록 하는 멀티 기능이 있다. 천식 환자를 등록할 수 있고, 항우울증 치료를 시작한 후 2주가 지난 환자에게 전화를 걸어야 한다는 메시지를 자동적으로 생성할 수도 있으며, 의사를 보러 와야 할 날짜가 지난 환자에게 약속을 잡기 위해서 전화를 해야 한다는 것을 알려 주기도 한다. 월별로 그녀와 동료들은 그들의 환자에게 적절하다고 그들 스스로가 결정한 것뿐만 아니라 표준 조치에 비추어 그들의 환자 진료 수행을 검토한다. Alvarado가 전공의를 마쳤던 시절에는 없었던 검사법인, HA1C 측정에서 많은 환자의 수치가 계속 올라가고 있는 것으로 확인할 수 있었다. 간호사와 병원 직원들은 환자의 자기-관리 기술과 효율성을 높이기 위해서 몇 몇 환자들을 방문하기로 결정했다. 그러는 동안, Alvarado는 조절을 잘 못하는 이러한 환자에게 시타글립틴(sitagliptin)이 적절한 선택인지를 고민하게 된다. 본 치료법은 그녀가 의사 훈련을 마치고 20년이나 넘어 신약 승인을 위해 2006년 FDA에 제출된 약물이다. 이러한 노력에도 불구하고, Sr. Gutierrez와 같은 몇몇 환자들은 Alvarado가 원하는 만큼 잘 따라와 주지 않는다. 그럼에도 불구하고 아침에 차트를 검토하려고 자리에 앉으면, Alvarado는 자신과 동료들이 효과성을 높이기 위해서 어떤 추가적인 조치를 취해야 할 것인지를 스스로에게 묻곤 한다.

의학교육에 대해서 이야기를 하면서 왜 이러한 의사의 업무를 묘사하는 것일까? 의사 업무 시나리오는 의사가 하는 세 가지 영역의 업무를 보여 준다. 즉, 환자를 돌보는 일, 탐구하고 혁신을 꾀하는 일, 그리고 전문가 집단에 참여하는 일이다. Caldwell이나 Alvarado와 같은 의사들을 예로 든 것은, 교육이 이러한 세 가지 영역에서 뛰어난 면모를 보이는 의사들을 개발하기 위해서 어떻게 구조화되어야 하는지에 관해서 많은 함의를 주기 때문이다. 의학교육의 궁극적 목표는 전문성 형성이고, 의사의 전문성은 환자를 위해, 더 나아가 대중을 위해 더 나은 진료를 하기 위한 것으로 업무 영역을 초월해서 가장 최고가 되고자 하는 열정이다. 우리의 견해에 따르면, 이것이 바로 전문직업성(professionalism)의 핵심이다.

Caldwell이나 Alvarado와 같은 의사가 되기 위해서 의과대학생과 전공의들은 낯선 사회적 구조에 자신을 통합시키고, 다양한 의사의 역할에 적응하고, 의사가 아닌 많은 사람의 업무 범위와 전문영역을 추론해 내야 하며, 의료 업무의 많은 대표성을 이해하고, 많은 의료기구와 조형물 사용에 능숙해야 한다.

이렇게 의료직 업무를 하는 것이 얼마나 복잡한 일인지에 관해서는 교사나 학습자 모두 평가절하하기 쉬운 점이다. 왜냐하면 의료의 복잡성은 지난 몇 년간 급증한 특성이기도 하고, 또한 과거에는 학습자 개별적으로 수행하는 지식 및 기술 습득을 학습의 주요한 형식으로 과도하게 강조해 온 탓이기도 하다.

환자를 돌보는 일

의사인 Caldwell과 Alvarado의 업무 모습을 살펴볼 때, 환자를 돌본다는 일은 두 가지 측면을 모두 포함한다. 즉, 환자를 개별적으로 치료하는 일뿐만 아니라 환자 전체 모집단을 대상으로 치료적 행위를 하는 일이다. Alvarado와 같은 많은 의사는 진료를 하면서 동시에 시간이 경과하면서 그룹 수준에서 나타나는 결과를 추적한다. 전통적으로 의학교육은 거의 개별 환자를 치료하는 것에 절대적으로 초점을 두고 있다. 즉, 정보를 수집하고(문진 및 신체 검진, 의사소통 및 대인기술), 치료 계획을 세우고(치료, 환자 교육, 상담), 그리고 일련의 절차에 따라 의료 기술을 수행하는 것이다. 그러나 효과적인 의사의 전문적 행위는 인구 전체의 치료라든지 전달 시스템 전체의 향상을 위한 지식과 기술, 그리고 확고한 가치를 준비하는 것과도 관련 있다. 이러한 영역은 불확실한 상태를 진단하거나 기술이 필요한 수술을 하는 것만큼이나 중요하다.

탐구 및 향상에 참여하기

탐구 및 향상은 의사의 진료 행위에서 일상적인 모습이다. 개인적 수준에서 의사는 전문 잡지를 읽거나, 지역이나 전국적인 컨퍼런스나 미팅에 참석을 하거나, 동료와 대화를 하거나, 새로운 치료법이나 기술에 관련된 내용을 탐독하거나, 학생들을 가르치거나, 그리고 환자에게 이야기를 듣거나 그들을 관찰하면서 지식과 기술을 업데이트하고 유지시킨다. 적립된 지식은 새로운 통찰력을 갖게 되거나 새롭게 이해되는 무엇인가가 생길 때마다 규칙적으로 변화된다. 절대적으로 환자 치료에 관심을 갖는 의사들은 적립된 지식을 가지고 다양한 형태의 용도로 사용하는데, 마치 약사처럼, 유전학자처럼, 그리고 환자에게 영향을 미치는 정책 변화를 위해 활용한다. 비임상적 활동에 참여하는 수준만큼 임상적 영역에서뿐만 아니라 자신의 지식과 의술을 과학적이고, 정책적이며, 그리고 교육적으로 유지한다. 새로운 지식과 발전에 발맞추어 가면서 통합시키는 것은 전문가로서의 의무이며 중요한 일이다. 좀 더 큰 목표는 개별적인 업무자로서 새로운 지식을 통해 보다 복잡하고 계속 지속되는 현장의 문제를 해결하는 것이다.

대외적 수준에서 의사는 공유되는 지식과 기술에 공헌한다. 자신의 학습을 위해서 어떤 활동을 한다고 해도, 결국 그러한 활동은 그들이 아는 것을 가시화시키는 것이고 다른 사람들에게 접근할 수 있도록 하는 활동에 참여하는 것이다. 그래서 결국은 현장의 업무를 변화시키고, 팀과 그룹의 기능을 변화시키고, 모든 구성원에게 새로운 지식을 획득할 수 있도록 하는 것이다. 예컨대, Alvarado가 그녀가 현재 환자에게 처방하는 약에서 용량에 차이가 있다는 것을 발견하면, 그녀는 다른 모든 의사, 간호사, 전공의, 그리고 클리닉에서 일하는 학생에게도 이메일을 보내서 이러한 용량의 차이에 주의하도록 할 것이며, 대안을 제시할 것이며(물론 그러한 대안과 관련된 중요한 경고 사항도 명시할 것이고), 그리고 그녀의 행정 보조원에게 소프트웨어 담당 직원에게 연락을 해서, 의사가 그 특정한 약을 메뉴에서 선택을 하면 시스템에서 용량의 차이가 있다는 것을 알려주는 주의문을 팝업창으로 띄우도록 요청할 것을 주문할 수 있다. 종국적으로 그녀가 획득한 지식은 클리닉에서 발생되는 최상의 환자 치료를 위한 변화를 유도함으로써 공적화되는 것이다. 클리닉 내 모든 구성원에게 배포되는 정보, 지식의 흐름과 발전에 기여하는 개인의 숫자가 주목할 만하다.

시스템, 사회적 수준에서 보면 의사는 클리닉의 운영에서, 교육 프로그램 운영에서, 그리고 건강센터 또는 공적인 정책의 운영에 있어서 진보를 가져올 수 있도록 다양한 방법으로 기여한다. 몇몇 경우에는 임상적 · 교육적 · 정책적 그리고 건강 서비스 연구처럼 학문적 활동을 통해 기여하게 되는 것이다. 또 다른 경우에는 창조적이고도 사고력을 수반한 시스템의 재설계나 전문가 단체, 위원회 활동에 참여하거나 또는 가시적인 리더십을 통해서 의사는 사회에 공헌한다. 여기서 중요한 것은 있는 그대로의 상태를 수동적으로 수용하는 것보다는 높은 수준의 수행력과 나은 결과를 달성하기 위해서 활발하게 참여하는 것이다.

혁신은 개인적 · 대인적 · 시스템적 수준 어디에서도, 그리고 다른 많은 영역에서 발생할 수 있다. 예를 들어, 체중 감소에 대한 토론을 유도하거나 환자에게 자료 유인물을 만들어 주는 의사는 일상 업무를 통해서 체계의 변화와 진보를 이루는 일에 관여하는 것이다. 또 다른 혁신의 예를 들어, 2주에 한 번씩 전문직 그룹 간에 질적 향상 토론 모임과 같은 교육 프로그램을 계획하고 실행하는 일, 임상적 연구 프로포절을 개발하는 것, 울혈성심부전의 새로운 치료법 개발을 위해서 독서하는 일, 그리고 지역의 또는 전국적인 건강 보호 정책 자문위원회의 활동에 참여하는 일이 있다. 의사나 건강 치료 전문가들은 새로운 가능성 또는 진보를 위한 기회를 바라보는 안목을 가지고 정기적으로 중요한 결과나 과정을 모니터링한다.

전문가 공동체에 참여하기

Caldwell과 Alvarado의 모습에서 보여지듯이, 의사는 전문가 공동체에서 일을 하며 살아가지만, 또한 보다 큰 사회적 차원에서도 전문가이며, 전문가도 있고 비전문가도 존재하는 의료 환경에서 그들의 환자를 돕게 된다. 우리는 의료 업무의 사회적 성격과 직업으로서 의료 업무 모두를 의학과 의학교육의 중요한 측면으로 간주한다. 의사는 환자 치료를 위해서 내부적 또는 원거리에 있는 동료들과 협력하고, 그리고 만나 보지 못했지만 건강 관리와 관련된 다른 이해관계자들과 상호작용하는 등으로 복잡한 사회적 네트워크 속에서 기능을 한다. 의사는 많은 교환 도구 및 자료원을 사용한다. 만약 그들이 자기가 필요한 수단을 찾지 못하면 자기만의 수단을 만들게 된다. 의사들은 의사로서 공동체와 사회에 참여하고, 건강 관리 요구와 도전을 확인하고 반응하며, 자신의 전문성과 리더십을 발휘한다. 마지막으로, 그들은 전문직 종사자로서 집단적으로 끊임없이 의료 업무에 기저하는 사회적 계약을 정련하는 일에 참여하는데, 이는 의료 업무가 실행되는 환경의 변화에 반응하는 것이다.

의사들은 주장을 하거나 서비스 제공자의 역할을 하는 것에 익숙하다. 즉, 정치적인 일이라기보다는 귀찮게 인식될 수도 있는 환자 치료와 밀접하게 관련되어 있다. 예를 들면, 의사들은 보험업자나 의약품 급여 담당자에게 전화를 걸어 처방집에 없는 의약품을 공급해 달라고 요청하거나 보험이 적용되지 않는 것에 대해서 항변하게 된다. 의사들은 진료실이 아니라 그들의 임상 진료 환경을 운영하는 일에 참여하게 되고, 병원과 의료센터는 발생되는 문제를 다루는 위원회나 의료윤리위원회와 같은 곳에 참여하는 의사들과 다른 조직 구성원의 뜻에 따라 움직이게 된다. 이러한 역할은 매우 중요한데, 왜냐하면 환자를 위한 서비스를 효과적으로 시스템 수준의 중재를 통해 향상시킬 수 있는 기회를 의사에게 제공하는 것이기 때문이다.

전통적으로 의사들은 그들이 속한 지역사회에서뿐만 아니라 국가적 수준에서도 지도자로서 역할을 해 주기를 기대받는다. 이러한 전통이 도시화되어 가는 환경 속에서 사라져 가고는 있지만, 지방인 경우에는 그러한 기대감은 크다. 리더십은 의사의 일 중에 매우 중요한 것으로서 리더십이 결여된다면 의사의 업무는 매우 제한적이며, 전반적으로 기술을 가진 사람으로서의 의미만을 갖게 된다.

교육에 대한 함의점

Alvarado와 Caldwell이 보여 주었듯이, 의사의 역할은 진료실, 수술실, 또는 응급실에서 환자를 대상으로 행하는 활동보다는 더 크다. 단순한 의학 연구자, 임상의학 지도자, 또는 구조화된 의료 현장에서만 지도력을 발휘하는 사람이 아니다. 예시에서 보여 준 바와 같이 전심으로 의료 업무를 하는 사람은 지역사회에서 역할을 할 수 있도록 준비되어야만 하며, 건강 및 건강 관리 시스템을 향상시킬 수 있도록 일을 해야 한다. 공식적인 교육을 마치고 나서 유능한 의료인이 될 가능성이 있는 의사들을 교육하고자 하는 목표는 어쩌면 너무 야심찬 것일 수도 있다. 하지만 미국의 의학교육 체제는 훨씬 무서운 도전에 직면해 있다. 사회는 높은 수준의 전문성을 가지고 환자를 온정적으로 치료하는 의사, 계속해서 그러한 전문성을 갈고 닦는 의사를 요구한다. 그들은 자신의 전문 직업과 지역사회에 헌신된 이들로서, 사람들의 건강과 보건의료의 향상을 위해서 일한다. 이러한 목표에 더해서 의사들은 의료 분야가 계속해서 변화되고 확대되어 가기 때문에 의료를 하는 전 생애 동안 계속해서 자신과 타인을 훈련하도록 준비되어야만 한다. 이러한 목적을 위해서 의학교육은 어떻게 설계되고 실행되어야만 할까?

🩺 전문성 형성

의과대학과 전공의 시기를 통과하면 일반인이 이제 의사가 된다. 여전히 배워야 할 게 많은 학습자이긴 하지만, 의대생과 전공의는 의사로서의 역할과 책임감을 가지고 건강 관리라는 복잡한 상호작용의 현장에 참여하게 된다. 그리고 위기와 죽음의 순간에서 환자와 그들의 가족을 대하게 된다. 그들은 자신의 학습과 경험에 의해서뿐만 아니라 선배들의 지식, 경험, 그리고 전문가적인 입장에 의해서도 영향을 받는다. 그들은 개인적으로나 직접적으로, 또는 전문가 및 시민단체를 통해서든지 사회에 폭넓게 참여하게 되는데, 항상 의사로서 사회에 참여하게 된다. 이러한 전문가로서의 정체성을 확립해 나가는 것은 개인적인 발전 및 사회적 발전 모두를 위한 것이며, 전문가가 되어 가는 과정이자 동시에 사회에 기여하는 과정이기도 한 것이다.

이 장의 앞 절에서 학습 과정의 근본적인 목표로서 전문성 형성을 강조하면서 세 가지 영역의 의사의 업무에서의 학습에 관해서 논의할 것이라고 이야기한 바 있다. 전문성 형성이라는 것은 '사고, 감정, 그리고 행동을 포함한 지속적이고 자기반성적인 과정'을 의미한다(Wear & Castellani, 2000, p. 603)[1]. 이러한 사고, 정서, 행동의 습관

---

1) By professional formation we mean "an ongoing, self-reflective process involving habits of thinking, feeling, and acting".

은 학습자로 하여금 '동정적이고, 의사소통적이고, 그리고 사회적
으로 책임감 있는 의사정신'(Wear & Castellani, 2000, p. 603)이 나타나
는 방향으로 발달시킨다. 이러한 의사는 첫 번째로 환자, 동료, 조
직, 사회, 그리고 자아에게 깊은 책임의식을 가지며, 좀 더 의료를
잘하고 보다 나은 결과를 성취하고자 하는 계속적인 열정을 갖는다.
그러한 헌신과 책임의식은 모든 영역에서 비록 작아 보이는 것에서
도 더 나은 향상을 위해서 습관적으로 노력하고, 발전과 진보를 위
해서 노력을 투자하는 의지를 가진 것을 의미한다. 만약 Caldwell과
Alvarado가 깊은 목적의식과 책임의식 없이 단순히 의료 서비스만
제공하는 사람이었다면, 그들은 개별 환자에게 단순한 의료 서비스
제공 이상의 '환자 치료'를 개념화하지 못했을 것이고, 또한 개별적
으로나 집단적으로 환자 건강을 향상시키는 원천으로서 건강 보호
시스템과 공동체를 면밀하게 살피는 노력을 하지 못했을 것이다.

그러나 개별적 과정으로서만 전문성 형성을 정의한다면 우리가
의도한 것보다 훨씬 제한적인 의미가 될 것이다. 전문성 형성은 다
른 학습 과정과 같이 개인상호적인 관계나 문화적 가치 맥락에서 이
해되어야만 한다. 이 점은 Lave와 Wenger에 의해서 잘 표현된다.

사회적 실행으로서 학습은 전인격적인 측면을 포함한다. 즉,
특정한 활동과의 관계뿐만 아니라 사회적 공동체와의 관계까지
의미한다. 완전한 참여자, 구성원, 사람이 되는 것을 의미한다.
이러한 견해에서 학습은 새로운 활동에 참여할 수 있게 되는 것,
새로운 과제와 기능을 할 수 있는 것, 새로운 이해에 도달하게 되

는 것이다. 활동, 과제, 기능, 그리고 이해력은 홀로 존재하는 것
이 아니다. 그들은 의미를 가진 보다 넓은 체제 속의 일부다. 따
라서 학습은 이러한 관계의 체제에 의해 가능한 가능성이라는 측
면에서 새로운 사람이 되는 것이다. 학습의 이러한 측면을 간과
하는 것은 학습이 정체성을 형성하게 해 준다는 사실을 놓치게
되는 것이다(1991, p. 53).

환자 치료 학습하기

환자 치료를 배우는 것은 근본적으로 경험이 필요한 과정으로서,
환자 치료에 필요한 기술을 향상시키고 원하는 결과를 성취하기 위
해서 의료 수행을 맞춰 나가는 것은 경험에 의해서 가능하다. 그러
나 환자 치료에 관여하게 될수록 학습자의 경험은 고전적인 개념의
'경험'이라는 의미보다 훨씬 더 복잡한 것이 된다. 교육을 교실에서
받은 학생에게 있어서 임상 상황에서 학습은 새로운 준비를 요구하
는데, 이는 교육적일 뿐 아니라 실제적인 행동에 참여하고 그것을
반성적으로 숙고해 봐야 하는 부분이다. 교실에서 배운 기술을 환자
치료 환경에서 전환하기 어려운 학생과 전공의에게는 친숙한 곳이
아닌 곳에 환자가 있다는 것을 상상하기 어려우며, 임상적 결과를
향상시킬 수 있는 운영, 건강보건법, 시스템 설계와 같은 분야에서
인구 전체 수준에 해당하는 분석과 처치를 위한 기술을 차용하는 것
이 어려울 것이다.

Caldwell이 복잡한 절차를 다루기 전에 기본적인 외과 기술을 배

웠던 것처럼 교육적 영역에서 '환자 치료'의 복잡한 수준에 따라 효과적으로 문제를 다루는 데에는 학습자의 준비성과 교육적 경험을 조화시키는 능력을 요구한다. 이러한 수준에서 실제 경험을 통해 발생되는 학습과 발전은 학습자가 참여하는 활동의 종류를 고려하고, 그 활동이 발생되는 사회적·문화적 맥락을 고려하고, 그리고 개인의 인지적 그리고 정의적인 과정을 고려해야 한다. 환자 치료의 경험을 이해하기 위해서 실제 의료 행위를 하는 사람으로서뿐만 아니라 학생 또는 전공의 입장에서, 우리는 네 가지 관점을 도입한다. 즉, 진보적 과정의 전문가, 지식과 경험의 역동적이며 상황적인 속성, 다양한 형태의 지식과 추론, 그리고 분배적 지능이다.

진보적 과정의 전문가   의학에서 전문가에 대해서는 다양한 방법으로 전문가와 초보자를 비교해서 탐구해 왔다. 즉, 내용적 지식(Boshuizen & Schmidts, 1992; Schmidt & Boshuizen, 1993)에서 지식의 구조(Bordage, 1994; Bordage & Lemieux, 1991), 임상적 과제 접근법(Norman, 2005; Norman, Eva, Brooks, & Hamstra, 2006), 절차적 기술 수행(Hatala, Brooks, & Norman, 2003; Grantcharov, Bardram, Funch-Jensen, & Rosenberg, 2003; Megali, Sinigaglia, Tonet, & Dario, 2006) 등이다. 이러한 연구의 목적은 다양한 영역에서 전문성을 형성하는 것이 무엇인지를 이해하고자 하는 것으로 의학교육의 목적이나 결과에 관해서 귀중한 정보를 제공해 준다.

그러나 전문성에 대한 이러한 견해는 교육 설계를 하는 데 큰 시사점을 제공해 주지는 못한다. 왜냐하면 전문성을 향상시키는 방법에 관해서는 해답을 주지 못하며, 전문성이라는 것을 상대적으로 보편적인 종국적 상태, 즉 정적인 어떤 것으로 규정하기 때문이다.

이러한 문제는 전문가가 되어 가는 과정에 대한 연구(Dreyfus & Dreyfus, 1986; Nelson et al., 2002; Benner, 1984)에 의해서, 전문성을 성취한 사람과 성취하지 못한 사람을 수년이 지난 후의 비교(Bereiter & Scardamalia, 1903; Ericsson, 2002, 2004)에 의해서 탐구할 수 있다.

우리는 특별히 전문가 되어 가는 과정에 대한 연구에 관심이 있다. 이러한 연구는 학습을 진보적 궤도로 이해하고, 복잡하고 비일상적인 측면에서뿐만 아니라 일상적인 측면에서도 좀 더 진보된 전문가가 되어 가는 과정을 이해하는 데 유용하기 때문이다. 이는 정보를 모으고 처리하는 것, 환자를 존중하고 이해하면서 다루는 방법, 환자와 환자 가족과 앞으로 가능한 치료법을 토의하는 것, 결과를 지켜보면서 결과를 향상시킬 수 있는 계획을 세우는 일과 같은 다양한 영역에서 자신감을 가지고 수행하는 것을 포함한다.

한 예로 우리는 Caldwell이 응급실에 찾아오는 상처 난 환자에게 개별적으로 처치를 하는 현재의 수준에 오르기까지의 과정을 상상해 볼 수 있다. 그는 의과대학에서 외상팀의 구성원으로서의 역할과 책임에 대해서 배웠을 것이고, 자신의 생각을 상처 소생술의 ABCs에 초점을 두도록 훈련시키고, 위기의 시간 동안 가족을 안정시키는 다양한 방법을 관찰했을 것이다. 인턴을 하면서 외상적 외과수술에서 회복되는 환자들을 다루는 방법을 점점 더 익혀 갔을 것이고, 이것은 외상 환자에게 다른 결과를 가져올 수 있다는 것을 관찰할 수 있는 기회를 제공했으며, 다른 결과를 가져오는 가능한 원인에 대해서 생각해볼 수 있었을 것이다. 전공의를 하면서, 그는 보다 숙련된 방법으로 개별적 외상 환자를 치료하게 되고, 굳이 생각하지 않아도 무엇을 해야 할지 알게 된다.

이제 그는 5년째 의사자격증을 가지고 일을 하고 있는데, 외상 의 사로서 새로운 도전을 맞이한다. 즉, 외상팀의 구성원들 협력을 향 상시키고, 환자의 외상 치료를 하는 데 더 넓은 범위의 선택을 할 수 있도록 해 주며, 통풍기 관련 폐렴과 다른 합병증을 줄여 줄 수 있는 새로운 기술과 프로토콜을 습득하는 것이다. 중요한 점은 그의 경험 은 누적된 것이고, 모든 외상 치료와 관련된 현상에 좀 더 친숙해져 가면서, 그는 어떤 상황에 맞닥뜨리면 상황의 복잡성을 이해하고 도 전적인 측면을 포착하는 좀 더 많은 기회를 갖게 된다. 그의 학습은 많은 영역으로 확대되고, 이러한 영역이 초기에는 서로 구분된 것으 로 보이지만 환자 치료에 보다 큰 책임감을 갖게 될수록 이러한 영 역이 서로 관련성이 깊다는 것을 깨닫게 된다.

지식과 경험의 역동적이며 상황적인 속성   Caldwell과 Alvarado의 경우에서 살펴보았듯이, 전문성은 일단 획득하고 나서 종결되는 것 이 아니라 계속적인 보완을 필요로 한다. 환자 치료에서 전문성은 역동적인 현상으로, 생물의학적 지식, 사회적 가치와 기대, 건강보 호 정책, 건강 보호 서비스 조직, 그리고 기술의 새로운 발전에 의해 서 형성된다. Alvarado가 20년 전에 환자 치료를 시작했을 때에는 그녀의 클리닉 환자 중에서 당뇨병을 가진 경우는 현재보다는 훨씬 적었을 것이고, 당뇨를 측정하고 당뇨를 가진 환자들을 모니터링할 수 있는 기구들이 거의 없었을 것이다. 더구나 당뇨 약은 더 많이 없었고, 환자가 스스로 혈당을 조절할 수 있도록 도와주는 서포트 그룹이나 다른 가용한 자원도 거의 없었을 것이다. Caldwell도 전공을 마친 지 5년 정도밖에 안 되었지만, 진료 환경이 많이 바뀐 것을 알고 있다. 새로운 도구의 개발, 외과적 접근법, 중요한 치료 절차와 과정이 바뀌었다.

전문성에 대한 역동적 관점은 의사의 지식과 앎의 방식의 계속적으로 변화되고 진보되고 있다는 생각에서 도출되는 것인데, 이는 교육과정 내용이나 학습 목표에 관한 생각의 변화를 정당화한다. Alvarado의 교육과 경험의 어떤 측면이 그녀로 하여금 환자에게 전문적인 치료를 계속하도록 만든 것일까? 인지적 관점에서 우리는 그녀의 융통성(Feltovich, Sprio, & Coulson, 1997), 발전할 수 있는 기회를 포착하고자 하는 동기와 능력, 문제를 새로운 시각에서 바라보려는 의지, 애매모호하고 불확실한 상황에 대한 이해를 위해 다른 영역의 지식을 활용하는 의지를 생각해 볼 수 있다. 그녀는 또한 그녀가 이미 갖고 있는 능력과 새로운 지식과 기술을 병합시키는 능력을 갖고 있을 것이다. 사회문화적 관점에서 환자 서비스 및 사회에 대한 가치와 헌신의 정도를 생각해 볼 수 있는데, 이것은 그녀가 수년간의 훈련과 의료 행위를 통해서 내면화한 것이며, 그녀의 업무에 새겨진 가치와 헌신일 수 있다. Alvarado는 다른 개인, 의사, 간호사, 원무과 직원들과 함께 일을 하는데, 그들은 자신의 수행을 점검하고, 발전의 기회를 확인하고, 결과가 성공적이지 못할 경우 다른 행동을 취하기 위해서 시간과 노력과 자원을 헌신할 의지가 있다.

좀 더 넓은 맥락에서 기술, 생물의학적 지식, 공중 보건, 그리고 다른 영역에서 이루어진 발전 내용을 활용해서 그녀의 업무에 중요한 변화(때론 비싼 대가를 치러야 하지만)를 가져올 수 있는 충분한 자원을 가진 곳에서 일을 하고 있다.

다양한 형태의 지식과 추론 의사는 환자를 치료하는 과정에서 다양한 형태의 지식을 활용하고 다양한 추론 전략을 사용한다(Eva, 2005). 의학교육에서는 몇 가지 유형의 지식과 지식 획득 및 추론의 방식을 강조하던 것이 변화되고 있는데, 즉 고도로 과학적이고 생물의학적인 방향에서 좀 더 실용적인 방향으로 변화되고 있다. 생물의학적 방향은 사실, 개념 이해, 인과관계 추론에 강조를 두고, 실용적 방향성은 실용적 지능과 암묵적 그리고 명시적 지식의 형태를 사용하는 데, 이는 특정한 상황과 관련해서 유용하게 쓰이는 것이다(Mongomery, 2006). 게다가 학생과 전공의는 훈련을 통해서 진보되기 때문에 그들은 임상적 상황에서 마주치는 환자 케이스에 요구되는 지식과 경험에 따라 분석적이고도 비분석적인 추론 전략을 혼합해서 사용한다(Eva, 2005).

Caldwell과 Alvarado의 경우를 보면, 많은 종류의 지식이 사용된다. Caldwell은 환자가 도착할 때 무엇을 해야 하는지를 정확히 알고 있는데, 이것이 바로 가장 일반적인 실제적 지식이다. 그는 초기에 관찰을 통해서 추후 해야 할 행동을 결정한다. 그가 관찰하는 것은 이전의 환자에게서 경험한 상태일 것이다. 따라서 그에게는 환자를 보기 전에도 무엇을 제일 먼저 해야 하는지를 예상할 수 있는 능력이 있다. 그가 관찰할 많은 단서는 애매하고 분명히 말하기 어려운 것일 수 있다. 그러한 단서들은 암묵적 또는 명시적인 지식의 일부일 것이다. 그러나 그가 알고 있는 패턴에 딱 들어맞지 않은 것을 포착하게 되면, 그는 오히려 좀 더 형식적이고 명시된 지식으로 눈을 돌리게 될 것이다. 아마도 가능한 진단목록을 살펴보고, 가능성을 점검하거나 (분석적 추론) 또는 관련이 있어 보이는 특정 사실에 초점을 두고, 가능한 원인들을 생각해볼 것이다(인과 추론). Alvarado가 Gutierrez의 경우를 반영하는 것처럼 그녀는 전공을 마치고 난 후에 얻게 된 공식적 지식뿐만 아니라 실제적 지능과 추론의 분명한 실례를 보여 주고 있다.

의학교육의 핵심은 이러한 형태의 지식과 추론을 어떻게 하면 가장 잘 발달시킬 수 있으며, 어떻게 필요한 순간에 이러한 형태의 지식의 유형을 전환하는 능력을 길러 줄 것인가 하는 것이다. 경험이 많은 의사는 일상적이며 습관적인 접근법으로 통할 것 같지 않은 낯설고 어려운 문제에 봉착하면 인과적 또는 분석적 추론을 시도하는 경향성을 가진다. 그러나 환자 치료에서 많은 오류가 발생하는 것은 이렇듯 일상적 과정에서 벗어나거나 좀 더 분석적 추론이 필요한 때를 포착하지 못하는 것에서 비롯된다(Croskerry, 2005). 대학과 학문적 기관에서 지식을 전달하고 학습자의 인과적 추론 기술을 향상시키는 데 뛰어날지는 모르겠지만, 이러한 유형의 지식과 추론, 그리고 실제 환자 치료를 하는 동안 학습자의 임상적 추론의 발달과 학습 과정의 관계에 대해서는 여전히 많은 의문이 남아 있다.

어떤 이는 학습자란 반드시 사실적 지식의 기초를 세우고 나서 그

후에 보다 깊은 이해를 돕는 방식으로 조직화된 개념적 지식을 형성
해 나가야 한다고 말한다. 이러한 지식이 충분히 구조화된 후에 임
상적 추론을 할 수 있을 것이다(Anderson, 1980). 이러한 견해는 전통
적이고, 학문-구조적이고, 교실 중심의 교육과정과 잘 일치되는 내
용이다. 다른 이들은 학습자는 사실적 지식을 다양한 방식으로 사용
할 수 있는 기회를 통해서, 그리고 사실적 지식을 표현할 수 있는 다
양한 사례에 노출됨으로써 개념적 지식을 형성해 간다고 한다
(Feltovich et al., 1997). 이와 같은 견해는 통합교육 및 사례 중심 교육
과정과 일치한다. 또 다른 관점은 경험적 학습을 강조하는데, 지도
를 받으면서 관찰을 하고 일상의 임상적 시나리오에 참여를 하면,
학습자는 세련된 개념적 이해와 패턴 인식, 그리고 임상적 추론, 즉
문제해결 과정을 발달시킨다고 보았다(Billett, 2002, 2006). 시간이 지
나면서 점점 더 복잡하고 낯선 상황에 봉착하면, 개념적 지식은 사실
과 이론적 지식, 그리고 개념적 이해를 통해서 보다 확대되고 정교화
된다. 의학교육은 전통적으로 경험적 학습보다는 사실적 지식의 숙
달을 강조해 왔다. 물론 두 가지 모두 중요하고 보완적인 인지적 자
원으로서 인식되고 보다 균형 잡힌 접근법을 강조하는 방향으로 이
동하고 있다.

분배적 지능　　우리는 의학적 지식을 환자 치료가 발생되는 임상
환경에서 분배되는 것으로 본다(Grreno, 2006; Hutchins, 1995;
Salomon, 1993). 백 년 전 또는 오십 년 전만 비교해도, Caldwell과
Alvarado는 정말로 엄청나게 의학적 지식이 증가했을 뿐만 아니라

이러한 자산들이 엄청나게 공유된 세상에서 살고 있는 것이다. 많은 이가 많은 것을 알고, 기술을 갖고, 이전보다 개인적 환자뿐만 아니라 환자 집단 전체의 치료를 위해서 많은 사람이 기여하고 있다. 이러한 개인들 사이의 어떤 관계는 형식적이고 조직적이고(예를 들어 심장외과나 물리치료사에게 컨설팅을 받을 때), 또 어떤 이들의 관계는 전문적이지만 덜 조직적이기도 하고(간호부 슈퍼바이저나 지역사회에 위치한 약국의 약사), 어떤 이의 관계는 비형식적이다(어머니의 병세가 비슷한 며느리, 원격치료를 받는 부부, 걱정하는 이웃 주민). 이러한 모든 이는 환자 치료에 적용될 수 있는 정보, 관점, 그리고 경험을 갖고 있다. 게다가 스스로 끼우는 정맥천자 바늘, 컨설팅 의뢰 양식, 그리고 의료정보 시스템과 같이 인공물이나 물질적 자원도 전문성을 띠고 있다. 따라서 개별적 환자와 환자 집단 전체를 성공적으로 치료한다는 것은 개별적 의사의 마음속에 자리 잡은 지식으로만 되는 것이 아니라, 집단적 지식과 이해에 바탕을 두고 있다. Caldwell이 응급실에서 팀을 이끌 때, 그는 자신의 역할을 알고 전문적인 일을 하면서 효과적으로 정보를 교환함으로써 초기 진단이 완벽하고 효율적으로 이뤄질 수 있도록 하는 팀원에게 의존한다. 다른 사람의 지식과 실무가 자신의 지식과 실무만큼이나 결정을 내리는 데 중요한 역할을 한다.

분배적 지능(Distributed intelligence)의 개념은 몇 가지 측면에서 중요하다. 우선 임상적 환경이 모든 수준의 학습자에게 특별히 풍부한 학습 환경이 될 수 있는 이유를 설명한다. 임상적 환경에서는 풍부한 알 거리가 존재한다. 또한 학습자가 자신의 지식과 이해력을 계속해서 추구해 나갈 수 있는 많은 기회가 제공된다. 그래서 학습자는 의미 있는 학습과 주어진 환경에서 사람과 사물 모두와 적절한 상호작용을 하고자 하는 동기를 가질 수 있다. 환자 치료가 이뤄지는 환경은 지식이 풍부한 곳으로 학습은 필연적으로 더 나은 향상을 가져올 수 있는 지식을 형성하거나 사용하는 방법뿐만 아니라 그러한 지식이 어디에 있고, 어떻게 접근해야 하는지 아는 것을 포함한다. 의학에서 전문성을 개발시키는 것은 비의료직 직원, 컨설턴트, 환자, 그리고 친구, 가족, 양식, 기구, 심지어 임상 환경의 구도와 같은 형태로 분배된 역량을 인식하고 사용하는 것으로 특징된다.

분배된 형태의 지식을 인식한다는 것은 지식, 실무, 환자 치료 행위에 필요한 인공물이 사회적이고, 문화적이며, 역사적으로 형성되고 정의된 것임을 인정하는 것이다. 예를 들어, Caldwell과 그의 팀이 새롭게 도착한 외상 환자를 진단할 때 사용하는 프로토콜과 Alvarado와 그의 동료들이 선택한 수행 척도는 경험과 과정과 결과에 대한 주의 깊은 관찰 및 조정의 과정을 거친 시간이 지나면서 진보된 치료의 표준이 된다. 미래에는 이러한 도구들은 새로운 지식과 이해를 반영하여 더욱 변화될 것이다. 현대 의과대학생, 전공의, 그리고 의사들은 이러한 도구에 내재된 수년간의 지식과 이해로부터 혜택을 보는 것이고, 그들은 이러한 유산을 계속 유지시킬 책임감을 가져야만 한다.

마지막으로 분배된 재능은 의료 체제, 안전, 질 향상을 고려할 수 있는 틀이 된다. 환자를 치료하는 데 의사의 유능함은 환자 안전과 질적 향상이 집단적이며 서로 협력하여 노력해야 할 필요가 있다는 것을 아는 데 있다. 많은 상황적이고 경험적인 요소들은 의사결정 및 판단에 영향을 주는 요소로 인식된다. 인지적 편견이나 작동 기억장치의 한계와 같은 감정의 정도만큼 기억 의존도를 낮추고, 판단할 때 일상적 편견을 인식하는 훈련을 하고, 실시간 정보 및 수행 피드백 향상법을 설계할 수 있는 기회가 있다(Croskerry, 2003). 분배된 재능을 숙련되게 사용하여 환경과 치료 체제의 역량을 강화시키는 것은 개인의 인식에 피할 수 없는 맹점에 대항할 수 있는 가능성을 가진 것이다.

　　환자 치료의 교육에 대한 함의　　환자 치료의 성공적 수행은 의과대학 및 전공의 기간을 거치면서 단단하게 준비를 해야 하고, 그뿐만 아니라 평생에 걸쳐 성장하고 진보해야 한다. 거의 백 년 동안 생물의학적 개념에 대한 과학적 지식과 이해의 중요성이 의료의 핵심적 기둥으로 인식되어 왔다. 임상적 지혜와 실제적인 노하우 지식, 인간적인 고결함, 진료에서의 혁신, 시민 참여는 의료 행위에서 덜 중요한 것으로 여겨지고, 따라서 의학교육에서도 이러한 부분은 덜 개발된다. 이는 부분적으로 대부분의 영역이 암묵적 지식을 활용하고 형식적 교육과정이나 수업보다 경험을 통해 가장 잘 학습될 수 있다는 인식에 기인한다. 따라서 이러한 영역의 학습을 개발하고 조장하는 방법에 관해서 체계적으로 생각하고자 하는 노력은 과학적 지식을 가르치는 일보다 훨씬 뒤처지게 되었다. 우리는 의학교육과정이 학부와 전공의 수준에서 새로운 내용을 포함할 필요가 있다는 주장을 하지만, 그와 동시에 지난 50년간 흥미로운 많은 발견 사실

을 포함시키고자 노력으로 인해 교육과정이 포화 상태에 있다는 것
도 알고 있다. 의사 업무의 역동적이고 상황적인 본질을 적절하게
나타낼 수 있는 경험을 학습하도록 해 주는 것은 교육과정 지식의
엄격한 관리, 학습 과제들을 적절하게 연관 짓는 것뿐만 아니라 형
식적 과학적 지식을 뛰어넘는 의사 능력의 중요성을 인식할 필요성
이 있다.

　개별적 환자뿐만 아니라 환자 전체 집단의 치료에서 형식적 지식
과 경험은 둘 다 모두 중요하다. 학습자는 깊은 사고를 통해 단계화
된 교육적 경험을 요구하는데, 이는 학습자로 하여금 기술을 개발시
키고, 당뇨병을 가진 환자를 치료하는 것, 당뇨병을 가진 치료 환자
의 건강을 향상시키는 데 자신의 효과성을 측정하고, 당뇨병이 있다
는 것을 알지 못하는 환자를 구별하기 위해서 그리고 당뇨병을 예방
하기 위해서 지역 수준에서 일을 하는 것의 관계를 이해하도록 해
준다. 학습 경험은 발달적으로 적절한 방식으로 조직되어야만 하며,
효과적인 교사가 있고 역할 모델이 있어야 한다. 게다가 전문성에
대한 문헌들은 비슷하지만 그렇다고 똑같은 것은 아닌 지식과 기술
을 활용한 일상적 업무에 대한 기회를 제공하고, 수행에 대한 초점
이 맞춰진 피드백을 주는 것은 학습자의 효율성과 많은 활동에서의
정확성을 향상하는 데 가장 효과적이다(Ericsson, 2007).

탐구와 향상

　사람들은 전문성을 생각할 때, 특정한 행동을 완벽히 수행하는 사

람을 떠올리는 경향이 있다. 전문성은 그것이 연구 지향적이거나 경쟁적이거나 또는 창조적인 활동이 아니라면, 보통 개인과 집단의 수행이 계속적으로 향상되거나 혁신적인 것과 관련이 없다. 대신에 우리는 좀 더 넓은 개념의 전문성을 제안한다. 그것은 환자 치료를 향상시키는 것을 의사의 전문적 책임감의 일부로서, 그들의 전문성의 필수적인 일부로서 인식하는 것을 의미한다. 어떻게 의사들이 이러한 전문성 측면을 발달시키는지를 이해하기 위해서는, 어려운 상황과 문제를 해결하는 방법의 차이점과 개선할 수 있는 기회를 인식하는 방법에 대해서 설명할 수 있는 이론과 개념에 대해서 관심을 두어야 한다.

환자 치료를 수행하기 위한 학습에 대한 초기 논의의 초점은 개별 환자와 환자 전체 집단을 치료하는 데 있어서 일상적인 활동을 쉽게 하는 것뿐만 아니라 친숙하지 않고 비일상적인 상황에도 효과적으로 반응할 수 있는 능력을 갖춘 숙련된 수행력의 발달에 있었다. 그러나 전문가 의사가 되기 위해서는 복잡한 상황에서 효과적으로 대응하는 것, 자신의 역량의 넓이와 깊이를 확대시키는 것, 혁신을 일으킬 수 있는 능력의 특징을 가진, 핵심 역량을 효율적으로 개발하는 것이 필요하다(Hatano & Oura, 2003; Schwartz, Bransford, & Sears, 2005). 따라서 우리는 전문성의 적응적 측면에 초점을 두는데, 특별히 개별적 의사와 임상의사 공동체에 계속적인 학습과 개선에 대한 전략 개발에 초점을 둔다.

적응적 전문성   의학교육의 주요한 목표 중의 하나는 학생과 전공의가 '미래 학습을 위해 준비되는 것'(Schwartz et al., 2005, p. 32)을 확인하는 일이다. 그래서 그들이 여러 가지 해결법을 가진 복잡하고, 어려운, 새로운 종류의 문제를 해결하는 방법을 개발하는 데 그들이 가진 지식과 기술을 전개할 수 있다. 이 목표는 의학교육의 또 다른 목표와 대조를 이루는데, 즉 학습자로 하여금 일상적으로 접하는 문제를 효율적으로 해결하기 위해서 그들이 알고 있는 바를 적용할 수 있도록 하는 것이다(Schwartz et al., 2005). 차이점의 핵심은, 예컨대 Alvarado가 Gutierrez의 유감스러운 결과에 대해서 곰곰이 생각하고, 다음에는 어떤 처치를 해야 할지, 그리고 비슷한 유형의 환자들을 위해서 어떤 치료법을 써야 할지에 대해서 생각할 때처럼 문제에 대한 새로운 접근법과 치료법을 만들어 내는 창조적 과정과 Caldwell이 각각의 외상 환자의 독특한 필요에 반응한 것처럼 일상적인 문제를 다루는 전형적인 전문성과의 차이라고 볼 수 있다.

　교육 프로그램을 통해 일상적인 업무는 능숙하게 잘해 내지만 일상의 업무에서 좀 더 복잡한 문제와 가능성을 보지 못하는 의사를 양성한다면 교육의 핵심 목표 중 일부를 달성하는 데 실패한 것이 된다. 소위 '경험이 많은 비전문가' 의사(아마도 일상적 전문가이지만 적응적이며 역동적인 전문가는 아니다. Bereiter와 Scardamalia의 정의에 따르면, 그들은 지식을 만들어 가는 일, 즉 탐구하고 개선을 가져오는 일에는 참여하지 않기 때문에 경험은 많지만 비전문가다)가 비일상적 문제나 난관에 봉착하면, 그들은 이전에 가지고 있었던 지식을 활용하고 정해진 체계와 틀 속에서 '만족할 만한' 해결책을 찾을 것이다. 대조적으로, 적응적인 전문가 의사가 상황적 어려움에 봉착하고 낯선 문제에 직면하면, 그들은 문제를 재구조화하고 체계적으로 상황을 깊이 있게 분석하면서, 더 나은 결과, 즉 최선의 전략을 성취하고자 노력한다(Bereiter & Scardamalia, 1993; Mylopoulos & Regehr, 2007).

전문가와 같은 학습자와 진보적 문제해결   어떤 종류의 학습과정과 교육적 활동이 학습자의 적응적 전문성을 향상시킬 수 있을까? 다른 말로 하면, 우리는 어떻게 의과대학생과 전공의가 상황적 변수에 융통성 있게 반응하고, 수행력을 향상시키기 위해서 기존의 것을 수정하고 새로운 것을 개발하고, 일정 영역에서 지속적으로 나타나는 문제를 해결할 수 있는 새로운 해결책을 개발하기 위해 기존의 전통적 영역의 경계를 뛰어넘을 수 있는 능력이 개발되도록 도울 것인가 하는 문제다(Hatano & Oura, 2003; Alexander, 2003). 몇 가지 관점이 이러한 질문에 관련되고, 이에 대한 대답으로는 일련의 초인지적 관점과 학습에 대한 접근법이 존재하는데, 이것은 다른 접근법에 비해서 적응적인 전문가의 양성과 관리와 보다 일치한다. 개인이 매우 복잡하고 어려운 문제에 접근하는 방법들을 비교하는 연구가 많이 있다.

경험이 있는 의사에게 이것은 계속적이고, 복잡하고, 안 풀리는 문제로서 환자 치료 행위와 관련된 것 또는 자신의 업무나 지역사회 또는 더 큰 범위로 자신의 전공에서 환자 치료의 결과를 제한하는 것과 관련된 도전일 것이다. 이러한 것들은 '그 영역을 구성하는 문제'(Bereiter & Scardamalia, 1993, p. 97)이고, 끝없이 복잡하고 절대 풀리지 않고, 진보를 방해하는 문제 종류다. 의학에서 포괄적인 구성

문제는 질병을 제거하는 것이며, 의사들은 모든 질병이 정말로 제거될 것이라는 기대 없이 많은 방법으로 이러한 문제를 가지고 계속 일한다. 질병 원인에 관한 연구와 새로운 치료법 개발은 이미 갖고 있는 지식을 거부하고 새로운 진보적 문제해결법을 만들어 가는 것이다. Alvarado와 Caldwell은 다른 구성적 문제를 가지고 노력했는데, 즉 Alvarado는 국가 법률가들의 관심을 모아서 그녀의 보험을 계약하지 않은, 즉 등록되지 않은 환자들의 문제를 해결하고자 했으며, 정치적 우선순위를 다루고자 했다. Caldwell은 지역 내 고등학교 학생들에게 위험한 상황을 모면하는 바를 다루고자 했다.

Breiter와 Scardamalia는 학습자 사이에서 일찍 나타나는 학습과 문제해결 방법에 있어서 전문가와 같은 몇 가지 접근법을 확인할 수 있다고 하였다. 하나는 상황이나 문제가 친숙하지 않은 새로운 것일 때 보여 주는 지식 형성 지향성이다. 이러한 상황에서 전문가와 같은 학습자는 자신의 지식의 한계와 불확실성에 대해서 매우 잘 인식하게 된다. 따라서 그들은 결론적이라기보다는 임시적으로 해석을 하고, 폐쇄적이기보다는 열린 질문을 하게 되며, 그들이 이미 중요하다고 알고 있는 것을 가정하기보다는 완벽한 이해를 하려고 애쓰게 되므로, 결과적으로 좀 더 알아야 할 것에는 무관심하게 된다 (Bereiter & Scardamalia, 1993; Scardamalia & Bereiter, 2006). 게다가 이러한 지식-형성 접근법에 대해서 학생들의 경향성에 영향을 주는 개인적 · 사회적 · 문화적인 요소가 있다. 학습자의 자기개념(self-concept)이나 새롭고 어려운 문제를 해결할 수 있을 것이라는 자신의 능력에 대한 신념은 모두 다르다(Dweck, 2000; Grant & Dweck, 2003).

또한 필요한 노력을 투입하고자 하는 동기, 즉 책임감이나 즐거움의
정도도 다르고, 일 후에 얻게 되는 혜택에 대한 생각이나 결과에 대
한 두려움도 다르고, 동료나 역할 모델, 또는 과업 구조나 평가 체계
에 의해서 강화된 규칙과 규범도 모두 다르다.

또 하나의 전문가와 같은 접근법은 활동과 문제의 유형에 친숙해
지고 일상화되고, 노력을 덜 기울여도 될 정도가 되었을 때, 노력을
재투자하는 것과 관련된다. 패턴 인식과 자동화로 인해 보다 인지적
공간이 유용화되고, 진보적 문제해결자 또는 지식 형성자가 새로운
도전을 확인하고 강요한 공간을 이용하기 위해서 보다 복잡한 방식
으로 순환되는 문제를 재구조화 한다(Guest, Regehr, & Tiberius, 2001;
Regehr & Mylopoulos, 2008). 예를 들어, Alvarado는 80대 환자가 집
에서 넘어져서 엉덩이뼈가 골절되었는데 사람이 없어서 몇 시간 후
에 넘어진 것이 발견된 사례로, 이 환자를 그냥 골절 환자로만 보고
치료하고 끝나는 것이 아니라 그녀의 지역사회에서 사회적으로 유
리되고 경제적으로 제약을 겪고 있는 많은 인구 집단에서 낙상 사고
를 예방하는 것과 낙상의 위험에 있는 환자군을 확인하는 효과적인
방법을 숙고한다.

의료 행위는 역동적이고 확정된 사실과 증거를 기반으로 하는 실
무라기보다는 훨씬 더 잘 알려지지 않은 불확실한 것들을 다루는
일이다. 그래서 한 영역에서의 간단한 수행이 새로운 의료 행위 영
역으로, 또는 같은 영역에서 보다 복잡하고 도전적인 측면들로 인
해 보유된 에너지를 재투자할 기회가 항상 존재하게 된다. 예를 들
어, 1년차 전공의는 빈혈을 어떻게 치료해야 하는지를 알기 위해서

아주 자세한 사항들에 초점을 두게 될 것이다. 일부 사례를 다루고 나서는 그 전공의는 빈혈을 가진 환자를 대할 때 보다 편안하게 일을 할 수 있을 것이다. 빈혈에 대한 그 전공의의 질문은 이제 인구 전체 집단에서 자각 증상이 없는 빈혈 환자를 확인할 수 있는 방법(특별히 소아청소년과에서)과 빈혈의 위험한 요소를 줄이는 방법, 그 문제를 언급하는 현재의 노력을 더 잘 이해하기 위한 문헌 조사, 그리고 의료 체제의 비용 효과성으로 옮겨 간다. 본 예는 의료의 혁신과 개선을 이해할 수 있는 틀을 개발하는 데 두 가지 더 필요한 조사 영역이 있음을 알려 준다. 첫째는, 전공의는 어떻게 학습과 개선을 위한 기회를 포착하고, 적절한 것을 선택하며, 합리적 접근법을 개발하는가? 이 질문에 답하기 위해서 우리는 반성적 수행 및 자기평가, 즉 자기통제 학습과 관련된 문헌에서 시사점을 얻을 수 있다. 둘째, 전공의가 빈혈에 관해서 다른 시각으로 생각해보고자 하는 의지, 즉 최선의 전략을 세우는 데 필요한 노력을 투자할 의지는 어떻게 설명할 수 있는가? 우리는 이 장의 마지막 부분에서 넓은 범위의 전문성(professionalism)의 개념을 논하면서, 이 두 번째 질문에 대해서 생각해볼 것이다.

반성적 수행   Bereiter와 Scardamalia의 '점진적 문제해결'이라는 모델에는 실무자는 문제해결 또는 개선을 위한 기회를 확인하고 참여할 수 있다는 암묵적 기대를 담고 있다(Alvarado가 Gutierrez의 결과를 가지고 생각하고, Caldwell이 알코올과 관련된 사고의 수를 줄이는 전략에 대해서 생각했을 때처럼). 그리고 그 모델은 '귀찮은' 비일상적 일이나 복잡한 일을 좀 더 다룰 수 있고 접근할 수 있는 것으로 만드는 틀을 제공할 수 있다. Schön의 『반성적 실천가 교육하기(Educating the Reflective Practitioner)』는 일방적 영역 밖에서 해결책을 구할 수 있는 전문가 수행의 측면을 정밀하게 다루고 있다(Schön, 1987). Schön의 모델에 따르면, 의과대학생이 임상 실습을 시작할 때, 가장 많은 노력을 '행동하는 것을 아는 것'에 쏟는데, 이는 일상적 수행에 필요한 노하우, 즉 경험적 지식을 의미하는 것이다. 숀은 '행동하는 것을 아는 것'은 전문 학교에서 가르치는 것으로 지식과는 다른 것이다. 둘 사이의 관계는 잘 이해되지 않는다. "일상적으로 행동하는 것을 아는 것은 학교에서 가르치는 연구에 기반한 전문적 지식의 적용일 수도 있으며, 그것과 상충되는 부분이 있기도 하고, 또는 그것과 전혀 상관이 없을 수도 있다."(Schön, 1987, p. 40)

의학교육에서 행동 지식은 종종 개념적 지식의 중요한 부분이 된다. 실습을 하고 지도를 받으면서 학생은 패턴을 익히고, 스키마를 형성하고, 절차에 익숙해지면서 인지적 노력을 적게 하게 되고, 따라서 더 많은 일과 활동을 수행할 수 있게 된다. 이러한 단계에서 학습자는 진정한 전문가 수행의 핵심이 되는 '행동반성'을 위한 훈련을 시작하게 된다. Caldwell과 같은 의사가 환자가 경험하는 일련의 과정에서 미묘한 단서를 포착하고, 환자를 검진하고 치료하는 데 자신이 갖고 있는 표준화된 방법이 아닌 다른 방법을 시도할 수 있도록 해 주는 것이다. Schön이 설명한 대로 "문제가 되는 진단을 할 때에는 탐구의 규칙을 따를 뿐만 아니라 즉각적으로 새로운 규칙을 만들어서 새로운 발견 사실에 반응해야 한다. 행동반성은 실무를 하는 사람들에게 때론 불확실하고, 독특하며, 갈등이 되는 상황을 이해하는 데 아주 중요한 기술이다." 그러나 많은 전문가가 경험이 많아질수록 덜 반성적이고, 대안적 설명 체계를 탐구하는 경향이 약해진다는 증거가 제시된다(Eva & Cunnington, 2006). 이러한 사실은 학습자에게 보다 일찍 반성적이고, 지식-구축 접근법의 중요성을 가르쳐 줄 뿐만 아니라 의사의 생애를 통해서 이러한 접근법의 중요성을 강조해 준다.

　Schön은 학습자로 하여금 행동반성을 하도록 훈련하는 데에는 중요한 세 가지 노력이 필요하다고 주장한다. 첫 번째는 '행동함으로써 학습하는 것(learning by doing)'이다. 즉, 학습자의 수준에 따라 일상적 과제(문진, 신체 검진, 진단적 추론, 그리고 관리 계획)를 모의 실험적, 통제된 또는 면밀한 지도를 받는 환경에서 실습할 수 있도록 한다. 두 번째는 '동료와 교사에게 코칭을 받는 것'이다. 이것은 주로 보여 주고, 충고를 해 주고, 비평하고, 그리고 질문하기를 포함한다. 교사는 학습자로 하여금 문제를 구조화하고 행동 전략을 수립하고 검증하며, 새로운 이해에 도달할 수 있도록 격려한다. 학습자가 문제에 봉착하면 동료나 교사는 세 번째 중요한 요소를 활용하는데, 바로 '반성적 대화'다. 이는 학습자로 하여금 대안적 전략을 생각해보도록 하는 또 하나의 전략이다. 중요한 점은 학습자로 하여금 친숙하지 않고, 불확실하며, 실무에서 갈등을 일으키는 상황을 감지하고 이해하는 것을 연습할 수 있는 기회를 제공하는 것이다.

자기조절학습 및 개선을 위한 피드백　개인과 팀은 언제 수행이 향

상되고 더 나은 결과가 산출되는지를 어떻게 알 수 있을까? 그들은
향상을 위해서 어떻게 전략을 세우는가?라는 질문을 갖고 향상을
위해서 노력하는 것은 완벽하지 않은 개념이나 현상에서("왜 우리는
항레트로바이러스 치료를 하기 위해서 환자의 CD4 카운트가 350cells/uL
로 떨어지기를 기다려야 하는 것인가?"와 같은 질문을 하는 것), 가장 좋
은 수행법에서("환자는 가끔 나를 불편해하는 것처럼 보인다. 그리고 나
는 종종 내가 필요한 정보를 얻기 위해서 몇 가지 방법으로 질문을 해야만
한다."와 같은 사고), 또는 개량할 수 있는 결과에 관해서(예를 들어,
"왜 우리 클리닉에 오시는 환자는 거의 시간 약속을 지키지 않는 것일까?"
와 같이 궁금해하기) 핵심을 파악하는 능력을 필요로 한다.

 학습자가 더 나은 자기평가자, 보다 자기주도적인 학습자가 되도
록 가르치고자 하는 열정에도 불구하고, 의료 전문직에서 자기평가
및 자기주도학습에 관한 선행연구들은 자기평가나 자기주도학습이
계속적인 학습과 진보를 가져온다고 신뢰할 만한 동기자가 되지 못
한다고 말해 준다. 우리가 자기평가에 의존하지 못하다면, 우리는
반드시 학습자로 하여금 자신의 수행을 평가할 수 있는 신뢰할 만한
외부적 평가를 찾고 그 결과에 따라 기술력을 갖추도록 해야 할 것
이다. 훈련 과정의 목표는 호기심, 자아 및 환경 지각력, 그리고 환
자 및 인구 전체를 위해 보다 나은 결과를 가져오도록 융통적이지만
계속적인 노력을 할 수 있는 마인드를 갖는 습관을 형성하는 것이라
면, 우리는 의학을 공부하는 학생들에게 보다 그들의 수행을 증진시
키기 위해서 외부적 정보와 피드백을 어떻게 활용해야 하는지를 가
르치거나 학습자 수행에 관한 보다 신뢰할 만하고 분명한 정보원을

제공해야 하는 데 보다 사려 깊고 효과적이어야만 한다(Eva, Cunnington, Reiter, Keane, & Norman, 2004; Eva & Regehr, 2005).

학생은 자신의 수행이나 지식에서 향상이 필요한 부분을 알아내기 위해서, 그리고 계속적인 학습과 진보를 나타내기 위해 효과적인 전략을 알아내는 데 있어서 타인의 지도와 피드백에 깊게 의존하게 된다. 전공의 기간을 통과하면서 학습자는 자신의 수행과 학습을 모니터링하는 데 큰 책임감을 갖도록 기대된다. 임상적 수행의 다양한 면을 경험하고 친숙해지면, 이제 학습자는 일상적 수행력이 당면한 상황을 처리하는 데 충분하지 않다는 것을 깨달으며(반성적 수행), 그들이 지각한 부족한 점을 극복하려고(진행적 문제해결) 노력할 수 있는 마음을 개발해야만 한다.

탐구와 향상에서 교육을 위한 함의점   학습자로 하여금 그들이 참여하는 그룹, 팀, 그리고 시스템에서뿐만 아니라 자신의 수행력의 향상을 위해서 노력하도록 고무시키는 것은 반드시 의학교육의 초기에 이루어져야 하며 전공의 기간과 그 이후에는 꾸준히 강화되어야 한다. 반드시 학습이라는 것은 일상적 수행을 신뢰할 만하고 효율적으로 하는 것을 포함하며, 또 다른 부분은 비일상적인 수행을 필요로 하는 상황을 인식하고 새로운 접근법이나 해결책을 활용할 수 있도록 인식하는 것도 포함한다. 의과대학생은 이러한 종류의 상황을 분류할 수 있는 교육을 받아야 하고 두 가지 상황에서 모두 어떤 수행이 좋은지 추천을 받아서 탐구와 혁신의 마인드가 전공의 기간을 거치면서 잘 정립될 수 있도록 해야 한다. 전공의 기간에는 단순한 서비스 요구나 일상적 업무를 지나서 어떻게 환자를 위한 치료가 향상될 수 있는지와 목표와 결과가 어떻게 달성되는지를 확인하기 위한 정보를 수집하는 데 적극적이 된다.

전문가 공동체에 참여하기

의학교육에서 전형적인 인지적 관점은 어떻게 개별 의사가 진단적 문제를 해결하고 의학적 학습의 기초가 되는 사실과 개념이 변할 때 이렇게 많은 사실과 개념을 이해하는지를 분석하는 데 강력한 것이지만, 의사가 의사 공동체에 기능적인 한 구성원이 되고 건강 관련 전문가 집단의 한 동료가 되어 가는 과정에 대한 설명을 하는 데에는 한계가 있다. 유사하게, 의사가 되는 것에 대한 사회적이고 공적인 측면에 대한 설명도, 한 의사와 환자의 상호작용에 대해서만 설명하는 분석으로는 전혀 이뤄지지 못한다. 이와 마찬가지로 의학교육은 의과대학생의 관점에서 이러한 과정에 전혀 주목하지 못했고, 작업장 공동체의 협력적 동료로서 그리고 보다 넓은 세계의 '의사이자 시민'으로서의 의과대학생 및 전공의를 효과적으로 길러 내지 못할 수 있다.

의료라는 사회적 세계와 의과대학 공부라는 중요한 사회적 측면이 사회문화적 학습이론적 관점을 통해 볼 때는 매우 중요한 일이다. 이러한 이론은 하면서 배우는 것의 절대성, 학습의 직접성과 진정성을 강조한다. 이때 학습은 실제 활동하는 세계라는 맥락에서 개인들은 자기 나름대로 활동을 하고, 학습을 할 때 동료나 타인은 교사라고 간주되지 않으며, 학습의 사회적 측면을 강조한다. 사회문화적 이론은 또한 중재활동(또는 단서를 구조화하고 제공하는)에 의해서, 그리고 많은 사람과 사물에 대하여 과업을 수행하는 데 도움이 되는 자원들을 배분하는 것에 의하여 학습에서 중요한 역할을 하는 것으로 환경과 자원의 중요성을 인식한다. 이러한 이론들은 의사가 환자를 돌보기 위해서 어떻게 일을 하는지, 의사와 의사가 아닌 의료진(건강 관리와 관련된 전문직 및 비전문직 포함)은 어떻게 협력하는지, 물론 새로운 의사는 복잡한 체제에 어떻게 적응하는지를 분석하는 것과 관련한 정보를 제공한다.

게다가, 의사의 업무는 Caldwell과 Alvarado의 예에서 볼 수 있듯이, 업무를 하는 해당 병원이나 지역사회를 벗어나서 중요한 사회적 참여자 역할을 해야 한다. Caldwell은 주변의 고등학교에서 연설을 했으며, Alvarado는 주정부의 상원 의회의 보건위원회 앞에 가서 스페인 어만 말하는 환자의 경험을 통해, 당뇨병을 가진 환자에 대한 적절한 치료와 지역을 기반으로 문화적으로 적절한 치료 서비스를 제공해야 할 필요성에 대해서 역설하였다. 이 두 의사는 의사가 지역사회에 참여하는 것과 의료 전문기관, 그리고 그 속에서 일하는 의사의 책임감의 범위가 어떠한지를 보여 준다. 대부분의 의사가 전공과 관련된 집단적 활동이나 지역사회에서 활발하게 일할 것을 기대하는 만큼이나 학생과 전공의에게도 그러한 훈련이 이루어져야 하며, 이러한 역할을 경험해볼 기회를 제공해야만 한다.

실행공동체　‘실행공동체(community of practice)’라는 용어는 공동의 목표를 달성하기 위해서 복합한 상호관계성을 가지고 함께 일을 해 나가는 일군의 사람들을 의미한다. 실행에 참여하는 사람은 공동체를 정의하고, 참여하는 사람과 그들의 역사와 사회적 관계, 인공물은 실행을 정의한다(Wenger, 1998). 모든 사람이 그러하듯이 의사들은 많은 실행공동체에 참여하는데, 일부는 그들의 일과 관련된 것이고, 일부는 놀이 그룹, 취미, 그리고 시민단체와 같이 개인과 관련된 단체에 참여하게 된다. 모든 실행공동체는 상호관련성에 의해 정의되는데, 상호관계에서의 네트워크와 강한 관련성을 의미하고, 협동 작업, 즉 함께 만든 목표를 향해 함께 일하고 상호 책임감을 느끼는 것이며, 자원, 인공물, 신념 그리고 접근법을 공유하는 것이다(Wenger, 1998). 지역사회 클리닉, 전공의 훈련 프로그램, 병동 팀, 단독 의사 진료실, 원무과장, 그리고 간호사는 모두 실행 공동체를 구성한다. 공동체에서의 일의 능숙함은 중요한 활동에 전적으로 참여하는 능력을 의미한다(Lave & Wenger, 1991). 그러나 실행공동체의 중심에 모든 사람이 동일한 기여를 하는 것은 아니다. 따라서 Caldwell은 집중치료실에서 환자를 치료하는 데에 있어서, 호흡기 치료자, 중환자 치료 간호사, 치료실 사무직원이 중요한 인력이라는 것을 인식하고 있었다.

실행공동체에서의 학습은 중심을 향한 주변적인 활동에서 중심으로 옮겨 가는 것을 의미한다. 오래된 구성원에게도 공동체에서의 삶은 정적이지 않다. 실행공동체의 모든 구성원은 항상 학습을 하는데, 왜냐하면 협동 경영의 본질은 항상 변화하기 때문이다. 즉, 협동 경영을 향상시키기 위해서 참여하는 방법과 도구, 접근법, 언어, 그

리고 입장을 선택하고, 수정하고 버리는 방법에 있어서의 본질을 일
컫는다. 따라서 실행공동체는 항상 응급상황이다. Alvarado의 의료
행위를 생각하면, 그녀는 그녀의 동료들, 직원들과 당뇨 환자를 위
해 그들의 목표를 상의하고 또 상의한다. 실망스런 결과로 좌절스러
울 때 그들은 새로운 형태의 환자 치료를 전개하는 과정에서 접수대
직원과 간호사를 참여시키게 되었고, 그들도 의사와 함께 관여하게
되었다.

건강한 실행공동체는 응급 구조이기 때문에 새로운 사람이 주변
부에 도착하고 협력 경영의 중심부로 이끌어지는 것은 간단한 일이
다. 그러나 실행공동체는 초대하는 것만큼 참여를 배제시키는 것을
잘 한다. 신참자는 합법적인지 검토를 받아야 하는데, 즉 완전한 참
여자가 될 수 있는 가능성을 가지고 있어야 한다. 주변적 참여는 듣
거나 보기만 하는 식으로 수동적인 것으로 나타나는 데, 신참자나
중간 정도의 실행자에게는 교육적으로 강력할 수 있다(Billett, 2001;
Rogoff, Paradise, Arauz, Correa-Chavez, & Angelillo, 2003). 실행의 끝에
서부터 초보자들은 참여하고, 초대되고, 완벽한 참여를 위해 중앙부
로 이끌려 간다. "신참자가 장기 참여자로 변화되는 것은 실행에 통
합되어 가는 것이다."(Lave & Wenger, 1991, p. 122) 이는 의료 수행에
서 완벽한 참여로 이동하는 고도의 의료 지식의 명령이 아니라, 누
가 누구인지 일이 어떻게 이루어지는지를 아는 것과 관련된 능력이
다. 하지만 이것이 고도의 지식이 중요하지 않다는 뜻은 아니다. 다
만 실행에서 경험적 친숙함이 없다면 능숙하고 효과적으로 전개하
지 못한다는 것을 의미하는 것이다.

어느 정도까지 실행요소는 모의실험이 될 수 있고 실제 작업환경 과는 다르게 분리될 수 있지만, 실행은 원래 복잡하고 긴박한 특성 을 갖는다. 이러한 특징을 제거함으로써 시뮬레이션은 실행요소의 효과성을 제한할지 모른다. 실행공동체 관점에서 장기참여자들을 초대하고 일을 의도적으로 구조화하고 계열화시키는 것이 교육학 이며, 실행을 통해 중심 참여로 나아가는 학습자의 진보는 실행학습 의 교육과정이다.

주창자와 공동체의 지도자로서의 의사   의사는 반드시 그들의 공 동체와 직업에서 의사-시민으로서 참여해야만 한다. 그들 참여의 첫 번째 수준은 사회의 다른 구성원들과 질적으로 다르지 않다. 비 록 의사가 소유한 자산, 즉 접근성, 경제적 자원, 리더십 스킬, 교육 수준의 정도가 훨씬 뛰어나도 말이다. 이 수준에서 많은 의사는 이 웃과의 연합을 통해, 지역사회 조직체의 위원으로서, 그리고 의사들 의 모임에 적극적으로 참여한다.

의사는 특정한 관점과 전문성을 갖는데, 위에서 열거한 일반적인 것뿐만 아니라 지역사회에서 특별한 역할을 하도록 영향을 준다. 개 인과 인구 전체에 존재하는 건강 문제로 인하여 사회적 문제가 생겨 나고, 의사는 대중에게 사회적 위험과 불공평성을 지적할 수 있는 유일한 위치에 있다. 이러한 위험은 공동체의 건강 문제를 야기할 수 있는 것이다. 곤궁에 빠져 있는 사람보다 의사들은 의사의 입장 으로 인해서 무엇인가를 주장하기에 훨씬 유리한 입장에 서게 된다. Caldwell의 지역 내에서 알코올 관련 자동차 사고에 대한 생각과 그

의 반응은 이러한 수준의 지역사회 참여와 사회적 책임의 예를 단적
으로 보여 준다고 할 수 있다.

지역 내 일어난 건강 문제를 적절하게 거론할 수 있는 전략은 문
제와 같이 복잡하며 특별한 전문성을 필요로 하는데, 여기에서 의사
가 기여할 수 있는 부분이 있다. Alvarado를 근심하게 만들었던 것
은 그녀의 라틴 환자집단에게 발생한 당뇨병으로, 당뇨를 일으키는
유전적이고 후천적인 요인, 일차 예방을 위한 노력의 효과성, 인간
행동 변화에 기저하는 과학, 영향을 받는 지역사회의 식사 및 문화
적 습관들, 당뇨병을 가진 개인의 사회-경제적 조건들, 그리고 지역
및 전국적인 수준에서 건강보건 전달 체제의 조직에 대한 깊은 이해
를 필요로 한다.

어떤 지역기반 프로그램도 지역, 주정부 및 국가적 정책도 의사가
이러한 문제를 해결하고자 이슈화할 수 있는 전문성이 없다면 효과
적이지 못할 것이다. 이렇게 의사가 기여하는 것은 특정 건강 이슈
에 관해 대중을 교육하는 형태를 취하는 것으로 지역기반 위원회나
서비스협회의 위원으로 역할하는 것을 의미한다. 즉, Alvarado가 의
회에 나가서 발언한 것처럼 말이다.

마지막으로, 다른 관련된 시민처럼 의사는 집단으로 일을 할 때,
특별히 정치적 과정에 있어서 더욱 효과적이다. "비록 개인의 행동
이 건전하더라도, 전문성이 상징은 집단적 행동이다."라는 말이 있
다(Gruen, Pearson, & Brennan, 2004, p. 97). 미국대학외과의사
(American College Surgeons)과 같은 전공 관련 단체에서 구성원으로
활동하는 것(인권의사협회, Physicians for Human Rights)과 같은 넓은

범위의 전문가 공동체에 참여하는 것은, 전문가 정체성이나 목적에 대한 토론을 일으키고, 개별 의사들의 목소리를 통일시키고, 전문가가 무엇을 상징하는지를 대중에게 분명히 보여 주게 된다. 이러한 조직에서 정책을 개발함으로써 의사들은 전문가의 가치를 명확히 하고, 조건과 상황이 변하고, (실행공동체의 용어를 빌리자면) 협동 경영의 본질이 변해 가는 시기에 전문가를 결합시키고 일치감을 갖게 하는 중요한 과정이 된다. 집단적 전문성의 가치를 재조정하고 재명료화하는 과정은 반드시 다른 사회적 요구와 가치 속에서 의학과 건강 관리의 우선순위에 대한 대중과의 협상이 있기 이전에, 적어도 거의 동시적으로 일어나야만 한다.

교육에 대한 함의: 전문가 공동체에 참여하는 것   실행공동체 속에서 상호작용은 풍부하기도 하고 복잡하기도 하다. 공동체 속에서 유능한 구성원은 어린 구성원들이 흉내 낼 수 있는 행동과 특성의 실례만 되는 것이 아니라, 학습자가 자기 수준에서 기대되는 수행으로부터 현재의 전문적 수행의 수준이 얼마나 차이가 있는지를 가늠해 볼 수 있는 중요한 정보원이 된다. 최적화된 환자의 결과를 위해서 협력이 필요한 사회적 업무로서 의사의 일을 생각해보면, 피드백은 공동체에 기여하는 개인뿐만 아니라 공동체 전체에게도 중요한 역할을 한다. 피드백은 두 가지 수준에서 구성원의 개인적 책임이 된다. 첫째, 구성원들은 능력과 역할을 최대한 발휘해서 공동체에 기여하고 있다는 확신을 갖게 된다. 둘째, 그들은 다른 구성원의 수행을 모니터링하고 촉진할 수 있다.

의료 행위는 그 중심에 환자를 위해서 무엇을 할 수 있는가를 담고 있다. 의사의 자격이나 속성보다는 인구 전체 집단을 위해서 환자를 위해서 결과에 초점을 두게 되면, 유능한 의료 행위가 복잡한 시스템에 숙련된 참여를 하고, 기술, 건강 관리 종사자, 지역사회 예산, 환자의 친구와 가족 모두를 포함한 체제 속에서의 자원들과 효과적으로 상호작용하는 것이라는 사실을 강조해 준다. 학습자가 참여할 수 있는 기회를 통해서 환자 치료 기술을 익혀 나가는 것처럼 처음에는 주변부에 있다가 점차 중심부로 진보해 나아가게 된다. 학습자가 공식적 지식을 획득하고 즉각적인 반응을 하도록 하는데 그들의 임상적 경험을 사용하도록 기대하는 역할 모델과 숙련된 교사 집단에서, 그리고 환자 치료 활동에서 학생과 전공의들은 어떻게 의사가 보건의료 체제의 구성원으로서 기여하는지에 대해서 배울 수 있다. 사회적이며 문화적인 측면을 강조하는 학습에 대한 개념은 우리가 어떻게 하면 의사 교육을 조직해야 할 것인가를 생각하는 데 도움이 되는 틀을 제공해 준다.

보다 넓은 의미의 전문성

우리는 의과대학 교육을 지도하고 학습 과정을 추진하겠다는 데에 목적을 두고 전문성 형성을 확인하면서 이 논의를 시작했다. 이제 우리는 초기에 제시한 이 질문을 다시 생각해보고자 한다. 즉, 사회는 학생과 전공의가 어떤 의사의 모습을 갖추어 나가길 원하는가? 어떤 과정이 이러한 정체성의 형성을 지원하고 촉진할 것인가?

사람들은 유능한 무엇보다 의학으로부터 더 많은 필요를 느낀다. 즉, 질병으로 아파 보거나 고통의 짐을 진 사람에게는 더욱 그러하다. 의사의 일에 대한 넓은 의미의 개념은 단순히 개별적 환자를 치료하는 범위를 넘어서서 전문적 조직과 의학 및 비의학 공동체에 참여하는 것과 건강 문제를 더욱 잘 이해하고 그 결과를 향상시키기 위해서 실험을 하고 혁신을 가져오는 것을 포함한다. 전문가의 일의 모든 범위에 걸쳐서, 의사들은 결국에는 도달할 수 없는 수준의 의료 수행을 달성하기 위해서 노력해야만 한다. 진정한 전문가적 수월성은 개별적 환자와 환자 전체 집단의 건강을 치료하고 향상시키는 데 깊은 헌신감과 개인적 책임감을 갖는 것과 관련이 있다. 사람들의 건강을 위해서 더 많이 일하고 더 잘하려고 헌신하는 것은 의사 업무의 세 가지 영역과 관련이 되어 있는데, 이 세 가지 영역에서 모두 수월성을 나타내기 위해서 헌신하는 것은 전문가정신의 핵심이다.

전문성 형성은 의도적으로도 비의도적으로도 이뤄질 수 있는데, 그 과정과 이상을 모두 외현적으로 나타내고자 하는 노력을 하다 보면, 그 과정을 주의 깊게 모니터링하고 철저하게 지켜보도록 만든다. 우리는 자기인식(Epstein, 1999), 상호적 관계(Haidet et al., 2008), 그리고 순응(Hafferty & Franks, 1994)을 전문성 형성의 세 가지 측면으로 제안한다. 비록 우리는 도덕적 윤리적 행동 규칙과 같은 외재적인 가이드와 의사소통 및 도덕적 추론과 같은 기술이 전문성 형성에 중요한 역할을 한다고 알지만, 우리는 지식과 기술, 그리고 행동의 표현보다는 전문성 발달의 심장과 영혼에 초점을 더 두고자 한다. 앞에서 환자의 건강을 향상시키고 치료하는 것에 대한 깊은 헌신이 의사 업무의 기본적이면서 동기화 요소라는 것을 확인했다. 그러므로 의학교육학자들은 반드시 "무엇이 이러한 헌신을 하게끔 하는 것인가? 이는 어떻게 개발되고 유지될 수 있는 것인가?"를 질문해야만 한다.

자기인식 및 반성적 실행   학생이 의과대학에 입학할 때, 그들은 흥미와 헌신, 그리고 의사가 되는 것이 무엇을 의미하는지에 대한 의미를 가지고 있다. 이러한 것들은 전문가가 되기 위한 초보자가 형성적 과정을 시작할 때 가지고 있으면 좋은 '재산'이다(Benner, Tanner, & Chesla, 1996). 의과대학생이 새로운 지식, 기술, 관점을 대하면서 그들이 세상에서 기능할 수 있는 능력은 확대된다. 기쁨, 염려, 두려움, 마음의 동기에 관한 환자의 이야기를 들으면서, 의사로서 환자와 가족이 바라보는 감정을 경험하면서, 의술을 행하는 의사들을 관찰하면서, 학생들은 실제 의사가 관여하고 있는 것을 보다 깊고 보다 정밀하게 이해할 수 있게 된다. 그들은 의사가 사용하는 정보의 종류와 의사가 환자와 대중에게 제공할 수 있는 힘과 한계, 그리고 의사가 가지고 있는 책임감을 이해하기 시작한다. 그들은 또한 의사가 무엇인지에 대해서 초기에 가졌던 신념과 생각과 실제 경험을 통해서 알게 된 현실과의 차이점을 알게 된다.

자기인식은 학습자가 자신과는 다른 관점을 이해하고 자신의 신념과 생각, 정서를 검토하는 데 대안적 관점을 사용하면서 발생한다. 이러한 자기인식은 전문가로 하여금 다른 사람들과 함께 공존하고, 명료하게 의사 결정을 내리고, 강한 감정을 인식하고, 단순한 반

응이 아니라 실제적인 행동을 하게끔 해 준다. 자기인식은 감정이
입, 동정심, 그리고 이타주의와 같은 의료의 핵심가치를 의사가 표
현하는 데 필수적인 것으로 인식된다(Epstein, 1999). 의사는 자신의
관점과 감정을 환자의 관점과 감정과 분리해서 생각할 수 있어야만
한다. 그래야지 동정심을 가지고 의사소통하고, 환자의 요구를 인식
하며, 그리고 환자의 요구를 의사의 신념과 가치, 그리고 정서적 반
응보다 우선시하는 방식으로 반응할 수 있다.

자기인식은 또한 개인적 강점과 한계에 대해 의식적으로 주목하
도록 한다. 그러면 피드백이나 지침서를 찾아보게 되고, 개선시키고
자 하는 활동에 참여하게 된다. 그러한 자기인식은 반성적 과정과
자신의 행동을 판단해볼 수 있는 외부적 피드백을 통해 개발된다.
학습자가 자신의 사고 과정과 학습에 대한 접근을 비판적으로 숙고
하도록 만드는 것은 초인지 기술이다. 어린 전문가 후보생으로 하여
금 의료의 현실에 직면하고, 더 잘 수행할 수 있도록 하는 형성적 과
정에서 개인적인 한계를 깨닫도록 하는 것은 쉽지 않은 경험이다.
의학교육에서 고무되는 자기인식은 반드시 회복하고 용서하는 능
력과 함께 개발되어야 한다. 이러한 능력은 개인에게뿐만 아니라 조
직과 교육적 문화에서도 필요한 속성이다.

관 계   관계맺기는 학생의 전문성 개발에 있어서 중요한 역할을
한다. 환자-의사 관계는 의학교육에서 많은 주목을 받아 오고 있다.
즉, 환자-중심 의사소통을 위한 교육과정 내용, 인터뷰하기 및 신체
검진 기술, 그리고 진단적 추론에서 말이다. 하지만 전문성 형성에

있어서 중요한 역할을 하는 다른 종류의 상호관계성에 새로운 관심
이 주어지고 있다. 관계 중심 치료는 심리사회적인 보건 교육을 증
진시키고자 하는 Pew-Fetzer 특별위원회에 의해서 만들어진 용어
로서, 의료 전문가들 사이에서 그리고 의사와 지역, 체제, 그리고 그
들이 일하는 기관 간의 관계맺기의 형성적 역할(Tresolini, 1994)을 말
해 준다.

 전문성 형성은 환자와의 관계를 통해 형성된다. 의학교육의 초
기 단계에서부터 환자와의 관계는 애착, 강한 감정들, 그리고 충돌
하는 견해와 딜레마를 해결하는 경험을 수반한다. 그러나 경험은
개인적 가치와 헌신을 형성시키고, 매개자로서의 의식과 환자에게
가장 필요한 것을 위해서 주장하고자 하는 욕구를 만들어 낸다
(Ratanawongsa, Teherani, & Hauer, 2005). Bleakley와 Bligh(2008)은
'학생과 환자 간의 깊고, 협력적인 관계'는 '지식 생산의 가장 중요
한 핵심'이 되어야만 한다고 말했다(p. 91). 왜냐하면 그러한 관계는
학생으로 하여금 생물의학적이고 심리사회적으로뿐만 아니라 환자
의 관점에서 환자의 상태를 이해하고자 하는 동기를 만들어 주기 때
문이다. 게다가 그들은 더 알고자 하는 욕구와 호기심 및 의사 업무
의 핵심인 환자를 치료하는 일을 더욱 향상하고자 하는 욕구를 강화
해 준다.

 전문성 형성은 또한 다른 의사 및 다른 의료 전문가들과의 관계를
통해서도 이루어진다. Caldwell은 외과로 실습 갔던 날을 기억한다.
회진을 돌던 외과의사가 그에게, 수술 후 상태가 나빠진 한 환자를
위해 무엇을 해야 하는지를 물어보았다. 그는 바로 전날 매우 능숙

하고 지식이 많은 간호사와 나누었던 긴 대화를 기억했다. 그녀는 친절하게도 그 환자가 얼마나 위험한 상태에 있었는지, 그래서 12시간 동안 얼마나 중요한 의사결정들이 이루어졌는지에 대해서 Caldwell이 이해하기 쉽게 설명해 주었다. 그 결과, 그는 지난 모든 피곤을 물리치고 임상 상황에 대해서 배울 수 있었고 3학년 학생으로서 어떻게 일을 해야 하는지 계획을 세울 수 있었다. 그는 초보자지만 어떤 방식으로든 기여를 하고 싶었다.

의학 치료는 오늘날 단순히 의사와 환자의 관계만을 의미하지 않는다. 다양한 수준의 학습자를 포함해서 의료 전문가팀이 힘을 합쳐서 적절한 치료를 하기 위해서 효과적으로 의사소통해야만 한다. 이렇게 전문가 간의 상호관계는 서로 다른 보건 의료 전문가들의 유형별 책임과 역할을 이해하도록 도와준다. 그들은 다양한 전문가가 공헌하는 바를 이해하고 팀으로서 의사의 정체성을 확립할 수 있게 된다.

공유된 환자 치료 목표를 달성하기 위해서 일을 함께 해 나가면서 학생들과 전공의는 전문가 정체성(Forsythe, 2005)과 자신감, 실제적 능력을 배우고 또 발전시켜 나가고자 하는 동기(Dornan, Boshuizen, King, & Scherpbier, 2007)를 발달시키고 확장해 나간다. 실행공동체의 참여자로서 학생과 전공의는 공유된 가치, 헌신, 사회적 및 지적 자원, 그리고 공동체 책임의식을 수용하기도 하고 또 그러한 것들을 만들어 나가는 데 공헌하기도 한다. 이러한 공동체 속에서 동료들은 안내자, 멘토, 역할 모델로서 역할을 하고, 자신과 다른 사람에게 더 높은 수행과 성취를 요청하게 되고, 동료에게 그들은 더 잘할 수 있

다는 신념을 갖도록 도와주고, 좌절이 닥쳐도 다시 일어날 수 있다
는 것을 보여 준다. 이러한 관계는 학습자의 발달되어 가는 전문가
적 판단력, 진로 선택, 그리고 개인적 삶에 대한 결정에 정보를 제공
해 주며 또한 강력하게 형성되어 간다.

　마지막으로 전문성 형성은 다른 공동체나 체제와의 관계를 통해
서도 형성된다. 왜 Alvarado는 많은 의과대학 동기가 좀 더 월급이
많고, 그리고 어떤 환자를 치료해야 하고 어떤 환자는 볼 수 없는지
를 제도적으로 판단해 주는 큰 조직에서 일하지 않고 왜 사립진료소
에서 일을 하면서 메디케어(Medicare, 국가사회보험)를 받는 것일까?
의과대학 시절, 그녀는 타인을 위해서 봉사하는 사람들과 함께 일할
기회를 가졌다. 그녀의 가장 기억에 남는 역할 모델은, 의사, 사회복
지사와 임상 간호사인데, 그들은 지역사회에서 삶의 질과 건강을 향
상시키고자 끊임없이 일하는 사람들이었다.

　의사의 일과 훈련은 의사로 하여금 많은 지역사회 및 치료 체제에
참여하도록 하는데, 자신이 사는 동네에 있는 환자를 위해 집으로
방문한다든지, 환자의 요구에 맞는 치료를 제공하고 비용을 받는 사
립병원이나, 또는 개발도상국에 있는 시골 지역까지 다양하다. 이러
한 환경에서 효과적으로 기능하는 법을 배우는 과정에서 지역사회
의 요구를 듣고, 관찰하고, 적응하려는 의지가 필요한데, 그러기 위
해선 때때로 자신의 신념과 가치를 버려야 할 때도 있다. 다양한 지
역사회를 포괄하는 의사의 경험은 변화를 가져올 자원과 능력이 부
족한 지역사회의 건강과 웰빙을 향상시키는 데 필요한 변화를 인식
할 수 있는 능력을 제공한다. 의사가 이러한 주창자의 역할을 수행

하고 그들이 직접적으로 속하지 않은 지역사회의 신뢰를 확보하는
데에는 많은 방법이 있다. 그러한 관계를 형성하고 학생과 전공의들
이 이러한 역할에 노출되는 것은 지역사회의 시민이 되고 가치를 달
성하기 위해서 노력하도록 하는 책임 의식을 형성하는 데에 있어서
필수적이다.

변 용　자신과 대인관계를 넘어서서 전문성을 형성하는 데 기여
하는 공동체 및 보다 큰 조직의 가치와 규범이 있게 마련이다. 대부
분의 실무가 이루어지는 기관과 환경에서 채택되는 가치는 치료의
질과 안전, 그리고 계속되는 훈련에 적절한 헌신이 필요하다는 것을
이야기해 준다. 그러나 학습자는 불일치되는 것을 발견하고 실망하
게 된다. 의료 전문가들은 정기적으로 행정적 정책 과정을 순응해야
하는 것과 특정한 환자의 필요를 만족시키기 위한 노력 간에 생기는
긴장을 경험하게 된다. 가능하면 많은 환자를 보라는 압력은 환자의
신념과 관점을 탐색할 시간을 희생시켜야 하고, 환자가 가질 수 있
는 치료의 질에 대한 생각에 영향을 줄 수 있다. 치료 체계의 비효율
성과 분절은 의료 전문가에게 좌절과 냉소를 불러일으킬 수 있다.
　신참 전문가는 그들이 참여하는 임상 환경의 주도적인 가치를 내
면화하면서 적응하려고 노력하는 경향이 있다. 의료 전문가들이 환
자 치료, 환자 중심 접근법, 안전, 그리고 계속적인 학습과 개선에
헌신될 수 있는 환경은 바람직하지만 항상 모든 학습자에게 주어지
는 것은 아니다. 학습자를 공식적 교육과정에서 가르친 가치가 실행
되는 가치와 일치되지 않는 임상 환경에 학습자를 배치시키는 것은

해로운 결과를 초래할 수 있기 때문에 중요하게 여겨져야 한다. Hafferty(1998)은 실행되는 가치가 진술된 가치와 일치하지 않는 것을 '잠재적 교육과정'이라고 했으며, 전문성 형성에 끼치는 해로운 결과는 문서를 통해 찾아볼 수 있다. Alvarado와 Caldwell 역시 하위 문화를 접하였지만, 존중받는 전문가로서 노력하였다. 어떻게 이러한 일이 가능할까?

우리의 대답은 이 두 의사는 다른 많은 이처럼 강한 목적의식을 발달시키고 유지해 왔으며, 도전적인 환경과 상황 속에서 헌신해 왔다는 것이다. 이러한 헌신과 목적의식은 어디에서 왔는지는 분명하지 않지만, 개인적 과정과 대인관계의 문제가 결합된 것이다. 또 다른 대답은, 훈련을 받으면서 주도적인 문화와 권력 구조에 굴복하는 훈련을 받았지만 이러한 가치를 습관적인 것으로 내면화하지 않았다는 것이다. 그들은 그러한 것을 배웠고, 그 결과를 관찰했으며, 그리고 실행했다.

우리는 정체성의 변형은 의학교육에서 가장 최고의 목적이어야 한다고 믿는다. 의과대학에 입학한 순수한 열정이 단련되고 환자와 인구 전체를 위해서 헌신되고, 어떠한 어려움을 만나거나 실망하는 일이 생겨도 계속해서 이 일을 할 수 있도록 단련되면, 그들은 점차 바람직한 정체성을 갖게 될 것이다. 더 잘하고 헌신하고자 하는 열정과 책임의식은 훈련을 받을 때뿐 아니라 인생 전체를 통해서 지식을 추구하고 절차적 능률성을 향상시키도록 할 것이다. 단순히 질병을 예방하는 것이 아니라 고통을 경감시키는 것이 주요한 목표이기 때문에, 우리 의사들이 환자를 인간으로 공감하고 그들의 경

험을 이해하는 것은 계속해서 커 나갈 것이다. Caldwell과 Alvarado
의 예에서 볼 수 있었듯이 환자를 위해서 개선된 수행을 계속해 나
가도록 하는 것은 다양한 사회적 관계 속에 유연하게 참여하도록
한다. 그러한 관계 속에서 환자가 치료되고, 지역사회의 건강은 향
상되고, '충분한' 치료라고 안주하지 않게 해 준다. 이것이 진정한
전문성의 핵심이다.

⚕ 실행을 위해 학습하기

지금까지 실행과 실행을 위한 학습은 의사 업무와 전문성 형성의
세 가지 주요한 영역에 초점을 맞춰 왔다. 이제 우리는 이 장의 첫
부분에서 언급했던 질문으로 다시 돌아가고자 한다. 즉, 의학교육의
최종 목표가 환자를 위한 것이고, 전문성은 환자를 치료하는 모든
영역에서 수월성을 추구하는 것이고, 혁신과 개선에 참여하는 것이
고, 지역사회에 참여하는 것이라면, 교육은 이러한 목표를 어떻게
달성할 것인가? 최고의 수행을 나타내는 의사에 대한 생각과 과학
학습의 중요성에 대한 연구는 세 가지 명제, 즉 교육과정, 교육 방
법, 그리고 평가와 관련된 시사점을 제공한다.

첫 번째 명제: 학습은 진보적이고 발달적이다

형식적 지식, 경험적 지식, 임상 수행, 혁신과 관련된 전문성의 발

달에 대한 우리의 입장에는 지식이라는 것은 역동적인 것으로, 계속해서 재형성되고, 재결합되고, 확장되고, 그리고 정교화되는 것으로서, 개별적 환자와 인구 전체 집단의 건강을 위해서 새로운 것을 창조하는 다양한 방법으로 이루어진다는 것을 암시하고 있다. 예를 들어, 초보 학생은 고도의 정교함을 필요로 하는 폐 검사를 한 단계씩 실행할 수 있지만, 상위 수준의 학생이 알 수 있는 것을 놓칠 수 있다. 상위의 학생은 살충제 스프레이와 이주 노동자의 호흡기 질환 문제의 관계에 관심을 가지고 공중 보건 정책 연구 프로젝트를 시작할 수 있다. 의과대학생은 21세의 학부졸업생이나 또는 30세가 되어서 새로운 직업을 갖고자 공부를 시작한 사람일 수 있다. 이들 대부분은 질병이나 환자 치료, 또는 의사의 업무라는 것이 무엇인지 잘 모르고 있다. 4년 후 졸업을 할 때에 그들은 500번의 신체 검진을 해 보았고, 입원을 필요로 하는 건강 문제를 가진 환자에 대한 300건의 임상 노트를 작성해 보았고, 10명에서 30명 정도의 신생아 출산을 보조하고, 임종을 기다리는 환자의 침대 곁에 앉아서 한 세 번 정도 앉아 있었을 것이다. 이러한 경험이 주는 변화의 힘은 결코 평가절하되어서는 안 된다.

전공의를 하면서 일어나는 변화는 어느 때보다 크다. 의과대학을 졸업한 학생은 학생 시기에 획득한 경험에도 불구하고, 신참자처럼 진공을 시각히는데, 선택한 전공에 따라서 8주 또는 10주 정도의 시간을 보낸다. 의과대학 3학년 때 다양한 환경과 임상 전공에서 환자를 치료하는 보편적 측면을 익힌 것처럼 전공을 시작하는 시기에는 전공의 전체적인 모습과 환자 치료 환경 및 활동을 관찰하도록 하며, 그 전공의 기본적인 수기를 익히고 근본적인 과업을 해결할 수 있는 기회가 제공된다. 훈련 후반의 전공의들은 6개월에서 12개월 동안 독립적인 수행을 할 수 있는데, 숙련된 절차적 기술을 익히고, 미묘한 진단적 차이를 익히고, 경험에서 오는 판단력을 획득한다. 전공의를 마치면 특정 전공 내에서 간단한 것에서부터 복잡한 것까지, 대부분의 조건에서 유능한 환자 치료를 제공할 수 있게 될 것이다. 그리고 최적의 치료를 제공하기 위해서 좀 더 능숙한 동료의 도움이 필요한 상황을 파악할 수 있고 계속해서 단단한 지적인 토대와 기술적 유능감을 키워 가면서 동시에 동정심, 헌신, 그리고 이타주의를 키워 나갈 것이다. 이제 독립적으로 의술을 행할 수 있는 이들은 아주 긴 길을 거쳐 온 것이다.

종국적으로 한 개인이 알고 할 수 있는 일은 그 영역에서 그가 알고 있는 이전의 지식과 추가 지식과 깊은 이해에 도달할 수 있는 상황의 특징에 달려 있는 것이다. 새로운 지식을 쌓아 가고 실무에 관해서 깊은 이해를 하는 것은 개별적으로나 집단적인 수행의 발전을 위해서는 필수사항이다. 바로 이것이 학습은 진보적이라고 말하는 것의 의미다. 이러한 명제와 일치하는 의학교육은 다음을 포함할 것이다.

첫째, '형식적 지식과 경험적 지식을 연결시키고 내용을 수직적으로 통합시킬 수 있는 교육과정 구조'. 다양한 교육과정의 특징은 전공에 새로 입문한 초보자가 독립적인 임상가가 되도록 진보하는 것을 지지한다. 그러나 학습자가 그다음에 다뤄야 할 필요가 있는 것과 임상적 작업 환경에서 유용한 기회 간의 일치 여부가 공통적

주제다. 적절한 활동과 책임사항을 선택하고 이러한 활동과 책임사항을 적절하게 연계시키는 것이 바로 생산적인 연결 활동이다. 교육자들은 점차 증가하는 위험스런 상황에서 의사결정을 하고 보다 힘든 절차를 수행할 필요가 있는 학생과 전공의들의 요구를 들어주면서도 안전한 환자 치료가 이루어지도록 한다. 또한 가장 도전적인 과제를 통해 개별 학습자를 특정한 사실과 개념, 기술을 습득하는 방법을 차별화함으로써 보다 길거나 보다 짧은 기간 동안 특정 수준에 머무르도록 하는 융통성을 발휘하여 효과적인 학습 과정을 달성한다.

둘째, 장기적 멘토링과 관찰, 그리고 학습자로 하여금 자신의 학습의 방향에 참여할 기회를 증진시킴으로써 개별 학습자의 요구를 조절하는 교수법, 의학교육의 진보적이고 발달적 성격을 포함하는 교수법은 모든 학습자로 하여금 자신의 학습의 방향에 참여하도록 한다. 그러나 자신의 힘으로 할 수 있는 것과 자신의 능력에 한계가 있는 것을 모두 인식할 수 있는 독립적인 임상가를 양성하는 것이 목표이기 때문에, 학습자가 얼마만큼 도움이 필요한지 그리고 임상 문제를 다루려면 얼마나 더 추가적인 전문성이 필요한지를 환자 치료의 범위 내에서 생각할 수 있도록 학습 공간을 만들어 주는 페다고지가 최고인 것이다. 유사하게 환자 치료에 대해서 계속해서 호기심을 가지고 접근할 수 있도록 만들어 주는 학습 전략은 전문성을 향해 학습 습관을 들이도록 도와준다.

셋째, 시간이 경과하면서 다양한 영역에서 학습자의 진보를 추적할 수 있는 통합적 평가 시스템. 하급자들의 진보적 학습을 지지해

주는 평가적 접근법은 학습자가 알지 못하는 것에 대한 반응이 적어
도 사실적 지식만큼이나 중요하다는 것을 강조한다. 의학 학습자가
반드시 개발시켜야 하는 영역은 모두 신뢰할 만한 방법을 가지고 언
급되어야만 한다. 학습자는 피드백 과정에 적극적으로 참여하면서,
자신의 수행을 향상시키려고 노력해야 하는 영역을 확인하고 그들
의 수행에 대해서 확보한 사람들의 뛰어난 안목에 반응하고 그 가치
를 알 수 있는 확률을 증가시켜 나간다.

두 번째 명제: 학습은 참여적이다

가치, 정체성, 그리고 숙련된 수행은 전문가 공동체에 참여함으로
써 형성된다. 이러한 공동체의 구성원들은 의미 깊고, 목표 지향적
이며, 집단 활동에 참여하는데, 즉 사례에 대한 중요한 학습 목표를
확인하고, 환자 가정 방문을 위해 우선순위를 정하고, 응급실에 도
착한 심한 외상 환자의 상처 치료를 위해 협력하고, 클리닉에 방문
한 환자의 걱정과 필요를 인식하는 등의 활동이다. 자신보다 훨씬
수준이 높고 또는 다른 종류의 기술과 능력을 가진 사람들과 함께
일을 하고, 자신의 수행 수준에 도전을 주는 특정 과업에 대한 책임
감을 갖고 지도와 피드백을 수용함으로써, 학생들은 환자 치료 활동
을 수행하고, 동료들과 함께 효과적으로 의사소통을 하고, 윤리적으
로 건전하고 문화적으로 가치 있는 활동에 참여하는 데에 그들의 진
보를 이뤄 나간다.

대학원 의학교육 학습의 특징은 초보자 수준에서 전공의의 마지

막까지 의학생의 완벽한 변화다. 즉, 환자 치료 활동에 참여하는 학습자의 능력의 변화이며, 그리고 함께 참여하는 사람들과의 관계적 변화다. 초보 전공의는 좀 더 능숙한 기술을 가진 의사가 위험한 양상을 가진 환자 치료를 수행하는 장면을 관찰하면서, 스스로는 일상적이고 평범한 일을 해 나간다. 의학교육을 마칠 때 쯤, 전공의들은 그들의 전공 내에서, 지식, 판단력, 기술, 그리고 환자에 대한 동정심을 발휘해서 독립적인 환자 치료를 할 수 있을 것이다. 계속해서 관찰하고 더 배워 나갈 테지만, 이제는 동료로서 일을 하게 되는 것이고, 신참이 되어 들어온 전공의들을 가르치게 될 것이다. 전공적 측면에서 초보자에서 유능한 수행자가 될 때까지 전공의 훈련 기간을 거쳐 오면서 임상에서의 다른 사람들과 관계를 맺거나 환자를 치료하는 데 공동 참여하는 것에는 익숙해져 있다. 다른 면에서, 전공의 훈련은 대체로 병원에 오는 환자를 치료하는 데에서 이루어지기 때문에 병원이 아닌 다른 임상 환경에서 이루어지는 의사의 업무에 대해서는 알 수 있는 기회가 많이 제한적이다. 이 명제가 의학교육에 주는 함의성은 다음과 같다.

첫째, 환자 치료에 의미가 있고 가치가 있는 공헌을 하도록 만들고, 협력적 수행과 의사소통 과정에 분명하게 주목을 이끌어 내는 과업과 활동을 배치시키는 교육과정의 구조. 기술 개발을 위해서 충분한 수업과 기회를 제공하면 학습자의 기술은 풍부해질 것이며, 따라서 그들은 의사의 비임상적 활동에서 효과적으로 참여하고 좋은 결과를 나타낼 것이다.

둘째, 학습자를 안내하고 코칭하면서 역할과 책임감에 대해서 분명히 알려 주고, 수행에 대해 피드백을 주면서, 그들을 지역사회 속으로 편입시키는 페다고지. 의사 역할 모델이 가까이 있으면 의사 및 비의사 동료들과 어떻게 상호작용하고 공동참여할 것인지에 대해서 중요한 실례를 배울 수 있다.

셋째, 다양한 영역(예를 들어, 지식, 추론하기, 의사소통, 체제 개선)에서 수행-기반이 되고 개인과 집단적 수행을 포함시키는 평가. 의사 업무의 전체 영역에 참여하는 것을 지원하는 평가 접근법은 어떤 활동에 학습자가 참여했는지, 참여의 깊이와 헌신, 의사 및 비의사인 동료들과의 협력, 협력적 노력의 결과에 주목할 것이다.

세 번째 명제: 학습은 상황적이며, 분산적이다

임상적 환경은 풍부한 학습 환경으로서, 기존의 지식을 활용하고, 깊은 이해를 가져오고, 수행을 향상시키고, 개인의 전문가적 가치를 발달시킬 수 있는 기회를 제공해 준다. 학생과 전공의들은 임상 상황에서 매일매일의 환자 치료 활동을 관찰함으로써, 치료를 용이하게 해 주는 테크놀로지를 활용하고, 의사 업무를 지원하는 거대한 체제 속에 참여하게 됨으로써 많은 것을 배울 수 있다. 그러나 학습자, 특별히 초기 학습자는 너무 많은 정보와 자원에 압도되거나 쉽게 초점을 잃을 수 있다. 따라서 풍부한 경험을 가진 동료가 특정 학습 단서와 기준을 알려 줌으로써 학습자가 초점을 유지하면서 적절한 자원에 접근할 수 있도록 도와주어야 한다. 임상 교육의 효과성과 효율성을 향상시키는 것은 환자 치료를 지원하는 테크놀로지의 빠른 발전으로 인해 특정한 환경과 사람들에 대한 숨겨진 임상 지식을 인식하고 활용하는 것에 달려 있다.

의료 보건 환경의 효과적인 기능은 비의사직의 역량에 대한 평가, 즉 다른 사람은 무엇을 알고, 무엇을 할 수 있는지에 대한 평가에 달려 있다. 또한 환자 치료에서 비의사와 함께 참여하는 능력에 달려 있다. 훈련을 통해 의사들은 기술력과 지식을 갖추게 되므로, 자신이 갖고 있는 경험과 능력을 넘어서 환자를 위해 필요한 자원들을 결집시키고 협력하는 방법을 잘 이해할 수 있게 된다. 물리치료사나 사회복지사와 함께 생산적으로 협력하는 능력의 중요성은 분명해 보이지만, 이러한 기술이 의학교육에 반영되지는 못하고 있다. 오히려 의학교육에서 주된 분위기는 개인적인 숙달과 성취를 강조하는 쪽이다. 이렇게 임상 치료에서 위계적인 모습은 문제가 된다. 즉, 비의사의 환자 치료에 대해 기여하는 부분을 평가절하하게 되고, 전공의들은 자원을 한 곳으로 집결시키는 기술을 잘 습득하지 못하게 될 수 있다. 또한 의과대학생이 비의사직군과 협력하는 것이 정말로 중요한 전공 선택을 회피할 수 있는 결과를 가져올 수 있다. 누군가는 비의사직군과 협력하는 일이 에너지가 많이 필요한 일이라고 언급하였다.

지식이라는 것은 동료와 팀 구성원들 사이에 공유되고 일상적인 행동과 기술에 담겨진 것이고, 수행이라는 것은 협력의 결과라고 생각한다면, 자격을 취득하는 과정에 대해서 중요한 질문을 제기한다. 이러한 과정은 개인의 역량을 증명하는 중요한 방법이 될 것이며, 이 명제는 특정한 수준의 그룹, 팀, 그리고 체제의 수행을 증거하고 모니터링할 수 있는 방법의 필요성을 강조해 준다. 이 명제와 관련 된 의학교육은 다음과 같은 특징을 지니게 된다.

첫째, 학습자가 문제, 내용, 경험을 다양한 맥락과 상황에서 반복 적으로 경험할 수 있는 기회를 제공해 주는 교육과정의 구조. 문제 에 접근하고, 사실을 기억하기보다는 정보를 활용하고, 그리고 학습 자에게 임상 상황에 대한 숨겨진 지식을 볼 수 있도록 하는 전략에 초점을 둔 교육과정. 이러한 원칙에 합치되는 교육은 환자 치료에서 학습자가 다양한 환경에 참여하며, 이질적으로 분절된 현장마다 가 용한 자원에 대한 이해력이 발달될 수 있도록 지원해 주는 교육과정 을 갖게 된다. 학습자가 자신의 역량 개발에 대한 생각을 평가절하 하려고 하는 것은 아니다. 다양한 환경에서 일을 해보면 학습자는 비의사직의 전문성이 때론 압도적으로 중요하다는 것을 알 수 있을 것이다.

둘째, 안내를 받으면서 이루어지는 관찰과 반성을 포함시키고, 탐 구와 발견을 촉진하고, 학습자에게 그들이 가지고 있는 생각과 가정 을 그 분야의 전문가의 것과 합치될 수 있는 토론에 참여하도록 하 는 교수법. 이런 입장에서 학습은 사람들과 사물 사이에 공유된 지 식의 중요성을 강조하고, 교사가 자신의 머리에 갖고 있는 정보의 중요성을 강조하지 않는다.

셋째, 신체적 및 사회적 자원과 네트워크의 효율적이고 효과적인 사용, 집단적 수행, 그리고 집단적 수행에 미치는 개인적인 기여도 에 주목할 수 있는 평가. 임상적 지능의 상황적이고 분배적 본질에 초점을 두는 평가는 학습자가 복잡한 환경에서 협력적으로 그리고 효율적으로 일을 할 수 있는 능력을 다음과 같은 질문을 통해 평가하는 것이다. 학습자는 서비스를 제공하는 시점에 가용한 정보와 같이 물질적 자원과 비의사와의 협력관계를 통해 확보할 수 있는 자원을 능숙하고 적절하게 사용할 수 있는가?

⚕ 앞으로의 과제: 실무를 준비하기

의사의 업무에 세 가지 핵심 영역, 환자 치료, 탐구와 혁신, 그리고 전문가 공동체에 참여하는 것에 대한 생각은, 의학교육이 학습이론과 연구에 기반하여 이루어져야 한다는 것을 말해 주는데, 이러한 연구와 이론은 의사가 각각의 영역에서 어떻게 적응해 가는가와 전문성 형성의 과정을 설명해 줄 수 있다. 내일의 의사를 양성하기 위해서 이러한 아이디어를 왜 그리고 어떻게 활용할 것인가를 이해하기 위해서 우리는 이제 미국의 의학교육이 어떠한지 그 현황을 살펴볼 것이다. 3장과 4장에서 살펴본 것처럼, 학습은 진보적이고 발달론적이고, 참여적이며, 상황적이고, 공유적이다. 우리는 이러한 명제와 관련한 교육의 현행 모델을 살펴보면서, 학습과 실무의 본질을 나타내는 새로운 모델을 제안하였다.

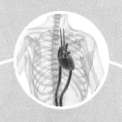

의과대학교육과
전공의 교육

ART TWO

2

Chapter 03

학생의 경험: 의과대학 의학교육

의과대학에 다니는 동안 학생은 현저한 변화를 경험한다. 입학 시에는 의사가 된다는 것에 대해 흥분, 불안, 불확실함으로 가득 차 있다. 의과대학을 졸업할 즈음에는 많은 지식과 자신감을 가지며, 감독하에 선택적으로나마 의사의 역할을 수행할 수 있게 된다. 지식의 습득과 수행에 있어 이러한 많은 변화는 어떻게 발생하는가? 이러한 질문에 답을 주기 위해, 3장에서는 현 미국 의과대학의 의학 교육과정 모델, 교육학적 실제, 평가 방법을 기술하고자 한다.

Flexner 시대에는 학생들은 졸업 후 바로 실제 진료 상황에 투입됐기 때문에, 의과대학 시기의 교육 목적은 실제 진료를 할 수 있는 의사를 양성하는 것이었다. 오늘날, 의과대학 의학교육(UME)은 졸업 후 의학교육(GME) 과정으로 알려진 전공의 훈련 과정으로 입문할 수 있도록 학생을 교육하는 것이다. 그러나 의학의 세부전공 분야는 매우 광범위하고 다양하기 때문에, 모든 의학세부전공에 입문하기 위해 필요한 기본 지식은 무엇이고 어떤 술기가 필요한지를 정하는 것은 도전과도 같다. 우리가 2장에서 설명한 바와 같이 세부전공과 관계없이 의사직은 술기를 요구하고 환자와 환자군을 돌보는 것과 연구에 전념하고 전문직의 공동체에 참여하여야 한다. 그러므로 UME에서는 학생들이 졸업 후 자신이 선택한 전공에서 의료의 수월성을 추구하기 위해 필요한 기본 지식과 술기, 전문직의 가치관(태도)을 갖추도록 준비시켜 주어야 한다.

UME에서 널리 퍼져 있는 의학 교육과정 모델, 교육학이론, 평가에서 기술한 바와 같이, 오늘날 의료는 미래의 요구를 반영하는 것이다. 우리는 2장에서 자세하게 살펴보았듯이, 학습은 진보적이고 발달적이며, 참여적이고, 상황적이고, 분산적이라는 것을 알고 있다. 이를 바탕으로 의학적 실제와 학습의 본질 모두를 강조하는 혁신적인 접근 사례를 제공하고자 한다.

✇ UME 교육과정

GME 과정에 들어가기 위해 갖추어야 할 졸업 역량을 목표로, 대부분의 의과대학은 세 개의 교육과정 모델 중 하나의 모델을 선택하여 그에 따라 임상 실습 전 교육을 편성한다. 교과목 중심, 장기계통 중심 또는 통합교육과정, 그리고 문제 또는 사례 중심 교육이 그것이다.

임상 실습 또는 임상 교육은 일반적으로 나선형의 전공과 중심 임상 실습, 장기 통합 임상 실습 그리고 혼합 모델을 적용한다. 이러한 모델은 개정의 여러 단계를 겪었고(Papa & Harasym, 1999), 이전의 요소들을 유지하면서 새로운 교수 설계, 교육학이론, 평가가 추가되었다. 이러한 모델들이 미국에서 UME를 대표하고 있기 때문에 우리는 이러한 구조에 초점을 맞추고자 한다.

임상 실습 전 교육과정

의학교육에서 Flexner 모델은, 모든 의사는 생물의과학에 대해 기본이 탄탄해야 한다는 신념을 가지고 계획되었다. Flexner는 생물의학적 지식을 의학의 실제와 접목할 필요가 있으며 빠르게 구식이 되는 사실의 습득보다는 학생에게 문제해결력, 비판적 사고, 자기주도 학습 능력을 훈련시킬 필요가 있음을 인식시켰다(Ludmerer, 1999). 그러나 임상의학을 알아내는 데 이용 가능한 지식이 확대됨에 따라, 의학교육은 학생이 환자 진료에서 동일한 원리와 정보의 실제와의 관련성을 찾기 전에 과학적 원리와 임상적 정보를 학습할 필요가 어느 정도인지 고심한다. 게다가 문제해결력과 비판적 사고는 지식과 경험의 결합에 의존하는 맥락 특수적 인지 과정을 의미하는 상황학습이론으로 더 잘 이해할 수 있다. 문제해결력과 비판적 사고의 이해는 과학적 원리와 임상 정보를 학습하기 위한 최적의 순서에 대해 의문을 제기한다. 학습은 진보적이고 발달적이라는 전제는 교육과정의 주의 깊은 계획과 설계가 필요함을 암시한다. 교육과정은 수행을 더 잘하는 것뿐 아니라 보다 더 정교한 이해를 위해 내용과 경험을 편성하는 것이다. 여기에 부응하여, 임상 실습 전 교육과정에 사용하는 다양한 교육과정 구조는 과학적 원리를 조직하고 설명하는데 서로 다른 접근을 하며 이러한 개념을 임상 실제와 균형을 맞추기 위해 서로 다른 접근을 한다.

교과목 중심 모델   1960년대까지는 Flexner에 의해 제안된 교과목 중심 교육과정이 지배적이었다. 학생은 해부학, 생리학, 미생물학, 조직학, 생화학과 같은 교과목별로 몸의 정상 구조, 기능, 과정을 배운다. 그리고 이어서 병리학과 질병 관리를 배운다. 교과목 중심 과정은 다른 교과목과 병행하여 가르친다. 우리는 이 과정이 임상적 관련성에 대한 조직화나 언급이 거의 없다는 것을 발견한다. 시간이 흐르면서 증거 바탕 의학, 유전학, 의료 윤리와 같은 새로운 내용 영역이 독립적·병행적 과정으로 추가되었다.

Flexner에 따르면, 과학에 몰두하는 목적은 단지 인간 신체를 이해하는 것뿐 아니라 과학적 추론, 또는 가설 연역적 추론 과정을 사용하는 것을 배우는 것이다. 비록 이러한 접근이 어떤 일련의 어려운 문제를 통해 생각하는 것을 학습하게 했다 할지라도, 주된 문제는 지식의 팽창과 교과목 수의 확산을 야기시켜 왔다.

의과대학 교육과정에서 학습은 어렵다. 왜냐하면 잠재된 많은 양의 지식과 정보를 한꺼번에 학습하기 때문이다. 이러한 사실적 지식의 과부하 상태에서 고군분투하는 학생은 과학적 추론과 탐구를 저해하는 단순 암기의 학습 전략을 선택할 수밖에 없다.

이러한 이유로, 오늘날 소수의 의과대학만이 교과목 중심의 교육

과정을 운영한다. 우리가 걱정하는 이러한 교육과정의 특징 중 하나
는 학생이 스스로 지식을 통합하고 이것을 임상 상황에 적절히 응용
하도록 요구한다는 것이다. 이러한 교육과정은 가르치는 내용이 연
계되지 않아, 한 영역에서 배운 내용이 다른 영역과 어떻게 관련이
있는지를 학생이 스스로 알아서 통합하여야 하며, 학습한 내용이 환
자 치료와 어떻게 관련되는지도 학생이 스스로 공부해야 한다. 이러
한 방식으로 구조화된 교육과정은 학습이 진보적이고 발달적이라
는 전제를 인정하지 않은 것이다. 학생은 이전 강의에서 다루었던
내용을 알지 못하는 강의자나 학생이 이미 알고 지식을 파악하지 못
하고 강의를 진행하는 강의자들 사이에서 좌절감을 나타낸다. 학생
은 과학적 개념과 임상과의 관련성을 다루는 데 실패한 강의자들을
비판한다.

　이러한 교육과정이 가진 두 번째 문제는 비효율성이다. 학생은 두
가지의 완전히 다른 방식으로 학습을 하도록 요구받는다. 먼저 기초
과학적 내용을 배우고 난 후에 환자의 징후와 증상을 배운다. 학생
은 추상적인 개념적 지식 수준을 가지고 임상 상황에 입문하여 환자
진료에 적용하거나 환자에게 접근하는 데 어려움을 느낀다. 이러한
교육과정은 학습이 상황 중심적이라는 전제와 불일치한다. 이것은
임상 맥락의 풍부함을 활용하고 학생이 환자 치료에 지식과 술기를
실제로 사용하는 데 실패한 것이다.

　셋째로, 교과목 중심 교육과정은 교수법 중에 강의에 크게 의존하
므로 학습자들이 개념적 이해를 형성하는 데 적극적으로 참여하지
못하는 단점이 있다.

장기 계통별 통합교육과정 모델 1950년대에 케이스웨스턴리저부 (Case Western Reserve) 대학은 실제 임상 상황에 의사가 사용하는 지식에 보다 가까이 접근하기 위한 취지를 가진 새로운 교육과정을 계획하였다. 목표는 임상 실습 전 교육과정을 장기 또는 신체로 계통화함으로써 기초의학적 지식과 임상의학적 지식을 통합하는 것이었다. 이와 같은 조기 통합으로 인해 학생이 임상 상황에 입문했을 때 배운 지식으로 훨씬 더 임상 상황에 접근하도록 할 것이라는 기대가 있었다. 통합교육과정에서 학생은 장기 계통별로 공부를 한다. 예를 들어, 해부학, 생리학, 생화학, 병리학, 약리학, 역학이 통합된 심장이나 호흡기 계통을 공부하는 것이다.

개념적 통합을 권장하기 위해 계획된 장기 계통별 교육과정은 가르치는 내용이 서로 어떻게 관련되고 무엇이 중요하며, 어느 정도의 깊이로 가르쳐야 할지를 결정하기 위해 교수자가 함께 협의를 한다. 그러나 이것을 계획하고 조정하기 위해 많은 시간이 요구되기 때문에, 1960년과 1970년대에 장기 계통별 통합교육과정을 적용했던 많은 대학은 1학년 과정은 교과목 중심 접근으로 회귀했고, 2학년은 장기 계통별 접근을 사용하였다. 이러한 설계에서는 1학년 때 몸의 정상 구조와 기능을 다루고 2학년이 되어서는 비정상 또는 병리학적 측면을 다룬다. 이러한 혼합된 모델은 1990년대까지 일반적인 것이었다. 병렬 과정으로 일관성 없는 내용이 계속되는 단점이 다시 나타났고 다시 한 번 개념적 통합을 하는 쪽으로 교육과정이 일반화되었다. 오늘날, 교과목 중심, 전공 중심, 병렬 과정으로 교육과정을 운영하는 대학은 아주 소수의 대학에 불과하다. 가장 널리 퍼져 있는 교육과정 모델은 유전학이나 종양학과 같은 장기 계통별과 내용 주제별로 조직화된 통합교육과정이다.

통합교육과정의 최근 버전은 학생이 다양한 교육 내용을 환자 진료와 연결시킬 수 있도록 돕게 함으로써 학습을 증진시키는 것을 추구한다. 학생은 한 번에 한 가지 주제 또는 장기 계통을 학습하는 데 몰입하게 되고 분자 수준에서 사회학적 측면까지 계통별 정상 기능과 비정상 기능을 시험 보게 된다. 이것은 학생이 비교와 대조의 학습전략을 사용하도록 하고, 특정 영역에서 학습을 촉진시키고 강력한 개념적 구조를 발달시키는 데 도움이 된다(Bordage & Lemieux, 1991; Nendaz & Bordage, 2002).

이러한 교육과정은 교과목 중심 교육과정보다 진전된 것이다. 왜냐하면 학생의 지식의 통합을 이루게 하고 임상적으로 개념적 구조를 형성하도록 학습 상황을 만들기 때문이다. 그러나 이러한 접근 방식에도 학습된 형식적이고 과학적인 방대한 양의 정보와 임상적 경험으로부터 획득한 지식 사이에는 여전히 불균형이 존재한다. 비록 학생은 임상 술기 과정과 임상 실습 전 임상조기노출 경험을 흥미로워하지만, 학생은 이러한 경험을 '가벼운 것'으로 인지하는 경향이 있어서, 교육 내용을 경시하고 평가절하한다.

의과대학 초기에는 임상 상황에서 학생은 실제적인 역할을 하거나 책임이 없어서 수동적인 관찰자가 된다. 이러한 소극적인 임상적 개입은 지식 습득에 치중한 평가 시스템으로 인해 악화되며, 학생의 우선순위에 영향을 미친다. 게다가 임상 경험의 부족은 이해에도 한계로 작용한다. 왜냐하면 임상적 관련성(강의실에서 습득한 지식이 특

정 환자를 진료하는 데 왜 사용되며 어떻게 사용되는지를 아는 것)을 인지
하는 데 부족함이 있기 때문이다. 이러한 결과는 형식적 지식의 학
습과 동반된 경험적 지식의 부족이다.

문제바탕학습과 사례바탕학습 문제바탕학습(Problem-Based
Learning: PBL)은 1960년대 후반과 1970년대 초반에 소수의 의과대
학, 맥마스터 대학교과 뉴멕시코 대학교에서 도입하였으며 교육학
과 인지과학으로부터 나온 학습 원리에 기초한 새로운 교육과정이
었다(Neufeld & Barrows, 1974; Johnson & Finucane, 2000). 많은 의과대
학은 1980년대와 1990년대에 이러한 통합된 교육과정을 적용하였
고, 다른 대학은 페다고지 중 하나인 PBL을 교육과정에 사용하였다.
　PBL은 발견학습의 정수이며(Sweeney, 1999), 학습은 참여와 분배
라는 전제에서 출발한다. PBL에서 사례는 소그룹학습과 자기주도학
습을 위한 자극제로 쓰인다. '문제'는 6명에서 8명의 소그룹과 1명
의 튜터와 동료 튜터가 1주 또는 여러 주의 과정에 걸쳐 학습해야 하
는 환자 사례다. 사례들은 학생이 기초와 임상 내용을 학습할 기회
를 충분히 제공할 수 있도록 개발되어야 한다. 이러한 모델의 핵심
특징은 특정 과목에 구애받지 않는 문제를 가지고 시작한다는 것이
다(Maudsley, 1999, p. 180). 이러한 모델의 장점은 학생이 문제의 주
된 핵심이 무엇인지 모르고서 문제에 직면한다는 것이다. 과정의 주
제 그 자체에는 어떠한 단서도 없다는 것이다. 예컨대 심장학 과정
이기 때문에 사례가 심장 관련 문제일 것이라는 것과 같은 생각도
하지 못한다. 비록 교수들이 특정 학습 목표를 강조하기 위해 PBL

사례를 개발하고 학생이 이러한 학습 목표를 쫓아간다고 하더라도, 이것은 발견 학습 과정을 손상시키는 것이기 때문에 학생에게 처음에는 학습 목표가 주어지지 않는다.

PBL에서 학생은 상황으로 시작하고 점진적으로 사례를 조금씩 제공받는다. 예를 들어, "스미스 씨는 22세의 남자로 자동차 사고로 의식이 없는 상태에서 응급실에 왔다." 이러한 제한된 정보를 가지고 시작하며, 그룹은 환자의 문제에 대해 가설을 세우고, 학습 목표를 도출하고, 더 알아야 할 임상 정보가 무엇인지를 결정하고 왜 그것이 중요한지를 결정한다(가족력, 신체 검사, 검사 결과, 영상 소견 등). 그리고 기초의학적 지식, 임상 과정, 보건의료 시스템에 대한 종합적인 이해를 높일 필요가 있다. 반복된 가설 일반화와 더불어 연이은 사례의 노출은 협력적인 토론과 문제해결을 계속하게 한다.

PBL은 1시간 30분에서 2시간 정도 지속되며 그룹이 일주일에 2~3회 만난다. 이러한 그룹 미팅 사이에 개별학습이 일어나며, 학생들은 다음 그룹 미팅 전에 다른 그룹 구성원들과 자신의 학습 결과를 공유하며, 그룹 미팅 때에는 모든 학생이 사례에 대해 학습한 것을 발표하기보다는 사례에 대해 토론을 한다. 기본적인 학습 목표가 완료될 때까지 이러한 과정은 계속되며, 하나의 사례에 대해 2~3회의 섹션이 진행된 후 종료된다. 몇몇 대학은 유입물로 제시하는 사례에서 시작해서, DVD, 표준화 환자로 PBL 사례를 제공하기도 한다. 이러한 변형은 의학적 내용을 학습하는 동시에 인터뷰, 의사소통, 그리고 신체 진찰 술기를 연습할 기회를 제공한다. 맥마스터 대학교와 UCLA와 같은 몇몇 대학은 모든 사례의 마지막 섹션에

간단한 추가 사례를 제공하며, 이는 학생이 더 극단적인 개별 사례
로부터 얻은 지식을 일반화하도록 도와준다.

PBL의 의도는 학생에게 자기주도적 학습을 유도하고, 임상적으
로 동기 유발된 학습을 하게 하고, 구성원들과의 협동학습을 강화하
기 위한 것이다. 학생은 새로운 사례를 이해하기 위해 이전 사례로
부터 지식과 개념을 끄집어내며 이를 통해 새로운 지식을 형성하고
깊은 이해를 하게 된다. PBL은 학생에게 실제 의사가 사용하는 추론
전략에 훨씬 더 근접한 복합적인 추론 전략을 갖게 한다(Albanese,
2000; Koh, Khoo, Wong, & Koh, 2008; Sweeney, 1999; Vernon & Blake,
1993).

교과목 중심 교육과정과 장기 계통별 통합교육처럼 PBL은 환자
진료 술기와 전문성 형성보다는 형식적인 지식 습득과 임상 추론에
초점을 둔 모델이다. 형식적인 지식과 문제 바탕 추론 기술을 연결
하려는 노력이 없이는, 지식을 통합하고 상황에 적용하는 것과 관련
된 도전은 여전히 남아 있다. 그러나 분명한 핵심이 없다 할지라도,
전문직업성이 PBL 소그룹 내에서 비형식적인 교육과정의 일부가
되기도 한다. 학생은 의료전문가의 행동, 의사소통, 정체성과 관련된
이슈를 다루기 위한 열띤 토론을 할 수 있다. PBL을 하는 대부분의
대학에서 학습의 평가는 주로 개인 평가에 초점을 둔다. 그래서 집단
의 수행을 평가할 기회를 놓쳐 학습의 본질인 참여와 배분을 보완하
는 모델이 있다. 보완된 교육과정 모델은 1991년 캘거리(Calgary) 대
학이 선도하였고 이후 다른 대학에 도입되며 임상 표현 모델(clinical
presentation model)로 불리었다(Mandin, Harasym, Eagle, & Watanabe,

1995; Mandin, Jones, Woloschuk, & Harasym, 1997; Papa & Harasym, 1999; Woloschuk, Harasym, Mandin, & Jones, 2000). 이러한 교육과정 은 125개의 임상 표현으로 표현된 징후나 증상(예를 들어, 흉통)을 학 습하게 함으로써 다소 다른 접근을 하였다. 교수들은 상태를 이해하 고, 진단하고 치료하기 위해 필요한 핵심 정보와 개념을 개요로 보 여 주는 각 임상 표현에 대한 스키마를 개발했다. 이러한 스키마를 평가하고 사용하여 임상 사례를 해결하는 학습을 학생에게 기대하 였다. 이러한 접근의 장점은 구조와 학습 과정의 효율성이다. 학생 은 기초의학과 임상의학 간의 관계를 볼 수 있고, 보다 실제적인 방 식으로 학습을 하게 되어 그들이 임상에 진입했을 때 지식을 재구조 화하는 데 노력을 덜 들여도 된다.

이러한 교육과정 모델 전체에 대한 여러 가지 성과를 측정한 연구 는 이러한 교육과정 모델 간에 거의 차이가 없는 것으로 나타났는 데, 이는 아마도 학생의 질이 높고 중대한 면허 시험에 합격해야 하 는 의무에 기인한다(Colliver, 2000; Norman & Schmidt, 2000). 그러나 PBL이 아닌 모델과 비교하여 PBL 모델이 자기 지각, 팀워크, 개인 웰빙, 의사소통 기술에 긍정적인 효과가 있다는 것을 입증하는 몇 가지 연구 결과가 있다(Koh et al., 2008).

임상 실습 교육과정

병원 환자에서 표현되는 임상적 문제의 연구와 환자 진료에 전념 하는 3학년 과정은 Flexner 개혁의 산물이다. 비록 로테이션 기간이 바뀌었고, 내과, 외과, 산부인과의 세 개 실습과에서 이제는 많은 새로운 로테이션 실습과가 추가되었다. Flexner는 과학적 사고와 추론을 환자 진료에 적용할 기회를 주기 위해 임상 실습을 제안했다. 가장 최신의 실험실 기반의 과학 지식을 환자 진료와 관련지어보려는 의사들은 교육병원에 남았다. 환자들은 장기간 병원에 머물렀고, 상대적으로 여유 있고 장기적으로 지도할 수 있는 분위기가 형성되어, 이것은 학생들에게 매우 좋은 학습 기회가 되었다.

오늘날 의과대학 3학년은 전일제 임상 실습을 하며, 2주에서 12주의 범위로 전공과별로 로테이션을 한다. 내과, 외과, 소아과, 산부인과, 정신과의 핵심 임상 실습을 하며, 여기에 가정의학, 신경과와 그외 다른 전공과를 포함하기도 한다. 이러한 과들을 로테이션하며, 로테이션 기간은 면허 시험에서 명시된 기간으로 설정했다.

학교에서 운영하는 임상 실습 전 교육과정이 무엇이든 간에 학생들은 환자 진료에 대한 실제적인 경험이 없이 임상 실습에 입문한다. 따라서 많은 의과대학은 임상 실습 전 교육과정의 마지막에 '임상 실습으로의 전환(임상의학입문)' 과정을 운영한다. 이러한 과정은 학생이 임상 실습 환경에 입문할 때 수행하게 될 임상 과제와 관련된 실제적인 가르침을 제공한다. 이 과정에는 EMR, 환자 차트 기록 및 진료팀에서 어떤 역할을 해야 하며, 언제 실습에 와야 하고, 언제 집에 가야 하며, 누구에게 보고해야 하며, 응급 상황에서 누구에게 콜을 해야 하는지를 파악하는 것을 포함한다. 이러한 실제적인 정보는 내용 전달에 초점을 맞춘 임상 실습 전 교육과정만으로는 부족했던 부분이다. 그래서 전환 과정은 학습자 중심의 교실 환경과 환자 중심의 임상 실습 환경을 연결하려는 시도다(Poncelet & O'Brien, 2008).

핵심 임상 실습 경험의 목적은 학생에게 적절한 지도, 지원, 실습으로 환자 진료에 더 큰 책임감을 갖도록 하는 것이다. 임상 실습 과정 전반에서 학생은 의사의 역할과 정체성을 이해하고, 흔한 문제를 가진 환자를 사정하고 치료하는 것에 숙달되고, 팀 내에서 자신의 임상 술기와 능력이 확장되기를 기대한다.

대부분의 임상 실습은 입원 환자 상황이 제공되며, 이는 훨씬 더 많은 것을 배울 수 있는 도전적인 상황이다. 오늘날의 병원은 단기 입원 환자와 여러 전공과에서 치료를 받아야 하는 중증 환자로 가득하다. 학생은 중증 환자를 가진 매우 복잡하고 기술적으로 발전된 병원 환경에서 학습을 위해 고군분투한다. 환자가 병원에 왔을 때, 진단은 외래나 응급실에서 이뤄진다. 결론적으로, 학생은 진단되기 이전의 환자나 질병의 자연스런 진행 과정을 볼 기회가 드물다. 그들의 치료가 환자에게 영향을 미치는지 과정을 살펴보기가 어렵다. 학생은 이러한 단기 입원과 집중 치료의 임상 환경에서 환자 진료에 실제로 참여하는 목표를 달성하기가 어렵다.

학생의 환자 질병에 대한 이해 부족과 단기 입원은 의과대학생들을 오리엔테이션하고, 가르치고, 관찰하고 평가할 시간이 부족한 교수들에 의해 더 악화된다. 임상 교수들은 증가하는 임상 진료 기준을 어떻게 충족할 것인가로 고심해야 하고 연구와 학생 교육에 대한 책임이 있다. 이러한 여러 가지 책임감으로 임상 실습에 개입하는 정도는 더 적어지고(한 달에서 1 ~2주 이하로), 학생과 접촉하고 알게 될 기회가 더 적어진다. 결과적으로 학생과의 멘토링 관계는 깨지거나 존재하지 않게 되고, 교육과정 중에 학생 역량 강화를 위한 지도는 이루어지지 않는다. 임상 학습 환경이 지닌 이런 문제점에도 불구하고, 학생은 3학년 과정을 통해 지식과 술기가 확장된다. 그러나 학생의 수가 많고, 핵심 임상 실습을 어떻게 개선할 수 있을까에 대한 문제가 대두되었다. 대부분의 임상 실습은 연속적이고, 전공과 중심의 임상실습 및 장기간 통합 임상 실습 이 두 가지가 혼합된 형태다. 여기에서는 이 세 가지를 모두 살펴볼 것이다.

전공과 중심의 임상 실습 전공과 중심의 임상 실습은 미국 의과대학의 표준 임상 실습의 한 형태로 입원환자 진료팀의 일원으로 참여하거나 교육병원 또는 지역 의원의 외래 환자 진료에 참여함으로써 학생에게 세부 전공과의 의사 직무를 경험할 수 있는 기회를 제공하는 것이다. 학생은 한 개의 실습 장소에서 전일제 실습생으로 편성되어 짧게는 한 달에서 길게는 세 달 동안 특정과의 실습을 받게 된다. 한 개의 실습과에서 실습이 종료된 후 다음의 실습과나 실습 장소로 이동하게 된다. 교육과정의 내용은 환자를 보는 것으로 구성되어 있고, 교수법은 그것과 관련되어 있다. 이러한 전공과 중심의 순환실습은 학생을 병원 환경에 노출시키는 좋은 방법이며, 임상실습과 입원환자의 진료에 몰두할 수 있게 해 주며, 학생이 전공의와 직접적으로 실습하면서 배울 수 있는 기회를 제공하며, 강렬하고 인상적인 임상 실습 경험을 제공할 수 있다.

그러나 전공과별 순환실습에서 학생들은 하나의 실습과에서 다

른 과로, 하나의 환자에서 다른 환자로, 하나의 환경에서 다른 환경
으로, 하나의 팀과 교수에서 다른 팀과 교수로, 하나의 과제에서 다
른 과제로, 하나의 속기어에서 다른 속기어로, 하나의 문화에서 다
른 문화로 급속한 전환으로 압도된다. 포커스 그룹 인터뷰에서 학생
들은 이러한 경험을 다음과 같이 기술했다. "나는 실습 초기에 '나
는 오늘 어떤 행성에 착륙했는가?'를 스스로에게 묻거나 생각하고
있는 자신을 발견한다. 왜냐하면 4주마다 6주마다 또는 2주마다 당
신은 바뀔 것이고, 그때마다 다른 기대를 가진 환자를 만날 것이고,
다른 역할이 주어질 것이고, 다른 병력, 다른 신체 검진결과를 가진
환자를 만날 것이고, 다른 간호사를 만날 것이고, 다른 진단을 가진
환자를 만날 것이다."

학생들은 실습 과정에서 사람, 과제, 장소 변화로 인한 불안과 스
트레스가 상당해졌고, 교수들에게 거의 평가를 받지 못했다(O'Brien,
Cooke, & Irby, 2007). 학생 학습은 실습위원회에서의 지속적인 관심
이 필요하다. 실습에 직접 참여하고, 환자를 직접 인터뷰하고 조사
하는 과정은 학습에 강하게 영향을 미치며, 실습 환경에서의 시간의
민감성, 실습에서 전공의, 교수, 스태프 참여자의 헌신에 의해 학습
이 심화된다(Dornan et al., 2005; Hoffman & Donaldson, 2004). 한 개
실습과에서 다른 실습과로 이동하고 한 개 실습 병원에서 다른 실습
병원으로 이동을 반복하면서 원래 있던 집단에 지장을 주거나 교수
와 학생 간의 유대 관계 형성을 저해하게 된다. 학생의 발달을 이끌
고 학생의 수행을 피드백하는 교수의 능력이 도전을 받는다.

학생과 교수 간의 연계를 강화하고 입원환자와 외래환자 간의 실

습 경험의 불균형을 감소시키기 위해 일부 학교는 여러 임상 실습과
를 걸치는 장기간 임상 실습 경험을 창안해 냈다. 전형적인 형식은
실습 학년 동안 일주일에 한 번 반나절을 장기간 임상 실습 프리셉
터와 함께하는 것이다(Schneider, Coyle, Ryan, Bell, & DaRosa, 2007).
이러한 경험은 교수와 학생 간에 훨씬 친근하고 깊이 있는 실습을
할 수 있는 여유를 주며, 진로 지도와 멘토링의 기회를 주며, 학생이
환자와 접촉할 수 있도록 돕는다.

교육과정의 연속성을 위해 많은 학교는 실습 과정 중에 '학기와
학기 사이'를 연결하는 프로그램을 제공한다. 즉, 3학년에서 학생들
은 보통 1년에 3번에서 4번 그들의 지식과 술기를 향상시키고 그들
의 임상 경험을 성찰하기 위해 실습과에서 캠퍼스로 돌아온다. '학
기와 학기 사이' 교육과정은 모든 학생이 건강 증진 시스템이나 보
건 정책과 같은 영역에서 필수 지식을 얻도록 계획되었다('질 개선과
실수 감소' '증거 바탕 진료' '의과학의 향상, 의료윤리, 전문직업성 그리
고 의사소통과 진단 기술'). '학기와 학기 사이'를 연결하는 프로그램
은 점진적 학습과 내용의 연계성을 강화하고 임상 경험을 통해 아이
디어를 통합하는 강력한 방법이 될 수 있다.

장기간 통합 임상 실습　　소수의 학교는 전공과 중심의 임상 실습
을 탈피하고 장기간(longitudinal) 통합 임상 실습을 도입하였다. 이
러한 교육과정 설계는 임상 실습에서 학생 경험의 단절을 감소시키
기 위한 의도가 있으며, 3학년의 통합된 교육과정으로 적절한 교육
경험을 제공하고 핵심 역량에 대한 장기적인 평가를 하는 것이다

(Hirsh et al., 2006; Hirsh, Ogur, Thibault, & Cox, 2007; Irby, 2007; Ogur, Hirsh, Krupat, & Bor, 2007). 이 모델에서 학생들은 6달 동안 다양한 실습과에서 지도교수를 배정받고 학생들은 그들이 장기적으로 추적하는 환자 그룹이 생긴다.

장기간 통합된 임상 실습 컨소시엄(Consortium of Longitudinal Integrated Clerkship: CLIC)은 이러한 모델의 핵심 구성요소를 다음과 같이 규정했다.

- 당직과 모든 환자 진료에 참여하기
- 환자를 진료하는 진료의와 지속적인 학습 관계 유지하기
- 다양한 실습과를 동시에 돌면서 핵심 임상 역량 키우기

학생은 매주 동일한 프리셉터와 함께 다양한 실습과에서 반나절 정도로 계획된 환자 진료를 경험한다. 응급실이나 긴급치료센터에서 일주일에 한 번 저녁에 호출을 하거나, 매주 튜토리얼에 참석하고 학생의 발전과 성장을 감독하도록 배정된 멘토와 교류하거나 학생 성찰 일지와 사례 일지를 리뷰하는 것이다. 일부 학교에서 학생은 1년 동안 계속되는 임상 술기 과정에 참여하기도 한다.

학생은 내과, 신경과, 정신과, 소아과, 산부인과, 외과에서 장기적으로 외래 환자 실습을 배정받는다. 학생이 보게 되는 환자는 신중하게 선택해야 하며, 프리셉터는 각 전공에서 보게 되는 주요 질병과 상태에 대해 학생에게 적절히 노출되도록 해 주어야 한다. 입원환자 치료보다는 외래환자 중심의 일차 병원 진료 경험을 하는 것이 학

생이 지속적으로 환자를 볼 수 있고, 각 전공에서 중요한 임상적 문제의 진단, 치료, 관리에 참여할 수 있다. 100명의 환자에 대해 50명의 대표적인 환자집단으로 내과 15명, 소아과 10명, 외과, 정신과, 신경과 등은 5명에서 10명 정도를 구성하여야 한다.

이와 같이 통합된 모델에서, 학생은 다양한 임상 세부 전공 분야가 환자를 위해 실제로 무엇을 하는지를 폭넓은 관점에서 이해할 수 있다. 이 과정에서 학생은 외래 진료와 입원 치료에서 환자의 예약에 동행하기도 한다. 학생은 전공의가 각 전공에서 하는 것과 대조적으로 각 전문의들이 진료하는 것을 진정으로 느낄 수 있으며, 이것은 그들이 수많은 의학 세부 분야를 이해하는 데 도움을 준다.

장기간 통합 임상 실습 모델은 2장에서 다뤘던 학습의 이해와 관련이 있다. 이 모델에서, 학습은 교수가 학생을 계속적이고 발전적으로 지도해 주는 것이고, 학생이 실습에 몰두하면서, 학생 참여 비중이 점점 높아지게 되고, 학생은 이론으로 배운 지식이 실제 진료 환경에 적합하도록 적용되는 것을 배운다. 그러나 실습 지도와 감독에 대한 책임이 전공의에서 실습 지도교수로 전환됨에 따라 이러한 임상 실습을 위해 더 많은 자원, 특히 술기 지도와 멘토링뿐 아니라 교수가 실습 지도에 할애할 시간이 더 많이 요구된다.

절충된 혼합형의 임상 실습   이 책에서 우리는 장기간 통합 임상 실습과 전공과 중심의 임상 실습 모델을 혼합한 절충 모델을 제시하였다. 어떤 프로그램에서는 하나의 실습과나 더 큰 실습과와 합치기도 한다. 즉, 신경과와 정신과, 또는 외과와 외과 세부 전공, 또는 내과, 가정의학, 소아과, 여성 보건과 같은 다양한 세부전공의 외래 순환 실습과를 합친다.

절충 모델은 특정 환경(흔히 시골 환경)에서 학생이 일관된 경험을 통합하도록 하는 데 사용된다. 이것은 핵심 전공 과별 실습을 3주에서 6주의 짧은 시간 안에 압축하여 진행하고, 나머지 기간에는 통합, 외래 중심, 장기간 임상 실습 경험을 제공한다(Hansen et al., 1992; Ramsey, Coombs, Hunt, Marshall, & Wenrich, 2001; Schauer & Schieve, 2006). 이러한 프로그램은 학생들이 일차 진료 프리셉터, 가정의, 다른 세부전공부 전문의와 가까이에서 진료를 하는 의사를 배정받는 도제식 모델에 기반하고 있다.

임상 실습은 어떤 모델이든 간에 경험과 학습 둘 다에 영향을 미친다. 이러한 세 개의 모델 중 장기간 통합 임상 실습 모델은 교수, 환자, 학생 사이에 가장 큰 장기적 관계를 제공한다. 또한 그것은 오랜 시간 동안 점진적으로 학습을 지도할 수 있는 가장 많은 기회를 제공한다.

4학년 임상 실습 과정

의과대학 4학년 때, 학생들은 병원이나 환자 진료에서 자신의 지식과 술기를 향상시킬 기회를 가지며, 흥미를 가진 전문 분야를 닦새하고, 졸업 후 선상할 전공과를 타진하고, 연구를 수행하고, 인턴이 되기 위한 준비를 하게 된다. 4학년 과정의 많은 부분은 선택적으로 진행된다. 필수요구항목은 학교마다 다르다. 필수 과정 및 선택

과정과 더불어 모든 학교는 환자 진료에 대한 막대한 책임을 부여하는 서브인턴십을 제공한다. 서브인턴십은 인턴의 역할을 가정하는 것으로, 전공의의 즉각적인 지도하에 환자를 치료하고 실습 지도교수의 감독하에 환자를 치료할 수 있다.

4학년 임상 실습의 또 다른 목적은 임상 술기를 향상시키고, 진로를 탐색하고, 전공의 지원을 위한 인터뷰를 하는 것이다. 이를 위해 융통성 있게 사용할 수 있는 시간이 중요하며, 핵심 임상 실습과 연계되지 않는 세부 전공에 대해 추가적인 임상 실습을 할 수 있는 기회를 가져야 한다. 이러한 개인적 프로그램을 진행하는 데 있어 주요한 점은 적절한 진로 지도 서비스를 제공해서 학생이 유용한 과정을 선택하고 진로를 결정하도록 하는 것이다. 그러나 4학년의 선택 과정은 학생 개인에게 맞춰진 개별화된 프로그램을 나타내는 것이고, 자신의 흥미를 추구할 기회를 준다.

학교는 다양한 메커니즘을 통해 4학년의 선택 과정에 대해 일관성을 부여하려는 시도를 해야 한다. 예를 들어, UCLA는 만성 치료, 응용 해부학, 의과학, 일차 진료, 경영학 석사, 보건의료 석사, 드루 시골지역 의료소외자 프로그램(Drew Urban Underserved Program)과 같은 프로그램을 개발하였다(Coates, Crooks, Slavin, Guiton, & Wilkerson, 2008). 여기에는 향상된 고급의 임상 술기와 임상적 의사 결정에 초점을 둔 입문 과정, 매월 저녁 세미나, 장기적 학술 활동, 학생들의 임상 술기 수행에 대해 피드백하는 정규 미팅 등을 포함한다. 대학들은 또한 개발해서 생명의과학을 임상 진료와 연결하는 선택과정을 권장하기도 한다.

또 다른 방식은 학생들에게 자신의 미래 전공과 관련되지 않은 흥미 영역을 추구하도록 권장한다. 예를 들어, UCSF는 집중 분야를 개발했다. 이 프로그램은 학부 수준에서 부전공과 같은 것으로 의과대학 4년에 걸쳐 7개의 주제 영역에서 간학문적 프로젝트를 수행하는 것이다. 학생들은 프로젝트를 정하고 탐구할 주제에 대한 학문적이고 경험적인 프로그램을 시행하기 위해 멘토 교수와 작업을 하게 된다. 졸업하기 전에 학생들은 결과를 발표하고, 그것을 학술논문으로 발표할 뿐 아니라 전시하기도 한다. 이것은 탐구와 발견을 강조하는 '발견의 길(Pathway to Discovery)'이라는 프로그램으로 발전하였고, 의과대학 학부와 대학원 교육에도 영향을 미쳤으며, 의과대학 이외의 다른 보건 의료 분야 학생들을 포함하며, 석사 학위를 포함하기도 한다. '발견의 길' 프로그램에서는 분자의학, 임상과 중계연구, 보건의료 전문가 교육, 보건과 사회, 국제 보건 영역으로 분류되어 있다.

일부 연구 중심 의과대학, 예를 들면 듀크, 하버드, MIT, 케이스웨스턴리저브, 클리블랜드, 스탠퍼드와 같은 의과대학은 의학 연구를 수행하는 의과학자를 양성하기 위한 목적을 가지고 학생에게 연구에 집중하도록 강조한다. 워싱턴, UCSD, 스탠퍼드, 예일 의과대학과 같은 몇몇 대학은 4학년 때 프로젝트를 이행할 수 있도록 교육과정 내에 연구 집중 기간을 두기도 한다. 일부 대학에서 학생들은 추가 연구 기간을 선택하기도 한다. 듀크 의과대학은 기본의학과정(1, 2학년 과정)을 1년으로 압축하고, 4년의 의과대학 기간 내에 연구를 수행하도록 1년의 기간을 따로 배정하고 있다.

많은 의과대학은 학생들에게 복합학위과정을 이수할 수 있는 기회를 제공한다. 학위 프로그램의 특징은 대학마다 다양하지만 전형적으로 공공 보건, 보건의료 정책, 국제 보건, 경영, 법, 임상과 중계연구와 같은 영역에서 학위과정을 선택할 수 있다. 연구 펠로우십처럼, 이러한 복합 학위 프로그램은 학생에게 보건의료에 대해 관심을 확대하려는 것으로, 소수의 학생이 이러한 과정을 선택하고 있다.

교육과정이 교육과 평가에 영향을 미친다

비록 교육과정 모델이 수준에 따라 다양할지라도, 우리는 임상 실습 전 교육 수준에서는 대부분의 대학이 기관(organ system), 주요 증상, 또는 내용 테마 위주의 통합교육을 실시한다. 임상 실습 수준에서는 대부분의 대학이 전공과 중심의 임상실습을 제공하며 소수의 대학은 장기간 통합 임상 실습 또는 두 개의 실습이 혼합된 실습 형태를 제공한다. 교육과정을 어떻게 구성하느냐 하는 것은 학습 환경에 엄청난 영향을 미치며, 그것은 다음의 두 파트에서 논의하고자 한다.

⚕ 의과대학 의학교육을 위한 교육학

의과대학 의학교육은 교실에서 강의되는 지식 중심의 교육과정과 임상 현장에서 일어나는 실습 중심의 교육과정으로 구분된다.

교실에서 강의되는 교육과정의 경우, 학습 경험은 보다 구조화되고, 통제되며, PBL의 경우를 제외하고는 거의 교수에 의해 주도된다. 반면 임상 현장에서의 교육과정의 경우, 학습 경험은 실제 환자를 돌보는 활동에 의해 주도되며, 교수의 역할은 팀 리더, 임상 감독자, 일차 진료의 역할 등과 혼재된다. 이러한 맥락에서 학생들은 환자, 전공의, 간호사, 그리고 기타 의료 협력진과 같은 다양한 정보원에게서 피드백을 받게 된다. 다시 말하면, 의과대학 의학교육은 매우 다양한 정보의 원천들로부터 제공되는 것이다. 결과적으로, 의과대학 1, 2학년에 해당하는 임상 실습 이전 단계에 필요한 교육학은 임상 단계와 임상 실습 단계의 교육학과는 매우 양상이 다르다고 할 수 있다.

사례 발표와 토론과 관련하여, 교수 학습의 여러 형태 중 전문 직업의 특징과 관련된 교육학인 Shulman의 '기호 교육학(signature pedagogy)'이라는 용어를 사용할 수 있다(Shulman, 2005b). 임상 이전 단계의 학생들은 환자를 돌보는 과정에서 사례 발표의 표준 형식을 학습한다. 학생은 환자들을 대면하거나 모의로 구성된 사례를 접한 후 환자에 대해 기록하는 것을 연습한 후에 동료 학생들이나 교수진에게 자신의 기록을 보여 준다. 그 후에 피드백을 받는데, 보통 질병과 관련된 정보를 바른 위치에 기록했는지와 관습적인 전문 용어의 사용, 예상되는 주요 세부사항들의 수준과 상대적 중요도, 그리고 정보의 해석 및 종합의 정확성 등에 대하여 피드백을 받는다. 비록 이러한 과정이 학습자의 중요한 임상 추론 기술을 발전시키는 데 도움이 되기는 하나, 이 방법은 종종 사례 발표의 더 큰 목적과 맥락을 전달하는 데 실패하는 경우가 많다. 사례 발표는 한 명의 전문 인력이 환자의 정보를 다른 사람에게 전달하는 유일한 의사소통 형태다. 맥락을 전달하지 못하는, 교육학적으로 제한된 성격의 사례 발표를 경험한 학생들은 임상 환경에서의 사례 발표를 자칫 학문적인 연습 차원의 의사소통으로 잘못 인식하게 된다(Lingard, Schryer, Garwood, & Spafford, 2003). 3학년 의과대학 학생이 자신의 임상 교수에게 발표한 사례 기록을 예로 들면 다음과 같다.

> 학생: 플린트 씨는 4시간 동안 지속된 오른쪽 가슴의 날카로운 비운동성 통증을 호소했습니다. 통증은 갑자기 시작되었으며, 깊은 호흡을 할 때 악화되었습니다. 환자는 통증이 시작된 이후로 가벼운 기침을 하기 시작했으며 열은 나지 않는다고 진술하였습니다. 검사 결과 심장 박동 100, 분당 호흡수는 20으로 확인되었습니다. 열은 없었으며, 검사 결과 폐는 깨끗했지만 왼쪽 가슴에 비하여 오른쪽 가슴의 호흡 소리가 약화되었습니다. 심장 및 복부 검사 결과는 정상이었습니다.
>
> 저는 이것이 폐렴이나 담석증일 것이라고 생각하였습니다. 환자는 담석증에 걸리기 쉬운 나이였고, 통증도 그와 관련된 부위에서 발견되었기 때문입니다. 그러나 검사 결과, 담석증을 확신할 만한 아무런 증거도 발견되지 않았습니다. 저는 또한 신장 결석을 의심하였습니다. 그러나 환자에게서 혈뇨나 플랭크 통증이 나타나지 않았습니다. 심장병이라고 진단하기에는 환자가 너무 어렸습니다. 이 밖에 무엇을 더 생각을 할

수 있을까요?

교수: 학생은 환자가 비정상적인 폐 검사 결과를 보인다고 하였는
데, 이러한 종류의 고통을 유발하는 원인을 폐에서 찾을 수 있
을까요?

학생: 폐렴 또는 기흉, 혹은 폐색전의 증상이 이렇게 나타날 수 있을
것이라고 생각합니다. 환자가 이런 종류의 질병을 가지고 있
을 수도 있을까요?

교수: 모두 좋은 생각인 것 같군요. 호흡 소리가 약해진다는 검사 결
과를 보면, 기흉일 가능성이 커 보입니다. 기흉일 경우, 폐의
경화가 집약적으로 일어나고 흉수가 발생하면 호흡 소리가
줄어드는 증상을 일으킵니다. 이보다 더 많이 나타나는 현상
은 청진기를 통해 들려오는 탁탁 소리 또는 수포음이라고 할
수 있습니다. 또한 환자가 고통을 느끼기 전에 기침과 열을 경
험했는지 알아볼 수 있습니다. 폐색전의 경우, 심각한 상태가
되기 전까지는 보통 정상적인 폐 검사 결과를 나타냅니다. 곧
장 가서 환자를 보고 다음에 어떤 조치를 취할 수 있을지 의사
결정을 내려 봅시다.

앞에 제시한 예를 살펴보면, 사례 발표의 목적은 정보를 매우 간
결하고 정형화된 형태로 제시하는 것임을 알 수 있다. 학생은 교수
로부터 조언과 지도를 구하며 자신이 사례에 대해 이해한 바를 말로
설명하고, 잠재적으로 환자가 더 좋은 선택을 할 수 있도록 돕기 위
하여 환자의 질병에 관한 새로운 지식을 학습한다. 이때 일어나는

정보의 교환을 통해, 학습자는 기억할 만하고 중요한 환자에 대한 이야기를 전달하게 되며, 교수는 의사로서 취해야 할 필요가 있는 사고의 습관을 학생에게 심어 줄 수 있다. 이러한 학습에 있어서의 어려운 사항은 사례 발표가 응급실과 일반 병동, 사례의 복잡성, 정보 공유의 목적(진단명의 확인 또는 치료 방법의 선택), 특별 사항, 치료에 참여한 사람들과 같은 여러 맥락과 장소에 관한 정보에 따라 어떻게 달라져야 하는지를 이해해야 한다는 것이다. 그러나 이러한 의사소통에 있어서의 맥락적인 특성이 학생들, 심지어 임상 단계의 학생들과도 거의 논의되지 않기 때문에 사례 발표는 어려운 과제가 되고 만다(Lingard et al., 2003).

사례 발표는 환자에 대한 치료와 교육학적 전략을 혼합한 어떤 활동이다. 환자 치료를 상황적·참여적 학습 과정과 밀접하게 관련시키도록 촉진하는 교육학은 의과대학 전 과정에 해당하는 학생들에게 가장 이상적인 교육 형태다. 그러나 시험에서 좋은 점수를 받거나 특정 임상 실습 과정에서 우등생이 되기 위한 목적에 맞는 교육학을 추구하면 이것은 환자를 잘 치료하기 위한 목적을 앞서 버리게 된다. 이것이 바로 임상 실습 단계에서의 사례 발표와 관련된 교육학적 전략이 실제 환자를 치료하는 목적과 연결되지 않는 이유다. 임상 실습 과정에 있는 학생들은 시험에서 좋은 성적을 거두기 위하여 사실, 개념과 기술을 습득하는 데 전념한다. 그들은 실제로 환자들을 치료하는 데 필요한 책임감을 거의 갖고 있지 않기 때문에, 시험에서 좋은 성적을 받는 것보다 더 큰 목적과 맥락을 교수 전략에서 강조하지 않으면 그 중요성을 간과하게 된다.

의과대학 의학교육에서의 교수 전략을 논의함에 있어, 우리는 개념적 이해, 연습과 수행, 탐구와 향상, 그리고 전문성 형성 등과 같은 전문 교육의 목적에 대하여 고려해 보아야 한다.

비록 교육학이 종종 다수의 목적 달성을 추구한다 하더라도 대부분은 주요한 방향성을 내포한다. 우리는 또한 어떻게 적극적으로 학습자를 참여시킬 것인지, 과제와 맥락에 관하여 어느 정도 범위까지 진정성을 얻고자 노력해야 할지, 그리고 시간이 지남에 따라 진보적이고 발전적인 학습이란 무엇인지에 대한 관심 등과 같은 교육학의 중요한 측면에 대하여 논의해야 한다.

개념적 이해를 위한 교육학

먼저 덜 적극적이고 덜 실제적인 교육학에 대해 먼저 논의한 후 더 적극적이고 실제적인 내용에 대해 다루겠다. 여기서 말하는 덜 적극적이고 덜 실제적인 교육학이란 학습자가 실제 임상 환경에서 개념을 사용하도록 이끄는 교육학을 말한다.

강 의　강의와 같이 가르치는 수업은 임상 실습 준비 단계의 교육과정에 있어 가장 주된 교수 방법이다. 이 교수 방법은 크레브스 회로부터 몸무게 관리를 위해 목표 설정을 하는 행동주의적 개념에 이르는 것과 같이 형식적인 교육 내용을 가르치는 데 있어서 방대하게 사용된다. 설교하듯 가르치는 교수 방법은 임상 실습 단계와 그 이후의 임상 실습에서도 사용되기는 하나 이때의 학생 집단은 규모가 더 작아진다. 일반적으로, 강의는 학습이 실제로 일어나는 상황, 실제로 배우는 학습 자료 및 정보와 거리가 먼 경우가 많다. 심지어 학생들은 강의와 실제 맥락과의 연결이 좀 더 잘 이루어지는 임상 단계에서조차 강의에서 이루어지는 형식적인 교육 내용과 실습 로테이션 과정에서 환자의 실제 치료의 내용을 연결하려는 노력을 거의 하지 않는다. 최근의 일부 소수 의과대학에서는 학생들이 치료하는 환자들에 대한 정보를 기반으로 개별 지도 시간을 배정하고 있다. 이런 종류의 수업은 이론과 실제의 연계를 강화하려는 것이다(Cohen, 2009).

비록 탁월한 교수들의 강의가 학습할 내용에 대한 깊은 영감과 논리 정연한 그림을 제공해 준다고 하더라도, 강의는 학습을 수동적으로 만들기 쉬우며 개념의 통합 없이 단순한 사실들을 나열하는 경우가 많다. 많은 학교는 더 이상 수업에 참여하는 것을 의무화하지 않는다. 이러한 현상은 여러 학교들이 강의 외의 다른 교육 방식이 많은 학생에게 더 매력 있고 효과적이라는 사실을 자각하고 있다는 것을 보여 주는 것이다. 많은 학교는 강의를 보다 상호적이며 교실 안팎에서 접근 가능하게 만들기 위하여 청중 응답 시스템, 포드캐스트, 웹 기반 학습 공동체 등과 같은 기술을 활용하기 시작하였다.

소집단   어떤 학교는 교육과정의 첫 2년 동안, 강의를 50% 이하로 제한하고 있으며 PBL을 중심으로 교육하는 어떤 학교는 강의를 완전히 금지한다. 학습자를 보다 적극적으로 수업에 참여시키고, 개별 학습자의 기여가 집단 내 토론과 이해를 향상시키는 곳에서 상호

의존적인 학습 문화를 형성하기 위해 소집단 수업이 강의식 수업 대신 활용된다(Shuell, 1996). 이러한 소집단 수업은 상호적인 사례 토론, 집단적 문제해결, 동료 간 교수, 복잡한 주제에 관한 길잡이가 있는 토론 등의 방법을 통해 개념적 이해를 향상시킨다. 소집단에서 학생들은 그들이 알고 있는 것과 알지 못하는 것을 말로 설명하고, 주어진 가정에 이의를 제기하며, 자신 혹은 자신의 집단의 이해력의 한계와 씨름하면서 어떤 정보가 문제의 해결책 또는 주어진 과제를 완성시키는 데 가장 관련이 있는지를 결정하고, 그들이 배운 것을 어떻게 임상 맥락에 적용할 수 있을 것인지 고민한다. 이러한 소집단 수업은 강의가 할 수 있는 것보다 의사의 경력에 도움이 되는 임상에 관한 학습과 더 비슷하다.

　소집단 내에서의 학습 경험은 일반적으로 강의에서의 경험보다 더 우월한 것이다(Springer, Stanne, & Donovan, 1999). 그러나 소집단 수업의 목적과 목표, 집단의 학습 과정(교수진의 역할을 포함하여), 과제와 활동의 성격, 수행의 모니터링 방법, 학습자에게 주는 피드백의 과정 등에 관해서는 매우 세심하게 고려되어야 할 필요가 있다. 우리는 현장에서 소집단의 운영을 효과적으로 하는 데 필요한 목표 및 세부요소들에 대해 적절한 주의를 기울이지 못하는 프로그램들을 확인하였다.

　공간, 촉진자의 시간과 기술 등과 같이 소집단 교수법에 요구되는 중요한 자원들을 고려할 때, 대집단 수업이 진행되는 동안 적극적으로 학습자를 소집단 활동에 참여시키는 방법으로 '팀 기반 학습(team-based teaching)'이 소개되었다(Michaelsen, Knight, & Fink, 2004).

팀 기반 학습은, ① 읽기 자료를 미리 배분하기, ② 매 수업은 테스트 준비가 된 상태에서 시작하기, ③ 테스트에 대해 토론하기, ④ 대집단 토론이 끝난 후 소집단 내에서 사례 적용을 어떻게 할지 토론하기 등의 다양한 접근 방식을 포함한다. 팀 기반 학습의 진행 과정은 개인 테스트를 시작으로 소집단 토론, 그리고 대집단 검토의 순서로 연결된다. 이 교수 전략은 소수의 의과대학에서 시행되고 있지만, 최근 인기를 얻고 있다. 이 전략을 적용한 학생들은 향상된 학습 결과를 얻었고 미국의사자격시험(USMLE)에서 좋은 점수를 얻은 것으로 나타났다. 그리고 이 전략은 임상 실습 전 단계와 임상 실습 단계 모두에서 활용된다(Levine et al., 2004; Thomson et al., 2007).

기 술   웹 기반 모듈은 학습자가 더 다양한 범위의 개념에 접근할 수 있도록 도와준다. 의학교육에서 웹 기반 학습으로 접근 가능한 제한된 범위의 연구물에 이러한 기술 및 자료들을 활용하여 접근하면 학습자의 지식이 향상되고, 전통적인 방법보다 더 효율적으로 학습할 수 있으며(Bell, Krupat, Fazio, Roberts, & Schwartzstein, 2008), 교육자들의 기대만큼 교육 자료가 자주 사용되지 않는다고 하더라도 학습자에게 더 잘 수용된다.

뿐만 아니라 학습자는 그들에게 맞는 속도에 따라 학습 내용을 다룰 수 있고, 자신의 흥미와 필요에 따라 더 깊은 수준의 내용까지 탐구할 수 있다. 어떤 연구에 따르면, 학생들은 강의식 수업에 비해 컴퓨터 보조 학습 방식으로 학습할 때 같은 양의 학습 내용을 1/3 정도의 시간을 들여 완전히 습득할 수 있는 것으로 나타났다(Bell,

Fonarrow, Hays, & Mangione, 2000; Lyon et al., 1992). 이것은 놀랍고도 고무적인 결과다. 어떤 학교의 경우, 비록 사회적인 맥락은 그렇게 풍요롭지 못함에도 불구하고, 가상의 학습 환경을 발전시켜 학생들로 하여금 온라인상에서 학습 내용에 대해 토론하고 서로의 질문에 응답할 수 있는 환경을 제공한다. 학습자는 보다 상호적인 웹 기반 학습 환경을 선호하는 것으로 나타났다(Chumley-Jones et al., 2002).

새로운 웹 기반 학습 자원과 전달 체계, 융통성 있고 향상된 기술을 적용한 교실, 학습자와 교사 사이에 네트워크를 조성할 수 있는 능력은 참여 학습을 가능하게 하고, 분산되어 있는 임상적 지식을 적절하게 재현할 수 있게 한다. 이러한 기술은 학습자가 같은 시간, 같은 공간에 있지 않더라도 개별 학습과 소집단 학습이 가능하도록 지원한다.

실제 임상 환경 밖에서 학생들이 의학 개념을 잘 이해하도록 돕기 위한 교육학은 지식과 기술을 분석하고, 해체하고, 연습하고, 실제 임상 환경이 주는 압박과는 상관없이 그것들을 재조합하는 활동으로 구성된다. 명백하게도, 학습자는 그들이 실제 환자들을 만나는 임상 환경에 처할 때, 이러한 방식으로 개념을 이해하고 싶을 것이다. 그러나 다음 장에서 다루겠지만 실제 환자를 치료하는 과정에는 임상적 추리와 개념의 이해의 과정 모두에 초점을 맞추도록 설계된 교육학이 있다.

연습과 수행을 위한 교육학

지금까지 학생이 개념을 정확하게 사용할 수 있는 기회를 제공하는 교수적 접근에 대해 살펴본 것처럼, 학생들의 임상적 기술과 수행의 발전을 돕는 방법들과 관련된 흐름이 존재해 왔다. 연습과 수행을 위한 교육학은 일반적으로 학습자가 임상적 기술과 임상의 절차들을 보다 짧은 시간 동안 위험 요소를 줄이고, 보다 빠른 피드백을 받으면서 받은 피드백을 즉시 현장에 적용하고 수정하는 등 실제 상황에서의 연습을 가능하게 한다. 임상 실습 전 단계에서 이러한 수행 중심의 교육학은 병력 기록, 신체검사, 의사소통 기술을 중요하게 다루는 모의훈련센터나 소집단 수업에서 치료 과정이나 임상의학 입문 과정을 다룰 때 사용된다.

모의 수행 경험의 범위는 학생들이 서로를 대상으로 임상 연습을 해보는 아주 기본적인 것부터 표준화 환자를 대상으로 아주 복잡한 시나리오의 치료를 하는 것, 그리고 모의 실험장치인 마네킹을 대상으로 복잡한 기술을 시행해보는 것까지 다양하다. 의과대학 학부 과정 중 기본적인 심동적 영역의 기술을 발전시키는 데 있어 모의 실험장치는 특히 유용하다. 이러한 장치의 활용을 통해 학습자는 의료 장비나 특정 기술에 보다 친숙해질 수 있고, 전문 의료팀들 사이의 의사소통 기술과 역할에 대하여 연습해볼 수 있다(Issenberg, McGaghie, Petrusa, Gordon, & Scalese, 2005; Kneebone, 2005; Robins et al., 2008; Stefanidis, Scerbo, Sechrist, Mostafavi, & Heniford, 2008). 학생들이 임상 실습 단계로 진입함에 따라 모의 훈련은 학습자가 매우 복잡하고 빠른 페이스로 흘러가는 실제 임상 환경으로부터 물러나서 그동안 뛰어난 선배 의사들에 의해 거의 활용된 적이 없는 새로운 임상 방법을 사용해보고 개선할 수 있는 기회를 마련하도록 도와준다. 모의 훈련은 효율성과 안정성이 가장 우선시되는 상황에서 대부분의 환자를 치료하는 것을 목적으로 하는 것이 아닌, 학습 경험이 학습자 개인의 요구에 맞는 것이 되도록 도와준다.

　표준화 환자는 문제 형성, 감별 진단, 평가, 그리고 치료 계획에서 사용되는 임상적 추론을 교육할 때뿐만 아니라, 의사소통과 대인관계 기술을 교육할 때 널리 활용된다. 표준화 환자는 특정한 시나리오대로 연기할 뿐만 아니라 학생들의 행동을 관찰하고, 코칭을 제공하고, 특정한 피드백을 제시하도록 훈련될 수 있다. 뿐만 아니라, 이러한 상호작용 과정을 녹화하여 나중에 학생들에게 보여 주면, 학생들은 자신의 수행 및 동료들의 수행을 검토하고 평가하여 서로에게 건설적인 피드백을 줄 수 있다. 임상 교수들은 학생들과 함께 녹화된 비디오를 보면서 성찰의 기회 및 구조화된 피드백을 제공할 수 있다. 이러한 접근 방법은 의과대학 학생들의 연습과 수행을 학생들에게 가시적인 것으로 만들 수 있고, 이로써 학습자의 수행에 관한 근거바탕(evidence-based)의 토론 자료를 만들어 낼 수 있다.

　학생들이 실제 환자에 관한 절차상의 기술을 실시간으로 학습하는 것은 점점 더 어려워진다. 왜냐하면 시간의 압박, 안전의 문제, 다른 의료 분야의 학습자와의 사이에서 우선순위 문제 등에 제약을 받기 때문이다. 결과적으로, 실험실과 모의훈련센터는 봉합, 신체

마디 결체 혹은 매듭짓기, 골반 시험, 정맥주사 놓기 등과 같은 술기를 훈련하기 위한 장소로 널리 활용되고 있다. 학생들의 술기 습득력을 향상시키기 위한 프로그램은 피드백이 수반된 신중한 연습, 명확한 학습 목표, 철저한 결과 평가, 높은 성취 기준을 포함해야 한다 (Wayne et al., 2006).

병동이나 병원에서 팀으로 일하는 경우, 학생들은 대부분 의사, 간호사, 의료진, 환자 그리고 환자의 가족과 형식적인 대화와 비형식적인 대화 모두를 경험하게 된다. 그리고 이러한 대화는 그들의 개념적 이해를 향상시켜 병력 기록, 감별 진단, 관리와 치료 계획 수립, 정보에 관한 의사소통에 영향을 미친다. '원 미닛 프리셉터' (One Minute Preceptor), (Aagaard, Teherani, & Irby, 2004) 또는 SNAPPS (H와 P를 요약하고, 진단을 확정해 가며, 차이점을 분석하고, 프리셉터를 탐색하고, 환자 관리를 계획하고, 미래 학습을 위해서 사례−관련 이슈를 선택하는것)(Wolpaw, Wolpaw, & Papp, 2003)과 같은 보다 형식적인 기술은 효율적인 기술 학습자의 이해 수준을 빠르게 평가하고, 긍정적이고 교정적인 피드백을 제공하고, 일반적인 법칙이나 원리를 가르치고, 성찰을 자극하고, 자기주도적인 학습을 진행하는 방안을 제안한다.

임상 몰입 경험을 하는 초기 단계의 의대생들과 임상 실습 단계에 진입한 학생들은 상당 부분 관찰을 통해 학습한다. 그 이후 단계에 속하는 학생들도 환자를 치료하는 데 상당한 시간을 할애하면서 그들의 교수진, 전공의, 그리고 기타 의료진들의 실제 행동을 관찰함으로써 계속해서 학습한다(Kenny, Mann, & MacLeod, 2003). 학생들은 환자를 치료하는 여러 접근 방법과 활동을 평가하며, 동료들과 그에 대해 의사소통하고, 좋게 평가한 사례들을 모방한다. 어떤 경우, 학생들은 모든 사람이 취하는 방식을 당연한 것으로 여기고 그대로 받아들인다. 대부분의 학생은 실제 연습 과정에서 경험한 것들 중 수용해도 좋은 것과 그렇지 못한 것을 구별하는 데 충분한 도움을 얻지 못한다.

실제 임상 현장에 참여하는 학생의 능력이 발전할수록, 그들은 환자 치료 활동에 보다 실질적이고 의미 있게 참여하고 싶어 한다. 학생들은 실험 결과를 수집하고 발표하기, 자문을 얻기 위한 하위 전문가와 접촉하기, 통용되는 치료법 중 선택 가능한 방법 모색하기, 치료 계획에 대해 환자와 논의하고 그 계획에 대한 환자의 이해 정도를 확인하기, 방문 간호사와 함께 환자의 입원 전 가정 상황에 대해 논의하기, 추후 방문을 통해 환자의 상태를 확인하기 등과 같은 특정한 과제에 대한 책임을 지게 된다. 학습자의 기술과 능력에 알맞고, 특정 영역의 필요에 맞는 과제를 제시하는 것은 환자 치료를 위한 수행을 향상시키는 데 매우 중요하다. 그러한 교육학은 종단적 성격을 가지고 있다. 그래서 학생들이 자신의 발전 과정을 서류화하고, 자신의 수행을 수개월 동안 관찰하는 교수진들과 장기간 동안 좋은 관계를 유지할 것을 요구한다. 대개 현장에서의 교육학은 계열적이거나 연속적이고, 그리고 발달적 궤적에 따른 안내가 거의 없다. 이러한 요소들은 효과적인 학습을 촉진시키는 데 중요한 부분이다.

탐구, 혁신, 향상을 위한 교육학

탐구, 혁신, 향상을 위한 교육학은 학습자의 사고방식과 동기의 발전을 촉진한다. 그 가운데서도 특히 탁월성에 대한 헌신을 촉진하는데, 이것은 의사가 되는 과정에서 필수적인 부분이다. 탐구, 혁신, 향상과 관련된 교육학은 교수 학습에서 상대적으로 새로운 관점이며 특히 의학 분야에서는 더욱 그렇다. 이러한 교육학은 초인지 및 협동 학습법과 관련된 원리를 포함한다.

의학교육에서 이러한 성격의 교육학은 PBL을 설계할 때, 학생들을 연구와 다른 학문적 활동에 참여시키고자 멘토링을 실시할 때, 프로젝트의 질적 향상을 도모할 때, 대학생들이 다양한 관점을 탐색해볼 수 있도록 도전하고, 그들의 이해력의 한계를 뛰어넘어 어렵고 불명확한 환자 사례에 대해 새로운 가능성과 대안을 찾아보도록 고무하는 임상 컨퍼런스 및 교수에 관한 수업을 제공할 때 제시될 수 있다. 일반적으로 이러한 교육학은 학습 공동체보다는 개별 학습자에 초점을 맞추고 있다.

임상 실습 전 단계에는 내재된 교육과정 구조와 교육학이 존재한다. 이러한 교육과정과 교육학적 구조는 소집단 토론 수업, PBL, 협력적 프로젝트, 흥미 영역에 대한 학문 활동을 위한 시간 보장 등을 촉진한다. 임상 실습 이전 단계 교육에서의 교육학의 핵심은 학습자를 비판적 사고 활동, 자기주도 혹은 자기조절학습, 그리고 성찰적 활동에 참여하도록 노력하는 데 있다. 이러한 활동이 기술로써 취급될 때, 이러한 활동은 소집단 내에서 논문을 읽고 비평하는 활동,

PBL에서의 사례 분석, 좀 더 활성화된 사례 분석, 글쓰기 과제 등으로 구조화될 수 있을 것이다. 여기서 교수 또는 촉진자, 과제의 질, 집단 상호작용의 역할과 기술은 학생의 사고방식, 동기, 탁월성에의 헌신에 상당한 영향을 미친다. 예를 들어, 소집단 토론이나 PBL 수업이 완벽하게 교사에 의해 주도되거나 검토나 피드백이 없고 미래의 학습에 활용될 만한 지침을 전혀 제공하지 않는 글쓰기 과제를 부여하거나, 동료끼리의 검토 과정이 없는 프로젝트를 제시한다면 그것은 학습자의 연구, 혁신, 향상의 발전에 전혀 기여하지 못할 것이다. 임상 실습 단계에서도 학생들은 질문과 토론, 동료들과의 임상적 토론, 질적 향상을 위한 프로젝트, 독립적인 학습과 학문 활동을 위한 시간의 보장 등을 통하여 길잡이가 있는 성찰 과정을 경험할 수 있다. 이 모든 활동은 매일의 활동 속에서 탐구, 혁신, 향상을 고무하는 것이다.

최근 많은 학교는 소집단 토론을 법적이고 윤리적인 이슈에 접목시키고 있다. 이슈로는 근거 기반 의학(evidence-based medicine), 임상 주제 및 사례, 건강과 정책, 보건의료 전달 체계 등이 있다. 이러한 활동에 있어서의 가장 중요한 사실은 하나의 이슈다. 교수진이 이러한 수업을 통해 학습자로 하여금 자신만의 임상적 경험 중 몇 가지 주제를 연결하고, 독립적으로 일하며, 동료들과 함께 협력적으로 문제를 검토하고, 잠재적인 해결책을 만들어 낼 수 있도록 도전할 수 있는 범위가 매우 넓다는 것이다. 그러나 이것은 분명 어떤 종류의 교육학이다. 이를 테면, 학습자가 가진 질문들을 매일의 연습으로 연결하게 하며, 그러한 것들을 단순한 교실 활동이 아니라 기대감을 갖게 하는 것으로 평가하게 만드는 그런 교육학이다.

학생들이 임상 실습 단계에 들어가고 시스템에 관한 이슈, 실습의 차이, 서비스의 차이, 오류들에 정기적으로 노출되면 회진 중에 이 슈에 관해 논의하고 실제로 실행에 옮길 수 있는 개선점에 대해 브 레인스토밍할 수 있는 기회가 많이 주어진다.

어떤 환경에서든지, 학습자가 자신의 수행에 대한 피드백을 확인 하고 그것을 수행에 반영하는 것이 최우선으로 중요하다. 비록 의학 교육이 전공의나 주치의 또는 교수들의 피드백에 가장 초점을 두는 것이 사실이지만, 수행에 관한 피드백의 원천은 이보다 다양하다. 이상적으로 말하면, 피드백은 학습자의 관심을 연습과 수행에 집중 시키고, 개선된 수행 결과를 어떻게 성취해 낼 수 있을지에 대한 통 찰을 발휘하게 하며, 개선을 위해 요구되는 노력을 투자하도록 고무 한다. 학생들이 환자들과 상호작용하는 동안 그들의 주치의, 교수, 전공의들에 의해 직접 관찰되는 것이 어렵다는 증거가 있는 만큼 (Holmboe, 2004), 임상 실습 이전 단계와 임상 실습 단계에서 추가적 인 피드백 원천이 소개되었다. 새로운 피드백의 원천으로는 환자나 표준화 환자가 평정한 의사소통 및 전반적인 상호작용 만족도 자료 와 간호사 및 다른 의료 스태프들이 작성한 체크리스트와 평가 양 식, 동료 평가 결과, 표준화 환자와의 대면 장면을 기록한 비디오테 이프, 그리고 다양한 피드백을 종합할 수 있도록 학생을 격려하는 성찰적 활동 등이 있다. 비디오와 포트폴리오는 학생들이 기록물을 남기고, 그들의 수행에 관한 토론에 다른 사람들을 참여시킬 수 있 는 추가적인 방법이다. 이상적으로 말하면, 피드백은 모든 교육의 일부분이 되어야 한다. 그러나 피드백은 비계설정과 같은 도움을 동반해야 하고, 교사 주도로 이루어지는 동기 부여적 성격의 피드백으로부터 학습자 중심이면서 개선을 위해 내재적 동기를 자극하는 그런 피드백으로 변해야 한다.

비록 학문적 성격의 프로젝트와 전공학습의 목적이 탐구, 혁신, 그리고 개선과 일치된다고 하더라도, 그것들이 그 자체로 교육학을 구성하는 것은 아니다. 교육학과 관련하여 말하면, 이러한 학문적 성격의 프로젝트의 핵심적 특징은 강력한 조언, 지침(길잡이), 멘토링, 그리고 피드백이라 할 수 있다. 비록 모든 학교가 지정된 지도교수를 요구하고 있지만, 지도교수나 멘토가 따를 만한 확실한 지침과 표준은 거의 마련되어 있지 않은 실정이다. 소수의 학교만이 학생들로 하여금 학문적 프로젝트나 전공학습 영역에서 장기적인 학문 활동을 할 수 있도록 지지하는 포괄적 성격의 교육학을 발전시켰다. 이것과 관련된 프로그램들은 설명식 강의와 조언뿐만 아니라 상황적 학습 경험을 포함한다. 학습자는 상황적 학습 경험을 통해 지역사회(공동체)의 구성원, 건강 정책 관련 활동가 또는 연구자, 의학 분야의 전문가, 학생들의 프로젝트와 비슷한 흥미를 지닌 예술가들과 상호작용한다.

탐구, 혁신, 향상을 위한 교육학이 약한 분야는 학습의 사회적·참여적 성격을 활용할 수 있는 공동체와 학습 환경에 대한 무화 영역이다. 사회적 교육학(social pedagogies)이라는 용어는 교육적 환경을 조성하는 일련의 전략들을 묘사하기에 적절하다. 이때의 교육적 환경은 학습자가 자신이 아는 지식을 다른 사람들에게 제시할 수 있는 환경, 즉 학습이 공동체적 맥락에서 일어나는 그런 환경을 의미한다. 사회적 교육학의 핵심은 집단 혹은 공동체 구성원들 사이에 공유되는 가치, 윤리, 추론의 발전에 있다. 이때의 공동체는 학습의 과정, 이해, 학습 결과의 개선에 관해 계속적으로 제기되는 요구 사항을 지원한다.

전문성 형성을 위한 교육학

1장에서 논의한 것처럼 표준화, 개별화, 통합, 탐구와 향상을 포함하는 전문성의 형성은 의학교육의 중심적인 목적이 되어야 한다고 믿는다. 우리는 2장에서 '사고, 정서, 행동을 수반하는 계속적인 자기 성찰의 과정'(Wear & Castellani, 2000)으로 설명할 수 있는 전문성 형성을 이해하는 것이 매우 중요하다는 것을 강조한다. 의학교육에서 '동정심 있고, 의사소통을 잘하며, 사회적으로 책임감 있는 의사'로 성장하기 위하여 이러한 사고, 정서, 행동의 습관들이 이상적으로 발달한다는 것을 이해하는 것이 중요하다(Wear & Castellani, 2000).

그러나 우리가 바라는 것과는 정반대로, 수많은 연구에 따르면 학생들의 감정 이입 능력과 이타심은 의과대학 재학 과정에서 더 약화되는 것으로 나타났다. 특히 감정 이입 능력이 가장 크게 하락하는 기간은 의과대학 1학년 초와 학기말 사이, 3학년 초와 학기말 사이인 것으로 나타났다(Newton, Barber, Clardy, Cleveland, & O'Sullivan, 2008). 학생들은 자신의 환자를 향한 감정 이입을 전혀 하지 않고 환자들과 거리가 먼 다른 팀 멤버들과의 사이에서 혼란을 겪는다. 학생들은 병원의 문화에 적응하는 것에 대해 큰 어려움을 호소한다 (Branch et al., 1998). 또한 학생들은 임상 실습 단계에 들어가면 그들의 도덕성 발달이 억제되거나 퇴보하는 것 같다고 보고하였다 (Branch et al., 1993; Branch, 2000). 학생들은 환자들을 대하는 도덕적 원리나 민감성과 다른 팀 멤버들의 규준, 가치, 행동에 자신을 맞추고 싶은 욕구와 필요 사이에 갇혀 있는 것처럼 느낀다고 보고하였다 (Branch, 2000).

비록 감정 이입, 이타성, 도덕성 발달의 감소를 설명할 수 있는 한 가지 답은 없지만 학생들을 대상으로 한 인터뷰와 관찰 기록으로부터 여러 가정을 이끌어 낼 수 있다. '의과대학이라는 경쟁적 환경이 주는 압박' '임상 현장에서의 비형식적이고 잠재적인 교육과정의 부정적 효과' '다른 팀 멤버들에게서 관찰되는 비전문적인 행동, 적대적 작업 환경을 조성하는 교수진과 스태프의 비전문적인 행동에 대해 조치를 취하지 않은 의과대학 당국, 전문가 정신에 부합된 이슈에 대해 반성하고 학습할 수 있는 기회의 부재, 최상의 전문성을 구현하는 긍정적인 역할 모델의 부재' 등을 들 수 있다. 모든 맥락에서 학생은 적절한 행동과 태도의 단서를 찾는다. 그러나 불행하게도 그들이 관찰하는 것들은 오히려 최고의 전문성을 학습하는 데 방해가 된다.

전문성의 형성은 개념적 이해, 연습과 수행, 탐구, 혁신, 창상과 같은 모든 영역에 대한 학습과 발전에 따라 일어나는 종합적인 과정이다. 그렇다고 해서 전문성 형성을 위한 특정한 교육학이 존재할 필요가 없다는 것은 아니다. 대신, 전문성 형성을 위한 교육학은 학습자의 학습과 경험이라는 더 넓은 맥락에서 이해되는 것이 중요하다. 훈련을 통해 동정심 많고, 탄력적이며, 이타적인 의사를 길러 내는 것은 의학교육에서 매우 중요한 부분이다.

과거에는 '교수(teaching)' 전문성에 관한 명확한 관심이 없었다. 아마도 그 이유는 그렇게 해야 할 필요를 인식하지 못했기 때문일 것이다. 임상 현장에서의 몰입, 환자 치료에 대한 의사와 팀의 도제 관계, 이상적인 모델의 행동의 확인과 같은 요소들이 학생들을 전문가로 만드는 데 있어 최고의 수단이 된다. 그러나 지난 30년 동안 실습 현장, 의사의 책임감에 관한 요청, 잠재된 교육과정의 중요성에 대한 인식의 증가, 그리고 잠재적 교육과정이 학생들을 전문가로 발전시키는 데 미치는 해로운 효과 등에 있어서 많은 변화가 있었기 때문에 전문성 형성을 위한 교육에 있어 많은 새로운 것을 제안하려는 노력이 계속되어 왔다(Cruess & Cruess, 2006; Hafferty, 1998, 2006; Wear & Cstellani, 2000; Wear & Zarconi, 2008).

전문성 형성과 관련된 교육학은 다양한 영역에 걸쳐 그 범위가 형성되어 있다. 윤리와 관련된 형식적 지식의 교수, 전문적 표준 또는 기대, 도덕적 추론의 발달, 기술로서의 반성적 판단, 감정 이입과 같은 행동에 대한 모델링과 독려, 환자에 대한 관심, 환자 치료에 대한 의사결정의 공유, 학습자를 반성적 연습에 참여시키는 것, 전문성의 가치에 대한 학습자 인식을 독려하고 강화하는 것 등이 이에 포함된다.

이전에 형식적이고 과학적인 교과 내용 지식을 다룰 때 언급했듯이, 전문성 형성에 대한 어떤 접근 방법은 학생이 먼저 형식적인 도덕 및 윤리 원칙을 배우고, 이러한 지식을 활용하여 점진적으로 더 복잡하고 불명확한 주제와 관련하여 사례를 통한 추론을 연습해볼 것을 제안한다. 일단 인지 과정이 충분이 발달하면, 그들이 배운 도덕 및 윤리 원칙과 일치하는 행동을 실행에 옮길 수 있는 실제 임상 현장에 들어갈 수 있다. 우리가 연구한 많은 학교는 이것과 유사한 방법을 사용한다. 학생들은 오랜 기간 동안 소집단에 속하여 강의나 과제를 통해 제시된 윤리적이거나 법적인 원리에 대해 토론한다. 교수진은 토론의 틀을 제공하고, 필요한 경우 좀 더 정교한 틀을 제공하거나 소집단의 준비도에 따라 좀 더 세밀하고 복잡한 주제를 다루는 경우 학습자를 토론으로 이끌기도 한다. 이러한 수업에서의 어려운 점은 학생의 전문성 발달 수준에 맞게 의미 있는 맥락을 제공하는 것이다. 이러한 토론이 일어나는 시기는 학생이 매우 제한된 임상 경험을 가지고 있는 때다. 그래서 학생은 그들의 전문성 형성에 도움이 될 만한 지식이나 개념을 활용하기 어렵다. 보다 더 효과적인 교육학은 학생의 임상적 혹은 임상 외적 경험을 사례로 사용하게 한다. 이상적으로 말하면, 이것은 학생을 의미 있는 맥락에 참여하게 함으로써 이들의 도덕적·윤리적 추론 능력이 발달할 수 있도록 해 준다. 학생이 임상적 경험을 늘려 갈수록 교수진들은 이러한 경험을 토론 주제로 설정할 수 있다. 또한 임상적 경험은 학생들로 하여금 그들의 인지적 기술을 활용하게 할 뿐만 아니라, 그들이 어떤 원칙에 대해 개념적으로 이해한 것과 일치되거나 혹은 그렇지 않은 방식으로 행동하고 활동할 수 있는 기회를 제공한다. 그들의 동료, 전공의, 교수진, 다른 의료진들에 의해 관찰된 그들의 행동뿐만 아니라, 그들 자신의 행동과 태도에 대한 반성의 결과는 소집단에서의 토론을 위한 풍부한 자료가 될 수 있다.

그러나 전문성의 형성은 도덕적이고 윤리적인 추론 능력을 기르는 것을 포함한다. 한 사람의 신념, 정서, 가치에 대한 지각과 그러한 신념, 정서, 가치가 어떻게 대인 관계 상호작용에 영향을 미치는지와 관련된 적절한 연습 방법이 있다. 만약 의식할 수 있는 능력이 완전히 성숙하면, 학습자는 이러한 신념, 정서, 가치 등이 환자에게 끼치는 유익에 대해 의식적으로 초점을 맞출 수 있다. 그리고 이러한 것들이 전문가적인 입장에서 마음속에 그리는 것이다. 아마도 전문성 형성의 이러한 측면은 좀 더 개인적이기 때문에, 이때 활용할 수 있는 교육학은 덜 명확하고 구체적인 것이 사실이다. 일부 학교는 현재 전문성 발달에 관한 교과과정을 학부나 의과대학 전체 차원에서 운영하고 있다. 학생이 일단 소집단에 가입하면 전체 과정이 진행되는 동안 함께 참여하게 된다. 이렇게 소집단을 유지하는 근거는 입학 초기에 형성된 의미 있는 관계가 동료들 사이에 전문성 형성을 위한 안전하고 지원적인 토론 분위기를 만든다는 데 있다.

임상 실습 이전 단계에서 소집단 토론은 학생들이 전문적이거나 비전문적인 수행, 다시 말하면 의사가 된다는 것은 어떤 의미인지, 의사와 사회의 관계는 어떤 사회적 계약이 있는 것인지, 또한 동료들은 이에 대해 어떠한 생각을 가지고 있는지 등에 관하여 자신의 신념과 가정을 자유롭게 표현하는 데 도움을 준다. 이러한 교육학이 성공적인 역할을 하려면 토론의 내용이 학생의 수준과 경험에 관련된 것이어야 한다(Cruess & Cruess, 2006). 협력적이고 지원적인 동료 및 학

우들 간의 공동체를 형성함으로써 학생들은 피드백을 주고 열린 의
사소통을 할 뿐만 아니라 규준, 경계, 예상치 등에 대해 학습할 수 있
다(Arnold et al., 2007).

대부분의 의과대학은 학생이 임상 실습 이전 단계에서부터 현장
에서 직접 환자들과 상호작용할 수 있는 기회를 늘려 가고 있다. 수
많은 교수법은 이러한 경험을 풍부하게 한다. 자신의 경험이 갖는 의
미에 대해 반성적 글쓰기 과제를 부여하거나 윤리적 · 법적 · 전문적
이슈에 대한 관찰하게 하는 것, 학생의 개인적이고 전문적인 발달과
관계된 다른 연결점을 찾는 것 등이 이에 포함된다. 실제 경험이 이
루어지는 동안, 교수진과 의료진들은 학생에게 목적에 대한 감각, 책
임감, 의사의 일에 대한 자신감 등을 확인하고자 특정하고, 실제적인
과제를 부여한다. 학생은 이러한 경험을 기반으로 자기에게 올라오
는 감정에 대한 반성, 환자에게 일어나는 경험에 대한 새로운 통찰,
환자의 경험을 개선할 수 있는 기회 등과 관련하여 의사로서의 태도
를 생각해볼 수 있다. 둘째, 어떤 교수진은 역할 모델링에 참여하거
나 학생을 가치 있는 행동과 접근법에 관한 토론에 참여시킨다. 이
토론은 환자 중심 또는 관계 중심 치료의 내용을 포함한다. 셋째, 스
토리텔링은 의사로서의 경험, 지혜, 전문성에 대한 창문을 활짝 열어
준다. 사례에 관한 지식과 중요한 교훈을 포함하는 이야기는 비록 실
제로 그런 행동을 실천에 옮기기 어렵다고 하더라도, 그것을 듣는 수
련 의사들에게 깊은 인상을 지속적으로 남기는 것으로 알려졌다
(Cox, 2001; Greenhalgh, 2001).

임상 실습 단계에서, 전문성 형성을 위한 교육학은 대부분 명시적

이기보다는 암시적인 성격을 띠는 경우가 많다. 이런 교육학은 그것이 전문성 형성을 위해 고안된 것이라는 관심을 거의 받지 못한다. 학생은 그들이 실습에서 관찰한 사례들과 실습에서 상을 받거나 폄하를 당한 사고, 정서, 행동을 기반으로 전문적인 행동과 비전문적인 행동에 대한 개념을 새롭게 정립한다. 운이 좋을 경우, 학생들은 역할 모델로 삼을 만한 훌륭한 전공의와 교수진들와 함께 일하게 된다. 이러한 전공의와 교수진은 학생들이 자신의 흥미 영역을 발전시키고, 연구하고, 헌신하도록 격려하며 환자, 동료, 조직, 그리고 전문성에 대한 자신의 신념, 관점, 의도를 명확하게 진술할 수 있다. 이보다 바람직하지 못한 것은 학생들이 실습 중에 관찰한 행동 중에서 어떤 것인 부정적인 것인지 스스로 확신할 수 없고, 그들이 관찰한 것에 대해서 더 수준 높은 통찰을 제공해 줄 다른 사람과 토론할 기회가 없는 경우다. 중요한 점은 전문성 형성에 관한 체계적이고 분명한 초점이 없이는 그것이 바람직한 방법으로 일어날 것이라고 기대하는 것이 어렵다는 점이다.

　요즘 임상 현장에서 학생을 동정심 많고, 의사소통 잘하며, 사회적으로 책임감 있는 의사로 발전시키기 위해 최적화된 학습 환경을 만드는 것은 해결해야 할 도전 과제로 남아 있다. 이런 현실적 측면에서 어떤 학교는 더 큰 문화적 변혁을 시작점으로 하는 상징적인 접근을 시도하고 있다. 착복식, 우등생 단체 등과 같은 행사들에서는 봉사, 리더십, 교수와 연구의 본보기를 제시함으로써 전문성에 헌신하는 것이 어떤 것인지를 보여 준다. 또한 이런 행사에서는 기관의 중요한 가치에 관하여 중요한 메시지를 전달한다. 이외에 학생들을 교육, 교육과정, 질 향상 프로그램, 의료센터위원회에 참여하게 하고, 학생들이 동네, 지역, 국가의 전문적인 기관에 참여하도록 격려하는 것은 또 하나의 상징적인 행동이다. 인디애나 대학교와 같은 학교는 전문가로서 최고의 본보기를 보여 준 선배의 이야기를 공유한다. 이외 다른 접근 방법을 소개하면, 어떤 학교는 잠재적인 교육과정에 의해 전달되는 바람직하지 못한 메시지에 대응하기 위한 노력을 기울이기 시작하였다. 예를 들어, 전문가로서의 명백한 기준을 제시하고, 환자 치료에 참여하는 모든 학생에게 그것을 제시한 후 전문가답지 못한 행동과 태도에 대해서 보고할 수 있는 체계를 만드는 것이다.

◊ 의과대학 의학교육 과정에서의 평가

평가는 동기를 부여하고 미래 학습을 위한 방향을 제시한다. 그러므로 평가 체계는 희망하는 결과가 어떤 것인지에 따라 보조를 맞춰야 하며, 다양한 측정 방법을 통해 학생의 전문성 역량이 어떻게 발전했는지 기록을 남길 수 있도록 설계되어야 한다. Epstein과 Hundert(2002)는 전문성 역량을 '매일의 실습에서 개인과 공동체에 이익을 제공하기 위하여 의사소통, 지식, 공학적 기술, 임상적 추론, 정서, 가치, 매일의 실습에 대한 반성 등을 상시적이며 신중하게 사용하는 능력'으로 정의한다. 평가 체계의 두 가지 주된 목적은 학생들에게 형성평가 결과를 피드백하는 것과 총괄평가를 시행하는 것이다. 형성평가의 피드백은 학생들로 하여금 그들의 학습을 이끌고 나갈 학습 목표를 설정할 수 있도록 도와주며, 총괄평가는 학생들이 다음 수준의 훈련이나 자격을 판정하는 데 요구되는 수준의 수행을 성취했음을 증명해 준다.

이 두 가지 평가의 목적 모두 의학실습의 세 가지 차원에서 학습을 지원할 수 있다. 형식적 지식, 임상적 수행, 그리고 전문성 형성이며 이것들은 ACGME 역량으로 연결될 수 있다. 의료 지식과 임상적 추론, 환자 치료 기술, 의사소통 능력, 전문가 정신, 체계 기반 실습, 실습 기반 학습과 향상이다(Accreditation Council for Graduate Medical Education, 2007). 평가의 중심을 전문성 역량에 둘 때, 수행의 모든 면을 평가할 수 있을 것이다(Epstein, 2007). 의과대학들이 다양한 평가 도구를 합하여 사용하는데, 적절한 평가 도구를 선택하기 위해서는 몇 가지 차원에 대하여 고려할 필요가 있다. 평가가 일어나는 장면의 실제성(충실성), 평가의 목적(형성평가, 총괄평가), 평가 실시 시기, 학습자의 전문성 역량 발달의 그림에 얼마나 잘 부합되는지, 평가를 수행하기 위해 요구되는 자원은 무엇인지 등이 고려되어야 한다. 이러한 차원들을 고려하여 포괄적으로 잘 설계된 평가 체계는 평가의 과정 그 자체를 향상시키고 학생들의 전문성 발달에 이바지한다(van der Vleuten, 1996; van der Vleuten & Schwirth, 2005). 〈표 3-1〉에는 의과대학 의학교육 학부 과정에서 활용되는 다양한 평가 도구를 요약해 두었다. 이 평가 도구는 의과대학 프로그램 안에서 학생이 경험할 수 있는 것과 외부 자격증 시스템에서 경험할 수 있는 것 모두를 포함하고 있다.

➕ 〈표 3-1〉 의과대학 의학교육과정에서 사용되는 평가 도구, 형성평가와 총괄평가

	1학년	2학년	3학년	4학년
형식적 지식 평가				
선택형 시험(Multiple choice exam)	S	S	S	S
의사면허 자격시험: USMLE 1, 2단계		S		S
임상수행평가				
컴퓨터 기반 환자 관리 평가			S	
집중 관찰 짧은 임상평가(mini-CEX), 간단구조 임상평가(BSCO)			F	
OSCE, CPX	F	S	S	S
환자의 문제에 대한 기록물 보고와 신체검사	F	F&S		
저널 비평	F&S	F&S	S	S
교수진에 의한 전반적 평가	S	S	S	S
전공의에 의한 전반적 평가			S	S
동료 평가	F	F	F&S	S
학생의 의료진 평가	F	F	F&S	S
환자 일지			F	
포트폴리오	F&S		F&S	S

* F=형성평가, S=총괄평가

형식적 지식의 평가

의학 지식은 이해와 추론 능력 모두와 관련이 있으며 인지적 영역에 속하는 지식이다. 이 영역은 의학교육에 있어 오랫동안 평가의 주된 초점이 되어 왔으며 의과대학 교육과정과 교수 방향을 결정하는 데 있어 중요한 지침이 되어 왔다. 형식적 지식의 습득 여부는 다문항 형식의 지필 평가 방식으로 평가된다. 선택형 검사의 장점은 짧은 시간 안에 다량의 지식의 예를 보여 줄 수 있다는 것이다. 단순

한 사실적 지식보다 개념의 이해 여부를 검사하고 싶다면 질문의 맥락(예를 들어, 사례 정보 또는 임상 시나리오)을 더욱 복잡하게 구성할 수 있다(Epstein, 2007).

　교육과정을 어떻게 조직하느냐에 따라, 이러한 검사는 기본적·임상적·사회적·행동적 과학 지식 중 보다 더 강한 수준이나 혹은 약한 수준의 학문성을 평가하도록 설계될 수 있다. 학생들이 여러 훈련 단계를 거침에 따라 평가는 사실 및 정보의 회상이 아니라 점점 더 복잡한 지식에 대해 묻게 된다. 미국의 의과대학에서는 이러한 평가들이 학기 말과 같이 각각 교육과정이 끝나고 새롭게 연결되는 시기에 많이 시행되며 같은 시간대에 여러 번에 걸쳐 같은 내용의 지식을 불필요하게 검사하지는 않는 편이다.

　결과적으로, 시간의 흐름에 따른 학생의 지식 및 특정 내용에 대한 이해력의 변화를 추적할 수 있는 방법은 없는 것이다. 한 가지 예외적인 경우는 진행 평가인데, 이 검사는 의과대학 학생들에게 매년 2회씩 제공되는 시험이다. 개별 학생의 향상 정도는 집단에서의 수행 및 학교에서의 수행에 따라 4년 동안 기록된다(Muijtjens, Schuwirth, Cohen-Schotanus, Thoben, & van der Vleuten, 2008). 이러한 향상 평가는 캐나다와 독일의 의과대학에서 널리 활용되고 있지만, 미국의 의과대학에서는 거의 활용되지 않고 있다. 형식적 지식은 또한 USMLE 자격 검사에서 평가된다. 이 시험은 5장에서 자세하게 소개하고 있다.

　많은 학교는 그들의 임상 실습 단계에 맞는 기본적인 의학 교육과정과 특별 교과과정을 포함한 검사 도구를 그 학교에 맞도록 구성하여 NBME로부터 구매하고 있다. 이 검사의 질문은 수준이 매우 높으며, 국가 수준의 규준을 제공하고 있다.

이외에도 오늘날 의학 지식과 개념적 이해를 평가하기 위한 형성평가에 관한 추가적인 방법들이 새롭게 출현하고 있다. 이러한 예로 개념 지도(Schmidt, 2004; Torre et al., 2007; West, Park Pomeroy, & Sandoval, 2002)와 고성능 컴퓨터 시뮬레이션을 통하여 환자와 대면하는 실시간에 지식 평가하는 방법이 있다(Downing, 2002).

임상수행평가

임상수행을 잘해 내기 위해서 학생은 기본 수준에서의 의학 지식을 잘 알아야 하고, 환자로부터 정확하고 완전한 정보를 수집하는 데 필요한 기술을 익혀야 한다(Gruppen & Frohna, 2002; Holmboe, Lipner, & Greiner, 2008). 임상적 수행은 무엇을 언제, 왜 해야 하는지에 대한 이해를 요구한다. 또한 환자를 치료하거나 치료하는 팀의 일원으로 일함에 있어 알고 있는 지식을 실행에 옮길 능력을 필요로 한다. 이러한 영역은 오늘날 의과대학 학생 평가에 있어 매우 중요한 요소다. 이 영역에 대한 폭과 깊이를 더하기 위하여 다양한 평가 도구가 개발되었다.

초기 의학교육에서 환자 치료에 관한 역량은 세부 요소로 구분되어 있었다. 그렇게 구분하지 않으면, 학습자는 지치게 되고, 끝없는 세부 지식과 자극에 주목하느라 주의를 잃어 버리게 되었을 것이다. 이러한 차원에서 보면 역량이란 신체 부분에 대한 평가(예를 들어, 복부, 신경계), 병력 기록 또는 차트 분석과 같은 분절된 과제를 수행하는 것을 의미한다. 이러한 수행은 훈련되고 표준화된 환자들을 대상으로 통제되거나 모의로 만들어진 환경에서 이루어진다.

대인 간 의사소통, 절차상의 기술, 임상적 추론은 구조화된 목표 임상 검사를 통해 평가된다. 이러한 형식의 검사는 특정한 문제 혹은 주제 제시를 위해 훈련되고 표준화된 환자의 참여를 필요로 한다. 학생은 시험장으로 들어가서 환자를 보고 주어진 과제를 수행하게 된다. 예를 들어, 학생은 환자에게 좋지 않은 소식을 전하거나, 육아 정기 검진의 결과를 엄마에게 말하거나, 급성 복부 통증 또는 심각한 두통을 호소하는 환자의 진술을 검토하는 등의 과제가 주어진다. 이러한 과제에 대한 학생의 수행은 특정 행동을 중심으로 작성된 체크리스트, 대인관계 자질과 의사소통 기술에 대한 평정, 직접 혹은 비디오를 통한 관찰을 통해 평가된다.

비디오 촬영은 학생들이 그들의 수행을 검토하고 교수진으로부터 형성적 피드백을 받을 수 있는 기회를 제공해 준다. 일반적으로 10개의 스테이션 또는 병실에 각각 환자 치료의 과제를 부여하고, 각 사례별로 10~20분 정도 촬영한다. 이 도구가 총괄평가의 역할을 하기 위해서는 충분한 신뢰도와 타당도를 확보해야 한다. 평가 형식은 특정한 교육 목적에 맞게 다듬어질 수 있다(Petrusa, 2002; Tamblyn, 1998).

학생이 더 많은 임상 경험을 얻게 되면, 환자 치료에서의 역량은 일련의 임상적 기술과 추론 과정을 통합한 것이 된다. 이때의 역량은 문제에 대한 더 섬세한 이해력과 감별 진단을 통한 효율적인 치료 과정을 포함한다. 복잡하고 어려운 수준의 과제에 대한 학습자의 수행 능력을 총괄적으로 평가하는 것은 매우 어려운 과제다. 다시 말하면 이러한 과제는 실제 환자를 치료하는 과정에 거의 가까운 성격의 과제라고 할 수 있다. 이런 종류의 수행 평가에 필요한 신뢰도와 타당도 구축을 위해 연구해야 할 거리가 많이 남아 있다(Petrusa, 2002).

신체 마디 결체 혹은 매듭짓기, 봉합, 인공호흡마스크 사용, 정신적 외상 치유와 같은 특정한 절차적 술기를 평가하기 위해 모의평가센터가 존재한다. 이곳에서는 교수 부분과 절차, 의사소통, 팀워크 기술에 대한 평가, 두 부분 모두를 담당한다.

학생들이 임상 실습 단계에 들어가면, 그들은 교수진과 전공의에 의하여 그들의 수행에 대한 전반적인 평정 방식으로 평가를 받는다. 불행하게도, 교수진은 학생들의 수행을 거의 관찰하지 않는다. 그래서 학생들이 논리 정연하게 사례 발표를 하고, 교수진과 잘 맞춰 일하고, 기본적인 과제를 완수하는지에 대해 평가하는 경향이 있다. 교수진으로 하여금 학생들이 병력을 기록하고 신체검사를 수행하는 것을 관찰하도록 격려하기 위하여, 시간 효율이 높은 관찰 시스템을 개발하였다. 이렇게 최소화된 임상 평가는 10분 동안 교수진이 학생과 환자를 관찰할 수 있도록 구조를 제공한다. 관찰이 끝나면, 훈련생은 진단명을 내리고 치료 계획을 세우도록 요청받는다. 그리고 나서 교수진은 피드백을 제공한다. 이 평가 도구의 신뢰도는 구조화된 목표 임상 평가 방식이 제공하는 신뢰도와 거의 비슷하다(Norcini, Blank Duffy, & Fortina, 2003). BSCO라 불리는 간단하게 구조

화된 임상 관찰 방법은 피드백을 주기 위해 빠르게 관찰하는 것과
유사하다(Kuo, Irby, & Loeser, 2005).

　이외의 평가 기술로는 동료 평가(Norcini, 2003), 환자 만족도 평가,
학생의 작업, 성찰, 프로젝트 등 모든 것을 포함하는 포트폴리오가
있다. 어떤 한 가지 방법이 모든 영역의 역량을 평가할 수 없기 때문
에 다양한 평가 방법이 필요하다.

전문성 형성의 평가

　전문성, 의사소통, 대인관계 기술이 의대생들을 위한 교육과정의
학습 목표 및 의과대학 대학원 교육의 핵심 역량으로 들어 있기 때
문에, AAMC와 ACGME는 전문성이 공식적으로 평가되어야 한다는
입장을 밝혔다. 그러나 우리는 이 구인의 발달적이며 다면적인 측면
을 강조하기 위하여 전문성 대신에 전문성 형성이라는 용어를 사용
한다. Arnold와 Stern(2006)은 전문성 형성을 이해하는 데 알맞은 틀
을 제안했다. 그들은 학습자가 어떤 단계에 있든지 간에 기초적인
자질로서 임상적 역량, 의사소통 기술, 그리고 윤리적이며 법적인
이해력을 가져야 한다고 보았다. 그러나 이러한 자질들 자체로는 충
분하지 않다. 진정한 전문성 형성은 탁월함, 인본주의, 책임감, 이타
성과 같은 요소들을 포함해야 한다. 이러한 각각의 요소들의 발달은
각 개인마다 차이가 있기 때문에 이것을 역량 기반 틀에 맞추는 것
이 쉽지 않다(Wear & Castellani, 2000). 아마도 학생들을 다른 학생들,
혹은 어떤 기준과 비교하는 것만큼이나 중요한 것은 다양한 방법을

통해 한 학생의 향상의 과정을 추적하고, 지도교수와 멘토가 이에 대해 논의하고 성찰하는 것을 가능하게 하는 일일 것이다.

전문성 형성에 관한 기초적인 요소들에 대한 평가는 이전에 언급한 형식적 지식 및 임상적 수행의 평가 부분에서 이미 다루었다. 그러나 Epstein과 Hundert(2002)가 지적한 바와 같이, 전문적 역량은 종합적이고, 통합적인 성격의 구인이다. 이것은 고립된 한 영역이 아닌 여러 영역에 걸쳐 살펴볼 것을 요구한다. 비록 한 학생의 사실에 관한 지식, 문제해결, 신체검사 기술, 공학적 기술을 평가할 수 있는 좋은 방법들이 많이 존재하기는 하지만 전문적 역량과 환자의 치료 결과에 영향을 주는 중요한 영역들을 평가할 수 있는 방법은 많지 않다. 이러한 평가에는 임상적 추론, 환자 의사 관계, 공학의 활용, 시스템 기반 치료 등이 포함된다. 이러한 요소들 중 일부는 인본주의, 탁월성, 이타주의, 책임감을 강조한 Arnold와 Stern의 틀에서 말한 전문성 차원과 잘 맞는다. 우리는 전문성 형성의 평가 방법 중 세 가지 접근 방법에 주목한다. 간단한 관찰이나 스냅사진 찍기, 발달 기준점 활용하기, 학습 환경 감독하기가 그것이다.

스냅사진 찍기　전문적 행동에 관한 간단한 관찰, 또는 스냅사진 찍기는 최소 기준이 기대치에 미치지 못하는 드러난 행동과 내재적 혹은 명시적 태도를 겨냥한 평가 방법이다

나쁜 소식을 전달하고, 환자를 교육하거나 상담하고, 라포를 형성하거나, 치료 계획에 대하여 협상하는 의사소통 또는 대인관계 기술에 대해 관찰하는 것은 전문성을 평가하는 데 있어서 매우 중요한

요소다. 이 평가는 대부분 모의로 설정된 시나리오를 지닌 표준화된
환자들에 의해 이루어지도록 되어 있으나 최근에는 실제 임상 현장
에서 이루어지는 여러 사람과의 만남 속에서 학생의 행동을 평가하
도록 촉진되고 있다. 환자 의사 간의 상호작용에 관한 표준화된 환
자들의 점수를 살펴보면, 한 사람이 학생들에게 평가될 행동이나 태
도 혹은 바람직한 치료법 등에 대한 신호를 줄 수 있다.

　신뢰성, 정직성, 체계성과 같은 관찰 가능한 행동뿐만 아니라 태
도, 전공의, 교수진, 다른 의료 전문가들이 작성하는 코멘트, 그리고
전반적인 평가에 의해 점수가 매겨질 수 있다. 만약 전문성 행동이
라고 수용될 만한 기준에서 터무니없이 벗어난 위반 사항이 발생할
경우, 어떤 기관에서는 그러한 내용을 기록하고 이 사건을 처리하기
위하여 공식적인 보고 시스템을 가동한다(Papadakis et al., 1999,
2001; Papadakis & Loeser, 2006). 마지막으로, 교대로 순환되는 시스
템 속에서 학생들과 함께 일하는 교수진, 전공의, 다른 의료진들이
모두 모여 학생들의 전문적인 수행에 대한 그들의 인식을 검토하고
논의하는 수업은 전문성을 평가하고 학생들의 부족함을 확인해 내
는 방법으로, 체크리스트나 집필 평가보다 더 나은 방법이다
(Hemmer, Hawkins, Jackson, & Pangaro, 2000).

　행동이나 태도에 관한 스냅사진 찍기에 더하여, 어떤 사람은 법
적 윤리적 원칙들에 대한 사실적 지식으로부터 복잡한 사례들에 대
한 추론 능력까지 평가할 수 있는 인지적 영역의 평가가 필요하다
고 주장한다. 이러한 평가는 정규 교육과정에서 이상의 내용을 다
루고자 할 때, 임상 실습 이전 단계에서 많이 활용되고 있다. 오히려

실제 임상 현장에서 필요한 지식과 이러한 지식을 활용할 수 있는 능력을 체계적으로 평가하는 방법에 대한 연구는 거의 이루어지지 않고 있다.

발달 기준점 활용하기   두 번째 접근 방법은 보다 발달적 측면에서의 접근이다. 평가에 관한 이러한 접근 방법은 비록 다양한 수준의 학습자의 기준점을 찾고자 하는 노력을 기울이기는 하지만, 총괄평가의 성격이기보다는 형성평가의 성격에 가깝다고 할 수 있다. 기준점이란 의사소통, 대인 간 기술, 도덕적이고 윤리적인 이해와 판단력과 같은 전문성 발달의 기초적인 요소를 찾을 때 필요하다. 일반적 역량 수준에 초점을 두고, 그것들을 반영하는 것은 중요하나 전문성에 있어서 요구되는 수준은 일반적인 역량 틀에는 잘 맞지 않는다(Buyx, Maxwell, & Schone-Seifert, 2008). 학생들은 반성적 글쓰기, 멘토 혹은 신뢰할 수 있는 동료 집단과의 정기적 만남, 그들의 전문성 발달에 기여한 중요한 공헌점들에 대해 기록한 포트폴리오 등을 통해 자신의 개인적이고 전문적인 발달에 대해 성찰해보도록 요청받을 수도 있다(Howe, 2002). 환자의 만족도 평가 또는 이보다 더 일반적인 성격의 카드는 학생들의 형성평가적 정보를 제공해줄 수 있다. 그러나 이러한 도구는 총괄평가의 목적에 맞게 활용되기에는 충분한 민감성과 특수성을 가지고 있지 못하다. 이러한 도구의 주된 목적은 긍정적 강화를 하는 것에 있다.

학습 환경 감독하기   세 번째 접근 방법은 특정한 사람들보다 학습 환경에 대해 살펴본다. 비록 이것은 직접적으로 어떤 특별한 평가 도구는 아니지만, 학습 환경은 매우 강력한 사회화 주체이며, 학습자의 전문성 발달에 막대한 영향을 미친다(Feudtner, Christakis, & Christakis, 1994; Hafferty, 1998). 현재로서 학습자의 관점에서 학습 환경의 환자 중심성을 평가할 수 있는 평가 도구가 한 가지 있다. 이 도구는 역할 모델링, 경험, 그리고 환자 중심의 행동을 지원하는 것에 대한 학습자의 인식을 평가한다. 심리측정 방식의 이 검사의 내적 일치도와 신뢰도는 매우 양호한 것으로 나타났다(Haidet, Kelly, Chou, & Communication, Curriculum, and Culture Study Group, 2005; Haidet et al., 2006). 기관 규모의 보고 시스템은 그 기관의 문화를 변화시키는 일부분이다. 만약 적절하게 설명되고, 지원되고, 강화되기만 한다면, 이러한 시스템은 기관의 어떤 수준에서 발생하는 사건(행정부서가 교수진, 간호 인력, 전공의와 학생에게)에 대해서도 관심을 불러일으킬 수 있을 것이다. 이러한 시스템은 또한 인정을 받을 만한 긍정적인 사건에 대해 주의를 집중시킨다.

요약하자면, 임상 수행에 관한 평가는 모든 의사에게 요구되는 다양한 역량을 포괄적으로 설명할 수 있을 정도의 수준까지 향상되었다. 비록 다문항 검사가 여전히 인지적 지식을 평가하는 일반적 기준으로 활용되고 있지만, 매우 다양한 다른 형식의 평가 도구들이 추가되고 있다. 이 가운데는 진행 평가, 객관적으로 구조화된 임상 평가(objective structured clinical exams: OSCE), 시뮬레이션(simulations), 포트폴리오, 자기 및 동료 평가, 그리고 교수진, 전공의, 환자들로부터의 평정 등이 있다. 대부분의 학교들은 그렇지 않지만, 일부 학교는

장기적으로 학습자의 역량을 향상시키는 발달 지향적 평가 및 멘토
링 과정을 개발하였다.

⬥ 의과대학 의학교육: 앞으로의 과제

미국에서 UME에 대한 앞으로의 과제가 있다. 이 장에서 기술한
교육과정 모델, 교육 전략, 평가는 학부의 시시각각 변화하는 특성
으로 인해 앞으로도 끊임없이 연구해야 할 주제다. 각 모델들은 교
수 학습을 증진하는 데 필요하며, 이 과정에서 여러 과제와 도전에
직면하게 된다. 그러나 우리는 학습이론을 통해 그것들을 판단해보
고, 학습이 혁신적이고 발달적이며, 학생 참여적이며, 적절하며, 기
여하는 바가 있는지에 대한 전제 조건을 고려함으로써, UME가 근
본적인 개혁이 필요하다는 것을 안다. 그래서 비록 미래 교육과정이
이미 현재의 교육과정 모델에 의해 야기된다고 할지라도, 이러한 접
근들은 야기될 결점을 고심하는 것이 필요하다. 대부분의 기본의학
교육에서, 학부교육의 전체 구조는 여전히 2년의 기초의학과 2년의
임상 실습 경험의 Flexner 모델에 근거하고 있다. 그리고 여전히 학
습 과정은 학생들이 과학적 사실과 추론에 숙달되도록 하는 것이고,
그리고 나서 이것을 환자 진료에 직접적이고 완벽하게 적용하는 것
이다. 그러나 임상 추론은 추상적 지식과 임상 경험 둘 다에 기초한
다. 지식과 술기의 점진적 발달은 일반 지식과 특정 환자 사이를 왔
다 갔다 함으로써 가장 잘 성취되어진다. 패턴 재인식의 과정, 즉,

전문가적 접근의 특성은 형식적 지식 위에 광범위한 환자 진료 경험이 더해지는 것이다. 성공에 도달하기 위해서는 이 두 종류를 모두 지녀야 하며, 전문가는 이 모두를 사용한다(Norman, 2006).

임상 추론이 형식적 지식과 경험적 지식으로부터 개발된다는 인식이 교육과정에서 시사하는 바는 의과대학 교육과정 전반에서 임상 상황과 강의실 환경에서 학습이 보다 더 동등하게 균형을 이루어야만 한다는 것이다. 임상적 맥락이 없이 거대한 추상적 지식을 완벽하게 학습해야 하는 현 교육과정 모델은 주입식 교육을 야기한다. 지식(형식적 지식과 경험적 지식)의 점진적 노출은 두 가지 타입의 지식의 연결을 촉진할 것이다. 조기 임상 노출은 학생이 상황적 지식을 습득하고 지식이 이러한 임상 환경에 기여하게 된다는 것을 인식하게 된다. 형성평가와 각 교육단계별에서 성취해야 할 역량에 대한 종합평가를 포함하는 평가는 학부 의학교육의 성공을 가져다 줄 것이다.

학부교육에서 많은 혁신이 이뤄졌다 하더라도, 아직 풀어야 할 과제가 많다. 혁신적이고 발달적인 학습의 본질에서 볼 때, 교수, 학습자, 환자 사이에 더 큰 장기적 관계 형성을 요구한다. 이것은 의과대학 4년에 걸쳐 필요로 하는 것이다. 의학교육에의 참여 측면, 의학교육의 강점에 대한 강조는, 5장에서 논의된 바와 같이, 교수와 학습을 무시하는 병원에 대한 재정적 압력에 의해 재검증되고 있다. 임상 실습을 가르치고, 평가하고, 재정을 지원하는 새로운 모델이 만들어져야만 한다. 마지막으로, 상황 학습과 분산 학습의 관점에서 특정 맥락에서 임상 학습과 의학 실제를 위한 형식적 지식을 더 강력하게 연결하는 것의 중요함을 제안한다. 이것은 조기 임상 노출의 중요성과 형식적 지식과 임상 경험을 지속적으로 연결하는 것의 중요성을 제안하는 것이다. 이러한 이슈는 졸업 후 의학교육에서의 교육과정, 교육학, 평가와도 연계되며, 이는 4장에서 자세하게 다룰 것이다.

Chapter 04

전공의의 경험: 졸업 후 의학교육

　의과대학을 입학하여 졸업하는 것이 극적인 만큼이나 인턴, 전공의 과정으로의 성장 역시 주목할 만한 일이다. 의과대학 졸업 후 4주간 인턴을 하고 전공의 수련 과정(first postgraduate year: PG1s)은 새로운 도시(또는 나라)에 있는 새로운 병원에서 자신이 선택한 전문 분야에서 익숙하지 않은 새로운 사람들과, 새로운 의료 센터의 환경과 프로토콜, 시스템 속에서 시작한다. 3~6년간의 전공의 기간을 마치고 세부 전공의 과정을 하기도 하고 독립된 임상의로서의 각자의 길을 가게 된다. 전공의 과정은 의과대학 졸업생에게 전공 분야의 지식과 기술을 익히고, 판단력, 통찰력으로 자신의 지식과 기술을 적용할 수 있는 기회를 제공한다. 졸업 후 의학교육과정을 통하여 은사나 자신의 주치의처럼 의사가 되어 가는 것이다.

　이 장에서는 현재 미국에서의 전공의 수련을 설명하려고 한다. 전공의 경험에 관한 개요와 자금 조달과 규제 속의 전공의 과정을 간단히 기술한 뒤, 자세한 교육과정의 구조, 교육 사례, 접근 방법에 대해 기술할 것이다. 전공의가 환자 치료의 기회를 통하여 그들의 지식, 술기, 전공 개발에 어떻게 영향을 미치는지에 대하여 논의할 것이다. 분석에 대한 서술과 삽화 설명을 통해 의료현장에서 전공의 과정의 일반적인 중요 문제점에 대한 혁신적인 접근 방식의 예를 제시하였다. 혁신을 다룸에 있어 우리는 임상적 지식과 술기, 수련 등의 프로그램에 주목하고, 좀 더 자세히 이 수련 과정에 대해 다루고자 한다.

🩺 전공의 경험

Megan O'Neale은 28세, 의과대학에 소속된 지역 병원의 2년차 내과 전공의다. 현재 2년차 내과 전공의(PG2) 4개월째이고 2개월째 입원병동에서 CCU와 내분비학에 대해 수련하고 있다. 오후 12시 45분 한 손에는 샌드위치를 들고 정오 컨퍼런스를 마친 후 외래 전에 2명의 인턴과 1명의 서브인턴을 만나러 나간다(컨퍼런스는 심각한 감염병에 걸린 환자에게 투여할 항생제 선택에 대해 감염내과에서 프레젠테이션 하는 시간이었다). 내과에서 3년간의 수련 중간 즈음, Megan은 일반 병동에서 3개월 이상, 응급실에서 1개월, 그리고 선택한 개월 수만큼 지역사회의 계획출산 클리닉에서 피임 처치를 배우고 일할 것이다. 오늘 외래에서 6명의 환자를 볼 것이고, 병동에 없는 동안 Megan의 팀에서는 그녀가 돌아오기 전까지 환자를 평가하고 돌볼 것이다. Megan은 병원에서 밤 시간을 보낼 것이고 다음날 오후 1시나 2시까지는 자신의 집으로 돌아가지 않을 것이다.

졸업후 의학교육은 다양한 임상 상황에서 비공식적인 일대일 또는 그룹 간의 환자에 대한 토론, 공식적인 교육을 비롯해 갖가지 체험 학습이 모여 이루어진 전공의 수련 과정의 복합 혼합물이다. 의과대학에서 특히 처음 2년 동안 이론적 지식, 원칙, 일반적인 개념을 강조하는 반면 전공의 과정은 전문 과정 안에서 개개의 환자의 상세한 치료과정, 질병에 대한 미묘한 경험과 중요한 임상 상황들 같은 것에 중점을 둔다. 졸업후 의학교육은 각자의 환자로부터만 배우는 것이 아닌, 동료 전공의 환자들의 경험을 공유하며 대리경험을 제공받는 구조다. 각 전공의가 참여한 상황에 따라 최선의 내용을 교육받는다.

수련 궤도

익숙하지 않은 환경과 프로토콜 및 병원 체계 안에서, 전공의는 자신의 전공 분야가 아닐지라도 환자를 돌보는 능력을 갖추어야 하기 때문에 수련 과정은 의문의 연속이라고 할 수 있다. 환자를 치료하는 교육과정 안에서 1년차 전공의(PG1)는 교수 또는 전문의에게 수없이 많은 '어떻게'라는 질문을 받게 된다. 예를 들어, "어떻게 지역사회 폐렴의 심각성을 평가할 수 있는가?" "어떻게 하면 간이식 환자들이 수술 후 안정화될 수 있는가?" "개복술을 통한 충수돌기 절제술은 어떻게 진행되는가?"라는 질문을 받게 된다. 좀 더 상위 전공의는 "언제 그리고 해야 하나 말아야 하나?"에 관한 질문을 받게 된다. 예를 들어 "거대세포 동맥염의 가능성이 낮은 환자에게서 언제 측두부 동맥에 대한 조직검사를 시행해야 하는가?" "신우신염을 잃는 경우 입원을 시켜야 하는가?" "대장암으로 인한 장폐색에 걸린 환자에게 수술적 감압술을 시행해야 하는가?"에 대한 질문을 받게 된다. 전공의는 수련 기간의 상급이 되었을 때에 그들 전공 분야에서 흔하게 접하는 치료 원칙과 임상적 문제들에 직면하게 된다. 하지만 상급 전공의는 여전히 전공 분야 안에서도 복잡한 질문을 받기 때문에 급격히 많은 양의 수련이 필요하다.

　의과대학 과정 이후의 전공의 수련은 전혀 새로운 환경에서 필요한 것들을 얻고 어떻게 하면 효율적으로 일해야 하는지 배워 간다. 즉, 전공의는 더욱 심화된 병동과 수술적 술기들을 배우게 된다. 일반외과의 경우, 5년간의 전공의 수련 기간 중 처음 3년은 수술적 술기를 배우고, 4, 5년째에는 학습한 경험을 토대로 실제 치료하는 계획을 세우게 된다. 치료에 따라 시행해야 할 일들이 다양하기 때문에 하위년차 전공의나 인턴들이 효율적인 업무를 할 수 있도록 지시하는 리더로서 어려움에 직면할 수 있다.

　소아과나 가정의학과와 같은 과는 외과에 비해 술기적인 부분이 필요한 것은 아니나, 환자를 치료하는 과정에 있어 더 큰 역할과 책임감이 필요하다. 그 대신 술기적인 부분 이외에, 내과와 협의 진료나 세부전문의학과정을 순환하면서 보다 전문적인 내용을 습득하게 된다. 외과계열 전공의와 마찬가지로 내과분야의 전공의도 불확실한 상태에서 결정을 내려야 하는 상황에 직면한다. 전공의가 의료팀의 리더로서 팀을 이끌어 가는 역할을 수행하는 것은 쉽지 않으며, 외과나 내과적인 상황에 직면했을 때 개개인이 자신의 전공 분야에서 잘 대처할 수 있도록 하는 것이 전공의 수련 기간의 목표다.

미국 이외 지역의 의과대학 졸업생

졸업후 의학교육에서 중요한 부분은 전공의 기간 중에 배워야 하는 것 이외에 다른 도전에 직면한다는 것을 인지하는 것이다. 우리가 1장에서 언급했듯이 해마다 전공의 1년차(PG1)의 27%가 미국 이외의 지역에서 미국으로 온다. 새로운 직업 환경과 치료방침을 결정하는 부분 이외에도, 이들에게는 대화에서 지역 억양의 미묘한 차이를 이해하고 미국 의료 체계를 습득하기 위한 언어 능력이 요구된다.

⚕ GME를 위한 규제와 재정

5장에서 의학교육에 대한 방대한 내용 중 규제와 재정에 대해 다룰 예정이나, 전공의의 수련에도 규제와 재정이 영향을 미치므로 이 장에서도 일부 언급하겠다. UME와 달리 현재까지 전공의 교육은 실험과 혁신, 반영, 체계의 핵심적인 특성들이 적어 보인다. 많은 수의 집단은 보수적이며 변화에 대해 매우 저항적이다. 단적인 예를 들어, 모든 전공 분야에서 GME의 내용을 정의하는 위원회는 전공 분야의 급격한 개편에 매우 보수적이고 부정적인 임상의들로 구성된다. 또한 전공의는 환자 치료에서 중요한 역할을 하기 때문에, 의료센터 관리자들은 환자가 많이 있는 곳에 그들을 편성하려는 경향이 있다. 물론 의과학의 진보나 새로운 질병의 출현이 입원환자에 대한 의사의 역할을 변화시키는 경우도 있지만, 여전히 전공의의 역할을 환자를 치료하는 데에만 집중하는 임상 중심의 병원 체계가 많이 남아있다.

입원환자 진료의 역점

전공의가 환자 치료에 직접적 영향을 주기 때문에 환자 치료에 대한 전공의의 참여는 3장에서 다룬 PBL에서보다 넓게 적용된다. 학생들에게 제공되는 종이, 비디오, 표준화된 환자들보다, 실제 환자가 진단되고 치료되는 과정에 전공의를 배정하는 것은 새로운 학습의 기회를 제공하는 것이다. 그러나 전공의가 항상 최고의 교육을 받을 수 있는 임상 환경에 배정되는 것은 아니다. 이는 분과와 임상적 단위 사이에 영향을 받는다. 대부분의 전공의 수련 프로그램은 의료센터에서 주로 이루어지며, 의료센터 관리자는 교육이 최고로 제공되는 곳이 아닌, 가장 인력이 필요한 곳에 전공의를 고용하게 된다. 이런 이유로 전공의는 외래환자보다 입원환자에 대한 수련에 보다 집중해야 하며, 실제 대부분의 수련 기간을 이렇게 보낼 것이다.

주로 1990년대 중반에 발생한 몇몇 변화들은 전공 분야의 수련 기간에 영향을 미쳤다. 특히, 외과 계열에 있어 피라미드 구조의 수련은 사라지고, 젊은 전임의들이 수년간 전문적인 능력을 갖출 수 있는 체계가 형성되었다. 유사하게 내과도 종전 3년에서 현행 2년으로 전공의 수련 기간을 줄이고, 심장내과나 내분비학과 같은 세부전문의를 보다 일찍 시작하도록 했다.

그러나 과거 10년간 ACGME는 점점 더 활동적이 되었다. 기존의 정해진 기간 동안 다양한 분과를 순환하면서 수련하는 과정(Time-and-process)에서 벗어나, 기능 중심으로의 변화는 전공의의 수련 프로그램을 평가하고 수련 구조를 조직화하는 데에 지대한 영향을 미쳤다. 수련 시간을 통제하는 권한은 전공의의 스케줄 편성에 영향을 미쳤고 GME의 더욱 효율적인 적용을 가능하게 하였다. 한편, 전문의의 배출 속도와 관련하여 수련 기간에 대한 관심이 점차 커지고 있으며, 또한 임상 문제의 다양성과 환자 안전에 대한 집중에 영향을 끼치기 때문에 수련 기간에 대한 논란은 여전히 있다. 이 내용을 잠시 접어 두고 우리는 전공의 전공의 교육과정, 교육학, 평가 등을 다루고자 한다.

전공의 교육과정

학생들은 의과대학 3, 4학년 때 실제 환자를 진단하고 치료하는 과정들을 실습하게 된다. 전공의는 흔하고 중요한 질병 상태를 반복적으로 경험하고, 치료에 참여함으로써 신중한 전문의로 성장할 수 있으며, 이는 암묵적으로 지식의 축적이 될 수 있다. 우리는 이러한 전공의 수련 과정을 보고자 한다.

임상전공과 순환

전공의 일정의 기본은 순환과 스케줄 편성이다. 대부분의 순환은 내과 혹은 특수 병동에서 최소한 한 달 주기부터 두 달 정도 경험을 쌓게 되며, 다른 부수적인 분과들에서는 2주 정도 짧은 순환 주기를 갖게 된다. (예를 들어, 내과 전공의는 피부과나 부인과학을 매우 짧게 경험한다.) 병원 순환 기간 동안 전공의는 전형적으로 한 팀이나 서비스에 편성된다. 환자가 응급실이나 외래에서 입원하면 그들은 각 분과에서 해당하는 업무를 맡아 수행하게 되며, 그 환자가 퇴원할 때까지 지속된다. 외과 계열과 같은 수련 프로그램은 각 담당 교수팀에 전공의가 편성된다. 이 3~6개월의 기간(견습 기간)은 입원 전 평가 및 수술 후 환자의 통원 치료에 대한 전공의의 경험을 넓혀 주고, 집도의로 살아가는 삶에 대해 이해할 수 있게 해 줄 뿐만 아니라, 전공의와 멘토 사이의 관계를 더욱 강화시켜 준다. 물론 이들은 외과 분야 이외의 분야에 대한 전공의 견습 기간을 경험하지 못할지라도, 가정의학이나 시골지역에서 1차 진료의의 역할을 잘해 낼 수 있을 것이다.

계속치료 클리닉과 외래 진료   전공의는 외래환자도 돌보아야 하는 책임이 있다. 외과, 내과, 소아과에서 외래환자에 대한 경험은 입원환자를 기초로 한 수련에 포함될 수 있다. 예를 들어, 병원에서 소아 류머티즘과를 순환 중인 전공의 3년차는 류머티즘과에 입원한 환자를 진료하고 다른과에 입원한 환자들의 컨설트를 보는 데 많은 시간을 보낼 뿐 아니라, 일주일에 2회, 반나절간 류머티즘클리닉에서 외래환자를 보아야 한다. 이와 비슷하게, 두 달간 척추 분야에 순환하고 있는 정형외과 전공의도 수술실과 수술한 입원환자를 진료하는 데 많은 시간을 보내지만, 척추 클리닉의 외래환자를 보는 일도 함께 하여야 한다. 비록 외과는 입원을 기초로 한 전문 분야라 할지라도, 외래환자에 대한 경험은 외과 계열 수련에 있어서 필요하다. 이는 전공의가 진단을 내리고 수술 계획을 세우며 수술 전후로 환자를 치료하는 것을 배우는 데에 중요하기 때문이다. 수술의 중요성 증가, 근무시간의 제한 등의 여러 가지 요소들은 전공의가 외래환자 진료를 통해 수술환자의 경과 및 치료에 지속적으로 참여하는 것을 어렵게 만든다.

계속치료 클리닉은 전공의가 궁극적으로 전문의가 되든 안 되든, 일반의가 되기 위해 수련하는 것으로서, 전공의 교육에 있어서 중요한 부분이다. 내과, 소아과, 가정의학과 그리고 종종 신경과와 산부인과의 전공의는 오버타임으로 진료해야 하는 경우가 있다. 계속치료 클리닉은 전공의가 외래환자를 매주 같은 날 보거나, 한 달 동안 총괄적으로 보도록 배치하고 있다. 많은 프로그램, 특히 일차 진료를 강조하는 프로그램에서는 이 두 가지 설계를 모두 이용한다. 일부 프로그램은 이보다 더 나아가서 전공의가 팀을 이루어 경험을 공유하게 한다. 이 모델에서 팀을 이룬 전공의는 환자들을 함께 진료하게 된다. 팀원 각자의 스케줄은 전공의 일부는 입원환자 회진을 맡게 하고, 그 외는 외래환자를 볼 수 있도록 짜여 있어 각 팀원의 환자들을 다같이 경험할 수 있다.

전공이이 계속치료 클리닉은 행정상으로 진보적인 것이지만, 종종 계속성 및 전공의와 환자, 환자의 가족들 사이에서 긴밀한 관계를 이루지 못하기도 한다. 이로 인해 협조하지 않는 환자의 비율이 높아질 수 있고, 그럴 경우 전공의가 아닌 다른 의사가 환자를 진료하게 된다. 게다가 계속치료 클리닉은 근무시간 제한의 의무가 잘 이루어지지 않는다. 예를 들어, 24시간 밤새 근무하고 다음날 6시간의 휴식을 취하는 규정은 다음날 오후 클리닉 진료에 지장을 가져온다. 외래환자의 질병이 진단되고, 치료되는 과정을 경험하지 못하는 것은 문제가 있고, 이는 협력과 팀으로 진료하는 체계로 극복할 수 있다. 그러나 불행하게도 대부분의 전공의 수련 프로그램에서 외래환자 진료에 대한 교육은 제한된 자원으로 인하여 시행되지 않는다.

우리는 외래환자를 진료하는 수련이 의학교육을 넘어 외래환자를 기초로 한 일반의 분야부터 외과의 전문 분야까지 확대될 필요가 있다고 제안한다. 하지만, 짧은 진료시간과 이에 대한 압박, 외래환자가 호소하는 문제에 대한 임상적 지식 부족, 간헐적으로 방문하는 환자들과 같은 문제점으로 인하여 외래환자에 대한 수련은 많은 어려움이 있다. 더 나아가 외래환자에 대한 전공의 교육과 관련된 교육기금이 없기 때문에, 지도교수들은 자신의 환자 진료 시 전공의의 견학으로 외래환자 수련을 대신한다. 게다가 외래환자교육에 대한 의학교육위원회는 한계점이 있다. 비록 의과대학 학생들이 대중처럼 입원환자의학을 더 중요하고 복잡한 과정이라 생각할지라도, 중증의 질병에 대한 잠재성이 있는 환자와 경증 환자를 감별할 수 있는 외래환자 진료에 대한 부분은 전공의 수련 과정에서 과소평가되어서는 안 된다.

술기, 연구, 그리고 다른 순환   순환 수련은 임상적 술기 학습과 같은 특별한 목표를 이루기 위해 설계되어 있으며 종종 직접적으로 환자를 진료하는 것이 포함되어 있지 않기도 하다. 예를 들어, 애틀랜틱 헬스의 절차상의 술기, 정맥천자, 혈관 내 삽입, 요도관 삽입, 척수 천자, 동맥혈 검사 등 1년차와 인턴에게 입원환자 치료에 대한 기본적인 술기들을 사혈전문의사, 간호사, 의사의 감독하에 배우고 연습하는 것을 금지하고, 일단 인턴이 능숙하게 술기를 시행하게 되면 시뮬레이션 환경에서 진료 중인 환자에게 술기를 수행할 수 있는 자격이 주어지게 된다. 전화나 원거리 컨설트와 같은 원격진료는 전공의가 환자와 직접 마주하며 기술을 배울 수 있게 한다.

모든 전공의가 경험을 쌓고, 분석하며 의학 정보를 발표하는 법을 배우지만, ACGME의 요구사항을 충족시키고 전공의가 실제 진료에 기여하기 위해서는 보다 발전적인 방안이 제안되어야 한다. 예를 들어, 거대한 외과 분야에서 전공의가 일 년 동안 한 가지 이상의 연구에 참여하도록 규정하는 것과 같다. 해외 연수가 크게 증가한 것과 마찬가지로 많은 교육 프로그램이 세계적인 보건의료의 발전에 대한 기회를 제공하고 있다.

전공의 교육의 교수법: 회의와 컨퍼런스

오전 7시 소규모 그룹이 병원 카페에 모여 있다. 폴스타커 박사는 애틀랜틱 헬스의 일부인 모리스타운 병원에서 외과 인턴 두 명과 함께 커피와 머핀을 먹으면서 서혜부 탈장 치료에 대해 토론하고 있다. 그는 소크라스틱 접근법을 사용하는 수술 방법, 장단점, 다양한 기술적 접근에 대해서 인턴들이 어떻게 이해하는지

조사한다. 그는 비공식적인 자료를 이용해 그가 강조하는 포인트를 가르친다. 오
전 7시 45분에 그들은 미팅을 끝내고 클리닉으로 향했다.

전공의 교육과정에 기여하는 공식적 · 비공식적 활동은 자주 참
여하는 회진이나 월별 과 회의까지 다양하다. 예를 들어, 하루에 몇
번씩 전공의는 그들의 교수와 함께 환자에 대해 토론하기 위해 만난
다. 그들은 회의실에서 토론하거나 회진을 돌면서 환자를 관찰하고
환자에 대한 진단적 사고와 이후 치료 단계에 대해 검토하게 된다.
회진이라 불리는 매일 예정된 만남에서 교수들은 전공의와 학생들
의 지식 및 이해도를 파악할 수 있고, 그 팀에서의 선임 전공의가 행
하는 교육 및 리더십을 관찰하고 또한 직접적으로 가르침을 주기도
한다.

전문 분야(내과, 소아과, 신경과)에서 전공의는 각자가 맡은 입원환
자들에 대해 선임 전공의와 매일 만나서 상의한 뒤 진료에 임하며
새로 입원한 환자들 중 흥미롭고 교육적인 경우 혹은 진단이나 관리
하기 어려운 문제들에 대해 토론한다. 이런 전공의 보고서나 아침
보고서는 임상 및 교육 술기를 기초로 하여 수석 전공의의 선택에
의해 구성된다. 전공의 보고서를 통해 수석 전공의와 교수들에게 새
로운 사실을 보고하고 동료 간의 경험이 공유될 수 있다. USCF에서
수석 전공의는 전공의 보고서에서 언급되는 복잡하거나 익숙하지
않은 이슈들을 한 장으로 요약하여 부서 웹 사이트에 기재한다. 아
침 보고서는 전형적으로 전공의에게 가장 중요한 컨퍼런스다. 그러

나 이때 과도한 경쟁을 요구하거나 전공의가 주눅들게 하는 분위기를 피하면서 적절히 엄격하면서 주의 깊게 집중하도록 하여야 한다. 비록 아침 보고서는 대부분 내과, 소아과 등의 전문 분야에서 주로 이루어지고 있지만 일부 외과계 전공의도 아침 보고서가 이루어진 경우도 있다.

전공의 수준의 많은 교육은 비공식적인 임상 컨퍼런스에서 이루어진다. 앞에서 언급했듯이 전공의는 입원한 환자가 갖고 있는 문제에 대해 최근에 살펴본 논문이나 교과서에서 다루고 있는 공통적인 부분을 검토하기 위해 모인다. 이때 교수도 함께 참여하게 된다. 전날 오후 입원한 두 환자가 각기 다른 이유로 혈액 내 나트륨 농도가 낮다는 사실을 발견하고 1년차와 감별진단과 저나트륨혈증 초기 검사 등에 대해 15분간 상호 논의하면서 진료에 참여한다. 2년차는 이에 대해 보다 많은 지식을 갖고 있을 것이라 기대하고, 인턴들이 잘못 이해한 부분에 대해 수정할 기회를 주며 전공의 각각이 지닌 지식을 남에게 가르치는 방법 등을 평가하게 된다. 마찬가지로 외과계열은 일부 예외적인 부분에 대한 컨퍼런스를 제외하면 대부분의 경우 수술방에서 임상적 논의가 이루어지게 된다.

물론 경험적 항생제의 사용에 대한 정오 컨퍼런스와 같이 예정된 교육 컨퍼런스는 많이 있다. ACGME는 모든 전공의 프로그램이 공식적인 교육과정과 어떠한 방법으로 전공의에게 전달하는지에 대한 문서를 요구한다. 전통적으로 '전달'은 매일 아침, 점심, 또는 진료를 시작하기 전 컨퍼런스에서 이루어져 왔으나 일부 전공의 프로그램들은 반나절 가량의 시간을 편성하는 경우도 있다. 종종 전공의의 교육시간이 임상 진료에 의해 방해받는 일이 발생하기 때문에 그들의 당직을 조절하게 된다. 헨리포드병원에서 외과스태프를 위한 교육은 한 시간에 걸쳐 진행되고 모두 참석하게 한다. 그 그룹은 이후 각 수준에 맞는 교육을 위해 전공의 연차별로 나눠지게 된다. 장기적으로 행해지는 외래환자에 대한 진료를 다루는 전공의 수련 프로그램은 보통 30분간의 임상 컨퍼런스를 우선 진행한 뒤에 진단과 관리가 어려운 경우에 대한 교육으로 대체하게 된다. 교육의 일관성을 확실히 하기 위해서 부득이한 스케줄로 인하여 컨퍼런스에 참석하지 못하는 전공의를 위해 교수진들이 교육의 핵심 내용을 온라인상에서 접근할 수 있도록 한다. 이러한 비동시적인 가르침은 교수나 전공의가 바쁠 경우 효율적인 교육법이 될 수 있다.

전체 회진은 가장 훌륭한 전통적인 교육 컨퍼런스다. 이것은 임상적 토론부터 환자를 대상으로 진료하는 부분까지 함께할 수 있다. 전공의 또는 지역사회 의사는 환자의 과거력에 대해 발표하고 교수가 과거력과 임상진찰에서 중요한 점들과 최근 살펴본 지식에 대해 가르쳐 준다. 지금은 15분간 이루어지는 공식적인 주 중 컨퍼런스가 더 흔하며 여기에서 최근 연구 또는 임상 주제에 따른 리뷰를 다룬다. 하지만 이러한 컨퍼런스가 교육적으로 가치가 있는지 아직 의문이다.

부서들은 매주 또는 매달 이환율, 사망률 컨퍼런스를 한다. 모든 클리닉 진료 중 발생한 합병증에 대한 체계적인 리뷰는 다학제 위원회(joint commission)의 요구사항이나 또한 전공의 교육에 좋은 기회가 될 수 있다. 역사적으로 전공의는 환자의 불량한 예후와 합병증이 발생하였을 경우 더 진료에 매진하였음에도 불구하고 종종 교수진에 의해 비판을 받았기 때문에 이환율과 사망률에 대한 두려움을 가지고 있다. 이환율과 사망률에 대해 개인의 과실 또는 '잘못과 부끄러움' 보다 체계적인 과실에 초점을 맞추는 논의가 많이 이루어져야 할 것이다. 이러한 컨퍼런스를 통해서 전공의는 오류에 대한 교수진의 대응을 보고 학문에 기인한 분석들을 배우게 된다.

현지조사 동안 우리는 전공의가 있으나 교육이 충분히 이루어지지 않는 일부 컨퍼런스를 보았다. 퇴원 계획 회진은 우리가 잘못된 컨퍼런스라 여기는 것 중 하나다. 간호사들, 사회사업가들이 참여한 종합적인 컨퍼런스에서 의료진 중 최소 한 명, 종종 다른 이들도 퇴원하는 환자의 어려운 경제 상황, 복잡한 의료 필요성, 인식하는 도전, 행동의 어려움 또는 이러한 문제들이 얽혀 있는 경우 배치에 초점을 맞추어야 한다. 퇴원 계획 회진은 전공의에게는 임상적 관리상의 일, 필요악의 분류로서 고려되는 것으로 보이고 배움의 기회라고 생각하지 않는 것 같다. 교수진에 의해 강화된 의학적 지식은 퇴원 계획 그룹에 거의 포함되어 있지 않다. 하지만 이런 컨퍼런스는 전공의가 건강 관리팀의 비의료진과 협력하는 방법과 시스템에 기초하여 진료에 참여하는 것을 경험할 수 있는 중요한 기회다. 우리는 퇴원 계획 과정에 초점을 맞춘 의과대학 졸업 교육 수준의 프로그램이 산과되어 서술되지 않있음을 발견했으나 전문저 교육 사이의 유망한 포럼은 있었다. 아마도 메디케어 환자들의 이해할 수 없는 재입원율에 대해 질과 공공성 확보는 이러한 교육의 위상을 높일 것이다.

상황적, 직접적, 자기주도학습

개인적 혹은 그룹으로 환자 진료를 통해 경험하는 것은 전공의로 하여금 항상 의문을 갖게 하며 지식이나 술기의 부족함을 자각할 수 있게 한다. 이러한 경험은 전공의로 하여금 의문이나 부족함을 해결하기 위해 학습하고 교수진들이 치료에 있어 요구하는 것들을 배우게 한다. 실제로 임상 환경에서 주어진 환자 정보들을 간호사나 의대생들이 토론하게 하면 결과적으로 학습하는 효과가 있다. 보다 높은 질적인 진료를 제공해야 하는 의무는 전공의의 지식과 술기, 팀 치료의 능력, 환자의 요구 등의 사이에서 반복적인 평가하게 하는 데 있다. 환자가 전공의가 할 수 있는 이상의 것을 요구한다면, 전공의는 이를 충족하기 위해 노력해야 할 책임이 있다.

독서는 지식의 부족함을 메울 수 있는 주된 방법이다. 그러나 전공의의 독서량은 놀랍게도 많지 않고 독서로부터 얻는 지식도 적다. 더구나 의학적 지식의 분명하고 폭넓은 변화는 항상 존재하기 마련이다. 한 세대 전에는 3학년 학생들은 교과서를 사용했고, 인턴은 매뉴얼에 의존했으며, 전공의는 그들의 전공 분야의 핵심 교과서와 씨름하며 시간을 보냈다. 이런 많은 문헌이 이제 온라인상에서 사용할 수 있게 되었고, 얻을 수 있는 방식도 변화하면서 매일 같이 최신 정보가 쏟아지는 데 주목해야 한다.

메이오 클리닉(Mayo clinic)의 연구자들은 전자 자료와 임상 컨퍼런스의 책임지도자, 그리고 수련중평가(In training Examination: ITE) 간의 관련성을 검증하기 위해 소프트웨어 트랙을 사용하였다.

관련성 검증 통계(demographics)와 이전의 성과를 조정하기 위해 전자 자료를 이용한 20분 혹은 수일간의 교육을 통해 ITE는 4.5%의 향상을 보였고, 대조적으로 일부는 매년마다 시행되는 전공의 교육을 통해 5.1% 이상 향상된 성과를 얻을 수 있었다. 하지만 일부 교수진들은 우리에게 온라인과 같이 쉽게 접근할 수 있는 지식과 자료로 수시간 의무교육을 하는 것이 전공의가 고전적인 방법으로 지식을 습득하는 것에 비해 스스로 문제해결을 할 수 있는 능력을 기르는 데는 도움이 안 된다고 주장한다. 반대로 교육연구자들은 전공의 교육에서 조금 학문성이 떨어진 것들이 더욱 전공의가 주도적으로 교육받는 데 도움이 될 수 있다고 한다.

저널 클럽 전공의는 컨설트나 정해진 순환교육, 전공의 주도하의 임상 컨퍼런스, 졸업한 전공의와 수석 전공의가 시행하는 컨퍼런스, 그리고 저널 클럽 등의 많은 방법을 교육에 도입하였다. 저널클럽은 전문성 있는 최신 저널을 통해 한 달에 한 번 정도 토의를 하면서 최신 논문에 대한 지식 습득과 접근에 대해 배우는 효과적인 방법이다. 이때 전공의는 리뷰가 아닌 오리지널 논문을 선택해야 한다. 연구 방법에 대한 비평은 임상적인 컨설트만큼이나 중요하다. 프레젠테이션을 하는 전공의는 '이 학습 모임이 내 행동을 바꿀 수 있을까?'와 같은 질문 등을 통한 토론을 주도해야 한다. 그러나 수술 같은 것에선 임상적인 대량 조사가 덜 일반적이기 때문에 혁신적인 수술 방법 등에 좀 더 중점을 두는 경향이 강하다. 어떤 저널클럽은 환자의 경험과 시선 등과 같은 좀 더 넓은 관점에 집중하고 강조하기도 한다.

전공의에 의한 교육 전공의는 마찬가지로 자신보다 하위년차 전공의를 가르친다. 이 교육은 이전의 토픽 리뷰나 저널클럽에서의 논문 토의 등과 같은 활동에 비해, 준비 없이 즉흥적인 측면이 강하고 그들의 후배에 대한 지속적인 가르침일 수 있다. 가르치는 전공의나 그들의 팀원 모두 이런 가르침을 통해 얻는 이점이 있다. 하위년차 전공의는 배우기 때문에 좋고 가르치는 전공의는 자신의 배움과 경험을 정리하여 가르칠 수 있고 또 그들의 질문과 같은 반응에 대해 답해 주기 위한 노력도 필요하기 때문이다.

비록 1년차 전공의가 신참일지라도, 의대생이나 그 아래 사람을 다시 가르쳐야 하는 상황이다. 이런 가르침의 의무감은 전공의의 연차가 올라감에 따라 더 커진다. 5년차 외과 전공의는 3년차 전공의에게 수술 방법을 가르쳐야 하고 언제, 어떤 방법으로 수술적 처치 방법을 가르치는 것을 시작해야 할지 결정해야 한다. 또한 전공의 3년차가 그 아래 연차와 인턴들을 어떻게 가르치는지를 확인해야 한다. 그리고 3년차는 병원에서 여러 PGI들이나 의과대학 3학년, 서브인턴, 약학대생, 간호 실습생 등을 가르쳐야 한다.

전공의 교육의 교육학

수련 과정 중에서 전공의가 배우는 것은 환자들을 만나 경험하는 것만은 아니다. 수련 중 배우는 것들은 목적적이고 발전적인 구조에 대한 반응이고, 순차적인 규칙의 진행이고, 활동이고 배움에 대한 책임감이다.

전공의는 자신에게 가르침을 주는 사람에게 환자 치료에 대한 의견을 표현하거나 직접 환자 치료하는 장면을 관찰하면서 역량을 향상시켜 나간다. 예를 들어, 메간 오닐의 팀에서 전공의는 인턴과 비슷한 관계가 있고, 인턴은 3년차 학생과 또 그런 비슷한 관계를 가지고 있다. 이런 강한 구조적인 관계는 위임과 책임에 대해 층층으로 특징지어 지고, 그들의 실력을 향상시키는 데 도움이 되고, 다음 단계로 가기 위한 이해를 습득할 수 있게 해 준다.

비록 의대생은 환자 치료에 대해 한 가지 면으로만 나타나는 것에 비해 (병력 청취나 심장검사, 요도관 삽입 등), 전공의는 환자 치료에 좀 더 헌신적인 측면을 가진다. 전공의가 비록 이런 책임과 개념 같은 것을 어긴다고 하더라도, 대학원 단계의 교육은 좀 더 다방면에서의 목적을 가지고 있다. 그래서 두 가지의 독특한 모습의 전공의 교육 수준이 존재한다. ① 동료나 가까운 동료 사이의 가르침, ② 책임 교수의 복잡한 역할, 팀 리더나 오랜 기간 수련받은 임상의 등에 의한 가르침이다.

비록 동시대의 교육학에 대한 개념이 학생에게 집중이 되어 있지만 그럼에도 불구하고 선생님이란 존재는 중요하다. 이런 관계는 전공의가 임상에서 전공의로서의 의견과 배움에서 강력한 역할을 수행할 수 있는 데 영향을 준다. 이는 곧, 전공의의 교육환경을 좀 더 풍요롭고 자극적이게 한다. 복잡성 때문에 전공의 수준에서 어떤 교육이 필수적이다라는 결론은 없다. 예를 들어, 실제로는 다른 여러 가지 관계(특히나 간호사 등)가 있음에도, 우리의 논의는 임상의와 임상의 간의 가르침에 중점을 두고 있다.

환자의 치료에서 나타나는 강력한 배움과는 대조적으로, 계획된 교육과정은 크게 모험적이지는 못하다. 우리는 규칙으로 정해진 전공의 컨퍼런스나 프레젠테이션, 최소한의 환자와 전공의 관계, 그리고 동료와 동료 간의 의논이나 집중 등과 같은 전공의 교육의 많은 예를 본다. 일반적으로, UME 교육자들은 이전의 GME 등이 시행했던 것보다 좀 더 열정적으로 팀 위주의 교육이나 큰 그룹으로 시행하는 교육과 같은 기발한 교육학을 연구한다.

개념적 이해의 교육학

미국의 GME 교육에서 증례토의는 중요한 역할을 한다. 일차적인 관점은 의대생을 대상으로 할 때처럼 정형화된 형태는 아니지만 기본적인 이해와 창조적인 측면에 대한 탐구에 초점을 두고 있다. 대개 환자 케이스는 환자에 대한 임상적인 토론에 사용되나, 숙달된 선생은 그것을 좀 더 효과적으로 사용한다.

증례토의는 그들에게나 교수에게 긴밀하게 연관되어 있다. 그들이 어떻게 강의자에게 배움을 받는지와 그들의 교육 전략의 노력은 교육자가 만들어 둔 분위기에 달려 있다. 만약 질문이 낮은 수준에서 행해진다면, 정확하게 바른 대답과 실질적인 지식에 대한 구체적 관점으로 배워야 하고 배우는 사람은 이런 것을 배우고 참여하는 데

40명의 여러 년차의 일반외과 전공의가 반나절의 교육을 위해 교육장에 모였다.
선생은 열정적인 젊은 방사선과 의사였다. 주제는 복부 CT에 대한 내용이었
다. 방사선과 책임 의사가 영상의학 전공의에게 중재적 방사선학을 가르쳤다. 그
녀는 CT 사진을 보여 주면서 임상적인 스케치를 보여 주었고 사진에 대해 공부
할 시간을 조금 주었다. 그러곤 그녀는 '지금 뭘 보고 있어요?'라는 질문을 던졌
다. 주목할 만한 것은, 그녀는 외과 전공의의 대부분의 이름을 알고 있었던 것이
다. PG2 중의 한 명을 호출해서 그녀는 두드러진 사실에 대해 물어봤다. 그리고
그녀는 PG3에게 가서 감별진단에 대해 물어봤고 방사선과 전공의 중 한 명에게
외과 전공의의 견해에 대해 물어봤다. 한 관점에서, 그녀는 방사선과 전공의에게
외과의들이 어떻게 그 정보를 도출해 냈을지 물어보았다. 분위기는 활기차고 친
숙하지만, 다른 많은 환자는 더 심각해보였다. 전공의 전부 다 조용했고 책임적이
고 집중적이었다.

주저함이 없어야 한다. 하지만 기술적으로 숙달된 그룹의 증례토의
는 가르침에 대한 노력과 효과적인 접근에 도움을 준다. 전공의 수
강자에 대한 어떤 연구에 따르면 ARS(audience response system: 청중
반응 시스템)를 통해 어떻게 배움이란 것이 강화될 수 있는지를 알려
준다. 전공의는 겸손하게 가르침의 결론을 얻고, 3달 뒤엔 소규모의
ARS 증례토의에서 보다 더 긴장감 있게 임한다. 질문한다는 것은 수
술방에서 이루어지는 특징적인 가르침의 모습이다. 반복적이고, 퀴
즈식이고, 소위 하찮다고 말하는 이런 질문들은 전공의에게는 위협
적이고, 좀 더 상위 수준에 대한 도전이나 지지가 주어질 수 있다면
배우는 자에게는 자극적이고 고무적인 것일 수 있다.

증례토의의 가장 핵심 역할은 임상적인 정보와 특정 환자에 대한 치료 지침을 바탕으로 정확한 전략을 수립하는 것이다. 가르치는 자는 좀 더 진취적인 부분을 제시하거나 다른 팀과 대조적인 전략을 제시함으로써 증례토의를 더 어렵게 만들 수도 있다. 우리는 한 명의 인턴이 진행하던 프레젠테이션이 다른 인턴의 질문에 의해 멈춰지는 것을 종종 본다. "이런 점에 대해서는 어떻게 생각하죠? 어떤 것을 제일 중점적으로 생각하고 있죠?" 이런 높은 수준의 질문은 환자에게 생길 수 있는 위험성을 낮출 수 있게 해 준다. 배우는 사람의 증례에 대한 질문 습득 노력과 정확한 접근을 위한 행동은 지도 임상의와 다른 상급 전공의에게 그들의 하위년차를 어떻게 가르칠지를 알게 해 준다. 전공의는 치료 전략의 수립에 참여하는 것에서 그 진가를 인정받는다. 수술하는 전공의가 특징적인 예다. "우리가 질문할 수 있는 가장 좋은 것은 '우리가 뭘 할까?'"라는 질문을 던지는 것이다. 상급 수준의 학습자인 전공의는 교수진이 이런 질문을 던졌을 때 그것에 정확하게 답하여 전공의의 배움의 깊이와 주요 소견에 대한 정확한 인식에 대해 강한 인상을 줘야 한다.

전공의 교육에서의 수많은 증례는 전공의에게 배움에 대한 접근의 기능이 있다. 하루 한 번이나 두 번 시행되는 환자에 대한 침상회진은 인턴들의 행동을 고무시키고, 환자의 임상적인 상태나 진단에 대한 결과를 더 좋게 할 수 있다.

연습과 수행의 교육학

임상의학은 그 자체가 연습이고 그런 경험을 통해 배우게 된다. 어떻게 임상의학이 가르쳐지고 배워지는가 하는 것은 환자에게 안전성의 문제다. 전공의의 배움에 대한 참여적인 자세는 전문적인 영역과 노력에 대한 것으로 나타나고 잠재적이고 특징적으로 새로운 전공의의 자격 등으로 나타난다. 다른 말로 하면, 비록 이런 전공의의 수행이 꽤 독립적인 것으로 여겨진다고 하더라도, 교육적인 환경에 있어서는 그들의 의사결정 능력과 도전적인 시술의 수행을 확장시켜 주진 못한다. 가장 숙련된 임상의에 의해 결정이 내려지고 시술이 시행되는 것은 나쁜 것은 아니지만 그것은 비용적인 측면에서는 좋지 못하다.

지난 30년간 전공의가 있는 교육병원은 의학교육이 이루어지지 않는 병원보다는 환자의 안전과 높은 질의 치료를 책임질 수 있게 해 주었다. 이런 경향은 새로운 기술과 의학에서의 진보 등을 습득한 전공의에 의해 정확하고 드라마틱하게 성장하게 되고, 전공의가 해야 할 일의 24%를 감소시켰다. 전공의와 교수진들은 전공의 교육 시간이 충분치 못하다는 것에 관심을 가지고 환자를 독립적으로 볼 수 있을 때까지 전공의 교육을 하는 것으로 정한다. 이런 견해는 부분석으로 수행 현장에서는 즉각적인 것이 되고, 그것은 적합한 수행의 연습이 된다.

그래서 모든 전공의는 하루 24시간 동안 치료와 그 수행에 집중할 수 있게 해 준다. 이런 지배 규칙은 전공의가 전공의 내에서 그들의

증례를 논의하고 집중할 수 있게 한다. 어떤 교수진은 새로운 입원
환자마다 전부 연락을 취하도록 하지만, 대부분은 전공의에게 그 권
한을 주고 환자들이 도움을 필요로 할 때에 해결 열쇠를 준다. 하지
만 전통적으로는 교수는 환자의 임상적 상태의 변화와 응급수술의
필요성에 대해 즉각적인 연락을 바란다.

시뮬레이션   특별히, 그리고 잘 훈련된 가짜 환자를 상대하면서
결정을 내리고 중재시술(intervention)을 수행할 기회를 주는 것은 그
들의 수행 능력과 도전을 향상시키는 한 가지 방법이다. 시뮬레이션
은 일반적으로 물리적 환경과 마네킹, 그리고 시술 등이 얼마나 실
제 필드와 높거나 낮은 유사성을 갖느냐에 달렸다. 그러나 우리가
증례를 통한 배움에서 제시했듯이 선생님이 질문하는 것은 중요하
다. 예를 들어, 비시술적인 영역에서 숙달된 선생님은 일상적인 입
원환자에 접했을 때의 복잡한 질문을 던진다.

시뮬레이션의 장점 중의 하나는 전공의들이 수술과 같은 복잡한
과정들을 각각 분리하여 이해하고 진행 과정에서 직접 실행해볼 수
있게 해 주는 것이다. 복잡한 과정을 분리하는 것은 전공의가 각각
의 과정을 이해하고 습득하는 것을 더 쉽게 해 준다. 예를 들어 워싱
턴대학교의 컴퓨터과 학생들은 외과 교수들과 협력하여 탈장교정
술, 맹장수술, 담낭절제술과 같은 술식의 과정에서 컴퓨터 프로그램
을 개발하여 수술 부위를 컴퓨터 스크린에서 볼 수 있게 했다.

전공의의 업무는 컴퓨터상에서 보이는 수술상에서 정확한 기구
를 적절한 순서에 선택하고 스크린을 터치하여 수술 부위에 놓는 것

이다. 확실히 이 프로그램으로 살아 있는 환자에게 직접 수술하거나 실제 외과 기구들을 정확하게 구별할 수는 없다. 그러나 전공의가 수술 과정과 관련 기구들을 배우고 정확한 순서로 수술을 진행하는 것을 배우기에는 적합한 프로그램이다. 실제 상황에서는 단지 전공의가 수술상에서 직접 실제 기구를 옮기면 되는 것이다.

어떤 전공의는 시뮬레이션이 실제로 수술 과정을 배우는 것보다는 외과 기구에 익숙해지는 데 도움을 준다고 생각한다. 왜냐하면 모델을 대상으로 하는 것은 실제로 나타나는 해부학적 다양성을 재현하지는 못하며 살아 있는 조직을 다룰 때의 느낌을 나타내기 어렵기 때문이다. 하지만 역설적이게도 매우 낮은 정확도를 나타내는 시뮬레이션이라도 배우는 사람이 실제 업무로 생각하고 적극적으로 수행할 경우 더 효과적일 수 있다.

또한 시뮬레이션은 위기 상황에서 복잡한 술기를 해 보는 중요한 기회를 제공한다. 워싱턴 대학교의 시뮬레이션 책임자는 한 가지 실습에서 여러 가지를 배울 수 있도록 시뮬레이션의 설계의 중요성을 강조했다. 감독은 전공의가 방광에 도관을 삽입할 수 있기를 원한 비뇨기과 교수에 의해서 시도되었다고 표현하였다. 감독은 교수가 좀 더 넓게 생각하도록 설득하였고, 그 결과 간호과 학생, 의과대학 전공의, 비뇨기과 전공의를 포함하는 응급실이 생겨났다. 환자는 간호 학생이 방광 배출구의 협착을 인식할 수 있도록 증상을 표현하였다. 간호 학생과 의과대학 전공의는 함께 도관을 삽입하려고 하였으나 실패하였다. 전문적인 도움이 필요하다고 판단하여 비뇨기과 전공의가 응급실로 오게 되었으나 또 도관 삽입에 실패하였다. 시뮬레이션은 단순한 술기를 배우는 것을 넘어서서 의사소통, 판단, 의뢰 기술, 환자 확신 등을 포괄적으로 배우는 것이다.

시뮬레이션은 더 많은 그룹에게 도움을 주도록 조직화 될 수 있다. 잭슨빌에 있는 플로리다 대학교 캠퍼스에서 의과대학 전공의, 응급의학과 전공의, 간호 학생들이 심각한 천식환자를 대상으로 함께 일하는 것이 관찰되었다. 응급의학과 교수는 처음에는 기관 내 삽관이 요구될 때까지 호흡곤란 환자를 연기하였다. 그 이후 과정은 마네킹에 의해서 수행되었다. 비록 세 가지나 네 가지 역할밖에 없으나 여러 사람은 시뮬레이션을 침착하게 관찰하였고 규격화된 형식에 기록하였다.

술기 습득부터 실행까지   결국 전공의는 실제 환자들을 위해서 술기를 증진시켜야만 한다. 많은 전공의가 술기를 배우고 익히며 경험하고 판단력 증진, 환자에 대한 책임감을 갖도록 하는 시스템과 전략을 만드는 것은 임상 교육의 핵심이다. 명확한 차이에도 불구하고 술기에 따르거나 그 반대의 훈련을 하는 경우 모두 비슷한 결과를 나타낸다. 이는 전공의의 능력을 주의 깊게 판단하고 그들의 능력의 한계 내에서 적절한 기회를 주는 것에 의해서 가능하다.

비록 책임을 요하는 일이지만, 교수는 전공의가 도움 없이 위임된 업무를 독립적으로 수행할 수 있다고 자신한다. 전공의가 종종 보조하지만 정확하게 습득하지 못한 요소들을 또 다른 상급 내과의사가 보고 판단한다. 전공의에게 배울 수 있는 기회를 제공하기 위해서 독립적으로 업무를 수행하며 경쟁하도록 하는 것이다. 이것은 환자

들이 똑같은 질의 진료를 받고 있다고 확신시키고 교수들은 그 과정
에 참여하지 않는다. 이럴 경우에는 적어도 세 가지 상황이 충족되
어야만 한다. 첫 번째로 내과의사는 정확하게 전공의의 능력을 판단
할 수 있어야만 한다. 특별한 감독 없이도 결정과 수행을 이행할 수
있는가 여부가 중요하다. 만약 정확하게 이것을 할 수 없다면, 충분
한 지식과 기술이 없는 전공의가 하는 결정과 수행에 의해서 의료
질이 좌지우지된다. 전공의가 학습하는 것도 마찬가지다. 만약 과잉
감독을 받는다면 실제로 실행해 보는 것은 적어지고 배우는 것도 줄
어든다.

두 번째로 어떤 상황이 경험이나 능력 밖의 일이라면 전공의는 그
것을 정확하게 판별해 낼 줄 알아야 한다. 물론 이것은 단지 배우는
과정의 사람에게만 적용되는 것이 아니라 이것은 모든 의사에게 적
용되는 일이다. 세 번째로 교수는 검증된 전공의에게 수행할 수 있
는 기회를 제공하고, 환자에게 악영향을 끼치지 않도록 경험과 술기
를 습득하도록 도와줘야 한다.

미묘한 차이에 의한 판단은 매우 중요하다. 발전적 과정은 전공의
가 그들의 의학지식 기반에서 진단하는 과정에 참여하는 것뿐만 아
니라 중추적이고 책임 있는 역할 수행의 근간이 된다. 그리하여 내
과의 전공의는 원외 폐렴으로 새롭게 입원한 환자의 병력 청취, 신
체 검진을 수행하게 된다. 환자의 증상, 임상 결과, 혈액검사 이상
등을 기준으로 적절한 진단명 목록을 작성할 수 있다. PG1 수준에
서 결정하는 경험을 하는 것은 주로 구두로 하게 된다.

전문가의 경우에 절차적 · 기술적 경쟁은 중요하며 교육과정에서

의 발전은 서로 단순한 절차의 부분을 실제로 연습하고 배우는 과정
에서 얻어진다. 그다음에 더 복잡한 과정을 배우고 마지막에 전체
과정을 습득하게 된다. 수술 과정에서 전공의는 처음에는 수술의 단
순한 부분의 조력자로서 관찰을 먼저 진행하고, 그다음에 수석 조력
자 역할을 하게 된다.

　수석 조력자는 집도의의 반대편에 서는 필수적인 사람이다. 이것
은 수술 과정의 세분화된 지식과 해부학적 다양성을 판단하는 능력,
예상치 못한 과정에 대한 판단, 집도의의 절차와 선호도에 대한 인
식이 필요하다. 술식에 대한 학습을 하고 점차 전체 복잡한 수술에
적응하게 된다. 이와 같은 과정을 통해 전공의는 점차적으로 집도의
의 역할을 수행하게 되고, 집도의는 수석 조력자의 역할을 하게 된
다. 집도의는 그리하여 감독하는 역할을 주로 하게 된다. 물론 전체
적인 조절의 역할을 그대로 맡고 있다. 만약 전공의가 이 과정을 끝
마치면 또 다른 과정에 점차적으로 노출되며 만약 실패한다면 직접
적인 교육을 다시 받게 되고 좀 더 강한 제재를 받게 된다. 이 과정
에서 외과 전공의는 감독하에 절개와 배농부터 시작하게 되어 점차
적으로 탈장교정술(대략 3년차 후반)을 시행하게 된다. 그때 혈관복
부동맥류절제와 같은 복잡한 혈관을 다루는 일을 하게 되며, 이것은
대략 5년간의 전공의 교육의 완성이라고 할 수 있다.

　물론 교수는 집도의부터 전공의까지의 역할을 그들의 의지로 할
당할 수 있다. 이것은 아직은 전공의의 능력을 정확하게 판단하기
어려운 더 많은 신임교수에게는 특별한 도전일 수 있다. 어떤 외과
에서는 신임교수를 보조하기 위해서 만들어진 프로그램이 있는데

이것은 감독하는 유형을 배우는 것이다. 메이오 병원에서는 외과 전공의가 신임교수와 견습직을 몇 개월 동안 수행하며, 이것은 교수의 술기의 유형을 배우는 데 도움이 된다.

외과 교수는 서열이나 지위와는 상관없이 집도의의 자리를 전공의에게 마지못해 넘겨주는 경우가 있으며, 전공의 1년차(PG1) 또는 2년차(PG2)와 짝을 이루게 된다. 집도의는 전공의 4년차(PG4) 또는 5년차(PG5)와 짝을 이루게 되고 제1보조자의 위치에서부터 경력을 쌓게 된다.

그러나 내과의사는 어떻게 전공의의 능력을 판단할까? 워싱턴 대학교의 연구는 외과 전공의의 최소 침습적인 수술을 통해서 정신운동 기술을 평가하였다. 전공의는 수련 기간 처음 2년 동안 가장 많은 것을 배우며 배울 수 있는 기회를 얻고 연습한다. 정신운동 기술에서 부가적으로 얻을 수 있는 것은 대략 4년째, 5년째에 보여지며 외과 전공의는 점차 복강경 수술을 포함하여 더 많은 어려운 술식을 감독하에 힘들게 진행하게 된다. 아마도 두 번째 단계에서 중요한 것은 전공의가 수행한 일에 대한 기록을 다시 복습하는 것이다. 단순한 관찰뿐만 아니라 기구를 옮기고 술식을 행하는 것을 주의 깊게 관찰하고 명확히 이해하는 과정이 될 것이다.

가장 좋은 감독은 불필요한 관심을 갖지 않는 수준이라고 할 수 있다. 그러나 이러한 감독은 전공의가 자발적으로 적합한 역할을 수행하고 있는 것을 의미하지는 않는다. 좋은 선생님은 배움의 공간을 적절하게 만들어 주고 적합한 수준의 과제를 주는 사람이다. 중간 단계와 상급 단계의 전공의는 주치의 없이도 세부적인 처치가 가능해지고 결정에 영향을 미치게 된다. 전공의의 기술은 복잡한 일에도 점차 적합해지고 주치의가 그 능력을 인정하는 수준에 이르게 된다. 이러한 상황에서 주치의와 전공의 사이의 의사소통 조절이 필요하다. 주치의는 필요할 때 항상 대기할 수 있어야 하며 점차적인 위임은 전공의의 능력을 향상시키는 데 필요한 조건이다.

탐구, 혁신, 향상의 교육학

의학교육과 같은 수련교육은 빠르게 발전하는 현재의 기술을 교육하는 데 초점을 맞추고 있다. 그러나 오늘날의 지식과 기술 중심 교육은 전공의에게 새로운 개념과 접근 방법을 가르치는 데에는 실패하였다. 오늘날의 교육의 최종 목표는 이해와 방법을 기초로 한다. 교육의 결과가 의학 지식의 수치적인 축적이라면, 이것은 의학계에서 실패한 교육인 것이다.

교육이 효과적으로 행해진다면 진단과 치료 방법 선택을 위한 토론을 통한 증거 바탕 접근 방법은 이 영역에서 좋은 결과를 나타낼 것이다. 전공의 각자가 지식을 바탕으로 판단한 진단과 치료 방법을 규명하는 것은 각자에게 전문성을 높이는 데 도움을 줄 것이다.

그리하여 교육학은 전공의가 증거 바탕 의학에 기초해서 준비하는 것에 도움을 주어야 하며, 전공의는 무엇을 해야 하는지를 아는 것뿐만 아니라, 그러한 접근이 왜 더 나은지에 대해 증거를 바탕으로 설명할 수 있어야 한다. 추가로 특정 치료 방법이 또 다른 방법과 비교해서 장점이 무엇인지 그 이유는 무엇인지를 알아야 하며, 이러

한 메커니즘에 대한 이해가 더 바람직한 결과를 가져온다는 인식을
가져야 한다.

이상적으로 이것이 실현 가능해질 때 전공의는 각각의 주제에 대
한 연구를 보충하도록 권고받아야 한다. 골든 카디악 리스크 인덱스
(Goldman Cardiac Risk Index)는 단일 교육기관에서 전공의에 의한 협
력에 의해서 밝혀진 연구의 예시다. 교육하는 사람은 전공의의 임상
적 시도가 무엇을 의미하는지를 고려하도록 가르쳐야 하며 병리적
메커니즘도 각각 알도록 해야 한다.

교육학은 지속적으로 학생들의 주의를 집중시키도록 해야 한다.
이것은 단지 아는 것에 그치지 않고 의학의 차이가 어디에서 오는지
까지를 모두 포함해야 한다. '환자에게 더 효과적인 결과를 가져오
기 위해서 어떻게 해야 할까?' 이것은 어떻게라는 질문을 의미하는
것만은 아니다. 때때로 기초적인 과학적 질문도 있다. '우리는 이 상
태의 병리 메커니즘을 이해하기 위해서 무엇을 해야 할까?' 수련 과
정, 특히 의대교육에 기초한 프로그램은 전통적으로 미래 교육에 대
해 열망해 왔고 연구 분야에 참여한 기록이 있는 의대졸업생을 채용
해 왔다. 많은 GME 프로그램은 전공의가 적어도 가장 많이 연구, 조
사에 참여하는 것을 가능하게 하였다. 대부분의 학부의 외과 프로그
램은 전공의가 1~2년 동안 실험실에서 일하는 것을 권유한다. 그러
니 의학에서 모든 중요한 부분은 단지 기초적인 메커니즘은 아니다.
실무에 관련된 것들도 역시 중요하다. 사실 미국에서 의과대학을 졸
업한 16,000명의 학생 중 극소수만이 기초과학 또는 임상 연구 분야
에 참여하게 된다. 그러나 모든 임상의사가 의료의 질을 향상시키기

위해서 기초 분야에 많은 관심과 궁금증은 갖고 있다.

점점 많은 전공의가 의료의 질 향상을 위한 프로젝트를 개척하고 있다. 이러한 많은 유형의 프로젝트는 전공의의 입원환자 또는 외래 환자에 대한 업무 환경을 개념화하고 있다. 다른 참여자들과 함께 전공의는 그들의 단점을 규명하고 향상을 위한 계획을 세워 미세 시스템에 관한 연구를 할 수 있는 권한을 받은 상태다.

시스템 재설계의 기술을 가르치는 것은 전공의와 개개의 교직원의 양쪽 상호작용, 그리고 보다 더 중요한 전문 의학 실습 기간 프로그램의 설정 안에 가능하다. 전문 의학 실습 기간 훈련 프로그램은 이 기능적인 세트와 진지하게 연결되기 위해 전공의를 위해 더 많은 시간을 남겨 주고, 관리자가 해야 하는 의료센터와 병원에서 진행되는 중요한 수술 및 처치를 결정하는 회의에 참여시키도록 한다. 전공의가 그들의 주의를 목표에 맞추는 체계를 갖출 수 있는 이익과 함께, 이 타입의 일은 전공의에게 더 폭넓은 지식을 얻고, 학제적인 협력과 팀워크의 기술을 습득하고, 시스템 변경에 관한 어려운 연구를 하는 것이 요구되는 전문적인 속성을 기르게 된다. 의료센터는 전공의를 제외하기보다는 앞으로 그들의 피훈련자를 포함해야 하고, 어떤 일이 잘되는지, 치료 과정이 증진되지 않는지에 대한 그들의 친밀하고 상세한 경험을 사용해야 한다.

왜냐하면 교육자와 피훈련자 모두 익숙하지 않은 부분이기 때문에 이것은 형식적이고 전통적인 역할 모형 제작과 코치는 더 잘 일할 것이라는 교육법과 맞지 않다. 예를 들어, 조직적인 발달에서 발견되는 새로운 논문의 협력적인 개발과 같은 시스템 재설계와 공공 계약에 대한 연구(Madsen, Desai, Roberts, & Wong, 2006)에 대해 전공의가 일하게 될 때 그와 관련하여 정형화된 지식이 있기도 하다. 관리 변화, 회계와 재무 통제, 질 향상 방법론, 팀워크는 유용할 것이다. 일찍 경험한 사람이 어느 정도 성공할 가능성이 높기 때문에 전공의가 질 좋은 형태와 효율적인 도구로서 이 지식에 접근할 수 있도록 돕는 것은 매우 혼란한 직업에서 좌절을 최소로 하는 데 중요하다. 또한 변화와 반성, 그리고 또 다른 시도를 해보는 경험의 주기를 통하여 학습의 반복적인 성질을 강조하는 것은, PDSA(plan-do-study-act; 계획-실행-학습-행동) 주기 같은, 중요한 교육 전략이다. 그것은 환자를 치료하고, 일을 배우는 의사의 두 가지 역할을 상호의존할 수 있게 설계한 것이다. 환자를 치료하고 있는 전공의의 경험은 그들의 관심을 단지 그들이 일하는 의학 체계에 한정하는 것이 아니라 그것이 포함되는 지역, 주 전체, 그리고 국가에 융합되는 방법으로 넓히기 위해 사용할 수 있다(Jacobsohn et al., 2008).

물론 GME 수준에서 떠맡게 되는 가장 친숙한 업무 연구다. 다양한 방법으로 전공의에 의해 실시되는 연구 중 실험실 조사는 우리가 질문, 혁신과 진보의 영역을 가로질러 폭넓게 이용 가능해야 할 것이라고 설명한다. 전공의는 임상조사 연구에서 처음에는 단순하지만 차츰 중요한 일을 맡게 된다. 즉, 능력이 성장하면서 더 많은 활동이 기능해진다. 모든 노력은 원리적이고, 꾸준하며, 새로운 지식을 생성하는 유능한 의사를 만드는 것이 목표가 되어야 한다. 왜 보건 시스템의 개선을 설계하거나, 생성하는 데 더 효율적이고 책임감 있는 전공의가 차별화되어야 하는가?

많은 의과대학은 학부 수준에서 의과대학생들이 의사들이 참여하는 탐구 및 개선 활동 분야를 넘나드는 영역 개발에 참여하도록 권장하는 프로그램을 발달시켰다. 그 예로 피츠버그 대학교와 스탠퍼드 대학교의 프로그램이 있다. 그러나 전공의 수련 프로그램은 부분적인 범위에 한정되는 경향과 의료센터 관리자나 학장이 DME와 IME가 명확히 관련되지 않은 설정과 활동에 전공의가 관련되는 것을 꺼려하여 GME가 뒤처지게 되었다. 천천히 진행되긴 하지만 이것이 바뀌는 것은 어림도 없을 수 있다. UCSF는 의학생, 전공의, 전임의에게 임상 교과과정을 보충하는 것이 가능한 프로그램을 개발하였다. 참가자는 5개 중 하나를 고르게 된다. 분자의학(해중실험기초과학), 임상과 변역의 과학, 세계건강, 건강과 사회(정책연구, 변호, 지역 공동체 약속, 인류와 약) 또는 건강전문가 교육이 그것이다. 그들의 임상 실습을 완료하는 동안, 그들은 교훈적인 과정의 일과 최초의 장학금을 결합하고 있는 전문가 단계의 일을 할 것이다.

전문성 형성의 교육학

전공의 교육은 전체론적(holistic)이다. 그러므로 전문성 형성을 위한 교육학 하나만을 고립시키기는 힘들다. 의사가 되는 과정은 단순히 지식의 축적이나 술기를 배우는 것이 아니며 교육을 받는 사람의 품성과 성격, 자동적 선택과 도덕적 기준을 세워 나가는 것이다. 가장 간단해 보이지만 반드시 분별해야 하는 요소는 의사가 가져야 할 윤리적인 기준과 법적인 요구에 대한 지식이다(Arnold & Stern,

화요일 아침이다. 내과 전공의 2년차들과 3년차들이 본인 외래에 있는 회의실에 모였다. 전공의 한 명은 환자 한 명과 같이 참석했다. 오늘 토론의 주제는 환자들의 불순응이다. 전공의와 함께 참석한 환자는 현재 자신의 당뇨 치료에 중요한 금연과 체중 감량 시도 중 겪고 있는 어려움에 대해 말을 하였다. 이러한 소개가 끝난 후에는 담당 교수가 토론을 지도하면서 동기 유발을 위한 인터뷰에 기초한 한 환자의 면담이 시작되었다. 면담은 10분간 지속되었고 면담을 마치기 전 환자에게 질문이 있는지 물어보았다. 환자는 전공의에게 고향이 어딘지, 앞으로의 계획이 어떻게 되는지 물어보았고 앞으로 모두가 잘되길 바란다고 하며 방을 나섰다. 환자가 나간 후에는 교수는 다른 환자에 대한 토론을 이끌어 나갔다. 이때 한 전공의가 한마디 하였다, "환자가 어려운 것이 아니다. 그들을 위한 답변을 해 주는 것이 어렵다." 이러한 방식으로 전공의는 본인이 환자를 치료하면서 겪고 있는 어려움에 대해 솔직하게 논의하였다.

2006). 많은 전공의 프로그램에서는 이런 내용에 대해 연구하는 정기 컨퍼런스를 가지고 있다. UCSF에서는 이런 내용이 복지윤리와 법 그리고 정책 회의에서 회자되었다. 이 회의에서는 캘리포니아주의 HIV 검사 동의서에 대한 변화에 대해서 다루었다. 하지만 이러한 컨퍼런스에서 하는 토론보다 강력한 경험은 현장 속에서 실제로 느끼는 것이다. 즉, 전공의가 환자들을 돌보고 동료 의사들과 의사가 아닌 의료팀원들과의 상호작용 그리고 임상이나 비임상적인 부분에서 리더의 역할을 어떻게 해야 하는지에 대해 많이 배울 수 있다.

평범한 임상적 작업은 대개 비범한 도전을 하게 하고 상당한 심리적 병 상태와 연관될 수 있다(Golub, Weiss, Ramesh, Ossoff, & Johns,

2007). 불확실 조건에서의 결정, 예후가 그리 좋지 않을 때 환자나 가족들에 조언을 주기 위해, 잘못된 선택을 하고 거기에 대한 용서를 구할 때, 예전엔 없었던 가까운 믿음을 갖게되었을때, 삶의 시작이나 끝에 목격자가 되는 것들은 전공의가 경험하는 일상생활의 한 부분이다. 실수와 나쁜 임상 결과는 임상에서의 영역이고 곧 전공의 훈련 과정이다. 이런 뜻밖의 상황들은 GME의 커리큘럼의 한 부분이다. 전문적 특성의 형성은 대부분의 전공의가 이런 내재하는 어려움과 책임을 지고 미래에 더 좋은 결과를 성취하기 위해 반성하지만, 자기회의에 대한 것은 피하는 과정들을 다루면서 만들어진다. 프로그램 디렉터가 관찰하였을 때, "실수가 생겼을 때, 전공의들은 적절히 자기비판적일 것을 배울 필요가 있다. 하나의 방식이 모두에 적용될 수는 없다." 교수들은 종종 전공의들이 이런 어려운 영역을 다루는 것을 돕는다. 경청 능력, 강력한 공감 능력, 적절한 자기 공개에 대한 의지, 그리고 반성적 능력이 이런 영역에서의 효과적인 가르침을 만들어 낼 수 있다.

몇몇 전공의 프로그램은 전공의들이 협조적인 상황에서 임상적인 도전을 할 수 있게 도와주고, 고립을 최소화하도록 짜여져 있다. 그리고 그것들은 환자의 죽음과 임상적 상황에서 사람 간의 갈등, 문제를 해결할 수 있는 가이드라인을 제공해 준다(Begard et al., 2006). 때때로 '스트레스 회진'이라고 부르는 이것은 초임 전공의에게 더 적절하며, 상급 전공의들에게는 필요성이 적다. 개인주의 문화가 있는 전공의 프로그램은 프로그램 자체가 부드러울 수 있다는 것에 회의적이다. 개인주의적 프로그램에서는 카리스마가 있는 스태프가 신뢰성을 갖게 되고, 기본원칙을 정하고, 전공의 사이에서 생산적 토론을 일으키고, 내제된 문제를 극복하는 방법을 제시한다. 그리고 그들 스스로의 참여를 통해 실습에 내재되어 있는 어려움을 어떻게 반영하고 대처할 것인가를 보여 주어야 한다.

상담의 목적 중 하나는 단지 학업적인 어려움이나 개인적인 어려움뿐만 아니라 전문 분야에서의 도전에 마주칠 때, 전공의들이 즉시 이용할 수 있는 일대일 관계를 맺는 것이다. 또한 상담 프로그램 자원만으로 중요한 상징적인 메시지를 전달할 수 있다. 상담을 할 때 정해진 한 사람과만 상담을 하면, 후에 인간적인 관계에 문제가 생기게 되면 관계가 약해져 상담이 비효과적이게 된다. 그래서 헨리 포드 병원은 한 사람과만 상담하는 방식이 아니라 여러 가지 혼합된 방식을 사용한다. PG1에서는 배정된 상담자와 상담을 하지만, 그 후에는 자신과 관심사가 같거나 생각, 흥미가 비슷하여 잘 어울릴 수 있는 상담자를 고른다. 펠로우십에 관해서 상담하는 것이 학문적인 상담보다 더 중요하다. 오히려 학문적인 상담에서는 GME 프로그램에서 전공의의 점수에 관해서 상담하는 것으로 교수진에게는 시간이 덜 소요된다.

마지막으로 우리 의료계에서 윤리적인 행동 태도가 가장 중요한 목표로 자리 잡아야 할 것이다. 전공의는 그들이 일하고 공부하는 환성에서 윤리직인 문제를 이떻게 다루는지와 그러한 뮤제에 대한 그들의 반응에 따라 열의 있는 전공의가 되거나 또는 냉소적인 전공의가 될 수 있다. 전공의가 그들의 교육과정이 원하는 그리고 그들의 환자가 원하는 의사로 자라는 데 도움이 되거나 방해가 되는 상황적이고도 문화적 요인들에 대한 관심이 최근에 증가하였다. 지식과 기술적인 노하우가 자리를 잡고 전파되는 것처럼 전문성은 상황의 특성과 특정 환경의 문화가 개인의 자산으로 여겨진다(Goldstein et al., 2006; Humphrey et al., 2007; Viggiano, Pawlina, Lindor, Olsen, & Cortese, 2007). 전공의 교육 프로그램을 진행하는 의료기관은 수련환경을 위해 더 많은 책임감을 가져야 한다. 전공의가 일하고 배우는 거시적 환경과 미시적 체계는 의료기관에 만연해 있는 높은 목적의식 때문에 그들이 최선을 다 하게끔 만들 것이다. 이들은 신뢰를 위해 정직함, 존경심, 겸손함을 보이며 갈등은 터놓고 비차별적으로 해결할 것이다. 하지만 전공의는 그들이 수행 중인 상황과 전적으로 다르게 전문적인 가치관을 확립할 수 있다. 적어도 전문가 중 가장 높은 수준의 품행 유지가 요구되는 전공의이지만 교수진의 지체가 예상되는 환경, 부족한 관리 감독, 그리고 언어 폭력 속에서 전공의들은 그들의 전문성에 대한 기대에 냉소적이 될 것이다. 더 나쁜 것은 그들이 주변에서 보게 되는 것을 모방하기 시작할 것이란 점이다.

불행하게도, 전공의가 배우는 미시 시스템 그리고 전체적인 거시 환경의 일부 시스템이 적절한 전문성 형성을 알려 주는 것은 아니다. 더욱이 우리는 전공의에게 기대하는 일하는 시간의 양과 관련된 복잡한 문제들이 그들의 일의 경험적 의미나 질과 혼돈되고 있다고 생각한다. 장담하건대 과거에 전공의는 그들의 전공의 프로그램과 메디컬센터에서 노동력을 착취당했다. 하지만 단순히 시간이 줄었다는 이유로 질 낮은 그때의 경험이 더 유익한 것이 되지는 않는다. 반대로 이것들이 전공의 프로그램의 의무시간 축소 요구를 어기도록 장려할 의도는 아니지만, 그로 인해 전공의들은 매우 중요한 환자를 돌보는 경험을 놓칠지 모른다. 삼십대 내과의가 기억해야 할 것은 그들의 정체성의 한 부분을 치료자로 구축했던 것을 제거하는 것이다. '24 + 6 규칙' 때문에 그들이 죽어 가는 환자의 침대 곁을 오후 2시에 비굴하게 떠나야 한다면 또는 수술을 45분 남겨 두고 자리를 떠야 한다면 논쟁의 여지없이 전공의 프로그램은 공식적인 시간 축소의 규칙에 대한 훈련이 필요하다. 의도하지 않았지만 유해한 결과를 불러오는 불복종에 대한 중요한 제재와 함께 말이다. 가장 슬픈 것은 전공의들이 그들 환자의 상태에 대해 어떻게 여기느냐에 대한 변화다. 이는 환자에 대한 뛰어난 서비스 제공과 학생 교육보조 역할 등에 대한 새로운 이해를 바탕으로 해야 한다. 일부 전공의들은 이 근무시간 단축 때문에 환자 관리를 자신이 보장받아야 하는 시간에 대한 짐으로 여기게 된다. 이것의 함축된 의미는 전공의가 집에서 임상적 부분에 대해 연구하고 공부하는 것을 왜곡시킨다. 전공의는 그들이 오프일 때는 환자에 대해서 조사하는 데 시간을 보내서는 안 되며 "근무시간은 근무지에서 떨어져서 읽고 준비하는 시간을 포함하지 않는다."는 말을 듣게 된다(ACGME, 2001).

이러한 도전에도 불구하고 대부분의 전공의는 그들의 동료나 학생들 그리고 선생님들의 열정, 헌신, 전념, 훌륭함의 뛰어난 예들을 보고 어떤 예를 따라 하고 충고로 받아들일지 신중히 선택한다. 아마도 문화와 헌신과 현장에서 맞닥뜨리는 환자에 대한 서비스의 가장 좋은 예는 메이오 클리닉일 것이다. 전문성의 예에 대해서 묻는다면 클리닉에 있는 내과 전공의는 동료에 대한 이야기를 해 줄 것이다. 그 전공의의 동료는 넓게 전이된 암에 걸린 환자를 담당하였다. 그 환자는 이전의 의사에게서 고칠 수 없는 암이라는 말을 듣고 유럽연합의 국가에서 왔다. 환자는 로체스터에 도착해서는 메이오의 내과 의사에게서 치료를 받으면 예후가 달라질 것이라고 확신했다. 하지만 그 환자는 최신의 의료 기술로도 그 환자의 암은 치유될 수 없다는 말을 다시 듣게 되었다.

환자는 집에서 멀리 떨어져 있고 다른 언어를 사용하는 의사와 말이 통하지 않았고, 돈도 없으며 집으로 돌아갈 힘도 없는 환자를 생각해 주는 친구를 외롭고 무서워하고 있는 환자를 위해서 강렬하게 도와주는 전공의로 묘사하였다. 그는 환자가 가장 좋아하는 맥주를 알게 되었고, 오후에는 그것을 찾으러 돌아다녔고 결국 죽어 가는 환자가 고향을 생각하게 하는 그 작은 즐거움이라도 느낄 수 있도록 병동에 가져다 주었다. 비록 그의 행동은 병원의 정책을 어긴 것이었지만 우리는 환자가 느끼는 것처럼 이것을 전문직업의식의 가장 좋은 예라고 생각한다. 이 이야기는 2005년에 있었던 이야기다. 기회가 생겨 어떤 한 작가가 2009년에 편찬된 주인공을 마주하게 되었다. 그 작가는 반문하며 이 일은 1980년대 후반에 일어난 것이라고 주장하였다. 이것이 메이오 클리닉의 설화가 되었든 간에 이런 일은 한 번 이상이 있었다.

전공의 프로그램은 '진정한 의사'로서의 특징인 지속적인 자신의 능력과 환자에 대한 헌신을 보여 주는 전공의들을 만드는 것 외에도 좋은 일을 한다. 많은 프로그램은 그해의 인턴상을 주고, 보통은 이런 표창은 능력과 윤리적 행동에 더하여 잘 훈련된 임상적인 능력을 대변한다. 인지의학 전공에서는 '주임 전공의(chief resident)'가 되어 1년 더 전공의 업무를 하는 것을 큰 영광으로 생각한다. 여기서 '주임 전공의' 제도는 외과에서 모든 전공의가 수련 프로그램을 마치기 위해서 누구나 해 봐야 하는 외과 주임 전공의 제도와는 다른 것이다.

전공의 교육에 대한 평가

5장에서 우리는 전문가 자격 및 인증 과정의 일환으로서 전공의의 술기와 지식에 대한 외부 평가에 대해 대략 살펴보았다. 여기에서는 공식적인 지식 평가를 위한 정기적인 시험과 전공의가 환자를 진료하는 것에 대한 직접적인 관찰과 보고서와 M & M, 그리고 임상 주제, 저널 클럽 논문, 연구 프로젝트에 대한 논의를 바탕으로 전공의 프로그램 내에서의 평가를 논할 것이다. 최근에는 전공의의 기술적인 경험에 대한 평가를 위해서 환자의 일지들이 이용되고 있으며, 전문성과 대인 간 기술과 같은 영역에 대한 평가는 전반적인 평가를 통해 이루어진다. 현재 이루어지는 평가의 한계에는 먼저 전공의에 대한 교수 평가의 취약한 순응 수준(Littlefield et al., 2005), 지식의 과중함, 전문 분야 간 그리고 전공의 프로그램 간에 상당히 가변적인 수행 관찰(Holmboe, 2004; Williams, Klamen, & McGaghie, 2003) 및 불충분하며 제대로 인정되지 못한 형식적 피드백 등이 있다.

지식 평가

일반적으로 전공의 훈련 과정에서 지식에 관한 평가는 적절하게 이루어진다. 여러 프로그램에서 전공의의 진행 상황을 평가하기 위한 표준화된 전공의 시험을 활용하며, 전공의수료위원회 검증시험을 근거로 수행 정도를 예측하고, 전공의에게 생산적인 임상적 경험과 유용한 조언을 성공적으로 전수하는지를 평가한다(Babbott, Beasley, Hinchey, Blotzer, & Holmboe, 2007). 전공의 프로그램은 부분적으로, 전문위원회 자격시험에서 그들의 합격 비율에 따라 평가되며, 의과대학 졸업생도 전문 검증 과정을 위한 성공적인 준비가 확실히 입증된 프로그램을 선호하는 것은 당연하다. 그래서 경쟁력이 떨어지는 전공의 프로그램은 전공의가 시험을 준비하도록 하고, 훈련을 하면서 치러지는 시험을 적극적으로 활용하여, 문제가 있을 가능성이 있는 전공의를 인지하는 데 보다 많은 주의를 기울인다(de Virgilio et al., 2008).

🩺 절차적 술기 평가

절차적 술기는 직접적 관찰에 의해 평가되며, 시뮬레이션 실험실에서 평가하는 경우가 늘어나고 있다. 내과 수련과 외과 수련은 여러 가지 이유 때문에 이런 술기 평가 영역에서 흥미로운 대조를 나타낸다. 그 첫 번째 이유는 내과와 기타 여러 시술 중심의 전문 분야의 전공의는 과거 세대보다 훨씬 적은 수의 시술을 수행하기 때문이다. 세부 전임의들은 간 생검과 골수 생검 및 흡인 등을 수행하며, 중환자 전문의와 외과의는 중심정맥관 삽입과 흉강 천자를 실시하고, 천자술과 같은 보다 간단한 여러 시술들은 주로 초음파 유도하 방사선과 의사에 의해 시행된다. 전공의가 시행하는 술기들은 대부분 교수진이 부재한 가운데 시행되고 그 이유는 비시술적 전문 분야에서 대부분의 전공의와 교수의 접촉은 주치의 회진과 같은 회의에서 주로 이루어지기 때문이다. 따라서 감독 교수들은 일반적으로 전공의의 술기 능력에 대해서 평가할 기회가 매우 적다. 일반적으로 내과와 같은 전문 분야에서 이런 문제가 발생하고 있지만 소아과나 다른 내과 계열 로테이션 중에선 입원환자 전문의들의 슈퍼바이저로서의 활동이 증가되고 있기 때문에 전공의 술기 능력을 관찰할 기회가 더 많아질 것으로 생각된다. 입원환자 전문의들은 아마도 입원환자 절차에 더욱 익숙하고 여러 분야에 전념하는 대학 교수나 지역사회 주치의보다 감독을 더욱 잘할 수 있을 것이다. 외과의 경우는 상황이 전혀 다른데, 이것은 교수진은 수술대에서 전공의와 마주 보며 많은 시간을 할애해야 하기 때문이다. 우리가 앞에서 언급하였듯이, 집도의가 전공의의 기술적 능력을 직접적 관찰을 통해 측정함으로써 전공의의 훈련 수준에 대한 적합성을 평가할 수 있다는 주장에 대한 신중적 근거가 존재한다. 하지만 일부 외과 전공의는 과의 매우 큰 규모 때문에 위와 같은 기회가 주어지지 않는다. 이처럼 대규모의 학술적 훈련 프로그램에서는 PG4와 PG5들이 PG1, PG2, PG3들을 감독하고 관찰하기 때문에, 전공의는 중요하고 돌이킬 수 없는 기술적 결함을 교수가 인지하기 전에 PG4가 될 수도 있다. 우리가 만났던 일부 대규모의 프로그램에 속한 교수들도 이미 3년 이상의 엄격한 외과 훈련에 전념해 왔지만 서투른 실력을 갖춘 전공의 지도의 어려움에 대해 고백했다.

이런 유형의 문제 때문에 전공의 프로그램들, 특히 외과(수술) 프로그램들은 점차 절차적 임상 술기 평가에 대해 더욱 체계적으로 변할 수 있도록 노력해 왔다. 전공의의 수준에 적합한 술기의 수행에 대한 교수진의 관찰을 요하는 술기 검증 프로그램이 전보다 널리 확산되고 있다. 서던 일리노이 주립대학교(이하 SIU)에서 전문적 기술에 대한 객관적 구조 평가(Objective Structured Assessment of Technical Skills, 이하 OSATS)를 개발해 왔다. 하지만 이것은 교수진의 입장에서 시간이 많이 소요되며 인턴이 기술적 능력을 사전에 입증하지 않고서도 간단한 수술에 참여할 수 있는 프로그램에 비해 수술실에 참여할 시간도 감소된다. 그래서 교수진은 OSATS를 쉽고 광범위하게 적용할 수 있도록 전공의 비디오 영상들을 재검토하고 있다. 특히 수술 교육과 평가 면에서 선두 주자인 SIU에서도 명확한 수술 수행 평가 시스템(Operative Performance Rating System, 이하 OPRS)을 사용한다. 개별 전공의의 임상적 경험을 통제하거나 예측할 수 없기 때문에 OPRS는 매년 전공의가 꼭 참여해야 하는 두 개의 '감시적' 수술을 지정하고, 이 수술에 참여할 수 있는 기회가 확실하게 주어지며 해당 연차에 합당한 레벨의 수술 능력이 있는지 시험해볼 수 있도록 한다. 전공의는 매년 그해의 OPRS 수술을 통해 공식적으로 관찰받고 평가된다.

이런 종류의 프로그램들이 비절차적인 전공 분야에 적용된다면 그 전문 분야에서 필수적이며 공식적인 관찰과 평가를 요구하는 감시적 기술을 식별하는 데 도움이 될 수 있다. 이런 기술은 절차적 일 수도, 절차적이지 않을 수도 있다. 예를 들어, 내과 전공의 프로그램에선 인턴의 PG1 초기 기간 동안은 환자에게 퇴원 지시를 내리는 것을 관찰하게 하고 급성 호흡 곤란이 있는 환자를 검사하고 평가하도록 하는 것이 될 수 있다. 일 년의 중반기 즈음, 방광의 도관 장착, 동맥혈 채혈, 정맥 주사선 배치와 같은 감시적 기술이 평가될 수 있다. 이런 관찰과 평가는 수행 기준과 피드백을 토대로 적절한 훈련을 받은 전공의에게 위임될 수 있다. PG1 연도의 말기에는 복통이나 정신 상태 변화와 같은 주 증상이 있는 환자를 위한 적절한 평가 및 관리 계획을 마련하는 데 평가의 초점이 맞춰질 수 있다. PG2 전공의는 '소생 중단'에 대한 설명 및 논의 과정을 평가받고 병원에서 흔히 관찰되지만 다소 복잡한 환자들의 관리 및 치료 계획을 세운다.

PG3 전공의는 다른 과의 전공의나 문제가 되는 하급자 또는 간호사와 기타 전문 의료인과의 갈등 해결 및 팀워크 능력에 대해 관찰 및 평가받도록 한다. 이런 평가 및 관찰에 대한 초기 연구는 이미 기술되고 있다(Torbeck & Wrightson, 2005).

전문성 형성에 대한 평가

이 저서를 통틀어 강조해 왔듯, 우리는 이 구성 개념의 연속적 · 역동적 · 다면적이고 심오한 특성을 강조할 때 전문성보다 전문성

형성이란 용어를 선호한다. 임상 능력, 의사소통, 대인 기술, 그리고
윤리적·법적 이해의 필수적 토대를 마련하는 전문성 형성은 수행
우수성, 책임감, 인도주의, 이타주의 면에서 반드시 도달해야 한다
(Arnold & Stern, 2006). 현재의 유용한 능력 기준을 강조함으로써 이
런 특징을 모호하게 할 가능성이 있지만, 의과대학 의학교육 수준에
서의 '단순한' 능력을 말하는 게 아니란 점을 인식하는 것이 특히 중
요하다(Brooks, 2009). 능력 프레임워크를 개발하는 과정에서
ACGME는 역량 체계를 구성할 때 초보자, 진보된 초급자, 유능자,
능숙자, 전문인으로 구성된 'Dreyfus 술기 획득 단계'의 중간 지점
을 지정하였다(Batalden, Leach, Swing, Dreyfus, & Dreyfus, 2002;
Carnaccio & Englander, 2004). 이런 선택은 대중이 최소한 유능한 임
상의에게 서비스를 받아야 하며, 아무리 효율적인 전공의 훈련 프로
그램이라도 진정한 전문성과 충분한 실습 경험 및 임상적 학습을 습
득하기에는 전공의 훈련 기간이 충분하지 않다는 환경을 두고 형성
된 것이다. 하지만 GME는 유능한 졸업생을 배출할 의무가 있을 뿐
아니라, 전공의가 우수성, 책임감, 인도주의, 이타주의라는 목표에
평생 전념할 수 있는 인격을 갖추게 하고, 훈련을 마친 후에도 전문
성을 향해 꾸준히 정진하도록 해야 한다.

　전문성 형성은 복잡한 구성 개념인 탓에 단순히 지식이나 절차적
술기에 초점을 맞추어 평가되는 경우가 종종 있다. 한번은 현장 방
문 기간 중, 한 산부인과 교수님께서 우리에게 전공의가 어깨 난산
에 관한 적합도가 낮은 시뮬레이션에 반응하는 영상물을 보여 주었
다. 그 전공의는 필요한 조치를 능숙하게 수행하고 신속하게 분만을

완료했지만, 눈에 띄게 스트레스를 받았으며, 이는 그녀도 인정한 점이었다. 전공의를 위한 시뮬레이션 면에서 광범위한 경험이 있는 교수진에게 이런 반응에 관해 질문하자, 그런 반응은 흔히 나타나며 바람직한 전문적 속성을 지닌 전공의는 '기꺼이 불신을 중단'하며 실제 상황과 같은 스트레스 반응을 보인다고 하였다. 반면 시뮬레이션을 믿기를 거부한 전공의는 태도에 관한 문제를 지녔다고 대답했다. 그는 이런 생각을 검증하지 않았지만, 시뮬레이션이 일차적으로 산과학의 응급 상황을 관리하고, 이차적으로 놀란 산모와 대화하고 안심시키는 전공의의 능력을 평가하도록 개발되어 있지만, 전문성 형성 면에서의 문제에 대한 지표로 이용할 수도 있다고 생각했다. 그 밖의 시뮬레이션 전문가들도 동일한 견해를 나타냈다(Hamstra et al., 2006).

전공의가 일하는 환경 속에서는 형식적인 평가 외에도 전공의의 전문적 속성에 관한 많은 정보가 존재한다. 하지만 전공의에 대한 귀중한 피드백의 소스는 완벽히 활용되지 못한다. 그 주요 원인은 간호사와 같은 잠재적 정보원(정보 제공자)이 평가 과정에 참여하지 않기 때문이거나 다른 전공의가 자신이 아는 바를 공유하지 않으려 하기 때문이다. 전문성 형성은 그 복잡성 때문에 진정성 있는 상황에서 가장 잘 평가되며, 전공의와 가장 긴밀히 협조하는 자들만이 실제로 큰 기여를 할 수 있다(Norcini, 2003). 반면에 감독을 하는 교수는 전공의 평가에 기초가 될 만한 고급 정보를 아는 경우가 거의 없다. 전공의는 가족 구성원을 진료할 때 자신의 동료 집단 내에서 누구를 신뢰할지 분명히 알고 있으며, 중요한 것은 자기 동료에 관

한 이런 지식을 전공의가 공유하게 되는 비처벌 문화를 조성하는 것
이다. 애틀랜틱 헬스(Atlantic Health)에서 전공의는 자신의 업무를 잘
알고 있다고 믿는 동료들을 지명한다. 프로그램 지도자는 명단들을
전공의 교육가 목록에 추가할 수 있다. 평가는 진정으로 솔직하게
진행될까? 수석전공의는 일반적으로 전공의에 관한 소문을 접하기
쉽고 공식적 논평들이 일치하는지 일치하지 않는지를 확인할 수 있
다. 또한 일반적으로 어떤 전공의가 보다 많은 하급 훈련생에게 그
리고 의과대학과 관련된 전공의 프로그램에서 의대생에게 인기 있
는 감독관인지 알려져 있다. 이런 인기는 유머 감각, 교육에 대한 열
정, 그리고 전문성 형성 요소가 아닌 다른 속성을 반영할 수 있지만,
학생들은 대부분 열정이 있으며, 환자와 그 가족들에게 자상하거나
존경할 만한 롤 모델을 찾는 경향이 있다는 것에 의미가 있다(Kenny
et al., 2003).

　전공의의 전문성 형성에 관한 정보를 성공적으로 수집하기 위한
기본적인 필요조건은 타당성과 중요성에 대한 공유된 이해를 조성
하는 문화다(Maudsley, 2001, Viggiano et al., 2007). 만일 전공의가 자
신의 프로그램이 동료를 처벌하거나 불이익을 주기 위해 이용한다
고 생각할 경우, 그들은 일반적으로 유의미한 정보라도 공유하지 않
을 것이다. 하지만 만일 프로그램의 목표가 모든 전공의가 환자를
더욱 잘 진료하고, 적절하고 효과적인 도움을 주도록 하는 것이라
면, 그 프로그램은 전공의로부터 솔직한 평가를 얻어낼 수 있을 것
이다.

　프로그램의 문화에 따라 간호사의 관점은 중요하게 고려되거나

혹은 가치가 없는 것으로 고려된다. 대부분의 프로그램이 간호사가 개별 전공의에 관해 불평할 수 있는 메커니즘을 지니고 있지만, 놀랍게도 간호 인력으로부터 체계적으로 피드백을 수집하는 경우는 거의 없다. 이는 어느 정도 구조적인 문제를 반영할지 모른다. 대형 대학병원 같은 경우는 한 전공의가 4~5개 이상의 병동에 흩어져 있는 환자들을 진료할 수 있다. 이런 경우 간호사가 그 전공의에 대해 어떤 견해를 갖기까지 충분한 접촉이 이뤄지지 않을 수 있고, 전공의 역시 간호사의 피드백을 진지하게 받아들이지 않을 것이다. 이럴 경우 전공의팀을 지리학적으로 구성함으로써 기타 전문의료인과 더욱 효율적이고 기능적인 전문적 관계를 만들 수 있을 것이고, 전공의에 대한 평가 면에서 간호사의 참여가 용이해질 것이다.

몇몇 프로그램들은 '미스터리 쇼퍼(Mystery Shopper)' 형태로 표준화된 환자들을 이용하여 실험을 진행해 왔다. 적절한 신뢰성을 지닌 이런 프로그램은 강력한 평가 도구가 될 수 있다. 하지만 비용이 비싼 탓에 반복적인 표본화를 구현하기가 용이하지 않다. 다른 시뮬레이션들과 마찬가지로 전공의의 경험이 정진됨에 따라, 정확도는 점점 더 중요한 논점이 되는 듯하다. 또한 경험 있는 전공의는 실제 환자를 대상으로 일하는 것이 자신의 수련에 더 유용하다고 말한다.

자기평가, 성찰, 그리고 포트폴리오

형식적 평가와 일시적인 관찰로는 충분히 ACGME 능력을 평가하기 어렵다. 그래서 이를 위해 여러 평가 방법론들이 권장되고 있다.

또한 이런 접근법 중 몇 가지는 전공의에게 습관이 되어 전공의 수련을 완료한 후 지속적으로 전문성을 발달시키는 데 도움이 될 것이다. 임상 유도 학습은 의사들이 자신의 능력, 지식, 기술면에서 부족한 점을 인식하게 되면 고칠 동기를 지니게 된다는 가정을 전제로 한다. 개업한 의사들이 실제로 자기 평가를 하지 않는 것으로 나타났지만(Colthart et al., 2008, Eva & Regehr, 2005), PBL 프로그램을 경험한 학생들은 스스로 학습목표를 정의하고 사례를 통해 학습하는 것에 익숙하다. 이런 능력이 수련 과정을 거치며 퇴색되는 원인은 불분명하지만, 어쩌면 교육 프로그램들이 의학 수련의 목표를 지식과 술기의 기본을 완전히 습득한 역량 있는 의사를 배출하는 것을 최종 결과로 여겼기 때문일 수 있다. 이와 달리, 수련의 목표는 전공의를 발전시키고 평생 학습이라는 목표를 되풀이해 가르치는 것이다. PBL을 통해 학습목표를 찾아내는 훈련을 하고, 자가학습에 대한 효과적이고 적절한 접근법을 활용하여 자기평가가 퇴보되는 것을 완화할 수 있다. 전문성 형성의 다른 차원들과 관련해 논의되어 왔듯이, 이는 명확한 문화적 측면을 지닌다. 전공의, 그리고 일반적으로 의사들이 알고 있거나 안다고 주장하는 바에 대해 보상을 받고 칭찬을 받는 환경은 학습 기회에 도움이 되지 못한다. 반대로 모든 의사의 업무는 완벽하지 않다. 최고의 의사는 증거가 불충분한 지식, 불만족스러운 환자 결과 데이터 혹은 공식적인 자기 평가를 통해서 얻은 결과를 통해 직관을 가지고 진단을 수행하며, 이런 것에서 발견되는 수행의 차이는 배움과 연습의 반복을 통해 얻어지는 자기 평가에 따라 나타나게 된다. 자기성찰을 포함하는 교육학은 이러한 의사 의 자기 평가 과정을 드러나게 도와주는 경향이 있다 (Branch & Paranjape, 2002). 전공의가 자신의 임상행동에 대해 시행하는 임상적 리뷰와 그들의 행위, 다음 단계를 위한 계획에 대한 비평은 실습기반학습(Practice-based learning)이나 체제 기반 실습 (system-based practice)과 같이 복잡한 역량을 평가하는 중요한 요소로 자리매김 하고있다. UME의 포트폴리오 평가에서 흥미로운 부분은 의학도들이 임상 영역 밖에서 관심을 가지고, 그들의 일과 결과물을 선택하고 반영하는 과정에서의 학습자의 이익에 대한 믿음이 함께 병행되어 자라 왔다는 점이다(Driessen, 2009; Driessen, van Tartwijk, van der Vleuten, & Wass, 2007). 이것은 임상 기본의 질적 향상 프로젝트나 전공의의 약한 부분에 대한 지지등과 같은 작업과 연구 포트폴리오에서 중요한 영역이다. 전문가 형성에 관한 측면도 역시 포트폴리오에서 주목받는 부분이다.

⚕ 졸업 후 의학교육: 앞으로의 과제

미국 전공의 교육은 학습자의 입장에서 지적인 능력을 키우고 동기부여를 가지게 하며, 배움의 환경에 대한 도전이란 점에서 많은 강점을 가지고 있다. 전공의 교육은 기본적인 교육 구조, 가르침의 접근 방법, 기술적 접근 등에서 예전에 비해 크게 변화하지 않았다. 하지만 전공의 교육에서 예전부터 지속되어 오던 약점이나 잘못된 관행은 미국 내의 건강 관리법 발생의 극적인 변화에 의해 더 악화되었다. 의대생의 임상교육이 추후 그들이 배치되는 전공의팀의 성취에 큰 영향을 미치듯이, 전공의 수련 과정의 정체는 UME의 중요한 함축적 의미를 가진다. 이러한 이유로 지난 10년 동안 UME에 대한 변화의 노력이 의과대학 생활의 첫 2년 동안에 집중되었다.

전공의 교육의 교육학은 두 단계에 중점을 두어야 한다. 먼저, 교수들의 강의 또는 교육 준비가 향상되어야 한다. 많은 교수진은 학생들의 교육을 위해 기관에서 자원을 지원받아 왔다. 그러나 단일대학이나 의료센터에서조차 전공의 교육 프로그램은 '영역의 독립'을 강조한다. UME와는 반대로, 교육 개선에 대한 노력이 단일 교육기관에서 이루어진다 한들, 그것들은 소규모의 노력에 불과하다. 교수진은 그들의 기술의 발전을 위한 지원이 필요하다. 다른 교육과 마찬가지로 임상적 가르침은 늘 고무적이며, 교수진의 좋은 강의를 보고 관찰하고 그것을 임상에 반영하는 것이 학생의 지식 습득엔 큰 도움이 된다(Gruppen, Frohna, Anderson, & Lowe, 2003; Steinert et al., 2006). 공식적인 교수 개발 프로그램은 임상적 근거 안에서 정확히 진단하는 능력에 초점이 맞춰져 있다. 아마도 이와 같은 가르침에 대한 생각이 공유되고 만들어지는 것이 '일반적인 가르침'의 창조라 할 수 있다(Huber & Hutchings, 2005).

전공의 수련 과정 교육학의 또 다른 중요점은 사실적인 지식이 강조되는 것이다. 현대 의학 지식에 대한 기본적 이해는 절대적으로 필요하지만 충분하지는 않다. '평생 교육'이라는 립 서비스에도 불구하고, 대부분 의학적 가르침은 '권위적인 전문가' 입장에서 발생한다. 이러한 상황은 두 가지 문제를 일으킬 수 있다. 교수진은 아마도 자신의 기본 의학 지식으로는 충분한 설명을 하지 못하는 상황에서 불안을 느낄 것이고, 이것은 또한 학생들의 성장과 발전에 예상치 못한 결과를 만들 것이다. 교수 혹은 전공의는 그들이 권위적인 전문가의 학설을 받아들이지 못하는 순간을 배움에 대한 기회로 생각해야지 실패라고 생각해서는 안 된다. 전문가가 환영받는 문화 속에서 무엇을 모른다는 것을 인정하고 그것에 대해 즐거움을 느끼기는 어렵겠지만 그곳이 바로 지속적인 배움이 시작되는 곳이다. 좋은 질문을 통한 학문적 열망은 전공의 수준 교육에서 기본적인 요소가 되어야 한다.

전공의 의학교육에 대한 평가의 범위는 더욱 넓어져야 하며 그 방법 역시 다양화되어야 한다. 현재의 평가 방법은 사실적인 지식 자체가 너무 강조되고, 지식을 찾거나 술기를 익히는 것은 도외시 되고 있다. GME 교육자들이 제한적인 의학교육 평가법을 가지고 있는 것이 지식 외의 영역을 중요하게 여기지 않는 것 때문인지 단순 지식의 습득을 과도하게 중요하게 여기는 것 때문인지는 명확하지 않지만, 현재로서는 교육이 사실적인 지식 쪽으로만 강조되고 있다는 것이다. 심지어는 모든 전공의 수련 프로그램은 각각 과정에서 그에 대한 배움의 목표가 있지만 전공의가 실제로 이 목표들을 완수했는지에 대한 평가 시스템은 대부분 없다. 그리고 전공의 중에서 제시된 목표를 완수하기 못했거나 능력이 부족한 이들을 위한 능력개발 프로그램이나 평가 프로그램 역시 필요하다.

생략되고 도외시된 내용

교육적 접근 및 평가에 대한 위의 언급들이 중요하지만, GME의
변화에 대한 주요 장애요소는 전공의의 커리큘럼이다. 전공의는 정
규적인 교육 프로그램을 따르기보단 상황에 따라 대응하는 데에 더
많은 시간을 둔다. 이러한 커리큘럼은 전공의 집단이나 집단의 개개
인의 요구에 초점이 맞추어진 원칙적인 교육적인 관점보다는, 바쁜
입원환자 관리를 돕기 위한 병원의 요구 조건에 의해 결정된다. 평
가 체계는 전공의의 숙련도와 교육과정상의 강점들을 한 부서에서
다른 부서로 전파되는 것을 억제하는 부서별 '독립적 영역'에 초점
이 맞춰져 있지 않고 명시된 활동을 위해 투자되는 시간에 초점을
맞추고 있다. 이 평가 체계는 교육적 개혁을 방해하며 결과적으로
수많은 교육과정상의 결점을 야기한다.

실제로 모든 전공과목과 전체 수련 기간에서 전공의 수련교육은
고도로 실용적이며 심지어 구체적인 쟁점들에 대한 관심에 의해 결
정된다. 병원 내에서 완벽히 성취해야 할 것을 어떻게 성취할 것이
며 그리고 나서 어떻게 환자를 퇴원시킬 것인가. 즉, 퇴원이 최종목
표가 되어 있는 것이다. 전공과목을 불문하고 대부분의 수련 과정은
입원환자 설정에 굉장히 많은 시간을 투자한다. 반면에 외래환자 진
료에서 마주할 수 있는 상황의 복잡함과 심각성이 증가하고 있음에
도 불구하고, 전공의는 준비가 덜 된 상태에 있다. 전공의 수련 과정
은 그 환경구성원이 모두 의사라는 점에서 특권을 갖는다. 수련 과
정은 임상지식의 적용과 의료팀 중 의사가 아닌 구성원들과의 효율

적인 상호관계를 만들어 가는 것에 대해서는 명확한 방법을 제시하지는 못한다. 임상에서는 입원과 퇴원의 반복이라는 바쁜 흐름 때문에 수련 과정 중 환자의 상태와 기초과학 사이의 관련성에 대해 심사숙고할 시간은 충분하지 않다. 이는 전공의들로 하여금 그들의 전공과의 미래와 앞날에 대해 생각하거나 환자의 결과를 향상시키기 위해 어떤 점이 제시되어야 하는지에 대해 생각할 기회조차 주지 않는다. 결과적으로 근본적인 기초과학에서부터 의학의 사회적 목적에 이르기까지의 광범위한 내용은 전공의 교육과정에는 충분히 교육되고 있지 않다.

기초의학　우리는 3장에서 의학도들의 높은 수준의 과학교육이 제대로 활용되어 환자 중심의 진료에 사용되기 위해서는 관련 임상실습이 필요하다는 점을 다뤘다. 하지만 의사들을 위한 의학교육의 실제 상황은 사뭇 다르다. 전공의들은 자신의 노하우를 그 분야에서의 최고의 지식과 연계시키기 위해서 긴급사태적 현실로부터 거리를 둘 수 있는 태도가 필요하다. 우리는 기초과학이 전공의들에게 단순히 임상지식을 얻기 위한 전제 조건이 아니라 수련 과정 동안 그리고 그 후에 모든 환자의 진료의 밑거름이 되어야 된다고 생각한다.

왜 업무 중심의 전공의가 기초과학 개념과 의학 분야의 변화의 최신 시건에 친숙힐 필요기 있는기? 괴학은 실게로 임상이하과 어떤 관련이 있는가? 전통기초과학과 행동과학을 기초로 둔 임상의학은 상황에 따라 유연하게 변화하고 대처할 수 있는 적응력을 가진다. 실제로 통상적인 문제들에 대해 오랜 기간 동안 시행되었고 믿을 만

한 접근 방법은 부족한 실정이다. 모든 의사는 흔치 않은 임상 문제
를 만났을 때 습관적인 접근 방법보다는 근본적인 접근 방법을 통해
대응할 수 있는 지식의 깊이가 요구된다(Bereiter & Scardamalia, 1993;
Bransford et al., 1999; Hatano & Oura, 2003; Linn, 2007). 실제로 이것은
의사와 비의사를 구분해 주는 잣대에 해당한다. 과학적 기초에 꾸준
히 관심을 가짐으로 얻을 수 있는 두 번째 장점은 새로운 지식이나
발견을 포함시키는 것이 상대적으로 용이하다는 점이다. 리스트에
의존하고 알고리즘에 따라 행동하는 의사의 경우 새로운 발견이 그
리스트나 알고리즘을 혼란시킬 때마다 그들은 완전히 포기해야만
한다. 반면, 과학에 기초를 둔 의사는 예를 들면 간호사의 간섭에 대
한 내용 또는 약물의 대사 과정에서 유전적 결정요인의 산출과 같이
새로운 발견을 임상에 적용시킬 준비가 되어 있다. 이로써 최첨단의
과학이 발병 과정이나 치료적 의료장비의 개발에 있어서 새로운 통
찰력을 가지는 데 도움이 된다.

그러므로 의학도들이 '과학 단계'를 마쳤다면, 기초과학은 거의
핵심적 내용에서 변화하지 않는다는 점을 염두에 두어야 한다. 기초
과학은 연구에서 나타나는 임상적 내용과 다를 수 있다(Kanna et al.,
2006). 전공의들은 과학자들이 생각해야 할 중요한 질문을 확인시키
는 것, 즉 '중개연구'에 중요한 역할을 하는 임상가이지만, 연구가
모든 전공의로 하여금 그들의 기초 과학 지식을 업데이트하도록 할
수 있는 폭 넓은 범위의 의문과 질문을 하도록 하지는 않는다. 이런
이유로 의과대학 초기 시절 배운 기초과학이 수련 과정 그리고 그
이후 얼마만큼 실제로 관계를 유지하느냐에 대한 질문에 많은 논쟁

이 지속되고 있는 것이다(Custers, 2008). 그러나 의학적 발견의 증가 비율에 비추어 볼 때, 의사들은 적절한 기초과학이 의학과 어깨를 나란히 같이하는 것에 대해서는 이견이 없다. 하지만 기초과학자들을 주치의로 근무하는 현장에 투입시킨 결과 대체로 결과가 성공적이지 못했다. 그리고 효율적인 환자 치료와 빠른 대처를 중요히 여기는 임상 상황 속에서 기초과학에 대한 탐구와 적용은 쉽지 않다. 하지만 앞으로 올바른 지지 체계를 만들게 된다면 전공의도 학생도 "환자의 상태에 좀 더 좋은 영향을 미치기 위해서는 무엇이 필요한가? 이런 상태에 신경과학 또는 의학 유전학 분야는 무엇을 제공해야 하는가?" 등의 질문을 하게 될 것이다. 혁신적인 프로그램을 통해 전공의들과 전임의들은 임상 업무와 관련을 갖는 기초과학에 고마움을 느낄 것이다(Clark & Simpson, 2008; Hammond, Taylor, Obermair, & McMenamin, 2004).

적합한 스승을 찾는 것 역시 주어진 과제다. 규모가 큰 학술적 의료기관(Academic health center)에 소속된 연구자라 하더라도 임상 환경에서 가르치려는 열정을 거의 가지고 있지 않다. 전형적으로 특정 연구원의 매우 좁은 전문지식에 직접적으로 부합하는 문제를 갖는 환자를 찾기는 어렵다. 대부분의 나약한 연구원은 특히나 환자 옆에 서는 것을 불편해한다. 게다가 7,000개가 넘는 수련 프로그램 대다수가 학술적 의료기관에서 이뤄지는 것은 아니기 때문에 과학자들이 임상에 접근한다는 것이 쉽지 않다. 환자 간호 및 임상 지식을 전수하며 전공의들을 감독하는 임상 교수진들도 역시 전문가는 아니다. 그러나 그것은 아마도 모델을 잘 잡지 못했기 때문일 것이다. 아

마도 환자의 병상 곁에 필요한 건 전문 과학자나 답을 내려 줄 수 있
는 사람이 아니라 생산적인 문제들을 가치 있게 평가하는 문화 및
공동체일 것이다. 이 문제에 대한 해결책은 전문가가 그 답을 전공
의에게 알려 주는 데 있다기보다 전공의와 그 스승이 질문을 던지게
끔 격려하는 데 있을 것이다. 전공의들은 나약한 과학연구자들이 해
놓은 연구에만 의존하지 말고 기초과학의 개념들을 임상적으로 접
목시키기 위해 더욱 창의적이어야만 한다.

  충분히 강조되지 않은 임상 내용   전공의를 포함한 모든 의사가
환자를 돌보면서 배우기 때문에 그들이 배우는 지식은 그들이 보는
것에 의존하게 된다. 전공의가 임상 문제와 마주쳤을 때 독립적인
의사로서 그 문제를 다룰 수 있도록 하기 위하여 순환 근무를 조직
하는데, 이 전공의 제도는 신중하지 못하고 의도가 불충분하다. 이
런 이상과 현실의 괴리는 특히나 내과, 소아과 그리고 신경과에서
문제가 두드러진다(Arora, Guardiano, Donaldson, Storch, & Hemstreet,
2005). 외과나 영상의학과 같이 병원 중심 전공과목 수련 과정은 그
들의 시간을 얼마나 투자하느냐에 따라 비슷하다. 가정의학과와 정
신과 역시 수련 과정 동안 외래환자 간호에 역점을 두기 때문에 독
립적인 의사로의 능력 배양에는 큰 문제가 없다. 그동안 전공의들은
입원환자 환경에 많은 시간을 투자하는 것이 합리적이라고 여겨 왔
는데, 이유는 입원환자들은 임상 스펙트럼에서 가장 중상의 질병을
대표하기 때문이다. 그렇기 때문에 이는 논란이 많지만, 입원환자
관리를 할 수 있는 의사라면 그 어떤 것도 할 수 있다고 본다. 그러

나 이 논쟁은 몇 가지 이유에서 잘못되었다고 본다. 첫 번째, 중증 환자라고 하더라도 이전과는 달리 현재는 외래환자처럼 관리가 가능하다는 점이다. 교육 수준이 높은 위치에 있다는 전제를 기억하라. 병원에서, 예를 들면 고혈당 같은 특별한 상황인 환자를 돌보면서 배우게 되는 것들은 같은 조건의 외래환자를 치료하는 데 있어서는 제한을 가지게 될 것이다. 많은 측면에서 외래환자의 관리에 대한 수요가 높아지고 있다. 왜냐하면 환자는 치료 전략의 재평가 및 조정수단으로 지속적으로 구할 수 없기 때문이다. 두 번째, 환자가 입원하면 안 되는 수많은 중요한 상황이 있다. 전공의 과정이 의사가 어떤 기술을 쓸 수 있는지보다는 입원환자의 설정을 더 많이 강조할 때, 전공의들은 덜 준비된 상태로 수련프로그램을 끝내고 해결해야 할 문제들을 가진 외래환자들을 돌보게 된다.

입원환자 중심의 교육환경이 장점이 없다는 말을 하려는 것은 아니다. 입원환자들은 더 많은 임상 증상을 가지는 경향이 있고 재입원하는 경우가 많다. 그렇게 함으로써 각각의 수준에 맞게 임상의에게 가르침을 준다. 수많은 입원환자가 가지는 병에 대한 중압감은 나쁜 소식을 전하거나 간호하는 데 있어서의 환자의 태도 변화를 유도하게 하고, 고통받는 가족과 함께 일할 수 있는 기회를 준다. 입원환자 진료에서는 교수진이 환자 곁에 있는 전공의들을 관찰하고 그들의 권리와 교육을 위해 돕는다. 그러나 외래환자가 입원환자보다 단순히 덜 아프다는 것은 아니라는 점을 반드시 명심해야 한다. 그들은 다른 상황에 처해 있는 것이며, 다른 방법을 통해 관리를 받아야 한다.

임상적 추론과 판단　많은 의학교수는 임상적 추론 능력을 가르치고 있다고 믿고 있다. 그러나 대부분의 교육자가 임상적 추론과 판단은 그들의 직감이며 추론 능력을 어떻게 가르쳐야 할지도 모호하다. 사실 개념 자체도 정의가 빈약하다. 어떤 이는 전공의에게 강한 임상적 능력을 가르치는 것으로 생각할지 모르나, 대부분의 임상가-교육자들은 과학을 따르지 않으며, 의학적 결정 분야에서 발전하지 않고 정체되어 있다. 더구나 어떤 교육 문화에서는 전공의가 판단이나 추론 능력을 발달시키지 못하게 억압하는 것을 묵인한다.

그래서 판단과 추론 능력의 발달이 저해되는 것이다. 이러한 현장 연구를 진행하는 동안, 여러 전공의들과 대화를 나누었다. 몇몇 교직원들은 일반적으로 직원들에 대해 회의적이며, 생각 없이 단순히 윗사람의 방식과 지식을 따르는 경향이 있다고 하였다. 근거 중심의 의학은 그 문제의 원인이 되는 경우가 있다. 의사는 정보의 질을 평가하는 능력이 필요하며, 환자에게 적합한 것이 무엇인지 원리에 맞춰 결정해야 하며, 다양한 기술 및 사회 문화, 가치 판단 그리고 자신과 환자에 대한 관점에 대해 생각하며, 치료 계획과 방침 그리고 상당히 불확실한 상황에서도 적절한 결정을 내릴 수 있어야 한다. 이러한 일은 시간이 관건이다.

실질적인 시스템 문제　전공의는 환자에게 실질적으로 의미 있는 영향을 미칠 수 없는 시스템에서 환자에 대해 배우고 치료하고 있다. 그 결과 실제로 의사가 개원을 하고 독립하기 위해 필요한 술기와 지식은 대부분의 전공의 교육에서 빠져 있다. 가정의학은 이러한 비판에서 예외다. 개인의원을 세우거나, 직원 관리, 피보험자와 보험자 간 쟁점 및 규정 준수 등이 흔한 쟁점 사항이다. 이런 것들에 대한 강의가 없는 것은 아니다. 예를 들어 일부 기관에선 법적·의학적 관점, 수가와 코드에 대한 강의를 하고 있지만 전공의는 임상 환자, 외래 환자, 치료센터의 관리에 정신이 팔려 있어 이러한 쟁점은 관심 밖이다. 전공의가 임상적인 환경에 관심을 갖는 것처럼 이러한 쟁점(최소한 의학교육을 이수한 사람이 졸업후 의학교육을 계획해야 한다)에 이해뿐만 아니라, 전공의는 병원 관리자나 경영자들의 전달 체계 및 시스템 운용에 대해 배우고 그것에 대해 인식을 가지는 것이 중요하다.

졸업 후 의학교육에서 실무적인 쟁점은 종종 간과되고 있다. 비록 발병학이나 약학을 공부하는 학생, 간호사 및 직업요법사, 영양학자들의 협력을 통한 환자의 치료에 도움이 되는 방법들을 배울 수 있지만, 전공의에게서 팀 관리나 시간 관리에 대한 기본적인 지식은 배울 수 없다. 더욱 심각한 것은 전공의의 롤 모델 역할을 하게 되는 대부분의 교수 역시 나머지 치료팀과 분리되어 일하고 있는 실정이다. 흥미로운 것은 내과 의사들은 수술적 치료와 약물적 치료 사이에서 연관을 갖지 않으려는 경향이 있다. 내과 의사들이 환자 치료에 중심적인 역할을 한다는 사실에도 불구하고 다른 의료 제공자팀들과의 관계에서 전체적으로 협력이 약하다. 의료 현장에서 전공의가 위임과 관리에 대해서 배우는 것이 중요하고, 특히 간호사들과의 충돌에 대해서 관리하는 것이 어렵다고 보고되었다. 이런 상황에 대해 직면하고 고치지 못하면 이런 문제들은 계속 존속하게 될 것이다.

시스템 개선 방법론   환자의 안전 및 질적 향상을 위한 교육 프로
그램이 조금씩 전공의 교육 프로그램에도 반영되고 있다(Batalden &
Davidoff, 2007; Tess et al., 2009). 하지만 앞으로 건강 관리 의료 체계
의 문제점을 해결하고, 환자 치료에 더욱 신뢰를 주고, 환자의 치료
결과가 향상되도록 의욕적인 전문의를 배출해 내기 위해서는 더 많
은 노력이 필요하다. 이러한 문제들은 의료센터에서 진료 권한을 전
공의에게 위임하지 않아서 생기는 것이다. 펜실베이니아 주립대학
교 PG1 내과 전공의는 임상에 기초를 둔 질 향상 프로젝트를 필수
적으로 시행한다. 환자에게 좋은 영향을 준 프로젝트는 증례 검토를
통해 그 후년에 실행된다. 노스웨스턴 대학교에서는 PG4 외과 전공
의는 수술 과정의 '근접 오류'를 인식하고 분석할 수 있는 시스템을
개발했다. 이러한 근접 이상에 대한 토론은 현재 모든 M&M 컨퍼런
스에서 논의되고 있다. 검사 및 수정에 관한 품질 관리 및 도구의 사
용에서 격차를 해결할 수 있는 PDSA 순환 과정과 같은 프로그램이
대학 간 전공의 교육에서 사용되고 있다.

전공의는 교육기간 중에서 팀의 리더 역할을 할 수 있는 기회가
많이 주어짐에도 불구하고, 리더십은 아직도 미발달 부분이다. 다행
히도 많은 전공의는 이전에도 공통 목표를 정하고, 그룹 간 규범을
정하고, 분쟁을 해결할 수 있는 다양한 경험을 했었다. 지식과 임상
적인 술기들을 함께 배워야 할 전공의에게 리더십과 팀 관리는 버거
울 수 있지만, 리더십이 있는 전공의가 그들의 분야를 더 개발하기
를 갈망한다.

의학의 사회적 목적과 전문의의 미래 전공의 수련은 가차 없이 구체적인 현실에 초점을 맞추고 있다. 물론 전공의가 그들이 보는 환자에 대해 높은 수준의 진료를 하겠다는 흔들리지 않는 신념이 없다면 GME 과정은 현재 혹은 미래의 환자들뿐만 아니라 전공의에게도 실망을 줄 것이다. 하지만, 일류 대학의 전공의 과정을 관찰해본 결과 전문성과 목적이 무엇인지 고려할 시간이 부족하다고 했다. 미국은 현재를 엄청난 변화와 의학에 대한 많은 가능성이 있는 시기라고 보고 있다. 전공의는 박사과정을 밟을 것이며 전문의가 될 것이다. 그들은 이 과정 동안 더 전문적인 지식과 술기를 배울 것이며, 전문 분야의 필수적인 해결책에 대해서 토의할 것이다. 그들이 너무 바빠서 이런 일들과 책임을 지고 싶지 않은 상황이 벌어진다면 실제 의료 교육의 실패라고 부를 수 있다.

명확하게 정의된 핵심

의과대학에서와 마찬가지로 전공의의 임상 로테이션의 순서 결정과 선택은 매우 중요하다. 그러나 전공의 교육과정이 모든 과를 도는 과정을 포함한다 하더라도, 전공의가 그 목표에 실제로 도달하는지 평가하기에는 부족한 시스템이다. 이러한 커리큘럼에서는 지속적으로 발전하는 분야에 대해 배우기 위한 핵심 내용은 불충분하다. 대신에 모든 것을 포함해야 한다는 강한 갈망을 이끌어 왔으며, 지속적으로 교육기간을 늘리도록 하였다. 임상적인 환경이 분주해졌으며, 외래 환자 및 입원 환자가 매우 늘어났으며, 배워야 할 것도 많아졌기 때문에 전공의 프로그램이 적절하기 위해서는 어떻게 해야 할까?

교육적인 관점에서 보면, 전공의가 충분한 환자를 맡고, 다양하게 복잡한 개념 체계를 배우고, 정신운동 및 다른 술기에 대해서 공부하는 것이 중요하다. 마지막으로, 임상적인 목적을 위한 주입식 교육이 가치가 있다는 것을 알고 있다. 정규 교육과정처럼 이것은 실제 임상에서도 중요하기 때문에 지속적인 관심이 필요하며, 또한 전공의 교육과정이 제대로 이루어지고 있는지 확인할 수 있는 평가의 한 방법이 된다.

진행의 효율성과 개별화

세심한 검토를 통하여 전공의 교육과정을 향상할 수 있는 수많은 기회를 찾아볼 수 있다. 그러나 우리는 전공의 교육 기간을 늘리는 것을 제안하는 것은 아니다. 대신에 우리는 전공의 교육과정이 배우는 사람과 그들의 환자에게 도움이 될 수 있도록 3~5년 교육과정을 제안하며, 교육과정 기간 동안 그들의 환자를 완벽히 치료하고 보조하는 사람들과 협력할 수 있도록 도울 것이며, 필요하다면 이 기간 동안 이러한 상황을 인식하고 통찰할 수 있도록 할 것이다. 명백히 졸업 후 교육과정에는 환자에 대한 통찰, 겸손, 높은 의무에 대해서 전공의가 준비할 수 있도록 돕는 과정이 포함되어 있어야 한다.

우리는 전공의 교육과정이 좀 더 넓고 깊은 세부적인 교육을 할 수 있는 시간이 있다고 확신한다. 교육적인 비효율성이 문제가 되긴

하지만, 의학 지식의 급성장, 주치의들의 전공의의 개인 능력에 대한 불신, 젊은 의사들의 금전적인 문제들이 과 선택에 미치는 영향, 의사와 과학자가 독립적인 펀드를 받기 전에 40대 초반이라는 현실 때문에 현재 해결하기 힘든 점이다. 따라서 전공의는 의료센터나 병원의 필요에 의한 의무보다는 그들의 교육에 따른 임상적인 책임감의 정립이 더욱 시급하다. 또한 전공의 교육과정은 보다 효율적이고 개별 맞춤하기 위해서는 더욱 유연해져야 한다.

많은 전공의 교육과정에서 초년차 전공의는 사무적인 일에 많은 시간을 소비한다. 사무적인 일에 낭비되는 시간을 줄이고, 전공의가 새로운 분야 및 높은 단계의 교육을 받아들이기 위한 교육과정에 더욱 충실할 수 있도록 허락해야 한다. 이처럼 의사의 일이 아닌 기타 잡일을 줄이고 최소화하면서, 전공의의 경험을 통한 적정성 및 개개인에게 맞춘 프로그램을 제안하고, 전공의의 자유 시간을 확보하고 그 시간 동안 전공의가 세부 분야에 대해 공부할 때 발생할 수 있는 실질적인 것에 대해서 교육하는 것을 허가해야 한다.

전공의 교육은 실습생이 실제로 원하는 것과 개개인의 전공의가 원하는 것이 서로 합쳐질 수 있도록 프로그램을 구성해야 한다. GME 실습생에 대한 임상적인 상황과 경험의 선택은 의료센터의 임상적인 노동력이 아니라 전공의의 필요에 의해서 결정되어야 한다. 의료센터들의 필요에 의해서가 아니라 전공의의 경험 및 분과 생활에 의해서 그들이 잘할 수 있는 세부 분과를 선택해야 한다. 이러한 말은 모든 환자가 병원에 전공의를 가르치기 위해서 입원하는 것은 아니라는 말이다. 게다가 세부 전공에 대한 전공의 교육은 외래환자에서 이루어져야 하며, 세부 전공 임상 환경에 더욱 효율적이게 진단하고, 치료할 수 있는 능력이 있어야 한다. 유사하게 전공의와 의과대학 학생, 새로운 체제와 현장, 임상과 비임상 사이에서 득이 되는 것은 전통적으로 해 왔던 병원 실습에서 전공의와 학생이 함께 일하는 것을 허락하는 것이다.

또한 전공의 교육과정은 다른 분야에서 기본적인 내용을 배울 수 있도록 제공해야 하며, 전공의의 수준을 향상시키기 위해서도 다른 분야에 대한 교육을 해야 한다. 교직원 및 프로그램 개발자는 각 개인에 맞추어진 전공의 교육과정을 계획하기가 상당히 어렵다. 물론 선임 전공의가 그들의 인턴이나 학생들 뒤에서 백업해 주는 것이지 내버려 두는 것은 아니며, 각각의 분과에서 핵심 목적에 맞도록 잘 진행되고 있는지 봐야 할 것이다. 그러나 현재의 전공의 교육과정은 연구, 혁신, 의사의 발전된 행동에 대해서는 불충분한 기회가 될지도 모른다. 완전히 다른 방향으로 치료를 하는 것보다 전공의의 임상 환경에 대해서 더 가까이 접근하고 혁신을 집대성하고 연구 활동을 향상해야 한다. 교육이 성공하기 위해서는 각 개개인의 특성에 맞추어야 한다. 임상을 가르칠 사람은 중대한 능력을 취득하는 데 지연시키는 것들에 대해서 잘 관리해야 하며, 특히 뛰어난 학생들을 더 잘 관리해야 한다. 선생님들은 전공의의 능력을 알 수 있어야 하며, 전공의가 원하는 새로운 지식 및 술기 그리고 연습할 수 있는 장소에 대해서도 구성할 수 있어야 한다. 전공의 교육과정은 동기를 부여하고 배우는 속도에 따라서 능력을 향상하고, 각 분야의 구조적인 문제점을 해결하기 위한 필수적인 능력들을 채울 것이며, 이러한 것들이 전공의가 배우고 갖춰야 하는 것이다.

수월성에 대한 책임감

아마도 가장 큰 문제점은 아마도 GME의 알려진 문제가 계속 지속된다는 점이다. 우리는 새로운 통찰력으로 구성에 대해서 생각해 봤으며, 전공의 교육과정에서 부족한 점을 보완하겠다는 의지가 불충분하다고 생각되었다. 이것에 대한 이유는 명백하다. 전공의 교육과정은 본질적으로 경험적인 교육이 핵심이다. 전공의는 그들이 참가하여 일하는 곳에서 임상적인 일에 대해서 배운다. 여기에는 전공의 스스로가 찾아낸 임상적인 환경에 대해서 선택을 조절할 수 있다는 점이 흥미롭다. 따라서 우리가 관찰한 긍정적인 기여가 건강 관리 시스템에 압박을 줄 수가 있다. 특히 우리는 교수가 가르치는 시간이 제한적이라는 사실에 주목하였으며, 그 이유는 의료 시장의 압박이 증가하고 있기 때문이다. 저자가 관찰한 바에 따르면 사려 깊은 가르침은 시간이 걸리게 된다. 교육에 대한 성향과 적성을 가진 교수진은 다음 세대의 의사를 준비하는 것과 진료와 가족을 지원하는 활동 사이에서 선택을 강요하지 않는 것이 중요하다. 우리가 5장에서 논의하였듯이 GME가 사실상 가르쳐야 할 의학자들이 아니라 수입과 관련하여 병원에 의해서 좌우되고 있다는 것이다. 게다가 반복적인 관찰을 통해서 IME와 DME의 구조가 전공의를 입원환자 교육에만 매어 둔다는 것을 알 수 있었다. 효과적인 전공의 교육을 위해 교수들의 지속적인 유대와 의학교육 재정의 뒷받

침 없이는 어렵다는 점을 알아야 한다. 8장에서는 변화하고자 하는
의욕을 꺾는 문제점에 대해 우리가 제안하는 권장방안에 대해 논의
하고자 한다.

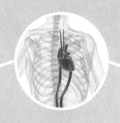

변화를 위한
외부 압력과
내부 추진력

Chapter 05

의학교육의 포괄적 조정 및 재정적 측면

의학교육은 강력한 외부요인에 의해 영향을 받을 수 있는데, 그 범위는 의과대학의 위원회로부터 좀 더 큰 조직인 의료서비스 산업, 그리고 연방정부 관련 업체까지 다양하다. 의학교육과 관련이 있는 조직, 즉 의과대학, 수련병원, 대학인증기관, 공인제도, 면허 관련 단체, 재정기관 등 모든 단체가 각각 질을 향상하기 위해 노력을 한다고 하여도 사실 의학교육 전체를 포괄적으로 조정하고 감독하는 역할을 가진 조직은 없다. 각각의 여러 단체들이 가장 질 좋은 의학 교육에 대해 염두를 두고 일을 한다고 할지라도 대부분 독립적으로 따로따로 개혁을 하고 있기 때문에 이러한 조정 능력의 결함은 때로 빈대의 결괴를 초래하게 된다. 의학교육에서의 변혁이 일어나야 한다면 관련 단체들의 외적 관계 변화, 특히 포괄적인 관점에서의 조정 및 재정적 측면에서 이루어져야 한다.

이 장에서는 좀 더 큰 틀에서의 예를 들면, 학술단체 혹은 의료기관과 관련하여 의학교육이 차지하는 위치의 함의를 언급하고 어떻게 조정하고 재정적 지원을 할 것인가를 다루려고 한다. 전통적으로 의과대학과 수련병원은 다방면으로 풍부하게 재정적 지원을 받아온 셈이며 교육이라는 임무에서 보조 업무까지 담당하여 세 가지 임무, 즉 교육, 연구, 진료를 수행하고 있다. 자원이 풍부할 때는 모든 과정이 순조롭게 이루어지지만 연구 및 임상 능력이 감소되는 경우에는 비용 조달이 쉽지 않으며 점점 불가능하게 된다. 그러나 자원의 활용이 임무에 부합한다면 비용 할당은 공정하고 투명하게 이루어지며 의학교육 여건도 향상된다. 이 장에서는 혁신적인 접근 방법으로 재정적 지원을 우수하게 수행한 네 개의 기관을 본보기로 언급하고자 한다.

사명감과 압박감

여기서는 모두 대학부속병원이 있는 의과대학을 말하기로 한다. 미국에서 LCME(Liaison Committee on Medical Education, 의학교육연합위원회)에서 승인한 학교 중 130개의 의과대학은 부속병원을 가지고 있지 않다. 현재 AAMC(Association of American Medical Colleges, 미국의과대학협의회)와 연방정부기금에 따르면 미국에 126개 기관만이 관할 의과대학, 교수진의 진료 일정, 자체수련 부속병원이 있다고 하였다. AAHC(Association of Academic Health Centers, 대학건강센터협의회)(2009)에서는 대학건강센터를 약간 다르게 정의하였는데 '고등

교육에 대한 승인 및 자격 취득을 해야 하는 기관'으로 정하면서 그
것들은 한 개 이상의 다른 전문의료 프로그램(연관 의료기술과학, 치
과학, 대학원 과정, 약학, 공중보건학, 수의학 등), 한 개 이상의 자체수
련 부속병원, 조직화된 의료서비스'로 구성되어 있어야 한다고 하였
다(http://www.aahcdc.org/about/members/php; http://www.aahcdc.
org/about). 이 정의에 의하면 osteopathic 프로그램을 운영하는 기관
도 대학건강센터로 포함되어 그 수는 좀 더 많아지게 된다.

　의학교육은 대학과 수련병원, 두 독립체가 서로 협력하에 책임져
야 하며, 좀 더 넓은 의미에서 의료 재정과 조정에 대해 반응해야 한
다. 이러한 동적인 관계에서 대학과 수련병원의 가치 개념 및 조직
구조, 재정적 보상, 조정 등은 서로 중복되기도 하고 서로 다르기도
하다. 일부 의과대학과 수련병원은 공동 지원하면서 발전된 대학
및 대학원 교육 프로그램을 운영하기도 하지만 그렇지 않은 데도
꽤 있다.

　의과대학과 수련병원은 공통적인 사회적 사명감을 공유해야 하
는데, 미래의 의료전문가 배양, 생의학 연구 수행, 빈곤자에 대한 의
료서비스, 중환자를 치료할 수 있는 전문클리닉(즉, 3차 의료기관 역
할), 의료 시스템을 전반적으로 향상하려는 리더십 함양 등이 그것
이다. 이러한 공통의 사명감을 가지고 작업을 할 때 의과대학과 수
련병원은 그들의 목표에 도달할 수 있다. 그러나 이러한 가치 개념
은 기관마다 다를 수 있고 한쪽 조직만의 가치만 추구할 수도 있다.
의과대학 부속병원이 아닌 독립 체제를 가진 수련병원은 때로는 대
학원 의학교육 프로그램을 지원하고 의과대학생들을 교육하기도

하지만 이러한 지역병원은 대학부속병원에 비해 중환자의 전문적 치료를 하기가 어렵고 연구도 수행하기 곤란하며, 미국에서는 이러한 병원이 전공의 프로그램의 약 2/3를 차지하고 있다.

1장에서도 언급했듯이 Flexner 보고서에 따르면 의과대학은 종합대학 내에 위치하는 것이 좋은데, 의과대학도 다른 단과대학과 같이 전체 대학의 가치와 구조 내에서 공존해야 한다는 것이다. 전체 대학의 연구 사명 아래에서 새로운 지식의 창조 작업은 대학의 특권과 자원을 가져다 주는 으뜸으로 여길 수 있기 때문이다. 그러한 지식을 가르치는 것은 중요한 임무인데 지역사회 기반을 둔 의과대학에서는 매우 높은 가치로 여기기도 하지만 어떤 연구 중심의 의과대학에서는 덜 중요한 가치로 여기기도 한다.

환자 진료는 의과대학의 또 하나의 임무로 지역사회 혹은 수련병원의 제일 중요한 임무에 속한다. 수련병원의 도전은 최신의 기술을 투자하면서 재정적으로 이득을 보아야 하는 측면과 전공의에게 적절한 교육 기회를 제공하면서 높은 배상을 수반하는 환자 진료 사이에서 균형을 맞추는 것이다. 이러한 필요성은 종종 변화되지만 의과대학과 병원경영자들 사이에서 지속적인 긴장을 유발한다. 19세기 미국의 지역사회 의과대학은 그들이 학생과 전공의 교육을 지역병원에 의존할 수밖에 없었는데, 그때는 전공의 필요성이 환자 진료보다 우선순위가 낮은 상태에 있었다.

대학과 수련병원에 추가하여 의학교육은 강력한 외부 요인, 즉 영리병원업체, 메디케어(Medicare)와 메디케이드(Medicaid), 사보험회사, 의료서비스 수혜자, 연방 혹은 주정부, 규제 단체 등에 의해 영향을 받는다. 예를 들어, 1980년대와 1990년대에는 의료비 상승에 대한 대처로 병원들은 비용을 절감하고 좀 더 효율적으로 운영하는 과정을 거쳤다. 그 당시 수련병원은 상당히 어려운 상태였는데 교육, 연구, 자선 임무 등 고비용이 지속적으로 들렸기 때문이다. 비용 경쟁적인 시장경제 여건에서 수련병원은 존속을 위한 비용을 고려해야 하고 환자 진료와 교육 간의 잠재적 긴장을 강화하는 쪽으로 중점을 두었다. Ludmerer에 따르면 "교육적 관점에서 가장 치명적인 것은 인턴 및 전공의가 상당 부분 잡무 처리 담당자로 전락했다는 것이다. 환자를 돌볼 시간이 점점 없어지는 가운데 연일 이어지는 입원과 퇴원 조치, 교수진, 학생들과의 마주침, 집담회 참석, 문헌 읽기 등에 허덕일 뿐만 아니라 짧은 재원일수로 인하여 환자의 질병에 대해 공부할 기회도 부족하다."라고 하였다.

이러한 재정적 부담과 더불어 갑작스럽게 증가한 신 의료 기술, 진단 및 치료법들의 복잡성, 다양성 및 효과들은 임상적 여건을 배우기에 상대적으로 어려운 환경으로 만들어 놓았다. 예를 들면, 흔한 질병인 경우 과거보다 수련병원에서 그런 환자를 마주치기가 더 어려워졌다.

조정제두: 인증, 면허, 자격증

국가적 차원에서 의학교육의 모든 과정에 대해 인가하고, 면허 및 자격증 관리를 하는 전반적인 공식 감독제도는 없다. 모든 기관이

반자발적으로 때로는 스스로 하기는 하지만 다음에 논의되는 것처럼 의학교육의 주요한 문제 중의 하나로 여겨진다.

의과대학 인증

의과대학생들은 미국 교육부가 인가하고 질 높은 의학교육이라고 보장한 LCME 제정 인증표준에 의해 교육을 받고 있는데, 이것들은 AMA와 AAMC에 의해 함께 운영되고 있다. 인가 과정은 의과대학으로 하여금 매 7~8년마다 자가계발을 하도록 하고 자원자로 구성된 인증팀이 그곳을 방문하는 과정으로 되어 있다. 인증을 유지하기 위해서 의과대학은 125개의 '필수항목' 또는 표준항목을 만족해야 한다.

이러한 과정이 직접적으로는 국가적으로 의학교육의 수준을 한 차원 높이는 결과를 가져오게 되었다. 인증 과정은 의과대학 졸업생이 그들의 수련에서 다음 단계로 나아가기에 적절한 전문적 능력을 보유하고 평생 교육과 능숙한 환자 진료의 기초가 되는 확실한 교과과정을 요구한다. 조직의 다양한 임무와 교육 목표에 대한 존재와 적절성을 인지하면서 LCME는 일부 환경에 의해 의사를 만드는 의학교육이 수준 이하로 운영되는 것을 방지하는 법안을 신청하였다.

졸업 후 의학교육 인증

• ABMS(American Board of Medical Specialties, 미국의학 전공이사회)

- CMSS(Council of Medical Specialty Societies, 의학전공협의회)
- AHA(American Hospital Association, 미국병원협회)
- RRCs(Residency review Committees, 전공의인가위원회)

전공의 프로그램은 ACGME의 승인을 받아야 하고 개인은 전문의가 되기 위해서는 ABMS에서 관할하는 자격증을 취득해야 한다. 전문의 자격증은 두 가지 차원에서 모두 중요한데, ① 인증에 필요한 요구 사항들을 결정함으로써 전공의의 교육 경험의 내용에 영향을 미치는 차원과 ② 자격증 시험을 통하여 졸업생의 지식과 증가된 수행 능력을 평가하는 차원에서다.

의과대학과 수련병원은 전공의와 펠로우십 프로그램을 지원하는 기관으로서 ACGME의 인가를 받는다. 전공의 수련은 졸업생으로 하여금 그들의 첫 번째 전공 분야에 들어섬으로써 질을 높이게 되고 펠로우십인 좀 더 전문화된 추가 수련을 받고 마치면 세부전문의 자격시험을 거쳐 더욱더 전문화된 진료를 할 수 있게 된다. 소아과 전공의 과정은 소아과 전문의 자격을 따게 되지만 추후 소아 심장영역에 대한 펠로우십을 할 수 있다. 마찬가지로 정형외과 전문의는 수지부 수술만 전문적으로 하는 펠로우십을 할 수 있다.

기관의 인증은 교육의 질과 전공의의 복지에 중점을 두고 있는데, ACGME는 전 과정 및 전문가 과정에서 이루어지는 공동 프로그램의 요구사항을 제정해 놓았다. 예를 들면, 전공의 교육이 이루어지는 임상 장소의 특징, 프로그램을 지원하는 교수진의 수준, 전공의 당직시간, 성취해야 하는 일반적 목표 및 능력 등이 있다. ACGME는

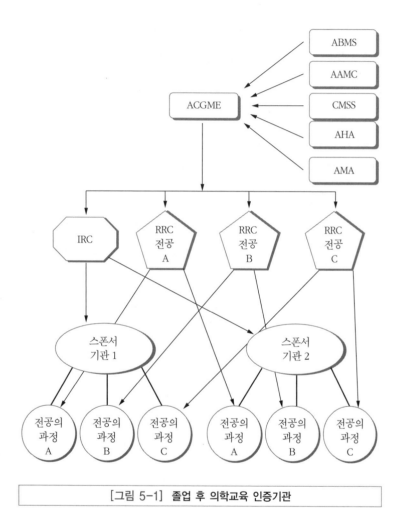

[그림 5-1] 졸업 후 의학교육 인증기관

미국에서 107,000명의 전공의를 수련시키는 8,400개의 전공의 프로 그램을 인증하고 있다.

프로그램 수준에서 인증하는 것은 전문 분야별 그리고 세부 전문 분야별 교육 표준을 정해 놓은 전공 분야별 RRCs에 따른다. 27개의

RRCs들은 각각 전문 분야에 맞는 GME의 내용을 정의하고 구체적
으로 정하고 있는데 내과 전공의의 경우 지속성을 갖은 진료의 수,
외과 전공의의 경우 전 수련 기간 동안 경험해야 하는 담낭제거술
등이며 또한 수련 기간 동안 균형적이고 포괄적인 교육 차원에서 일
부 영역에 대해서는 최대한 이수해야 하는 시간 등을 정해 놓았다.
모든 RRC는 ABMS, AMA, 전공자 단체에서 추천한 전문가로 구성되
어 있다. 추천자들은 ACGME에 의해 임명되며 RRCs의 수탁 책임은
ACGME에 있다. 기관이 ACGME 책임의 일부로서 각각의 전공의 프
로그램을 갖는다고 할지라도 그 프로그램의 개발과 지속 여부는 해
당 과의 수준에서 결정된다.

　전공의와 펠로우십 프로그램의 질을 향상시키고 유지하기 위해
서 RRCs는 엄격하게 규정된 요구사항을 개발했다. 이러한 것들이
의도적으로 잘 고안이 되었더라도 요구사항은 우연한 기회에 교육
쇄신을 저해할 수도 있다. 예를 들면, 전공의 교육 책임자는 전공의
교육을 외래 진료에 더 할애하기를 원하더라도 요구사항에 입원 진
료에 더 할애한다고 명시되어 있다면 실제로 수행하기가 곤란하다.
실제로 전공의는 입원 진료에 과다하게 많은 시간을 할애하게 되어
좀 더 배울 기회가 많은 외래 진료에 참가할 기회를 놓친다. 이러한
문제들을 인지하고 ACGME와 내과 RRC는 혁신과 우수성을 기반
으로 한 EIP(영어, 교육혁신 프로그램)를 개발했다. 전공의 프로그램
은 일관성 있게 인증 표준을 만족하고 혁신적인 교육 프로그램을
제안할 수 있다면 EIP를 적용할 수 있다 이것이 좀 더 많이 채택된
다면 이러한 모델은 GME의 개혁을 촉진할 것이다.

면허와 자격 취득

의사들은 공중보건과 환자 진료에 있어 전문직종이다. 대중의 보호 장치로서 면허와 자격 취득은 의사들이 수련 및 진료의 여러 가지 측면에서 충분한 지식과 능숙함을 보유했음을 보장하는 제도다. 교육과정을 짤 때 의과대학과 전공의 프로그램은 모든 인증 표준을 따라야 할 뿐 아니라 〈표 5-1〉의 요약처럼 면허와 자격 취득 시험에 통과할 수 있도록 해야 한다.

➕ 〈표 5-1〉 의사가 되기 위한 면허 취득과 자격 취득 시험

	책임기관	시 험	시 기
의사 면허 취득(M.D.)	국립의료 시험관 이사회(NBME) 주정부 의료이사회 연맹(FSMB) 주정부 의료면허 이사회	USMLE 1단계: 기초의학 지식 2단계: 임상 지식 또는 CK 2단계: 임상 술기 또는 CS 3단계: 임상 지식	1단계: 의과대학 2학년말 2단계: 4학년 3단계: 인턴 시기
전문의 자격 취득	미국 의학전공 이사회 의학전공협의회 개별적 전공 이사회	지식과 임상 추론 시험	전공의 또는 펠로우 과정 말: 때론 1~2년 의료 실무 후에
전문의 자격 재취득	전공위원회	지식과 임상 추론 시험	전공에 따라 5년 또는 10년마다

면 허 의사면허 취득은 주의 관할로 이루어진다. 기본적인 조건은 승인된 의과대학을 졸업하고 일정한 졸업 후 수련을 받으면 되는데 대개는 미국 의과대학 졸업 1년 후 혹은 세 단계의 USMLE를 통

과했을 때 취득할 수 있다. 어떤 주는 두 단계의 면허 과정이 있는데
전공의 수련 기간 동안 감독하에 진료한 것을 가지고 제한적인 면허
를 부여하고 이후 GME 과정을 마치고 나면 완성된 면허를 부여한
다. USMLE는 NBME(National Board of Medical Examiners, 국립의료시
험관이사회)가 관할하는데 NBME와 FSMB(Federation of State Medical
Boards, 주정부의료이사회연맹)가 공동 주최하며 공동 후원한다.
NBME는 1단계 및 2단계를 FSMB는 3단계 시험을 관리한다.

〈표 5-1〉에서 나와 있듯이 의과대학생은 학교 다닐 때와 전공의
기간 동안 USMLE의 세 단계를 치를 수 있다. 2학년 말쯤 기초의학
의 지식과 임상 적용에 대한 다항선택식 시험인 1단계를 본다. 1단
계 시험은 환자 진료에 필요한 기본적인 과학적인 원리와 개념에 대
한 이해와 적용을 평가하는 것으로 건강, 질병, 치료에 대한 원리와
기전에 중점을 두고 있다.

4학년이 되면 2단계 시험을 보는데 가상 환자 진료에 대한 임상
지식과 기술에 대한 적용을 평가하는 것으로, 건강 증진과 질병 예
방에 중점을 둔다. 2단계도 원래 임상 지식과 추론에 대한 다항선택
식 시험이었는데, 2005년도부터 병력 청취, 이학적 검사, 환자와의
의사소통 기술 및 전문가적 자질을 평가하는 수행 능력이 추가되었
고 몇 곳의 정해진 시험 장소에서 훈련화된 표준 환자를 이용하여
치르고 있다. 2단계는 주로 수행 능력을 보는 조건인데, 이 과정을
추가함으로써 인지된 기술과 실제 임상적이고 소통 가능한 기술을
구분하여 평가할 수 있게 되었고 졸업 후 감독하에 환자를 진료할
수 있는 준비를 할 수 있게 되었다. 1단계 및 2단계를 마쳐야만 의과

대학을 졸업할 수 있다.

미국에서는 대부분 수련 과정에서 대개 인턴이 끝나는 시기에 임상 추론에 대한 평가인 3단계 시험을 치른다. 3단계는 "임상의에 대해 환자 진료를 수행할 수 있는 독립적인 책임감을 상정하는 최종 평가다."라고 일컬어진다. 다항선택식 시험은 생물의학적이고 임상적인 지식에 대한 이해와 이 지식을 환자 진료에 적용하는 기술과 관점을 평가한다.

의과대학의 임무는 학생들의 실습과 면허에 대한 준비를 시켜야 하므로 교수들은 USMLE 시험의 내용과 시기에 대해 관심을 가져야 한다. 어떤 학교는 현재의 시점이 학과 과정을 전면적으로 개편하기에는 장애가 된다고 하였는데, 예를 들면 의과대학이 첫 2년에 기초의학교육을 완성시키기보다 4년 동안 기초, 임상, 사회과학을 고르게 나누어 교육시키기 위한 새로운 학과 과정을 만들기를 원하는 경우 학생들이 2학년 말에 기초의학을 모두 끝내지 못한 상태에서 USMLE 1단계 시험을 치러야 하므로 학생들이 시험을 통과하지 못하게 되는 위험이 있다. 3장에서 살펴보았듯이 2학년 학생들은 1단계 시험에 지나치게 중점을 두어 수업을 빠지고 이 시험 공부만 시간을 보내어 2학년 교육과정이 제대로 이루어지지 않는 수도 있다. 이 시험에 대한 걱정은 무조건적 성향의 평가 및 전공의 지원자에 대한 스크리닝으로 부적절하게 사용된다는 데 있다. USMLE 1단계 시험 점수와 전공의 시기의 평가가 별로 유의한 상관성이 없음에도 불구하고 전공의 프로그램은 매우 경쟁적이다(r=0.22; 95% CI 0.13~0.30). 뿐만 아니라 2단계 점수도 전공의 지원 과정에서 요구하기도 한다.

환자 진료에 있어서 핵심 능력에 대한 최근의 관심은 면허를 위한 시험 제도의 재고를 부추기고 있는데 무엇인지 불분명하지만 변화는 일어나고 있다.

자격 취득　인가된 수련 프로그램에 의해 전공의 혹은 펠로우십을 마친다면 수련받은 전공 분야에 대한 자격을 취득할 것이다. 적절한 특성과 전문적인 속성을 가진 우수한 수준의 보증된 ACGME 전공의 프로그램을 마친 후에는 전공의는 전문의 시험을 보게 된다. 자격시험은 위에 언급한 전문기관에서 개발하고 관리한다. ABMS의 24명의 위원들은 소아과 혹은 일반외과 등의 '첫 번째로 취득한 전문의'와 알레르기, 면역, 대장항문외과 등의 '두 번째로 취득한 전문의'가 함께 구성되어 있다. 전문의 자격취득 시험은 전공의와 펠로우십 수련을 마치고 나서 치른다.

전문의 시험을 통과한 사람을 전문의 자격을 취득했다고 하며, 인증된 전공의 프로그램은 마쳤지만 전문의 자격 시험을 보지 않았거나 통과하지 못한 사람들은 '전문의 자격 취득 후보자'라고 하는데, 이는 전문의 자격이 아직 보증되지 않은 상태다. 대략 전공의를 마친 75~80% 경우에서 첫 번째 전문의 자격을 따게 된다. 전반적으로 미국에서 의과대학 졸업생 중에 전문의가 되고 싶어 하는 비율이 점점 줄어들고 있는데, 아마도 시험에 드는 비용이 많고 시험이 어려워서이기도 하다.

점차적으로 전문의 자격은 임상의사로 하여금 재자격을 취득하기를 요구하지만, 재자격에 실패한다고 하더라도 공식적인 벌은 없는 상태다. 주 면허제도는 전문의 자격에 대해 첫 시험과 유지를 위한 시험을 요구하지 않는다. 의사의 공급이 적당한 곳에서 보험 제도는 그들의 패널 의사에 대해 전문의 자격을 요구하며 병원이나 의료기관에서 신임 과정의 하나로서 전문의 자격을 요구한다. 시골이나 지방에는 면허를 받지 않거나 인가된 전공의 프로그램을 받지 않은 의사들이 꽤 있는 편인데, 전문의 자격 취득에 별 매력이 없기 때문이다.

⚕ 재 정

의학교육의 재원은 여러 자원으로부터 온다. UME의 재원은 학생들의 등록금, 주 책정액, 대학본부의 자원, 기부 수익, 의학교육을 지원하는 동창이나 다른 기관으로부터의 지원, 상금, 의과대학 자원 등으로 구성된다. 이러한 혼합된 재원으로부터 교수들의 봉급, 중앙관리 및 지원 서비스, 기술, 시설, 도서관, 장학금 등을 운영해야 한다. 대조적으로 GME의 주요 재원은 연방정부로부터 메디케어의 책정액으로 얻게 되며, 많은 주는 메디케이드에서도 얻게 되는데, 이는 의학교육의 직간접 비용을 공평하게 배분하는 것이다.

의과대학 재원은 지난 30년간 지속적으로 올라가고 있는데, 1980년대 및 1990년대의 급작스러운 메디케어의 수입 증가와 더불어 NIH의 생물의학적 연구 기금이 많이 늘어났기 때문이다. 교수진, 연구, 대규모 임상 연구들이 이 시기에 현저하게 늘어난 반면, 의과대학생의 수는 상대적으로 일정하게 유지되고 있어 [그림 5-2] 처럼 교수진은 교육보다는 다른 활동에 대한 임무가 증가하였다.

오늘날 놀랍게도 의과대학의 가장 큰 재원은 [그림 5-3]에서 보여 주듯이 교수들의 임상 진료(39%)와 연방정부의 연구 기금 및 계약 (20%)인데 이러한 재원은 교수들의 노력 여하에 좌우된다. 교수의 임상 진료와 연구 기금이 늘어난 결과 의과대학이 대학본부 혹은 주 정부로부터 보조받는 부분이 평균 6%로 감소했는데, 공립학교는 11.6%, 사립학교는 0.5% 감소하였다.

주 의과대학의 의학교육은 M.D.프로그램에 등록된 학생 수에 기

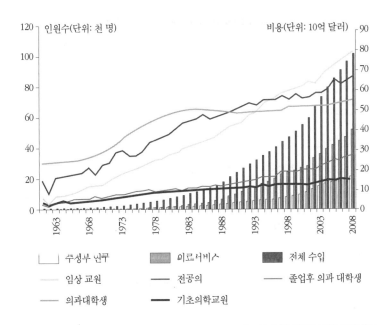

[그림 5-2] 의과대학 교수, 학생, 재원의 증가 추이(1961년에서 2008년까지)

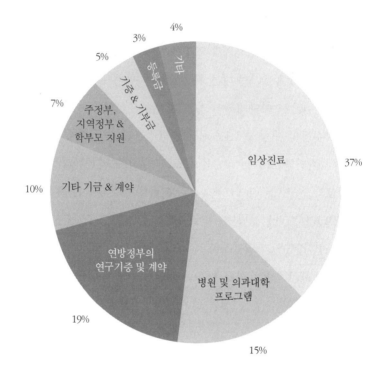

4%

3%

5%

7%

10%

등록금

기증 & 기부금

기타

임상진료 37%

주정부,
지역정부 &
학부모 지원

기타 기금 & 계약

연방정부의
연구기증 및 계약

19%

병원 및 의과대학
프로그램

15%

[그림 5-3] 의과대학 재원(126개 미국 전체 의과대학, 2008년)

초하여 보조를 받는다. 어떤 주는 학생 수에 의해 다른 주는 학생과 교수의 비율로 할당을 받는다. 예를 들면, 캘리포니아 대학교의 경우 전통적으로 의과대학 등록금은 1명의 전임 교수에 대해 의과대학생 3.5명, 전공의 7명에 근거한 교수봉급 공급 차원에서 인상된다. 공립 학교는 의과대학 재원에서 주 및 대학본부가 차지하는 비율이 AAMC'c FY 2007 LCME Part I-A Annual Financial Questionnaire가 보고한 자료에 기초한 전체 재원에서의 비율로 표현되는데, 1%부터 35% 이상 차지하기도 한다. 등록금 인상에 따라 새로운 전임 교수진

들은 연구, 교육 및 진료 등 여러 측면에 임무가 부과된 과에 할당된
다. 연구 중심 의과대학의 대부분의 과는 전임 교수진을 훌륭한 연
구자 채용에 할당하기 때문에 이러한 현상은 교육 임무에 대해 임상
진료 및 자선 활동과 같은 과의 다른 재원에 의해 보조를 받게 되는
상태를 야기한다.

〈표 5-2〉는 공립학교와 사립학교의 재정에 대해 유사점과 차이
점을 보여 주고 있다. 공립과 사립의 이분화에 추가하여 의과대학은
근본적 취지와 지역사회 기반, 혹은 사적 독립체제 등의 학교 관리
구조에 의해 특징지어질 수 있다. 미국에서 20개의 연구 중심적인
의과대학은 가장 큰 기관 중의 하나이며 연구와 임상 진료에 많은
부분을 투자하고 있다. 19개의 지역사회 기반 학교는 그들의 임상교

✚ 〈표 5-2〉 미국의 126개 인증 의과대학의 재원 지원 프로그램과 활동(공립학교와 사립학교 비교, 2008년)

재 원	76개 공립학교			50개 사립학교		
	총 재원	비율(%)	평균	총 재원	비율(%)	평균
임상진료	$12,598	33.3	$166	$17,036	41.6	$341
병원 구입 서비스 및 지원	$5,874	15.5	$77	$5,683	13.9	$114
연방정부 지원	$215	0.6	$3	$27	0.1	$1
주, 지방자치, 대학본부 지원	$4,710	12.4	$62	$247	0.6	$5
등록금	$1,173	3.1	$15	$1,523	3.7	$30
기부	$462	1.2	$6	$1,356	3.3	$27
기증	$773	2	$10	$1,328	3.2	$27
기타	$1,633	4.3	$21	$1,482	3.6	$30
연구 기금 및 계약	$10,436	27.6	$137	$12,301	30	$246
총 재원	$37,875	100.0	$498	$40,983	100.0	$820

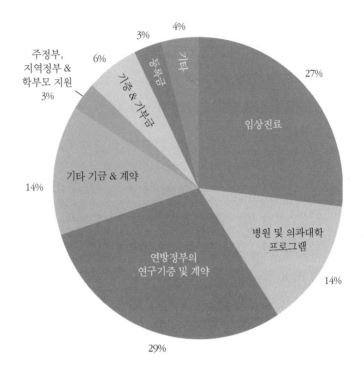

4%

3%

주정부,
지역정부 &
학부모 지원
3%

6%

기증 & 기부금

등록금

기타

27%

임상진료

기타 기금 & 계약

14%

연방정부의
연구기증 및 계약

병원 및 의과대학
프로그램

14%

29%

[그림 5-4] 의과대학 재원(20위까지의 연구 중심 의과대학, 2008년)

육 프로그램을 지역사회 병원에서 수행한다. 이러한 비교적 작은 기
관은 주 및 지방자치로부터 보조 받는 책정액으로 재정의 많은 부분
을 할당하고 많은 수의 일반의를 배출하고 있다. 13개의 사립 독립
체제 의과대학은 종합대학에 속하지 않고 정부로부터 거의 보조를
받지 않으며 대부분 교수의 진료 수입, 등록금, 연계 수련병원의 지
원을 받고 있다. [그림 5-4]와 [그림 5-5]는 연구 중심 의과대학과
지역사회 기반 의과대학과의 차이를 보여 준다.

최근에는 전체 의과대학 기금에서 주, 지방자치, 대학본부에서 공

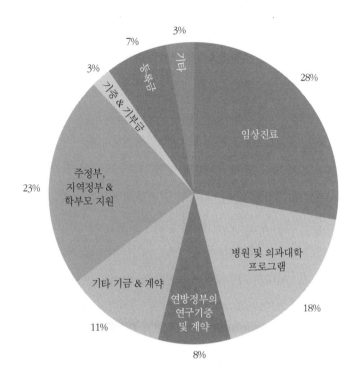

[그림 5-5] 의과대학 재원(19개 지역사회 기반 의과대학, 2008년)

립 의과대학에 지원하는 비율이 줄어든 반면 연구 기금, 교수들의
진료, 등록금에 의한 부분은 증가하였다.

의과대학생 교육 비용

의과대학생 및 전공의를 교육하는 데 들어가는 비용이 얼마인지
에 대한 문헌은 매우 부족하며 연구 방법에 따라 결과가 다르게 나
타난다. 한 연구는 학생의 임상 실습 중 15분 간격으로 시간 및 활

동 자료를 모았다. 1992년에 수행된 한 연구에서는 병원 환경에서 1명의 3학년 의과대학생을 교육하는데 전공의가 가르쳐 주는 것을 제외하고 드는 직·간접 비용이 31,776달러로 산출되었다. 다른 연구에서는 교수들 자가보고, 교육 데이터베이스, 교학과 등의 자료 등을 모았다. 의과대학생을 의학교육, 연구, 진료 환경에 투입하는 교육 비용은 1996년을 기준을 보정할 때 평균 1년에 한 학생당 40,000~50,000 달러가 든다. 의학교육 프로그램을 개발하고 유지하는 데 드는 전체비용은 1년에 한 학생당 71,000~93,000달러가 든다. 통화 팽창을 감안할 때 (실제로 1997년과 2007년 사이에 27% 상승) 의과대학생 1명을 교육하는 데 매년 90,000~118,000달러가 드는 것이다.

외래 진료에 의과대학생이 나오면 의사들의 생산성은 30~40% 감소했다는 보고가 있으며, 다른 연구에서는 의과대학생과 전공의를 데리고 외래를 운영할 때 드는 비용이 24~36% 증가한다고 하였다. 공식교육기관이 아닌 개원가로 학생이 파견 나가면 그 클리닉의 의사들이 일하는 시간이 하루에 52분이 더 늘어나고 환자 진료는 1시간에 3.9명에서 3.3명으로 줄어들게 된다. 의사들이 학생 및 전공의 교육에 비용을 별도로 못 받더라도 생산성 감소 측면에서 보면 기관 및 의원에 소요되는 비용이 상당하다.

일반내과 외래진료에서 전공의를 수련시키는 데 드는 비용도 이와 유사하게 나타났다. 교육기관에서 드는 비용이 교육기관이 아닌 곳에서 드는 비용보다 36% 높은데 기반시설 비용에서 38%의 차이가, 교육에 들어가는 직접비에서 62%의 차이가 난다.

학생의 재정적 부담

안정적인 노동과 의사들의 적정 분배로 인한 해당 인구집단의 수혜로 공립 의과대학에 대한 주정부의 지원은 높은 편이다. 그러나 최근 몇 년간은 의학교육에 대한 주정부의 지원이 상대적으로 줄어들었고 등록금은 인상되어 학생들의 부채가 늘어났다.

AAMC의 보고에 의하면 2007년에 88%의 의과대학생들이 재정적 도움을 받았는데, 그중 80%는 학생 대출의 형식이었다. 2007년에 평균 학생 부채는 공립대학의 경우 129,800달러였고 사립대학의 경우 156,800달러였다. 이는 1998년 공립대학의 72,700달러 및 사립대학의 103,600달러에 비해 상당히 증가한 것을 보여 준다. 이렇게 늘어나는 부채에 일반의들의 적은 봉급은 졸업생으로 하여금 일차진료 선택을 가로막고 지방에서의 진료를 주저하게 하여 이러한 지역에서의 의사 부족 현상을 악화시킨다.

졸업 후 의학교육 비용

졸업 후 의학교육 비용은 여러 자료에서 구할 수 있다. 메디케어 및 메디케이드가 주 자원이며 사보험회사가 수련병원의 교비용을 딤딩힌다. 전공의 및 펠로우를 위한 연방정부의 수련기금, 펠로우들에 의한 환자진료비, 의과대학으로부터의 보조 등이 있다.

1965년에 의회는 사회보장법(Social Security Act)을 개정하고 65세 이상과 해당 장애자에 대하여 연방정부가 관리하는 건강보험 프로그램인 메디케어법을 제정하였는데, 이 제도는 전공의 및 의료서비스에 종사하는 다른 의료인에 대한 비용을 명백히 증가시켰다. 메디케어는 졸업 후 의학교육에 대한 유일하면서 가장 큰 자원이며 2004년도 수련병원에 지급한 비용이 80억 달러 정도 된다. 이 비용은 두 부분으로 나눌 수 있는데, 첫 번째 상환의 형태는 2004년도의 경우 26억 달러에 해당하는 직접교육비였는데 전공의 봉급, 전공의 교육 비용, 다른 교육프로그램에 대한 직접비가 포함된다. 상환 제도는 그 병원에서 수련받는 전공의의 수 및 메디케어에 해당되는 환자의 비율로 정해진다. 전공의 당 직접비는 1984년을 기준으로 하여 소비자 비용지표에 의해 매년 산출된다. 수련병원에서 첫 번째 전문의를 통과한 전공의 및 펠로우를 위한 직접비는 줄어들면서 세부전문의를 위한 수련에 더 많은 비용이 들어가고 있다.

수련병원에 대한 메디케어 상환의 두 번째 형태는 간접교육비인데, 2004년도에 53억 달러가 들었다. 이러한 비용은 전공의를 교육하는데 들어가는 추가적인 비용인데, 전공의에 의한 검사 비용이나 교수들이 전공의를 지도하면서 생기는 부가적인 비용이다. 상환 비용은 합법적으로 정해진 승수에 의해 산출되며 전공의당 침대 수 대리지표로 많이 사용하는데, 전공의를 교육하는 기관에서 필요한 추가비 및 그 기관에서 고도로 전문화된 환자 진료에 들어가는 비용등에 해당된다. 주정부는 GME에 비용에 대해 요구받지 않지만 연방정부와 파트너십을 가지고 지원하기도 한다.

GME 비용은 1984년 이후 매년 상승하고 있어서 메디케어의 향후 지불제도에 포함되었다. 의과대학생들에게는 전혀 지원되지 않으며 메디케이드와 같은 다른 지불제도도 의과대학생 교육에는 지불하지 않고 있다. 병원으로 지불되는 비용은 병원의 다른 수익과 합쳐져서 병원 서비스를 지원한다. 그 비용들은 전공의 봉급에 사용되며 GME 및 각 과의 전공의 프로그램 관리를 위한 사무실 운영 등 전공의 교육에 드는 간접비를 상쇄하는 데 쓰일 수도 있고 안 쓰일 수도 있다.

전국적으로 종합대학에 속해 있지 않은 수련병원이 전공의 수련 프로그램의 약 2/3를 차지하며 의과대학생의 1/4 혹은 1/3에 해당하는 상당수를 교육한다. 그러한 수련병원은 의과대학과의 연계에 중점을 두는데 그러한 관계가 그들의 전공의 모집 때 좋은 의과대학생들이 지원하고 좀 더 나은 의료진을 확보하고 환자 진료의 질을 향상시키기 위함이다. 의과대학 쪽에서는 이러한 연계병원을 갖는 것이 학생, 전공의 및 펠로우에게 좀 더 필요하고 다양한 수련 경험을 제공한다는 측면을 갖는다. 의과대학생을 수련한다고 해서 연계병원에 비용을 지불하는 의과대학 혹은 주정부 기관은 거의 없다.

가난하고 보험에 가입되어 있지 않은 환자를 많이 보는 병원은 연방정부로부터 메디케어 상환비에 조정된 불균형 보조기금(disproportionate share: DSH or ‘dish’)을 지원받는다. DSH 기금은 GME에만 주어지도록 특정화되지 않았지만 수련병원이 필요로 하는 부가적인 재원인데 보상받지 못하는 많은 부분을 대 주기 때문이다. 전국의 130개의 보훈병원 105개의 의과대학과 연계 협정을 맺었다. 약 32,000명의 전공의는 매년 그러한 병원에서 수련을 받으며 보훈병원들은 전국 전공의 프로그램의 9% 정도를 차지하고 약 8,900명의 전공의를 보유하고 있다. GME의 다른 기금은 국방부 및 NIH에서 오고 있으며 이러한 데서 오는 총액은 10억에서 20억 달러 수준이다.

관리진료플랜 혹은 사보험회사 같은 다른 지불제도인 전통적으로 수련병원에 고비용을 지불하면서 GME를 지원하였는데, 경쟁적인 환경에서 그들의 의지가 약화되었다. 금액을 정확하게 산출하기는 어렵지만 수련병원이 아닌 데보다 수련병원인 경우 5~10% 더 많은 비용을 지불한다.

GME 비용　전공의 수련 비용에 대해 많은 방법으로 연구가 되었는데, 1년에 가정의학 전공의 1명을 교육시키는 데 드는 총 비용은 2003년도에 44,812달러에 해당되었다. 입원환자 진료에 대한 GME 비용이 조사에서 병원회계 시스템을 이용하여 전공의가 있을 때와 없을 때 들어가는 비용을 산정하였는데 교육 프로그램이 있을 때는 입원 진료 총 비용이 4.4% 증가한다.

GME 비용을 연구한 또 다른 접근은 전공의 프로그램의 수련 및 관리와 연관된 모든 과의 비용을 조사한 것이다. 전공의 프로그램의 직원 채용 및 조정, 공간 임대 등의 관리 비용은 사람 수 혹은 전공의 수에 기반하여 프로그램의 크기와 반비례한다. 2003년 1년당 수련비용은 1명의 전공의 및 펠로우별로 각각 34,000달러와 17,500달러가 들었다. 보훈병원은 수련에 있어서 각 의사당 봉급과 부가혜택에 추가하여 드는 교육 관련 비용을 1년당 43,000달러 할당하였다.

또 다른 형태의 분석에서는 대학부속병원, 대학병원 아닌 수련병원, 비수련병원의 비용을 비교한 것이다. 1993년 도시의 교육 중심

병원에서는 1사례당 지방의 비수련병원에 비해 83% 비용이 많았다. 의과대학생과 전공의를 교육하지만 대학병원이 아닌 수련병원은 의과대학과의 연계는 되어 있지 않지만 비수련병원에 비해 23% 비용이 많았다. 사례, 임금 수준, GME 직접비 등을 보정했을 때 대학 부속병원이 대학병원 아닌 수련병원에 비해 44% 비용이 높았고 대학병원 아닌 수련병원은 비수련병원에 비해 14% 비용이 높았다.

기금 문제

의학교육 기금 문제는 의학교육자 및 의회에서 늘 논란의 주제가 되어 왔다. 메디케어를 통한 GME 기금의 타당성에 대한 논란이 늘어나고 1차 진료의와 전문의의 상환 비율의 차이가 벌어지는 것을 어떻게 처리해야 할지가 문제가 되었다. 궁극적으로 기금은 의학교육에 대한 장려책 및 비장려책으로 작용하게 되어 기금을 임무에 어떻게 짜 맞출지가 모든 조직에 있어서 중요한 문제로 여겨지고 있다.

정책 논란 강력한 정책 논란은 메디케어에 의한 DME와 IME 기금에 대한 지속적인 소용돌이다. 이러한 논란의 중심은 수련병원, 외래 클리닉, 의과대학, 공급자, 전공의 중 누가 기금을 받아야 하는가, 할당 형태는 적절한가, 연방정부가 GME 모두를 지불해야 하는가 등이다. 기금은 병원이 받아야 하는가? 혹은 의과대학이 받아야 하는가? 존재하는 과거 형태 아래 수련병원에 지불되어야 하는 금액의 폭넓은 변이 또한 관심사다. 뉴욕, 매사추세츠, 일리노이에 있는 병원에서 전공의당 상환비율은 텍사스나 캘리포니아에 있는 데보다 많은데 이러한 곳은 다른 데는 없는 교수진들의 교육 비용이 포함되어 있기 때문이다. 의회에는 GME가 메디케어 및 메디케이드와 같은 환자의 진료 비용에서 지불되지 말아야 한다는 사람들이 많다. 커다란 이슈는 의학교육이 공중기금에 의해 지원받기에 마땅한 공공 제도인지, 의사가 되면 수입이 많으므로 교육받는 데 드는 비용은 모두 스스로 지불하는 것이 마땅한 시장 개념으로 여겨야 할지다.

상환 차이의 격차 이 또한 UME 및 GME 기금에 영향을 주는 부가적인 요인인데 1차 진료의와 전문의 사이의 격차다. 일반내과, 소아과, 가정의학과 의사의 봉급은 기타 내과 및 외과 전문의 봉급의 절반 수준이다. 잘 정착된 의료전달체계의 중요성에 더하여 1차의료는 의과대학생이 처음 임상 술기를 배우는 중요한 장소이며, 1차 진료 교수진들이 의과대학 교육과정에서 불균형적인 책임감을 갖는데 그들의 임상 활동은 의사를 시작하는 사람들에게 환자 진료에 대한 일반적인 교육을 제공하기 때문이다. 그러나 일부 의사는 낮은 상환 지불로 인해 진료 재원에서 봉급을 많이 못 받는 경우가 있어 그들은 다른 병원, 다른 곳에서의 진료 혹은 기타 기관에서 보조를 받는다.

교육 임무에 대한 재정 조정 교육 임무를 지원할 수 있는 충분한 기금이 있는지에 대해 대부분 논란이 있지만 의학교육 쪽으로 할당된 기금은 사실 이 목적만으로 쓰인다고 믿는 수밖에는 없다. 대학

병원 교수들이 늘 반복하는 말이 "내가 가르친 것에 대한 보수가 없다."라는 것인데 그들이 환자 진료를 통하거나 연구비 등에 의해 보충을 하기도 한다. 교수들이 교육한 것에 대해 직접적으로 보수를 받지는 않으므로 거의 자발적으로 교육에 참여한다고 볼 수 있다.

이러한 상황을 변화시키기 위해 재원의 원천을 확인하고 그것들을 교육, 연구, 환자 진료에 대한 기여에 따라 분배하는 것이 필요하다. 대부분의 교수와 과장들은 재원의 원천과 교수 봉급 사이의 관계에 대해 잘 이해하지 못하고 있다. 투명하게 확인되는 재원의 흐름이 분리되어 있기는 어렵고 교차 지급이 대체로 흔하다. 과거 몇 십 년간 의과대학은 다양한 임무와 관련된 비용과 재원에 대해 이해하고 책임과 성과에 대한 부서별 기대를 재정립하며 자료를 투명하게 하고 이러한 정보에 기초하여 효과적인 관리 결정을 하려고 해 왔다. 이러한 과정을 '임무에 기초한 관리' 혹은 '임무에 기초한 예산'로 여기게 되어 회계장부 노출, 동료들의 책임감 및 협조 체계 등으로 받아들이는 것이다. 첫 번째 요구사항은 통합된 재정 상태이고 두 번째는 조직의 양적 평가에 기반한 일련의 생산성 보고다. 이러한 체계가 없다면 전략적 결정은 진공 상태에서 만들어지고 교수들의 교육 기여도는 기록되지도 않고 기금으로 충당할 수도 없다.

대부분의 학교는 교육의 재원 비용에 대해 기록을 남기고 교수들의 기여도와 질에 따른 다양한 임무에 따라 기금을 구체적으로 할당한다. 이렇게 하기 위해 학장과 과장들은 교육, 연구, 환자 진료, 봉사에 대한 교수들의 기여도를 알아보고 보상하기 위하여 투명한 정책, 계량화, 측정 시스템을 적용한다. 대부분의 시스템에서 교수들의 업적에 대해 '상대가치단위'를 사용한다. 강의, 소그룹 교육, 실험, 임상교육, 교육 자료 개발, 시험 문항 개발, 개별 지도, 교육 분야의 리더십, 의학교육 연구, 간행 업무 등의 교육 활동이 매우 많다. 이러한 각각의 활동을 단위 혹은 가치로 환산한다. 예를 들면, 의과대학 첫 2년의 강의는 학생을 대면한 시간 더하기 준비, 멘토링, 시험을 위한 5시간과 맞먹는다. 입원환자 보기는 1일 2시간에 해당된다. 전공의 프로그램 책임자는 0.30 FTE를 받고 임상 실습 책임자는 0.20를 받는다. 양적 평가에 더불어 어떤 곳은 교육에 대한 질을 평가하기도 한다. 이러한 시스템은 학장과 과장들로 하여금 교수들의 교육, 연구, 진료 활동이 그 조직의 기대와 자원에 부합하게끔 한다.

임무에 기초한 관리를 해 온 학교들이 교육 쪽에 지원을 늘려 임무와 관련된 소비 위주로 자원 분배를 바꾸었다고 보고했다. 계량화 작업이 쉽게 이해되고 시행되고 균등하게 적용되는 것이라면 교수들은 교육과 연구비 쪽에 좀 더 공평한 분배를 인식한다. 그렇지 않으면 교수들은 그것이 너무 복잡하고 부담이 되고 시행하기 어려우며 불공평하고 업적의 정확한 계측보다 너무 양적으로만 평가되는 것으로 불평한다. 2003~2004년에 35개 학교(의과대학의 28%)는 교육에 대한 기여에 따라 과 및 교수들에게 자금을 분배하는 제도를 시행했으며 다른 40개 학교(32%)는 그러한 제도를 개발하고 있었다. 이러한 접근이 괜찮다고 여겨지는 것은 교수들의 활동을 적당한 임무에 따라 배치하는 기능에 의하고, 자원이 투명하게 교수들의 작업과 짝지어지고 관리 결정이 정확한 정보에 의해 이루어지기 때문이다.

♆ 의학교육 재정의 혁신

　여기에서 의학교육 기금에 대한 몇 개의 전망되는 예를 보기로 한
다. 플로리다 대학교, 메이오 클리닉, 미시간 대학교, 펜실베이니아
대학교, 4개의 의과대학과 부속병원 사이의 협동 체계를 기술하고
자 한다.

플로리다 대학교

　종합대학 내의 의과대학은 임무에 기초한 관리를 해 왔다. 1994년
대학은 재정 기획, 평가 및 할당이라는 3단계의 과정을 만들었는데,
① 재원은 각각의 임무에 대해 전향적으로 밝혀지고 의도된 목적에
따라 정비가 되고, ② 교수 업적(양적 혹은 질적)은 각각의 임무에 따
라 측정되고, ③ 업적은 각각의 임무에 따라 전향적 예산과 연결이
되어야 한다. 학장은 교육 임무에 대한 재원을 정의하고 위원회는
주정부 기금의 70%를 교육에 할당하게끔 하였는데, 이 조사 당시
학장은 85%까지 증가시켰다. 이 중 15%는 일반교육 관리에 할당하
고 85%는 교육 기여도의 양과 질에 의해 각 부서의 교육 관리 비용
에 빌딩히 었디.

　교수의 업적은 상대가치 단위에 의해 모든 영역에 대해 평가되었
다. 교육 활동은 교수의 직접 접촉시간 등이 중앙으로 연결되어 알
게 되며 교수들은 준비 점수(credit)로 2시간을 얻는데, 직접 접촉에

대한 점수 및 교육위원회에 참여함으로써 얻는 점수다. 임상의 경우 입원환자 교육은 1일에 2시간을 배정하고 외래는 반일에 1.2시간을 배정한다. 교육의 질은 학생들의 수업 평가, 코스 책임자의 연간 보고, 외부 및 4학년 때의 포괄적 객관적 구조화된 임상시험을 통한 학생 수행 능력, 학생 수행 능력을 평가하는 도구의 질 등으로 사정된다. 이러한 모든 자료로부터 위원회는 매년 각 코스와 임상 실습에 대해 질 점수(quality factor)를 산정하고 부서들은 교육 임무에 대한 일 할당의 일부를 받게 된다. 이러한 교수 및 부서 업적 자료에 근거하여 많은 수의 표준화된 보고가 만들어졌으며 데이터에 기반하여 교수 배정, 보상, 자원과 임무의 배치 등의 결정이 이루어진다.

2004년 의과대학 및 부속병원인 쉔드수련병원과 클리닉은 학문 및 질적 지원 협정(Academic and Quality Support Agreement)을 약정하였고, 이에 따라 기금이 병원에서 의과대학으로 흘러가게 되었다. 학장, 병원 경영자, 의무부총장 등으로 이루어진 관리위원회에서는 매년 이 기금이 기초 지원과 위원회 지명 기금 지원, 두 가지 용도로 사용된다는 제안을 승인한다. 연간 기초 지원은 과년도지출에 의한 기초 지원으로 구성되며, 만약 전 회계년도에 쉔드가 해당 재정 수행목표를 달성했거나 의과대학이 해당 질적 수행지표를 이루었다면 증가하게 된다. 기초 지원은 매달 미리 지불되는데 발생원가에 대한 의과대학의 청구서에 의해 지불된다. 전자는 1640만 달러로 총 지원비의 61%이며 후자는 430만 달러로 총 년 지원비의 15.9%이다. 특수 프로젝트를 위한 위원회 지명 기금 지원은 620만 달러로 총 년 지원비의 23.1%다.

메이오 클리닉

미국에서 가장 작은 의과대학으로, 41명의 신입의과대학생과 164명의 등록생이 있다. 메이오에서의 교육의 중점사항은 1,400명의 전공의와 펠로우의 GME에 있다. 이는 종합대학의 역할보다는 미네소타의 로체스터(1,550명의 봉직의) 애리조나의 스콧데일(315명의 봉직의) 플로리다의 잭슨빌(300명의 봉직의)에 위치하는 대규모 의료시스템으로의 역할이 고유하다. 메이오 클리닉은 미국에서 가장 큰 사적 그룹진료 형태로 비영리기관이다. 메이오 클리닉과 의과대학의 사명감은 '통합된 임상 진료, 교육, 연구를 통해 매일 모든 환자에게 최고의 의료를 제공하는 것'이다.

메이오 재단으로부터의 연합 재원이 진료를 지속시킨다. 교육과 연구는 교외기부금, 자선 활동, 기타 재원으로 지원된다. 2005년 교육비용은 1억 2,930만 달러가 소요되었는데 그중 1억 510만 달러는 GME로, 360만 달러는 의과대학생 교육으로 쓰였다. 그 당시만 해도 GME는 규모뿐만 아니라 비용에서도 가장 많은 부분을 차지했다.

메이오의 모든 의사는 봉직의이며 그들의 시간과 노력에 대해서 임무를 선택하도록 되어 있다. 교육을 선택한 경우는 교육에 대한 책임을 수행하기에 적절하도록 작업을 줄인다. 메이오는 포괄적이고 역량을 기반으로 한 교수 개발 프로그램이 시행된다 교육, 교육과정 개발, 멘토링, 피교육자와 프로그램 사정, 연구비 신청, 글쓰기와 출판, 개별 및 지도자 개발 프로그램 등의 기술을 향상하기 위한 워크숍을 한다. 메이오는 교육의 혁신 및 연구를 위해 기부를 하여 높은 학력을 가지고 학구적인 기여로 보상을 받는다.

미시간 대학교

2002년 미시간 대학교 의과대학은 새로운 재정 관리 체제에 착수했다. 지도자들은 재정 자원과 비용에 적절한 학교의 사명, 비전, 가치를 정비하고 교수들이 10억 달러 운영으로 만들어지는 병원의 선택을 좀 더 잘 이해하도록 하는 새로운 관리 시스템을 만들었다. 학교 내에서의 광범위한 토의를 통해 일련의 주요한 수행지표가 적용되며, 여기에는 학교 또는 부서의 재정 및 관리 수행 능력, 학생을 교육하는 수준, 환자 만족 및 의료 접근도, 교수들의 임상진료 능력 등이 포함되어 있다. 이러한 것들은 궁금한 것 위주로 수년간의 자료에 의해 개발되었는데 시기적절한 전략 결정에 사용될 수 있다. 교수 모두에게 좋은 평가를 받지는 못해도 좀 더 투명한 재정 시스템을 만들고 자원을 적절한 임무에 연결하는 것들이 향상될 수 있다.

2005년 의과대학은 내부의 재정을 재구조화했는데 미시간대학 의과대학의 체결하에 현재 중앙에서 관리하는 GME 기금 1,500백만 달러를 기부금 형식으로 전달했다. 첫 5년 이상 동안 이 기금에 대한 관심은 임상 시뮬레이션 센터의 기본비용을 지원하는 형식으로 지정시켜 놓았다.

GME 혁신 프로그램은 교수들이 GME의 혁신 계획에 동참하여 기부하는 제도를 정비하였다. 첫해 동안 가치 기반 제안 제도를 통하여 100만 달러를 모았고, 이후 4년간 50만 달러가 매년 지출되었다. 추가로 전공의 정신건강 프로그램, 소수민족 모집 및 발달, 우발위험 준비금, 내부 보상금, 교수 지원금 등 프로그램과 추진력 등이 보태졌다. 중앙의 의무사항이 다 찼을 때 남아 있는 기부금은 수련받는 전공의 수에 비례하여 부서로 지출되었으며, 요구사항에 부합하는 정도와 관련되었다.

펜실베이니아 대학교

다른 의과대학과 같이 펜실베이니아 대학교도 의학교육을 지원하는 기금 자원은 다양한 형태를 보인다. 학장, 병원 경영자, 기획조정실 등은 병원에서 유래되는 의학교육 자원의 할당에 대해 결정한다. 이러한 통합된 구조는 의학교육사업의 가장 큰 세 명의 주주와 함께 Penn's RVU 제도와 질 평가에 의해 측정된 교수의 교육 업적에 따라 2,000만 달러를 소비한다.

기금 흐름의 원칙은 교육을 위한 기금 분배에 우선하여 결정된다. 전략적 계획의 책무를 조정하는 것, 공정하고 투명하게 하는 것, 비용과 재원을 짝짓기 하는 것, 적절한 장려금을 제공하는 것, 시간을 두고 수행 능력을 측정하는 것 등이다. 이러한 원칙에 의해 위원회는 보조금이 지도 및 소그룹 학생교육, 교육 프로그램을 위한 부서의 관리 지원 등을 위해 주어져야 함을 추천한다. 교육 지원은 코스 책임자 및 기타 교육 관리팀으로도 확대될 수 있다. 전공의 지도에 대한 기금도 각 과의 전공의 수나 평균 교수 봉급에 의해 할당되는데 인지 진료의 경우 1명의 지도전문의당 6명, 술기 진료의 경우 1명의 지도전문의당 10명의 전공의 비율을 사용한다. 프로그램 책임자 지원은 해당 프로그램의 전공의 수에 따라 정해지며 전문 분야별 ACGME 요구사항에 따라 보정하기도 한다. 전문 분야별 특별 요구사항이 없는 경우 전공의 15명까지의 프로그램 GME 프로그램 책임자 지원의 0.125 FTE를 받으며 점점 증가하여 75명 이상에 1.0 FTE에 달한다.

회계연도 2005~2007년의 임무-특별 기금에 대해 교육 지원비는 760만 달러에서 2,390만 달러로 300% 증가하였으며 연구 지원비는 1,110만 달러에서 3,300만 달러로 증가하였는데, 대조적으로 임상 지원비는 유지하는 정도에 그쳤다.

⚕ 조정 및 재정: 앞으로의 과제

의학교육은 교육의 우수성을 지원하고 도전하는 조정 및 재정적 관계망 내에 존재한다. 각각의 관계는 관찰하고 강화하고 재정비할 필요가 있다. 개인적인 조직과 프로그램의 혁신은 그것이 매우 중요하다고 하더라고 미국의 의학교육을 개혁하기에 역부족인데 의학교육의 개혁은 면허, 인가, 자격증과 같은 국가적 차원에서의 개선이 필수적이기 때문이다. 이 장의 마지막에 의미 있는 개혁을 할 수 있는 정책을 제안하고자 한다.

학교와 전공의 프로그램의 규제 부담은 매우 크며 한 기관의 표준은 다른 기관의 표준과 항상 같은 것은 아니다. 인가, 자격증, 면허에 대한 표준을 좀 더 좋게 통합하고 조정할 수 있는 가능성 가운데 의학교육에 대해서는 한 개의 감독 기관을 수립하도록 한다. 동시에 학구적인 측면에서 투명하고 공정해야 하는데 이러한 것이 의과대학과 수련병원의 모두의 사명에 맞는 재정의 정립을 수반하게 된다.

우리가 제안하는 개혁은 의학교육에 영향을 미치는 외부의 조정과 재정 형태에 중요한 변화를 가져올 것이며 내부적으로는 교육의 우수성, 교과과정의 혁신, 교육의학의 혁신을 매우 필요로 하여 이미 영향력을 행사하고 있는 의학교육과 조화를 이루도록 한다. 프로그램과 조직에 속해 있는 개인과 집단은 의료라는 속도와 상업적 성향에서 균형을 맞추도록 해야 한다. 다음 장에서는 중앙의 리더십과 혁신적 조직 구조가 얼마나 강력하게 우수성에 대한 관심을 조성하고 의학교육의 모든 수준, 즉 개인, 통합, 연구 및 향상, 정체성 확립 등 표준을 지원하는지 논할 것이다.

Chapter 06

조직 변화를 이끄는 리더십

의학교육에 변화를 일으키는 동력은 외부로부터 오는 것도 있지만 내부의 힘도 있다. 학장에서부터 교수 개개인에 이르기까지, 지난 수십 년간 의학교육을 과정과 과정, 과목과 과목에 걸쳐 내부적으로 하나씩 변혁시켜 온 탁월한 리더들의 비전과 열정이 그러한 중요 내부 동력 중 하나일 것이다. 강의나 실습, 혹은 전공의 수련 과정을 점검하고 개선하는 것이든, 교육과정 전반을 새로 도입하는 것이든, 의학교육의 리더들은 이를 통해 학교의 문화를 바꾸어 왔다. 조직의 문화를 근본적으로 변화시키는 것은 결코 쉽지 않고 때로는 불가능한 일이지만, 우리는 이번 연구를 통해서 사람의 마음을 움직이는 탁월한 리더들이 노력을 통해 교육 프로그램이 혁명적으로 변화되고, 그 결과 교수 학습이 개선된 예들을 종종 발견할 수 있었다.

이 장에서는 의학교육의 내부 조직에 대해 전반적으로 살펴본 후, 조직의 각 단계를 이끄는 리더들이 어떻게 변화를 이끌어 내는지,

그 방법을 알아볼 것이다. 우리가 제시한 사례들은 현장 방문을 통해 확인한 실제 사례와 리더십과 조직 변화에 대한 문헌 고찰을 통해 얻은 내용들이다. 리더십의 역동과 변화의 과정에 집중하기 위하여 개별 교육기관이나 관련자의 실명은 밝히지 않았다.

⚕ 조 직

미국의 의과대학은 조직 구조에 많은 차이가 있긴 하지만 공통점이 더 많다. 의과대학은 대규모 조직으로서, 평균 1,000명, 적게는 100명에서부터 많게는 약 8,000명에 이르는 전임교수진과 그 세 배에 이르는 지원 인력을 고용하고 있다. 재학생은 164명에서 1,381명까지 다양하고 전공의와 임상강사의 수는 그보다 세 배 정도 많다 (AAMC, 2008). 5장의 재정 논의에서 언급한 바 있듯이, 교육병원은 수십에서 수백 억 달러짜리 사업이다. 한 가지 특기할 사항은 교수진의 숫자는 교육시켜야 할 학생이나 전공의의 숫자뿐 아니라 임상진료나 연구 사업의 규모에 의해서도 결정된다는 사실이다. 즉, 교수의 수가 학생 정원과 반드시 연계되는 것은 아니라는 것이다.

예를 들어, 2007학년도 미국 의과대학의 한 학교당 평균 재학생 수는 553명(한 학급당 138명)이었지만, 학생 정원은 학교별로 차이가 매우 커서 메이오 의과대학의 경우 총 학생 수가 164명(한 학급당 41명)인 반면, 일리노이 주립의대는 총 1,381명(한 학급당 345명)이었다 (AAMC, 2008). 최근 의과대학 정원을 전국적으로 30%까지 증원하려는 계획에 따라 기존 의과대학은 정원을 늘리고 있고, 새로운 의과대학들이 전국에 신설되고 있다.

책임 소재

기본의학교육은 의과대학 학장의 책임하에 있지만, 대부분의 학교에서 이 책임은 교육 담당 부학장, 혹은 학장보에게 인계되어 있는 경우가 많다. 일부 학교에서는 부학장이나 학장보가 각각 입학, 학사, 교육과정 및 의학교육실 업무를 맡고 있다. 하지만 졸업 후 의학교육은 기본의학교육보다 훨씬 탈중앙화되어 있어서 병원이나 전공 교실에 책임의 일부가 분산되어 있다. 졸업 후 의학교육실에는 담당책임자(대개의 경우 졸업 후 의학교육담당 부학장이라는 직책을 가진)가 있어서 병원의 모든 전공의 혹은 임상강사 교육수련 프로그램을 관리 감독하면서 ACGME와 협조하지만, 각각의 전공과목별 전공의 교육수련 프로그램에는 해당 전문과목의 수련담당자가 따로 임명되어 프로그램을 관리한다.

중앙집중화, 통합화되어 있는 기본의학교육에서는 능동적이고 적극적인 교육과정위원회 및 소위원회의 역할이 중요하지만 동시에 학장 및 부학장의 강력한 리더십도 요구된다. 의학교육에서 혁신의 동력은 다양한 출처에서 나올 수 있는데, 그중에는 학장, 교육담당 부학장, 국가보고서, 평가인증보고서, 교수진, 학생 등이 포함된다. 그러나 교육과정을 설계하고, 집행, 평가, 수정하는 것은 교육과정위원회의 책임이다. 교육과정의 운영 책임은 학장에게 있지만 교수로 하여금 교육과정을 관리 감독하고 참여하게 하는 것은 교육과정위원회의 역할이다.

⚕ 혁신 지원

모든 의과대학이 교육과정위원회를 두고 있지만, 비전을 제시하고 혁신을 고취하는 위원회는 일부에 불과하고, 많은 위원회가 교육지침을 만들고, 성과를 관찰하는 기본적 기능만을 수행한다. 거의 아무런 기능도 하지 않는 위원회도 흔하다. 강력한 리더십과 의학교육을 지원하기 위한 풍부한 자원, 그리고 마음을 움직이게 하는 비전이 있는 경우에 혁신적 교육프로그램이 성공적으로 기능할 수 있으며, 이것이 바로 이 장에서 논의할 주제다.

창조와 혁신을 장려하기 위해서 일부 학교에서는 교수 및 학습을 개선하는 데 교육혁신기금을 사용하기도 한다. 이런 기금들은 흔히 교육과정 개편, 교수법 향상, 평가 강화, 혹은 의학교육 분야 연구 등의 사업을 하도록 배정된다. 우리가 방문했던 일부 의과대학에서는 의도적으로 기본의학교육과정과 졸업 후 의학교육과정의 경계를 불분명하게 운영하고 있었는데, 이는 한 과정에서의 혁신이 다른 과정으로 전파될 수 있게 하려는 목적이다. 예를 들어, 전산화된 수행평가 시스템이나 교수평가 시스템, 그리고 전자 포트폴리오 등이 기본의학교육과정과 졸업 후 의학교육과정 모두에서 사용되고 있었다. 일부 학교에서는 기본의학교육과정, 졸업 후 의학교육과정 및 평생교육과정(보수교육과정)에 전반적으로 통용될 수 있는 공통 역량을 중심으로 한 공통 교육과정을 개발하고 있었다. 우리는 이러한 협동적 변화를 강력히 지지한다.

이 연구를 통해 우리는 성공적 변화의 요소들을 다수 확인할 수 있었지만 그중 대부분은 그 학교의 지역적 상황에 특화된 것들이었다. 상황과 무관하게 일반화할 수 있는 요소 중 다음의 다섯 가지가 의학교육의 변화에 필요한 핵심요소로 판단된다.

- 유능한 리더와 생산적인 실무팀
- 창조, 탐구, 그리고 지속적 향상을 추구하는 조직 문화
- 실천과 규율, 그리고 혁신을 촉진하는 조직 구조
- 혁신과 수월성 추구의 동력이 되는 교육 자원 및 지원 서비스
- 교수-학습 분야의 학문적 연구를 선도하는 연구자 집단

성공적 혁신과 개혁을 위한 이들 핵심 요소가 이 장에서 일차적으로 다룰 내용이다.

유능한 리더와 생산적인 팀

의학교육 프로그램은 유능한 리더, 생산적인 실무팀, 그리고 학장단과 교수진, 직원 및 학생 간의 협력관계가 있을 때 성공적으로

운영될 수 있다. 우리는 우리가 방문하였던 모든 의과대학에서 탁월한 교육리더와 헌신적인 리더십팀을 만날 수 있었으며, 그들의 열정, 비전의 공유, 협력, 그리고 확고한 수월성 추구를 분명히 확인할 수 있었다. 리더십의 역할이 기관의 문화나 자원으로부터 완전히 독립될 수는 없지만, 각 의과대학의 리더들과 그의 팀들이 새로운 프로그램을 향해 창의적 도약을 하기 위해 노력해 왔음을 확인하였다.

우리는 다양한 단계에서 리더십이 실행되는 것을 관찰할 수 있었다. 예를 들어, 일부 의과대학의 학장들은 교육과정 개편에 착수하고 방향을 잡아나가는 데 중추적 역할을 했으며, 다른 대학에서는 부학장이나 학장보가 교육 개편을 이끌어 나갔다. 각 교실 단위에서는 주임교수, 임상 실습 담당교수, 그리고 수련교육 담당교수들이 획기적으로 교육을 개선하였다. 그러나 한 가지 변치 않는 사실은 모든 경우에서 이들 리더들이 의학교육의 질을 향상시키기 위해 서로 협력하였다는 점이고, 이러한 과정에서 괄목할 만한 성취를 이루어냈다는 것이다. 다음의 사례를 살펴보자.

지방 소재의 한 의과대학에 학장이 새로 부임하였다. 그 대학은 주 정부의 재정 지원을 받는, 지역사회에 기반을 둔 소규모 의과대학으로서 그 지역에서 일할 일차 진료의사를 양성하는 임무를 갖고 있는 학교였다. 신임 학장은 대학의 교육과정이나 설비가 비록 낡긴 하였지만 교육에 대한 열의는 대단히 강하다는 사실에 끌렸다. 열정적이면서도 사교성이 있는 학장은 취임하자마자 혁신적 교육 프로그램에 대한 새롭고 멋진 비전을 설파하기 시작하였으며 이를 통해 그 대학이 의학교육의 리더가 될 수 있을 것이라고 강조하였다. 그는 의대생 교육의 중요성에 대하여 정열적으로 또한 열의를 다해 이야기하였고, 교육적 사명을 달성하기 위해 일관성 있게 일해 나갔다. 그는 새로운 교육팀을 구성하고 그 멤버들에게 의과대학 첫 2년간의 교육과정을 이제까지의 전통적인 학과 중심 교육과정에서 벗어나 문제 중심, 통합교육과정으로 개편하도록 격려하였다. 이후에 그는 교육과정 기획 TFT를 구성하고 개혁에 호의적인 교수들을 멤버로 임명하였다. 멤버들에게는 전국적으로 진행되고 있는 교육 혁신에 대해 공부할 것과 이미 개혁이 상당히 진행된 다른 의과대학을 방문해 보도록 지시하였다.

전국적인 교육과정 개편 움직임을 검토하고, '처음부터 새롭게 출발'한다는 접근방식을 통해 그들은 새로운 교육과정을 설계하고 적용하였다.

학장은 추가 재원을 배정하고 행정적 지도를 하며, 기회가 있을 때마다 교육개혁의 비전과 중요성에 대해 공식석상에서 연설함으로써 그들을 지원해 주었다. 학장은 또한 임상 술기가 중요함에도 불구하고 교육과정에서 소홀히 다루어져 왔음을 인지하고 학생과 전공의 모두가 이용할 수 있는 임상술기센터를 건립하였다. 교육과정에 대한 관리 감독은 학장실로 중앙화하였고, 이를 뒷받침하기 위해 의학교육 전문가를 영입하였다. 교육의 질을 향상시키기 위해서는 비용 부담이 불가피하다는 점을 의대생들이 충분히 공감하면서 새로운 기술이 추가로 도입되었고, 등록금은 3년 연속 인상되었다.

새로운 교육과정이 지속적으로 성공할 수 있었던 가장 큰 이유는 의과대학생 교육에 대한 학장의 흔들림 없는 의지, 교수진의 단합된 노력, 그리고 교육개혁을 위해 자원을 추가로 투입한 것을 들 수 있다.

위의 사례에서 학장의 접근 방법은 성공적 리더들의 핵심적 행동
과 수행에 관한 교과서적 사례와 일치한다. 성공적인 리더는 비전을
설파하고, 변화에 대한 갈망을 만들어 내며, 사람들을 모으고 그들
에게 힘을 실어 준다. 또한 창조적인 조직 문화를 만들고, 일사불란
한 행동을 보장하기 위한 조직 구조를 갖추며, 일관되고 겸손하게
행동하고, 요구되어진 일을 수행해 내겠다는 확고한 의지를 보여 주
고, 자원을 효율적으로 모으고 사용한다(Kouzes & Posner, 1995;
Kotter, 1996; Collins, 2001, 2005).

더 나아가 성공적인 리더는 새로운 아이디어를 얻기 위해 주변 환
경을 끊임없이 살피고 배우며, 다른 사람들의 말을 경청하고, 폭넓
은 독서를 한다. 그들은 문제를 깊이 파고들고, 기회를 정확히 포착
하며, 현재의 관행들에 대해 도전하고, 조직이 새로운 사실들을 계
속 학습해 나가도록 장려한다. 창조적인 리더는 다른 사람들이 장애
물로 생각하는 곳에서 발전을 위한 가능성을 보며, 성공을 이끌어
내기 위해 장애물들을 격파해 나간다(Bereiter & Scardamalia, 1993).
리더들은 새로운 비전을 제시할 수 있고, 다른 사람들로 하여금 공
동의 목표를 달성하도록 설득할 수 있으며 그들이 스스로의 동기에
의해 일하도록 할 수 있다(Collins, 2005). 그들은 또한 상황의 긴박함
을 전달하며, 일사불란한 행동을 이끌어 내고, 계획과 조직 문화, 그
리고 구조를 수립할 수 있는 능력을 갖고 있다.

우리가 방문하였던 모든 학교와 전공의 교육프로그램에서, 우리
는 강력한 리더십팀이 존재함을 관찰할 수 있었다. 이들 팀에는 학
장과 교육담당 부학장이나 학장보뿐만 아니라 각 위원회 위원장, 교

수 대표, 교수진, 그리고 때로는 의료원장이 포함되었다. 학교와 프로그램에 따라 교육 개편에 착수하는 방식은 각각 다르지만, 학생들과 전공의에게 아주 특별한 교육적 경험을 할 수 있도록 하고 탁월한 의사, 즉 실력 있고 열정적인 의사를 양성하겠다는 공동의 목표를 달성하기 위하여 협력해 나간다는 팀 멤버들의 인상 깊은 열정과 헌신은 공통적인 모습이었다.

　어떤 리더십팀은 임상 실습 교육과 같은, 교육과정의 특정 영역에서의 혁신을 설계하고 적용하기 위하여 구성된다. 다음의 예가 그것이다.

　기본의학교육에서 첫 2년간의 교육과정을 개편한 후, 의과대학 핵심 리더들은 임상 실습 교육을 개선하는 과제로 눈을 돌렸다. 부학장은 학생들이 임상 실습 시 경험하는 불연속성과 3학년 학생의 교육적 요구를 충족시키지 못하는 현재의 임상 환경에 대해 우려를 표시하였다. 변화를 요구하는 부학장의 뜻에 따라 지역사회 병원에서 실습을 담당하는 몇몇 교수들이 모여서 3학년 학생의 실습교육을 극적으로 개선하기 위한 전면적인 임상 실습 교육 개편 계획을 짜기 시작하였다. 학장과 의료원장의 지원에 힘입어 열성적이고 창조적인 실습담당교수들은 임상 교육에 대한 새로운 비전을 만들어 내는 작업에 착수하였고 이를 통해 조직의 문화에도 근본적인 변화를 일으키고자 하였다.

　초기 기획팀에는 다양한 관련자들을 포함시켰고, 서로 협력하여 작업하였으며, 창조성을 중시하였다. 리더들은 격의 없는 대화를 촉신시켰고, 초기의 프로그램 개념을 뒷받침해 줄 수 있는 지침 원칙과 문헌상의 증거를 확인하였다. 또한 리더는 임상교육에 대한 광범위하고도 고무적인 비전에 대한 그들의 결의를 분명히, 그리고 반복적으로 표현하였다. 그들은 문제가 발생하면 그 즉시 대응할 수 있도록 업무를 조직화하였다. 공동 작업을 통해 성공에 장애가 되는 요인들을 명시하고 해결함으로써 변화를 추진할 수 있는 기능적인 리더십 구조를 개발하였다. 그 결과 그들은 외래 중심, 환자 중심의 통합적이고 연중 지속되는 종적인 임상 실습 교육을 개발해 내었다.

조직 리더의 일차적 과업은 적임자들로 위원회를 구성하고 그들에게 힘을 실어 주는 것이다. 위의 사례에서는 지역 병원에서의 혁신을 성공시킴에 있어 리더십팀이 핵심요소임을 이해한 부학장이 그런 역할을 하였다. 문헌에도 언급되어 있지만 조직 리더들의 일차 과제는 팀 멤버들을 선정하는 것이다. 콜린즈(Collins, 2001, 2005)의 표현을 빌리자면 '제대로 된 사람들만 버스에 태우는 것'이다. 변화는 기본적으로 팀 스포츠다(Kouzes & Posner, 1995; Kotter, 1996; Wright et al., 2000; Gardner, 2007; Loeser, O'Sullivan, & Irby, 2007).

또한 우리는 전면적인 교육과정 개편을 달성하기 위해서는 특히 변화의 환경이 새로운 절차와 관계에 적응할 것을 요구하는 경우, 헌신적이고 일관된 리더십이 핵심임을 관찰할 수 있었다. 이를 시사하는 또 하나의 사례는 다음과 같다.

열성적인 부학장은 그의 안식년 기간을 이용하여 여러 가지 중요한 의학교육의 문제들을 발의하였다. 초기에 그는 정력적인 교육 리더들의 팀을 구성하였는데, 그들은 이후 수십 년간 수많은 교육 혁신을 추진하였다. 여기에는 교육과정 개편, 임상 술기 시험, 의학교육 전문가 연구 모임, 그리고 직무 중심 관리 등이 포함된다. 이 그룹의 열정은 확연히 드러났고, 경영진, 보직자, 그리고 교수들로 구성된 팀은 미래의 의사들을 양성하는 일에 공헌하는 것을 진심으로 보람 있게 여겼다. 더 나아가 그들은 학생에게서 지속적으로 의견을 구했고, 교육 개선 과정에서 학생을 중요하고 소중한 동반자로 대우하였다.

부학장이 발의한 과제 중 하나는 직무 중심 예산 편성이었다. 이는 교육 관련 예산을 적절히 배정하기 위한 방법이다. 자료 수집의 기준과 절차를 정교화하고, 교수진에게 교육에 투자하는 그들의 시간이 '자원봉사'가 아님을 완전히 이해시키는 데 여러 해가 걸렸지만, 직무 중심 예산 편성은 교육 임무의 가치를 중시하고 교수를 교육자로서 대우하는 데 아주 중요한 역할을 하였다.

이 학교에서 성취한 또 하나의 성공은 교수들의 공동체를 만든 것인데, 이는 예산 배정뿐만 아니라 교수들을 존중함으로써 가능했다. 교육연구자회(The Society of Teaching Scholars)는 교수들이 의학교육에 관해 지속적으로 공부할 수 있도록 지원하였고, 교육과 학습 영역에서 그들의 공헌을 인정하고 축하하며 포상하였다. 교육프로그램 평가 및 교수 개발실은 학생의 성적 향상과 교수진의 교육 효과성, 강의와 실습, 그리고 전반적인 교육 프로그램에 대해 정기적으로 피드백을 제공함으로써 지속적인 질적 향상을 위한 기초를 닦았다. 이 평가 프로그램은 진전사항을 모니터하고 지속적인 교육과정 개혁의 기반이 되었다.

학장보는 이러한 혁신을 일관되게 추구하였고 교수들로 하여금 이를 통해 얻을 수 있는 이익에 집중할 수 있도록 도왔다. 이러한 일관성은 문제가 드러나고 좌절감이 분출되는 시기에 특히 중요하다. 하지만 인내와 열린 의견 청취가 프로그램을 전진시키고 궁극적으로 대학의 교육 프로그램을 향상시키는 여신이 중요한 동력이었다.

리더십과 관련한 연구는 상황이나 시간, 그리고 조직에 관계없이 통용될 수 있는 속성은 없음을 보여 주고 있다(Fiedler, 1967; Vroom & Yetton, 1973). 각각의 상황은 그에 맞는 유형의 리더를 요구한다. 리더십의 이러한 상황이론 혹은 종속이론은 리더의 자질과 조직의 요구 및 문화 사이에 상호작용이 있음을 주장한다(Bolman & Deal, 2003). 예컨대, 변화를 시작하려는 학교나 프로그램은 비전과 영감을 가진 리더를 필요로 하지만 재정적으로 어려운 시기에는 예산을 삭감하고 프로그램을 축소하기 위해 아주 강력한 협상가가 필요하다. 이 이론에 따르면, 효과적인 리더십의 진정한 핵심은 리더 개인과 조직 및 그 환경 간의 적절한 결합이다.

교육과정 전반을 변화시키는 것이 혁신 과제에 포함되어 있는 경우, 이에 따른 정치적 절차가 필요하다. 성공적인 리더들은 변화를 지원하기 위한 동맹을 맺으며, 개혁에 대한 지지를 이끌어 낸다(Kotter, 1996; Bolman & Deal, 200; Loeser et al., 2007). 조직의 리더는 교수진 중의 리더그룹에 힘을 실어 주어 그들이 개혁을 완수할 수 있게 하며, 개혁이 승인되고 적용될 때까지 이끌어 준다(Loeser et al., 2007). 덧붙여서 변화 추구의 지속성(혹은 다른 말로 표현하면 리더의 전문가적 의지)은 전면적 변화의 결과 불가피하게 발생할 수 있는 단기적 문제들에서 살아남기 위한 필수적인 요소다(Collins, 2005). 변화는 본래 분열과 소란, 그리고 불안을 초래하는 것이다. 새로운 접근방식과 새로운 절차가 고안되어야만 하며, 그것을 고안하며 동시에 적용해야 하는 일은 매우 도전적인 과업이다. 혁신과 변화의 전 과정에는 예측 가능한 경로가 있는데, 이를 흔히 J 커브라고 부른다

(Jellison, 2006). 예를 들면 실적이 좋지 못한 조직은 변화의 과정을 시작하지만 새로운 절차가 개발되고 새로운 역량이 잘 정립되기 전까지의 초기 단계에서는 오히려 더 침체될 수 있다. 이 초기 단계에서 모든 문제점이 다 드러나기를 기대할 수는 없다. 문제는 예측하지 못한 곳에서 발생한다. 일반적으로 새로운 프로그램을 운영하는 역량이 커져 가면서, 그 조직의 성과는 변화를 시작하기 전의 성과를 추월하게 된다. 따라서 혁신에 대한 불평불만은 초기 단계에서 주로 나타나며 리더십을 통해 교수진이 새로운 모델에 지속적으로 집중할 수 있게 하고 공포와 좌절감을 완화시키지 못한다면 혁신은 비틀거리고 실패하게 될 것이다. 혁신이 제대로 설계되지 못해서가 아니라 초기 적용 단계에서 리더십이 저항과 불안에 직면하여 일관된 자세를 보여 주지 못했기 때문이다.

창조, 혁신, 그리고 지속적 개선의 문화

변화를 관리하기 위해서는 효과적인 리더십이 필수적이지만, 조직의 문화도 그에 못지않게 중요하며, 조직의 문화가 교육 개혁 시도를 성공시킬 수도 있고, 반대로 무산시킬 수도 있다. 조직의 문화란 집합적 신념, 가치, 인어, 상징물, 의식, 기준, 실행, 가정, 그리고 집단의 축적된 지혜 등을 모두 포함하는, 즉 '우리는 누구이고, 우리 조직에서는 어떻게 일을 해 나가는지' 하는 모든 것을 말하는 것이다.

조직의 문화는 성과를 추진하며, 성과에 반영된다. "높은 성과의 핵심은, 단순히 적합한 인재를 찾아내거나 적절한 구조를 설계하는 것이 아닌, 정신이다."(Bolman & Deal, 2003, p. 262)

그러나 조직 문화는 조직 구성원의 업무를 정의하는 것에 그치지 않고 그들이 지속적으로 성장해 나갈 수 있도록 힘을 실어 주는 역할도 할 수 있다. "전문가는 무엇을 알고 있는가가 아닌 무엇을 하는가에 의해 정의되며, 주어진 일을 잘하는가가 아닌 그 일을 점점 더 잘 해 나가는가에 의해 정의된다."(Batalden & Davidoff, 2007, p. 1059)

조직 문화는 학교마다, 병원마다, 그리고 교실마다 다르다. 어떤 학교는 그들의 교육적 사명에 큰 가치를 두는 반면에 어떤 학교는 마지못해 인지하는 정도에 그친다. 교육 혁신을 열성적으로 추진해 가는 학교가 있는가 하면, 과거에 갇혀서 빠져나오지 못하는 학교도 있다. 혁신적인 의과대학은 공동의 문제해결과 아이디어 창출이라는 기준을 공유하고 혁신을 중시하고 지원하며, 지속적인 질 향상을 추구한다. 한마디로 그들은 탐구 공동체다. 우리가 방문하였던 몇몇 의과대학, 혹은 교육 프로그램은 그러한 혁신적 문화의 예를 보여 주었고 그중 하나를 소개하면 다음과 같다.

모든 환자에게 언제나 최상의 진료를 제공하고, 환자 진료에서 지속적인 질 향상을 추구한다는 아주 강력하고 통일된 문화를 갖고 있는 어느 작은 의과대학에서는 그 문화가 지속적인 교육의 질 향상과도 연결이 되어 있었다. 학장은 교무담당 부학장과 힘을 합쳐서, 교육을 담당하고 교육 분야에서 리더 역할을 하는 교수들을 지원하기 위한 프로그램을 개발하였다. 그들은 또한 교수 개발과 관련하여 재정지원 시스템을 개발하였다. 교육에 참여하고자 하는 교수는 누구나 의무적으로 교수 개발 워크숍을 수료해야 한다. 제공되는 워크숍은 아주 다양했다. 교수 학습이론, 강의법, 평가, 교육공학, 교육기법, 그리고 리더십 등과 관련된 10여 가지 이상의 워크숍이 있었다. 교수들이 일정 수 이상의 워크숍을 수료하면, 과정책임교수 혹은 실습담당교수 등과 같은 교육 업무에 배속이 됨에 따라 진료 업무를 경감시켜 주었다. 과정책임교수 혹은 실습담당교수와 같이 교육에서 더 큰 리더십 역할을 맡게 된 교수들은 그러한 새로운 책임에 적절히 대비하도록 추가 워크숍에 참가시켰다. 동료평가 절차를 통해 공적이 있다고 판단된 교육 프로젝트에 대해서는 임상가·교육자상 프로그램을 통해 시간과 자원을 제공하였다. 교수들에게 책임을 부여하는 것과 경력을 개발하는 프로그램, 그리고 교수들의 기회를 증진시키는 것, 교수 개발 등의 요소들 사이의 이러한 긴밀한 연관은 아주 모범적이었으며, 이를 통해 환자와 학생, 그리고 교수들을 위해 옳은 방향으로 학교가 집중할 수 있는 문화가 형성되었다.

의과대학은 대학이 속해 있는 대학교 전체와 마찬가지로 지식을 쌓는 조직이다. 따라서 의과대학은 성장이 화두인 문화를 창조함으로써 지식을 발전시켜 나간다. 교수진이 통상적인 문제들을 해결하고 나면, 그들은 자신의 에너지를 새로운 도전에 집중하며, 점진적인 문제해결에 돌입하고, 보다 높은 차원에서 문제에 접근한다. 이러한 기준은 탐색과 문제에 대한 대안적 해결책의 발견, 설명, 그리고 해결책 토론 등을 포함한다. 그러한 지식 추구는 공동 작업과 교실 간 협조, 개혁에 대한 개방적 태도, 경계와 기존 가치관을 뛰어넘는 자유로운 의사소통, 그리고 개선과 성장의 기회에 대한 긍정적 자세 등의 문화가 있을 때 최대로 꽃필 수 있다. 모든 사람이 최대의 역량을 발휘한다는 것은 각자가 지속적으로 성장과 학습을 한다는 것을 의미한다(Bereiter & Scardamalia, 1993).

　조직의 문화는 또한 전문직업의 핵심가치와도 일치하여야만 한다. 결과적으로 모든 조직 변화는 다음의 예와 같이 의학 전문직업성의 가치와도 연결되어 있어야 한다.

　　어떤 대학병원 의료원장은 자신의 기관의 전문직업성 문화에 대해 관심을 갖게 되었다. 의과대학 병원의 교수진들과 협력하면서, 그는 문화를 바꾸어 나갈 수 있는 포괄적 프로그램을 설계하였고, 의업의 핵심 정신을 강조하였다. 교수진과 의료진, 전공의와 학생을 망라하는 이 프로그램은 전문직업성 헌장에 기초하여 만들어졌으며, 대학의 모든 구성원이 다음과 같은 선서를 하도록 요구하였다. "대학의 구성원으로서 나는 나의 명예를 걸고 열정과 성실로서 행동하고, 나의 모든 학문적·직업적 노력을 존중하겠습니다."

　　모든 정책과 프로그램은 전문직업성이라는 척도로 평가되었다. 예를 들어, 직무 중심 예산안은 이타적이지 않고 영감이 없다는 이유로 통과되지 못했다. 다른 말로 하면, 그 예산안은 전문직업성의 문화에 맞지 않았고 따라서 폐기되었다. 프로그램은 또한 전문직업성 위반을 다루었고, 환자와 학생의 만족도 조사를 실시하였으며, 홈페이지에 익명 게시판을 설치하였고, 문제가 발생하면 해당 담당자나 의대생들의 명예위원회에 직접 이야기할 수 있도록 하였다. 스태프들의 경우 33%이던 이직률이 14%로 감소하였으며, 대학은 그 지역에서 가장 근무 여건이 좋은 직장 중 하나가 되었다. 조직의 문화는 서서히 변화하기 때문에 변혁은 일관성과 끈기를 갖고, 여러 분야에서, 장기간에 걸쳐 옹호되고 이끌어져야 한다.

전문직업성과 혁신을 위한 문화를 창조하는 데는 시간과 노력이 요구된다. 새로운 행동과 절차를 정립하기 위한 시간과 때로는 저항에 직면해서도 그것을 유지하기 위한 노력이 그것이다. 앞으로 다루겠지만, 창조성과 혁신을 권장하기 위한 전략에는 교육 혁신 재원, 의과대학 교수진과 교육연구자들의 협동 연구, 그리고 새로운 아이디어에 대한 예비 조사 등이 포함된다.

행동과 규율, 그리고 혁신을 촉진하는 조직 구조

5장에서 재원과 규제에 관해 논의하면서 지적하였듯이, 미국의 교육병원들은 전 세계에서 가장 크고 복잡한 조직 중 하나다. 권력의 중심점이 여러 영역에 걸쳐 흩어져 있는 경우가 많으며 그들 간의 관계에 있어서 어느 한 사람이, 예컨대 학장이나 의료원장이라 할지라도, 변화에 필요한 모든 권력을 독점하고 있지 못하다. 상당수의 의과대학에서는 지나치게 신중한 나머지 행동에 착수하지 못하고 말지만, 그럼에도 불구하고 일부 의과대학은 성과 중심의 지배구조를 만들어서 개혁 착수와 촉진을 가능하게 한다. 이 장 앞부분에서 언급했던 것처럼, 우리가 방문했던 여러 의과대학에서는 학장실, 그리고 실행위인회 준신이 강력한 중앙 리더십을 갖고 있어서 이들이 개혁을 이끌어 나갔다. 그러나 그렇지 못한 의과대학이나 졸업 후 교육 프로그램에서는 혁신이 전반적인 지지를 받지 못하고 방향 없이 찻잔 속의 태풍으로 그치고 만다. 그러한 길 잃은 개혁은 교육 프로그램을 관리, 감독하고, 변화가 일어나도록 담보하며, 규범을 유지하고 혁신을 촉진하는 조직 구조와 연결되지 못한다면, 문화를 바꾸는 데 별다른 기여를 하지 못한다.

조직 구조는 조직 내, 외부 구성원들의 관계 양상, 기대, 책임, 그리고 책무를 정의한다. 건물의 뼈대와 마찬가지로, 조직 구조는 그 조직이 성취할 수 있는 바를 확장시키기도 하고 제한하기도 한다 (Bolman & Deal, 2003). 업무의 특성화와 분장을 통해 조직은 효율을 증대시킬 수 있다. 그러나 효과를 극대화하기 위해서는 적절한 형태의 협력과 통제가 필요하며, 그래야 조직의 목표가 전 부서에 걸쳐 달성될 수 있다.

학장실이 리더십의 중심일 경우, 교육 프로그램에 자원을 통합하고 집중하는 데 중요한 구조적 역할을 할 수 있다. 교실, 부, 연구센터, 그리고 임상서비스 파트에서는 전문 지식과 기술을 가진 교수진을 좀 더 작은 조직 단위로 재구성할 수 있다. 그러나 교육이라는 목적을 위해 자원을 통합하려 할 경우에, 이러한 분화는 효과적인 네트워킹과 협력을 통해 관리되어야만 한다. 교수진이나 조직 단위, 혹은 서비스 단위에 지나친 자율성을 줄 경우, 상호의존적인 협동 작업을 방해할 수 있다. 따라서 많은 의과대학에서는 전통적으로 독립적으로 운영되던 조직 구조를 연결하여 새로운, 통합적 구조를 만들어 가고 있다.

우리가 방문하였던 의과대학에서 우리는 교육책임자(보통 교육, 교육과정, 혹은 졸업 후 교육 담당 부학장이나 학장보)와 교수진, 스태프, 그리고 학생들 간의 협동적 업무관계를 확인할 수 있었다. 이들

팀은 혁신적인 회사들과 마찬가지로, 학교 내부, 외부로부터 끊임없이 좋은 아이디어들을 탐색하였고, 조직 전체에 걸쳐 정보를 공유하였으며, 그 새로운 아이디어들을 검증하였다(Hargadon & Sutton, 2000). 그러나 아직도 많은 학교는 오랫동안 지속되어 온 비기능적인 조직 구조를 갖고 있다. 다음의 사례는 그러한 구조를 새로이 설계하려는 신임 리더의 첫 번째 과제를 보여 주고 있다.

한 대학의 학장이 정열적이고 창조적인 교수를 교육 담당 부학장으로 임명하고, 학생들을 21세기 의사상에 맞는 의사로 양성해 내기 위해 학교의 전체 교육과정을 변혁하라는 임무를 주었다. 그는 먼저 중견교수들을 중심으로 새로운 실행위원회를 구성하여 전체 과정을 관리하도록 하였다. 위원회는 부학장의 전반적 방향에 대한 원칙들을 승인하였고 백지 상태에서 핵심 역량에 근거한 교육과정을 새롭게 설계하기 시작하였다. 이 교육과정 계획의 가장 큰 특징은 소그룹 강의와 자기 학습, 그리고 융통성을 강조하는 통합, 다학제 교육과정이라는 점이었다. 새로운 비전을 개발하고, 전반적인 계획의 틀에 대한 합의를 도출하기 위해 위원회는 꼬박 9개월간 강도 높은 작업을 하였으며, 이는 그 후 교수진에게 발표되고, 그들의 승인을 얻었다. 이에 맞추어, 학장은 새로운 교육과정을 계획하고, 적용하며, 관리 및 평가를 위한 하부구조 개발을 지원하는 일련의 작업을 촉진하기 위해 300만 달러를 투입한다고 발표하였다.

그다음 해에 부학장은 개편된 교육과정에 따른 구체적 교육 내용을 설계하기 위하여 6개의 통합교육과정 모듈팀을 구성하였다. 4년 과정의 교육과정안이 개발되어 의과대학 교수회의 승인을 받았고, 교육과정의 특정 모듈이나 구역의 책임을 맡은 6개 모듈 개발 팀 리더는 진행 사항을 부학장과 교육과정위원회에 보고하였다.

이러한 개혁을 달성하기 위하여 부학장은 교육과정을 실행하고 관리할 새로운 조직 구조도 만들어야만 했다. 교육과정위원회는 교육담당부학장에 의해 임명되고, 그에게 보고하였으며, 교수회에 연례보고서를 제출하였다. 위원회는 2개월에 한 번씩 개최되었으나, 실제적인 일들은 그중 실행위원회에서 수행되었다. 여기에는 6개의 핵심 모듈을 관리할 책임을 맡은 6명의 교수가 속하며 그들 급여의 20%는 이 업무에 의해 지급되었다. 그들은 교육과정의 진행을 모니터하고 질 향상 노력을 관리하기 위하여 한 달에 두 번 부학장과 만났다. 교수진과의 이러한 지속적인 대화는 매우 값진 것이었으며, 교육과정의 소유권이 교수에게 있다는 사실을 강조해 주는 것이었다.

이와 함께 진행된 조직 변화는 교수진이 성공할 수 있도록 도와주는 중앙지원 서비스를 만드는 것이었다. 교육 프로그램실은 교육과정을 관리하는 4개의 사무실로 구성되었다(교육과정실, 평가 및 측정실, 정보기술실, 모의환자 프로그램). 새로운 구조는 중앙집행부의 관리 및 지원과 교육과정위원회를 통해 표현되는 교수진의 교육과정 참여를 서로 묶어 주는 기능을 하였다.

중앙집행부는 교육 프로그램을 위한 자원들을 통합하는 데 중요한 구조적 역할을 한다. 그리고 우리가 방문한 여러 의과대학에서는 전통적으로 서로 분리되어 있던 단위들을 연결시키기 위해 새로운 구조를 만들었다. 그러나 다음의 예에서 볼 수 있듯이, 때로는 혁신에 대한 관리 감독과 정책은 서로 개별적 기능을 할 필요가 있다.

의학교육 담당 부학장과 학장보는 교육과정을 시행, 관리할 책임을 맡고 있는 위원회(예를 들어, 교육과정위원회와 임상 실습위원회)가 새로운 가능성들을 기획하거나 동료교수들에게 책임을 부여하지 못하고 있음을 알게 되었는데, 그 이유는 그들이 기존의 교육과정을 운영하는 것만으로도 너무 압도되어 있고, 동료들에게 문제를 제기하기를 두려워하기 때문이었다. 따라서 교육과정 담당 학장보는 실습 전 교육과 임상 실습 교육을 관리할 위원회를 구성하여 비전과 정책 수립, 그리고 규칙 제정을 하도록 하였다. 위원회는 각자 영역에서의 문제에 익숙한 교수들로 구성되었으나, 그들에게 실행 책임은 맡기지 않음으로써 그들이 교육과 조직의 요구에 대해 보다 넓은 시각을 가질 수 있도록 하였다. 이 새로운 조직은 정책 수준에서 혁신을, 그리고 실행 수준에서는 집행의 창의성을 촉진시켰다. 위원회의 위원장은 개념적 사고를 할 수 있고, 실행 능력을 갖춘 리더여야 한다는 조건에 따라 신중하게 선택되었다.

현장 방문을 통해 우리는 일부 대학, 혹은 전공의 수련 프로그램의 경우 전략에 대한 경험을 쌓고, 변화를 수행하기 위한 동의를 구할 목적으로 교육 혁신에 대한 예비 평가를 하고 있음을 발견하였다. 이와 같은 전략은 대개의 경우 즉각적이고 전면적인 실행에 비해서 위험 부담이 적고, 구성원들의 지지를 받을 가능성이 더 크다. 일부 대학에서는 첨단 기술 회사에서 사용하는 절차를 응용한 소위 쾌속조형술(rapid prototyping, 3차원 시제품 제작술)을 사용하기도 한다. 쾌속조형술이란 생산팀이 앞으로 생산될 상품에 대한 시제품을 만들어서 가능한 빠른 시간 내에 소비자들에게 전달하는 것이다. 새로운 상품을 생산해 낼 때 소요 기간의 80%가 마지막 20%의 개발

과정에 소요되기 때문에, 개발의 80% 정도가 완성되면 새 제품을 내놓아 사용자들로 하여금 제품을 테스트해보고, 문제점을 찾아내며, 개선점을 제안하도록 한다. 생산자와 소비자 간의 이러한 협업은 내부적으로 모든 생산 과정을 완성시키려 하는 것보다 훨씬 효율적이다. 이를 의학교육에 적용해보면, 새로운 교육 프로그램이나 교육과정을 실행에 옮길 때, 비록 교수들은 그러길 원할지도 모르지만, 100% 완벽해야 할 필요는 없다는 것이다. 80% 성공했을 때 새로운 교육과정이나 프로그램을 출발시킬 수 있도록 교수진의 승인을 얻는다면 그것으로 충분하다. 그리고 학생들로 하여금 교육 프로그램을 개선시키기 위하여 교수들과 함께 작업해 나가도록 지원하고, 힘을 실어 주며, 처음 시도가 실패했다고 해서 교수에게 책임을 지우지 않는다.

이 사례에서 나타나듯이, 효과적인 조직 구조는 높은 기준을 설정하고, 수행 결과를 모니터링하며, 목표 달성에 미달할 경우 행동을 취하는 것으로서 규준을 지켜 나간다. 이는 명확한 목표, 철저한 평가, 전략적으로 기획된 교육 분야 연구, 창조적인 실행 계획, 지속적인 모니터링, 그리고 엄격한 리더십 등을 요구한다.

⚕ 혁신과 수월성을 유지해 나가기 위한 교육 자원 및 지원 서비스

학생과 전공의를 위한 질 높은 교육프로그램에는 적절한 자원과 강력한 지원 서비스가 요구된다. 예를 들어, 우리가 방문하였던 학교에서는 효과적인 리더십하에서 교육과정 개편 기간 중 기본의학교육 및 졸업 후 의학교육에서의 교육 프로그램에 대한 자금 지원이 증가하였다. 여기에는 보통 '교수' '교육과정이나 코스, 임상 실습, 그리고 전공의 수련 담당자' '교육 기자재' '임상 술기 및 시뮬레이션 센터' '새로운 강의실' '의학교육자 학술 활동이나 교수 개발 프로그램' '평가 프로그램' '학생 상담 및 관리 서비스' '의학교육실 확장' 등을 위한 재원의 확충이 포함된다. 이 모든 것은 의과대학 예산에서 지출 항목을 증가시키는 일이지만, 동시에 그 학교의 교육적 사명의 가치를 현저히 증가시키는 일이기도 하다.

의학교육실과 노련한 의학교육자는 Ph.D든 M.D든 상관없이 의학교육에서의 혁신과 수월성 제고에 결정적 자산이 된다. 지난 50년간 의학교육은 성년기에 도달하였고 거의 대부분의 의과대학은 교육과정, 교수법, 그리고 평가 영역에서의 성과를 최적화하기 위하여 교육연구자들과 전적으로 협력하는 의학교육실을 설치, 운영하고 있다. 이러한 대규모의 전략적 투자는 고등교육에서는 독보적인 것이다.

보다 특별히, 그리고 전문직에서는 유일하게, 의학은 교육 방법을 향상시키기 위해 연구자들을 의과대학이나 전공의 수련 프로그램에 합류시켜 온 오랜 전통을 갖고 있다. 의학에서는 특정 세부 분야 전문가의 자문을 구하는 것이 관행이며 따라서 교육과정, 교수법, 그리고 평가 영역에서의 문제를 해결하기 위하여 교육 전문가로부터 자문을 구하는 것은 당연한 논리적 귀결이다(Miller, 1980). 1950년대에 소수의 교육연구자들이 의과대학에서 일하기 시작했던 것이 지금은 일상적인 일이 되었다. 의학교육실로 구성된 전문학회인 의학교육연구책임자학회(the Society of Directors of Research in Medical Education)에서 밝힌 자료에 의하면 2007년 북미에는 64개의 의학교육실이 있었다. 이러한 추세는 세계적으로도 동일하다(Davis, Karunathilake, & Harden, 2005).

우리가 방문하였던 일부 대학과 전공의 프로그램에서는 교육학 학위 취득자를 임용하여 교육과정 개발, 교수법 설계, 교수 개발, 측정 및 프로그램 평가, 그리고 교육공학 등의 분야에서 교수진들을 자문하게 하고 있었다. 학교 차원에서 이들은 학장실, 혹은 독립된 의학교육실에서 일하고 있었으며, 따라서 중앙화된 모델이 일반적 형태였다. 아래의 사례는 이를 잘 보여 준다.

> 교육과정 개편의 일환으로 학장은 의학교육 전문가를 임용하여 시험, 프로그램 평가, 교수 개발 등에 대하여 교수진을 도와주는 일반적 역할을 하도록 하였다. 그러나 교육과정 개편에 대한 도전이 거세어지면서 교수 기법, 연구 설계, 측정, 교육과정 개발, 그리고 역량평가 등의 분야를 지원해 줄, 보다 전문화된 인력이 추가로 임용되었다. 현재 이 학교에는 4명의 Ph.D 교육자들이 교수진과 협력하여 교육 프로그램에 대해 학문적 접근을 하기 위해 일하고 있다.

교육학적 업무를 개선하기 위한 교수 개발은 이들 교육자의 핵심 임무다. 왜냐하면 최근까지도 의과대학 교수는 수업에 대한 책임을 맡기 전에 교육에 대한 그 어떤 준비도 되어 있지 못한 상태였기 때문이다(Steinert, Cruess, & Snell, 2005; Steinert et al., 2006; Wilkerson & Irby, 1998). 우리가 방문하였던 학교나 프로그램의 경우 대부분 소그룹 토론 진행법, 교육 신기술 개발 및 사용법, 시험문항 출제법, 피드백 주기, 임상 상황에서의 교수법, 임상 술기 교육법, 그리고 교육과정 개발 등의 주제에 대한 워크숍들로 이루어진 교수 개발 프로그램을 갖고 있었다. 많은 학교에서 이런 비정기적 교수 개발 노력 외에 학습이론, 교육과정 개발, 교육 기법, 교육학 연구, 리더십, 조직변화 등의 영역에 대해 보다 심층적으로 접근하기 위한 의학교육자 양성 프로그램을 연중 운영하고 있다. 이러한 과정은 보통 일 년 내지 2년 과정으로 운영되고, 주 1회에서 월 1회 정도 제공되며, 새로운 과정을 개설하거나 교육 관련 연구를 진행하는 등의 교육 프로젝트가 포함된다. 이들 프로그램의 목적은 해당 기관의 의학교육에서 핵심적 역할을 수행할 수 있는 능력을 갖춘 리더 집단을 양성하는 것이다(Searle, Hatem, Perkowski, & Wilkerson, 2006; Searle, Thompson, & Perowski, 2006). 교육학 분야의 지식을 쌓고 연구 능력을 지속적으로 개발하고자 하는 의과대학 교수를 위해 보건의학교육 전공의 석사 및 박사 과정도 몇몇 대학에 개설되어 있으며, 이 과정에 들어가는 의사의 수는 점차 증가하고 있다. 교수법 개선 프로그램의 또 다른 경향은 교수뿐 아니라 전공의나 의대생들을 대상으로 하는 프로그램이 증가하고 있다는 점이다. 일부 의과대학에서는 학생들의 선택 과목으로 의학교육학이 개설되고 있으며, 이 과정을 통해 교육 관련 과제, 교육과정 개발, 그리고 교육 관련 프로젝트 등에 학생을 참여시키고 있다. 졸업 후 교육에서는 전공의에게 교수법을 가르쳐 주는 많은 프로그램이 교실 내에, 혹은 학교에 개설되어 있다(Wamsley, Julian, & Wipf, 2004).

이미 지적한 바와 같이 의학교육 연구는 중앙 집중 모델이 많다. 그러나 교실 단위에서 진행되는 대안적 모델도 있다. 예를 들어, 개별 교실이 학생이나 전공의 교육을 강화하기 위해 의학교육자를 임용하는 경우도 있다. 이는 보다 탈중앙화된 개선 전략이라 할 수 있다.

우리가 방문했던 몇몇 대학이 이러한 탈중앙화된 교실 단위의 모델을 갖고 있었는데, 때로는 중앙집중적 모델과 병행하고 있었다. 가정의학과나 내과의 경우 오래전부터 교육학 전문가를 임용하고 있었는데, 이는 일차 진료의사 양성을 위해 연방정부로부터 기금을 받아 왔기 때문이다. 보다 최근에는 외과나 산부인과도 이런 선례를 따르고 있는데, 다음의 사례가 이를 잘 보여 준다.

외과학 교실에서 학생 및 전공의 교육을 개선하기 위해 열성적이고 정열적인 교육 전문가를 임용하였다. 교육 연구자로서 그녀는 외과 교수들과 협력하여 임상 실습 및 전공의 교육 프로그램에서의 혁신적 교육과정과 평가 시스템, 학생과 전공의를 대상으로 하는 공식적인 술기 교육, 교수 개발 및 교육학적 연구 등의 분야에서 일을 하였다. 시간이 가면서, 교수진과 그녀의 협동 작업을 통해 교실의 교수 및 학습이 개혁되어 나갔다. 주임교수와 밀접히 일하면서, 그녀는 전공의 교육의 새로운 교육학적 모델을 가시화하기 위한 교수워크숍을 만들었다. 이 워크숍에서 도출된 성과물 중 전공의 순환의 새로운 구조가 실제로 적용되었다. 지역 차원에서의 리더십은 또한 전국 단위의 외과 교육에서의 리더십으로 이어졌다.

또 다른 대학의 경우, 의학교육 전문가가 외과학 교실 내에서 일하면서 교육 과정 개발, 교육 기술 개발, 프로그램 평가, 그리고 교육학적 연구 등에서 지원 업무를 수행하였다. 주임교수와 긴밀히 협조하면서, 그는 교육 혁신, 교육학적 연구, 진료행동 연구, 그리고 성과 연구에 특별히 관심이 높은 외과의사들뿐 아니라 간호교육자, 술기교육 담당자, 술기 지도자 등으로 구성된 외과교육 및 수행집단을 조직하고 운영하였다. 이 그룹에 의해 수행된 연구나 프로젝트들은 외과수련 프로그램에 영향을 주는 문제들을 이해하고 해결하며, 체계적 혁신을 통해 그것의 질을 향상시킬 목적으로 설계되었다. 그는 자기 자신의 연구 프로그램을 수행하고, 자료 수집 및 분석, 연구 개념화, 자료 해석, 그리고 논문 작성 등을 통해 다른 사람들의 연구를 도와줌으로써 그룹의 업무를 지원하였다.

이 두 사례에서 볼 수 있듯이, 중요한 교육개혁이나 연구는 학교 차원뿐 아니라 교실 차원에서도 가동될 수 있다. 각각의 사례에서, 공식적인 수련을 받은 의학교육 전문가를 임용하여 다른 교수진들과 협력하도록 하는 것이 성공의 열쇠였다. 이를 위한 재원을 지원하기 위해 의학연구원(Institute of Medicine, Committee on the Health Professionals Education Summit, 2003)은 연방의회가 의학교육 혁신을 지원하기 위한 적절한 예산지원 프로그램을 마련할 것을 촉구하였고, 일부에서는 NIH 내에 보건의료 전문가 교육에 대한 연구를 담당할 부서를 설립할 것을 촉구하였다(Wartman, 2004). 이러한 노력은 의학교육의 창조적이고 혁신적인 문화를 확산시키는 데 도움이 될 것이다.

교수학습 분야의 학문적 연구를 발전시키는 학내 커뮤니티

교수학습 분야의 학문적 연구는 교육이 이루어지는 과정을 면밀히 조사하는 것에서부터 출발한다. 교육과정 및 교육의 설계와 전달, 학생들과의 상호작용, 평가, 성찰, 그리고 재설계가 그것이다. 교육의 그러한 계획과 전달 작업은 일차적으로 교수의 마음속에서, 교실에서, 그리고 임상 장면에서 일어나는 것이기 때문에 다른 사람들은 보기 힘들다. 따라서 교육에 열정을 갖고 있는 교수들의 커뮤니티를 구성하고 그들에게 교수학습에 초점을 맞춘 모임에 참석할 기회를 주는 것이 중요한 과제다. 이러한 모임은 '교육 광장'이라 부르는데, 교수들이 교수학습에 대해 토론할 수 있는 실제적 혹은 가상의 공간을 의미한다(Huber & Hutchings, 2005). 이러한 지적 공간, 혹은 관심공동체는 교육 관련 워크숍이나 세미나, 학회, 연수회, 전문가 양성 프로그램, 의학교육실, 그리고 의학교육자협회 등을 통해 지역적으로 구성될 수 있으며, 전국적으로는 전문학회나 인터넷을 통한 협동 연구 환경 속에서 만들 수 있다.

의과대학은 다른 고등교육기관과 마찬가지로 교육의 수월성에 초점을 맞추고 있지만, 새로운 접근법은 교육이 보다 학문적이라는 점을 강조하기 위한 것이다. 즉, 교육이 다른 사람들의 연구에 바탕을 두고 구성되며, 실패나 성공 여부가 공개되어 다른 사람들이 이를 통해 배울 수 있도록 하며 결과적으로 이 분야의 발전을 가능하

게 하는 것이다. 카네기 교육발전 재단은 '이 분야 학자의 업적의 수
준, 그들의 임무 충실성, 그리고 학생의 지적·실무적·도덕적 발전
에 미친 영향' 등을 지속적으로 연구함으로써(Shulman, 2005a, p. vi),
학문적 연구의 개념에 학문적 교육이 포함되도록 하고(Boyer, 1990),
교수학습 분야를 주로 다루는 학자의 공동체를 만드는 노력을 선도
해 왔다(Glassick, Huber, & Maeroff, 1977).

Glassick, Huber와 Maeroff(1997, p.36, Exhibit 2.1)는 교육에 관한
이러한 형태의 사려 깊은 성찰을 촉진하기 위해 6가지 평가 기준을
제시하였고, 각각의 기준에 해당 질문을 첨부하였다.

- 분명한 목표: 목적과 목표는 분명하고 적절한가?
- 준비의 적합성: 연구자는 해당 분야 학문을 이해하고 있으며,
  작업에 필요한 기술을 갖추고 있는가?
- 방법의 적절성: 연구자는 적절한 학습 환경을 만들어 내고 있으
  며, 적절한 교수 방법을 사용하고 있는가?
- 의미 있는 결과: 목표가 달성되었으며, 결과적으로 해당 분야에
  기여하였는가?
- 효과적인 전달: 연구자는 자신의 성과를 명료하고 통합적으로
  전달하기 위해 합당한 형식과 효과적인 조직을 이용하였는가?
- 성찰적 비평: 연구자는 자기 자신의 성과물을 비판적으로 평가
  하고 개선하였는가?

우리가 방문하였던 기본의학교육 및 졸업 후 교육 프로그램들은

이런 형태의 학문적 연구를 장려하고 교수들의 공동체를 만들기 위해 다양한 방법을 사용하고 있었다. 가장 흔한 접근 방법은 교육과 정위원회를 활용하거나 질적 향상을 도모하기 위한 교육과정 개편 사업을 하는 것이었다. 많은 학교에서 교수, 대개는 학교의 교육 전문가에게 교육 관련 문헌을 검색하게 함으로써, 다양한 교육과정이나 교수법에 대한 논쟁과 관련한 정보를 제공하게 하고, 이어서 교육학적 연구나 이론에 대한 토론을 진행하였다.

교수 공동체를 구성하는 또 다른 방법으로는 의학교육 전문가 학회라는 비교적 새로운 조직 구조를 설립하는 것이다. 이러한 학회 구성은 전국적으로, 또한 국제적으로 매우 활발하게 진행되고 있다 (Searle et al., 2010). 학회의 세 가지 핵심적인 구조 특성이 이를 다른 교수 개발 프로그램과 구분해 준다. ① 학장실이나 특정 교실로부터 독립되어 조직 내부의 리더십에 의해 운영되는 공식적인 학교 조직 구조, ② 임무와 연관된 작업을 진행할 수 있도록 지정된 재원, ③ 교육, 리더십, 그리고 학문적 연구 등에 중점을 두어 철저한 동료 평가를 통해 선임된 교육자들을 멤버로 하는 조직.

이러한 학회 중 가장 오래된 것은 위스콘신 의과대학의 학회로, 1990년에 창립되었다(Simpson et al., 2000). 현재는 전국의 의과대학에 30개 이상의 학회가 구성되어 있으며, 그 수는 해마다 증가하고 있다(Dewey, Friedlan, Richards, Lamki, & Kirkland, 2005). 이들 모두는 교수들을 지원하고 발전시키며, 교수 개발 업무를 수행하며, 교육과정 개선, 그리고 대학의 교육학적 사명 전파 등의 임무를 공유하고 있다.

다음은 그러한 교육기관의 생성 과정을 기술한 예다.

연구에 중점을 둔 의과대학으로서 학교는 지난 수십 년간 대학의 교육적 사명에 대해서는 별 신경을 쓰지 않았다. 교수진은 서로서로 소통이 없는 상태에서 각자의 강의를 진행해 왔고, 교육적 사명이 대학이나 자기 자신의 학문적 경력에 값진 기여를 할 것이라고 기대하지 않았다. 교수들은 연구만이 발전의 동력이라고 인식하고 있었고, 따라서 '교육은 잘해야 본전'이라는 생각이 만연해 있었다. 그러나 지금은 그런 문화가 극적으로 변화하였다. 그 이면에는 교육과 관련한 강력한 리더십, 교육과정 개편, 의학교육실, 그리고 의학교육학회가 있었다. 특히 의학교육실과 의학교육학회는 혁신 재원 지원, 의학교육의 날 행사, 의학교육 전문가 양성 프로그램, 교수 개발, 그리고 의학교육 중요성 고취 등의 방법을 통해 교육 개혁과 학문적 연구를 이끌었다. 교수들의 교육 포트폴리오를 도입함으로써 이것이 교수의 교육적 기여 정도를 보여 주는 증거로 자리 잡았다. 이는 교육자들의 발전과 승진을 촉진시키는 결과를 가져왔다. 학교는 가장 훌륭한 교수를 선정하여 공개적으로 시상하였고, 교육자들의 모임을 만들어 교육에 대한 혁신적 아이디어들을 공유하고 다른 교수들을 도와줄 수 있는 조직 구조로서 기능하도록 하였다. 교육 전문가 집단은 교육에 대한 학교의 헌신과 교육학적 개혁 및 연구를 상징하게 되었다. 교육에 대한 이러한 뚜렷한 열성은 학교의 문화가 바뀐 것을 반영하는 것이었다.

교수학습에 관한 지역적 논의를 보다 확대해 나가기 위해 교수와 학생이 모여서 교육과정을 함께 개선해 나가기 위한 포럼이 생겨나고 있다. 학생들은 수업, 교육과정, 교재, 실습 및 교수법에 대한 그들의 생각을 전달하고, 수업을 개선하기 위해 교수들과 협력한다. 일부 대학에서는 학생을 고용하여 교수와 함께 교육과정을 개선하고, 강의 교재, 자율학습 교재, 퀴즈, 시험, 평가 및 기타 과제 등을 점검함으로써 학습을 개선시키고 있다. 학문적 교육은 자신의 업무 및 다른 사람들의 모범적 교육에 기반을 두고 있으며, 교육의 학문화는 자신의 업적을 공개하여 동료평가를 받고, 이를 전파하는 작업을 필요로 한다. 이러한 작업은 현재 AAMC 웹 사이트 내의 MedEdPortal을 통해 전국 단위로 시행되고 있다(http://www.aamc.org/mededportal). 이는 동료평가를 거친 의학교육과 관련된 교육자료들과 프로그램들을 모아 놓은 것으로서 의학교육자들에게 그들의 최고의 업적들을 공유하고, 동료평가를 받게 하며, 다른 이들로 하여금 이를 차용하거나 수정하여 사용할 수 있게 하고 혹은 다른 교육자에게 '그대로' 사용할 수 있는 교육과정 관련 자료를 제공해 주고 있다. 교육자료를 공유하는 또 하나의 국립자료실로는 보건교육자료도서관(Health Education Assets Library, http://healcentral.org)이 있는데, 이는 그림이나 만화, 동영상 혹은 삽화 등 개별 교육 자료를 주로 모아 놓고 교육자들로 하여금 자신의 강의 교재에 활용할 수 있도록 해 놓은 데이터베이스다. 이러한 동료-평가를 거친 자료실은 교육 자료의 전파와 학문적 연구에 중요한 기능을 하고 있다.

　전문기구들도 이런 형태의 학문적 활동을 발전시키고 있다. 예를 들어, AAMC와 미국교육연구학회는 의학교육 분야에서의 연구와 결과물들을 공유할 수 있는 학회를 개최하고 있다. 전문의학회들도 교육과 관련된 조직 구조를 만들고 전국 학회를 개최하고 있다. 몇 가지 예를 들면, 외과교육학회, 가정의학교육학회, 소아과 임상 실습교육자회, 정신과 학생교육 담당자협회 등이 있다. 이러한 전문 기구들은 교육에 열정을 가진 사람들이 의학교육 분야의 핵심 과제들을 함께 토론하고, 자신의 연구 결과들을 공유할 수 있는 기회를 제공하는 전문가 공동체의 역할을 하고 있다.

의학교육에서의 교수학습 관련 학문적 연구는 몇 개의 학술지에 의해 발전되고 있다. 여기에는 Academic Medicine, Advances in Health Sciences Education, Medical Education, Medical Teacher, Teaching and Learning in Medicine, 그리고 Evaluation in the Health Professions 등이 있다. 이 밖에도 각 과 전문학회지도 교육 관련 특집을 싣거나 특별호를 발간한다.

가장 중요한 것은 아마도 교육 프로그램을 주도하는 교수들이 지금은 자신의 승진에 활용할 수 있는 교육 업적 관련 자료를 정리할 수 있도록 지침이 마련되었다는 사실일 것이다(Simpson et al., 2007). 교수법, 교육과정 개발, 학생 상담, 교육리더십, 행정, 학생 평가 등 교육 관련 업적의 모든 측면이 학문적 방식으로 실행될 수 있고, 교수학습 분야 학문을 촉진시키고 있다.

의학교육 전문가 학회, 의학교육실, 학술대회나 조직, 전문학회지 등으로 대표되는 전문가 교육에 대한 학문적 접근은 고등교육 전반에 걸쳐, 또한 전문가 교육에 있어서도 매우 특별한 것이고, 그것이 교육 혁신을 위한 노력에 중요한 지인이 되고 있다.

⚕️ 변화를 이끌며: 앞으로의 과제

한정된 자원과 의학교육이 직면하고 있는 복잡한 문제에도 불구하고, 5장에서 고찰한 바와 같이 우리가 방문했던 의과대학이나 전공의 수련프로그램에서 변화는 이미 진행 중이었다. 효율적이고 정열적인 리더들이 생산적인 리더십 집단과 협력하면서 교육과정을 변화시키고, 탐구와 전진을 위한 문화를 창조해 나가고, 행동과 규범을 증진할 수 있는 조직 구조를 재설계하고 있다. 이와 동시에 교육 자원에 대한 투자와 지원 서비스에 힘입어 교수학습에 대한 학문적 연구가 활발히 진행 중이다. 이 장에서 제시했던 사례에서 볼 수 있듯이 의학교육에서의 괄목할 만한 변화는 실현 가능한 것이며, 다음 장에서 촉구될 새로운 개혁이 달성 가능한 것임을 증명해 주고 있다. 그러나 앞으로의 과제는 결코 녹록치 않은 것이며, 성공적인 개혁은 개인과 기관, 그리고 의학교육 시스템 전체를 지원하는 체계적이고 정책적인 행동에 그 성패가 달려 있다. 그것은 또한 개별 프로그램에서 전국적 기구에 이르기까지의 모든 단계에서의 리더십에 의해 결정된다. 마지막 두 장에서는 그러한 행동을 위한 우리의 제안이 제시될 것이다.

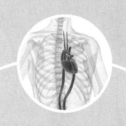

미래를 위한 도전:
가능성의 비전 제시

ART **Four**

4

Chapter 07

비전의 실현:
의학교육을 변화시키기

미국 의학교육은 학부나 졸업생 모두에게 장점과 단점을 가지고 있다. 미국 의과대학과 전공의 프로그램은 수월성을 기반으로 혁신과 창의성을 더함으로써 크게 개혁될 수 있었다. 이러한 개혁을 성공적으로 이루어내기 위해서는 프로그램과 정책의 변화가 수반되어야 하는데, 다음 8장에서는 수월성을 지켜 내면서 변화를 촉진할 정책의 개혁에 대해 논의할 것이다. 서론과 1장에서 의학교육이 이뤄나가야 할 일련의 목표들을 다뤘다. 7장에서는 어떻게 의학교육이 새로운 프로그램 접근방식을 통해 이러한 목표들, 즉 '학습 성과의 표준화 및 학습진행 과정의 개별화, 지식, 임상 경험, 역할과 책임간의 통합, 탐구와 자기 향상의 습관 개발, 명확한 의학 전문성 확립'을 달성할 수 있을까에 대해 기술하고자 한다. 먼저, 이러한 목표들 뒤에 숨어 있는 원칙과 이를 구현하기 위한 전략을 논의하고자 한다. 그후에는, 학부과정에서부터 전공의 과정까지 이러한 네 가지

목표가 어떤 교육방법을 통해 실현될 수 있는지에 관한 실례를 다루
고자 한다.

핵심 교육 목표

미국의학교육의 장단점에 대한 관찰과 교육학자들의 도움을 받
아 교육과정, 교수법, 평가에 대한 원칙들을 만들었다. 이 원칙들은
구체적 교육 목표나 학습자의 수준과 관계없이 광범위하게 적용가
능하리라 생각된다.

- 교육과정에 있어서 교육자는 핵심 내용과 핵심 내용이 아닌 것
  을 명확히 구별할 수 있어야 한다(diFrancesco et al., 2005; Core
  Committee, 2002). 임상에 필요한 의학 지식이나 기술은 계속 발
  전하면서 바뀌기 때문에, 5년 내지 10년에 버려질 교육과정 내용
  을 최소화하는 것은 정말 중요하다.
- 모든 학습자는 자신들이 이미 숙달한 임상적 역량들을 반복해
  서 시간을 낭비하지 않도록 해야 한다. 의학교육은 학습자 개인
  이 다양한 수준에 참여할 수 있도록 교과과정을 유연하게 설계
  하고 수준을 파악할 수 있는 검사들을 마련해야 한다. 핵심적이
  지 않은 내용들을 제거함으로써 의대생으로 하여금 개인적으로
  관심있는 내용을 심도있게 학습하거나 비임상적 역할들을 탐색
  하는 데 시간을 더 활용하도록 할 수 있다.

- 각 수준에서 수행역량은 최소한의 표준을 의미한다는 것을 강조해야만 한다. 이는 '핵심'이라는 점에서 의사가 되려는 모든 이들이 반드시 성취해야 할 행위 수준이다(예를 들어, Brooks, 2009). 학습자에게 수월성을 추구하고자 하는 마음을 심어 주는 것은 매우 중요하다. 의과대학과 전공의 수련 프로그램은 학생들로 하여금 수월성을 추구하는 습관을 형성하도록 해야 한다. 또한 정규 교육 기간 이후에도 최신의학과 혁신적인 술기를 지속적으로 배우고 익힐 수 있도록 해야 한다.

- 의학교육학 이론은 학습자로 하여금 임상환경에서 경험을 하면서 효과적인 치료에 도움이 되는 정보를 수용하고, 다른 이들과의 상호작용을 통해 학습을 해 나가는 동기와 기술을 개발하는 것을 목적으로 한다(Hoff, Pohl, & Barfield, 2004). '학습의 나선형 (learning spiral)'은 사전 지식과 임상적 경험, 궁금한 것에 대한 의문 사항을 확인하고, 그런 후에 공식적 학습으로 연결되는 체제를 의미하는데, 이것은 의대생과 전공의가 자신들의 학습을 초인지적으로 모니터링할 수 있는 토대가 되기 때문에 이러한 체제로 학습이 진행되어야 한다(ten Cate, Snell, Mann, & Vermunt, 2004). 학습자는 의학의 기본이 되는 과학적 지식을 포함해서 교육과정 내용에 최대한도로 접근할 수 있어야 하며, 이것은 저학년 학생들만큼이나 전공의에게도 중요하다.

- 의학교육을 받는 동안 학생과 전공의는 교수진과 강하게 결속될 필요가 있다. 이러한 관계는 개인적으로 지도를 받는 것뿐만 아니라 강력한 역할모델로 작용한다(Haidet & Stein, 2006;

Kendrick et al., 1993).

- 학부(UME)나 졸업 후(GME) 교육 모두에서, 의학교육은 평가를 통해 학습자가 핵심 영역에서의 지식과 수행능력을 정해진 기준에 맞춰 잘 성취했는지를 점검해야 한다. 평가는 전체 학습의 단속선상에서 학습자 수준에 따라 명세화된 실제적 기준을 반영하고 있는 공통 수행능력을 이용해야 한다(Wilson & Scalise, 2006). 전국적으로 공유된 기준을 통해 의과대학, 전공의 및 학습자에게 어떻게 프로그램이 입학한 학습자의 능력을 비교할 수 있으며, 졸업생들이 달성한 수준을 파악해서 앞으로 교육에서 무엇이 더 추가되어야 할 것인지를 이해해야 한다.

- 평가는 학생이나 전공의가 이미 아는 것 이상의 수준으로 이루어져야 한다. 평가는 평가 기준과 자신의 수준과의 간극을 인식하고 무엇을 다음에 공부해야 할지를 알도록 해 줘야 한다. 이러한 차이를 인식하는 것은 평생 학습을 해야만 하는 동기를 제공한다(Miflin, Campbell, & Price, 2000; Teunissen & Dornan, 2008). 학습자의 지식과 기술이 분할되는 것을 막고, 의학 상황에 대한 잘 조직화된 이해를 키워 주기 위해 평가는 수행 영역 간 교차해서 이루어져야 하며, 통합적이고 집약적이어야 한다.

- 수월성에 대한 책무는 의학 전문직업성의 특징 중 하나다. 어떤 이는 특징의 하나가 아니라 특징 그 자체라고 주장한다(Leach, 2002). 따라서 전문적 지식과 술기는 책무이지 속성이 아니다. 이러한 개념은 우리의 의학교육의 관점에서 근본적인 것이며, 이 개념을 표준화와 개별화, 통합, 혁신과 향상 및 정체성 형성

이라는 우리의 목표와 긴밀하게 관련지을 수 있다. 교육의 질 보증은 표준화와 학습자를 인간적으로 다루고, 그들의 흥미, 능력 및 경험을 존중하고 그들의 높은 성과를 격려하는 개별화 교육진행 과정을 통해 달성된다. 또한 수련 과정을 포함해서 의사가 사회에서 보다 많은 역할을 하리라는 기대와 모든 의사가 자신의 영역을 만드는 데 참여하는 것이 의사의 전문가적 정체성의 차원에 해당하는 모든 목표라는 주장을 통해 이루어지는 것이다. 이러한 각 목표들을 강조하기 위해서, 우리는 개별화, 통합, 탐구 및 정체성 형성을 강조하는 설계에 대해 얘기했지만, 교육에서의 모든 선택은 학생들과 전공의의 전문성 형성에 영향을 미친다. 프로그램은 학습자의 경험에 신중해야 하고, 교과과정, 교육학이론 및 평가에 의해 전달되는 함축적이고 명확한 메시지에 주의를 기울여야 한다. 그렇지 않으면 프로그램에 의해 의도된 전문가적 발달 학습 성과는 왜곡될 것이다.

　어떻게 이러한 원칙이 실행되게 할 수 있을까? 의학교육과 교육학 연구에 바탕하고, 우리가 관찰한 교육적 혁신에 의해 영향을 받은 의학교육의 비전은 궁극적으로 환자 치료에서의 수월성을 증진하는 것이 목적이다. 따라서 의학교육의 프로그램적 개혁에 대해 다음을 추천하고자 한다.

- 학습 성과를 표준화하고, 학습과정을 개별화하라.
  - 학습 성과에 대한 명확한 기준을 확립하고, 수행 능력을 평

가하라.

- 학습자의 발달에 따라 학부교육(UME), 졸업 후 교육(GME) 및 평생교육(CME)을 총괄하는 공통 수행 능력 영역을 확립하라.

- 학습을 개별화하라. 학습 접근에 대한 유연성을 제공하고, 핵심적 학습을 성취했을 때에는 개별적 관심영역을 심도 있게 추구할 수 있는 가치를 제공하라.

• 지식과 임상 경험, 역할과 책임감을 통합하라.

- 조기에 임상에 노출하고 추후에 기초학문을 재학습하는 등으로 지식과 임상 경험을 밀접하게 연결시키라.

- 질병과 임상 상황들을 여러 관점에서 고찰하게 하라.

- 학습자에게 의사의 여러 역할과 책임감을 접하게 하라.

- 복잡한 체계에서 효율적인 환자 치료를 할 수 있도록 다른 건강전문가들과 협업을 할 수 있도록 학습자의 능력을 배양하라.

• 탐구와 향상의 습관을 개발하라.

- 일상적과 적응적 전문성을 모두 개발하도록 집중하라.

- 학습자를 문제에 직면하게 하고, 지식을 쌓는 노력을 하도록 참여시키라.

• 명확하게 전문가적 정체성을 형성하도록 강조하라.

- 의학 전문직업성 개발에 관한 형식화된 윤리적 지시사항, 피드백 및 성찰의 기회를 제공하라.

- 고도의 전문직업성 향상을 위한 학습자와 교수관계 형성을 지원하라.

- 의사이자 시민으로서의 역할을 탐색하도록 격려하라.

– 수월성과 지속적인 자기 향상을 위한 학습과 임상에 협력적
  인 환경을 만들라.

❧ 체계적 접근: 11가지 가능성

이러한 생각이 실제 운영에서는 어떤 모습으로 나타날 수 있을까?
의학교육자들이 창조적인 생각을 할 수 있도록 〈표 7-1〉에 11가지
체계적 접근법을 제시해본다. 네 가지는 의과대학 저학년 수준, 두
가지는 의과대학생 고학년 수준, 두 가지는 전공의 초기, 세 가지는
상급 전공의 수준이다. 이러한 접근법을 발전시키는 데 있어서 학
교나 전공의 프로그램이 그 역사, 사명 또는 현재 상황들로 인해 네
가지 목표 중 한두 가지 목표만 주의를 기울여 향상하려는 노력을
시작해야 함을 인식했음에도 불구하고, 우리는 모두가 똑같이 중요
하다고 여긴다. 우리가 대부분의 경우 한 접근법에 한 목표를 국한
시켜 집중한 이유는 교과과정, 페다고지, 그리고 평가가 어떻게 함
께 그 목표를 지지해야만 하는가를 강조하기 위함이다.

학교나 전공의 프로그램이 그 목표를 단지 개별적인 과정들, 임상
실습 및 전공의 과정뿐만 아니라 보다 넓게 기관 전체에서 역점을
두어 다루려고 고려할 때, 예시와 같이 의도된 이러한 접근법을 보
여 주기 위해, 간략한 묘사와 가상 학습자 이야기들을 제공하고자
한다. 예시들이 단지 기술을 위해 의도된 것은 아니고, 다른 이들이
더 많은 접근법을 만들 수 있도록 하는 자극제가 되었으면 한다.

╋ 〈표 7-1〉 11가지 체계적 접근법

재 원	76개 공립학교			
	표준화 및 개별화	통 합	혁신 및 향상	전문가적 정체감
• 의과대학 저학년				
1. 핵심과 깊이	V			
2. 임상적인 누적 학습		V		
3. 호기심과 전공 분야 구축			V	
4. 도덕적 공동체에 가입하기				V
• 의과대학 고학년				
5. 전문가적 책무를 발전시키기	V		V	
6. 상황과 관점		V		
• 전공의 초기과정				
7. 문제점 재정립	V			
8. 불확실성, 자신감과 책임감				V
• 전공의 상급과정				
9. 의사의 영향력		V		
10. 일상의 혁신 및 개선			V	
11. 수월성에 대한 책임감				V

　　어떤 접근법은 의학교육을 위해 사용되는 임상 상황에서 사용하기에는 문제가 될 수 있다. 그러나 엄청난 변화가 의학과 치료에서, 또 교육 분야에서 혁명적인 인식의 변화가 있었음에도 불구하고, 밀어붙이는 새로운 생각 없이는 제도는 지난 한 세기 동안 임상교육의 주목할 만한 변혁이 없게 했던 그 같은 관성으로 그냥 그대로 유지될 것이다(Christakis, 1995). 의학교육이 활기를 띠게 되는 것처럼 보일 수 있는 이러한 예들이 의학교육자들로 하여금 필요한 변화로 나아가는 촉매제가 되기를 바란다.

의과대학 저학년

Anna Sheffield는 주립의과대학 1학년 학생이다. 32세 인류학 전공자인 Anna는 처음 의사가 되겠다는 생각을 평화봉사단 자원봉사자였을 때했다. 그렇지만 그녀는 기니아에서 돌아와서 곧 결혼하게 되었고, 임신을 했다. 그녀는 의과대학 입학을 위한 요구조건을 마칠 무렵 둘째 아이를 얻었다. 등록금이 생각했던 것보다 싸지는 않았지만, 그녀가 우려했던 많은 점에도 불구하고 주립의과대학에서 입학을 허가해 주었을 때 너무 기뻤다. 가장 중요한 것은 학교가 학생의 다양한 환경과 흥미를 높이 사 줬다는 점이다. 첫 3개월은 학생들이 통합적인 공통핵심과목을 준비하는 기간을 가졌다. 도입 프로그램으로 '예술과 의과학(Art and Science of Medicine)'은 과학 전공자에게 사회과학, 행동과학 및 의료인문학을 공부할 기회를 주었다. 사회과학적 환경과 경험을 가진 Anna는 생화학 및 의학과 관련된 논문을 토론하는 세미나를 택했다. 공통핵심과정인 '건강, 질병과 건강관리의 기초'가 1학년에 시작되었을 때, Anna는 약리학과 같은 자연과학에 이미 익숙해져 있었다. 이 시기 1학년 학생들은 의학적 선서를 읽고 '의사로서의 우리의 이상'이라는 단체 성명서를 만들면서 전문가적 책임감을 고민하였다. Anna는 자신의 경험을 살려 동급생들과 하는 협력과제를 쉽게 이뤄낼 수 있었다.

Anna는 가족에 대한 의무감을 갖고 있었으며 엄마로서의 역할을 잘하고 싶었기 때문에 학교의 탄력적 학기운영을 좋아했다. 좋은 성적의 학생은 3년 만에 학교를 졸업할 수도 있고, 4년간의 등록금을 받고 5년까지 공부하고 졸업할 수도 있다. 인니는 탄력적 학기운면의 헤태을 받은 학생들을 만났다. 하나같이 학교가 학생들의 사정과 요구를 잘들어 주었고 전공의와 교수들은 학생들의 비임상적 활동을 잘 도와주었다고 말하였다.

끝으로 Anna는 학교가 국제의료에 대한 폭넓은 프로그램을 갖고 있다는 걸

알고 기뻐했다. 그녀는 의사와 엄마로서 국제의료에 대한 그녀의 관심을 일단 접

어두어야 하지 않을까 생각하고 있었다. 그렇지만, '예술과 의과학'을 듣는 동안

학생, 전공의와 교수가 국제의료에서의 자신의 일에 대해 발표하는 프로그램에

참여할 수 있었다. 그녀는 두 전공의를 만났는데 모두 젊은 부모였고, 전공의 기

간 중에 해외에서 일한 적이 있었다. 그들은 그녀가 계속해서 국제의료에 대한

그녀의 직무를 심화시킬 수 있고 학교가 도와줄 것이라는 것을 확신하였다.

Anna는 기운이 나서 국제의료 관심그룹에 가입했고, 셋째 분기에는 개발도상국

의 의료에 대한 선택과정에 참여하기로 했다. 그녀는 의과대학 생활 중에 해외

프로젝트 팀의 일원으로서 참여하는 기회를 갖기를 희망하고 있다. 가까운 동료

들이 국제의료에 성공적으로 기여하는 것을 보고, 그녀도 자신이 의과대학 생활

과 전공의 과정 중에 계속해서 이러한 관심을 가질 수 있으리라는 희망을 갖게

되었다.

의과대학 초기에는 의사들이 평생 동안 그들의 임상적인 일을 지

속적인 학습으로 연결시키는 방식을 세워 줘야 한다. 특히, 학생에

게 임상 경험이 이전 지식과 결합되고, 이것이 심화학습을 자극하

며, 그러면서 개념과 술기가 향상되는 '나선형 학습'의 변증법적 관

계를 알도록 해 줘야 한다(Hewson, 1991). 덧붙여 의과대학 저학년

때, 학생에게 의사 사회를 소개하고, 사회생활을 배우고 협력해서

일을 수행하는 기술을 만들게 한다(Palincsar, 1998). 이 시기에 학생

이 축적해 갈 수 있는 기초 지식의 토대를 형성하도록 촉진해야만

한다. 마찬가지로, 학생은 도입 단계의 임상 술기를 습득함으로써

임상 상황에서의 교육학적으로 생산적이고, 가능하다면 임상적으

로 믿을 만한 정도로 그들의 작업이 지속되도록 해야 한다(Lave & Wenger, 1991). 끝으로, 의과대학 저학년 시기는 직무에 대한 열망과 학생이 의학 공부를 하게 하는 훌륭한 성격의 바탕 위에 의사로서의 전문직업성을 형성하는 기초적 작업을 해야 한다(Forsythe,2005).

핵심과 깊이   의과대학 저학년 시기는 획일적인 하나의 교육과정으로 운영해서는 안 된다. 학교가 개별화와 표준화를 어떻게 실현할 수 있는가를 설명하기 위해, 의과대학 첫 시기에서의 '핵심과 깊이' 프로그램을 기술하고자 한다. 이 접근법은 의과대학 학생이 과학이나 인문학의 박사과정 학생보다 훨씬 큰 정도의 다양한 지적 환경을 가지고 시작할 수 있도록 용인하는 것이다. 인문학이나 사회과학 환경의 의대생들은 종종 의학교육의 '딱딱한 학문', 특히 생화학, 분자생물학과 일부 약리학에 대한 공포를 갖는다. 반대로 자연과학 환경의 학생들은 의사의 업무에 도움을 주는 인문학이나 인류학 같은 학문을 반기지는 않는다. 다양하게 준비된 동급생은 다양한 관점을 증진시킬 수 있지만, 불행하게도 현실에서는 두 가지 접근법을 최소한으로만 서로에게 가르침으로써 깊이가 없는 교육과정을 운영하게 된다. 마찬가지로 행동과학이나 사회과학적 자료들은 그 영역에 친숙하지 않은 학생들이 쉽게 접근하도록 너무 수준이 낮고 너무 단순화된다. 인문학과 실화 의학(narrative medicine)은 전혀 가르쳐지지 않거나 선택 과정으로만 제공된다.

이러한 문제를 해결하기 위해 우리는 학생들이 의과대학의 공통과정(학습 성과의 표준화)의 시작 전에 자연과학, 사회와 행동과학,

인문과학의 영역을 넘나들어 그들의 수준을 올릴 수 있는 프로그램을 상상해 본다. 이를 달성하기 위해 우리의 설계는 의과대학의 시작을 Anna의 '예술과 의과학'과 같은 옴니버스 과정으로 하는 것이다. 이 과정은 네 요소[① 분자생물학과 유전학의 진보, ② 의학을 위한 기초 사회과학(인류학, 심리학, 사회학), ③ 의학통계학 및 역학 입문, ④ 의학 인문학]로 구성된다. 학생들은 그들이 입학 전에 거의 공부하지 않은 과정이나 사전 시험에서 가장 약하게 점수가 나온 과정 두 개를 수강하도록 한다. 의과대학의 첫 분기는 많은 시간을 초기 임상 공부와 함께 예술과 의과학에 할애하게 한다.

조기 환자 대면은 학생으로 하여금 예술과 의과학에서 하지 않았던 그룹 활동을 통해 함께 작업하도록 한다. 환자들과의 대면은 네 가지 분야에 걸쳐 형식적인 교육 내용과 연관되어 있다. 의과대학의 두 번째 분기에서 학생들은 예술과 의과학의 한 가지 요소는 계속 지속하는 한편, 공통과정인 건강, 질병과 건강 관리의 기초를 시작한다. 이런 방법으로, 과학에 강한 배경을 갖고 의과대학에 온 학생은 의사의 역할이나 병의 본질과 같은 주제들을 다룸으로써 문학과 연계된다. 이런 경험은 여러 의과대학에서 탐색된 바 있는데, 이를 통해 학생은 많은 예술 작품을 통해 관찰의 기술을 연마할 수 있다. 반면, 예술사에 대한 지식을 가진 학생은 최신 분자의학과 의학통계학을 수강할 수 있다. 이러한 개별화된 수준 정하기를 통해 공통과정인 건강과 질병에 임할 때 네 영역의 주제를 보다 열의를 가지고 더 잘해 낼 수 있을 것이다.

'예술과 의과학' 교육 내용에 대한 가장 적합한 교수방식은 영역마다 다르겠지만 주로 소그룹 토론이다. 덧붙여 온라인 학습과 그룹 학습은 학생들에게 친숙하지 않은 주제를 친숙하게 해 준다. 학생들은 서로가 동료교사나 보조교사의 역할을 하게 된다. 예를 들어, 예술사 학위를 가진 학생은 그룹지도자나 박물관 과목인 '관람의 예술('Art' of Observation)'의 안내인으로 봉사할 수 있고, 반대로 학부에서 생물학을 전공했던 학생은 생명과학 세미나에서 인문학 배경을 가진 학생들을 도울 수 있을 것이다.

　핵심과 깊이를 채택한 학교는 여러 측면에서 프로그램을 평가한다. 예를 들어, 배치 시험을 통해 네 가지 영역의 한 요소를 상급 수준으로 숙달한 학생들에게 이전에 한 경험에 대해 점수를 준다. 같은 배치 시험을 예술과 의과학의 요소에 대해 학생들을 평가하는 데 사용할 수 있다. 이런 평가들의 사용은 개별화를 뒷받침한다. 평가는 모든 학생들이 공통 건강과 질병 과정을 시작하는 데 사전 준비가 되어 있는지와 끝마쳤을 때 학습 성과의 표준화를 위해 그 내용을 숙달했는지 알아보는 데에 사용할 수 있다.

　성과를 표준화하고 학습의 과정을 개별화하기 위해서 의학교육 프로그램은 또한 학생들이 가족에 대한 책임을 다하면서 또는 개인적인 관심사를 심도 있게 추구할 수 있도록 하는 탄력적인 학기운영을 할 필요가 있다. Anna의 이야기에서 보듯이 성적이 좋으면 3년만에 졸업할 수도 있으며, 사정에 따라서는 같은 등록금을 가지고 3년에서 5년까지 공부할 수 있는 제도를 갖는 것이다.

임상적 누적학습　'통합(integration)'은 의과대학 저학년에서 강력하게 나타나야 한다. '임상적 누적학습' 접근법은 형식적 지식과 임상 경험의 주의 깊은 통합을 나타낸다(Teunissen et al., 2007). 의과대학 첫날부터 학생들의 임상 경험이 의도적으로 계획된, 학습 목표들의 연속으로 이루어지도록 체계화되어야 한다. 학생들의 학습은 이러한 연쇄적인 경험에서 발전한다. 가장 중요한 목적은 임상 경험을 사용해서 실제 임상의 기초가 되는 전 영역(기초과학, 사회 및 행동과학, 임상지식 및 술기, 정책 및 건강 관리 체계)에 걸쳐 학습하고자 하는 동기 부여를 하는 습관을 주입시키는 것이다. 어떤 형식적 교훈을 줄 수는 있지만, 내용은 항상 학생이 보았던 임상 상황들과 연계되어야 한다. 따라서 학생은 외래진료가 어떻게 이루어지는지를 배우고 신체검사술기를 연습하면서 지역사회의사의 진료실에서 시간을 보낼 수 있다. 한편, 호흡기 질환을 배울 때는 호흡기내과 외래를 보고, 호흡 생리를 배울 때는 중환자실에 가서 인공호흡기 환자를 관찰한다. 복통을 일으키는 원인에 대한 임상 상황의 배열은 다양한 임상 상황들, 산부인과, 소아과, 수술실, 응급의학과 등을 고려해야 한다. 모든 학생을 모든 임상 상황에 노출시키는 게 비현실적일 때는 소그룹 협력 학습 시간에 학생들이 자신의 경험을 나누는 방법으로 전환시킬 수 있다.

임상적으로 동기가 부여된 누적학습 접근법에서, 수업은 학생들이 자신의 학습을 자각하도록 하는 시도에서 시작된다. 학생들은 조기에 적절한 학습을 위해 요구되는 '나선형식 학습'과 초인지적인 기술이라는 개념을 정하게 된다(Croskerry, 2003; Kuiper & Pesut, 2004). 현장 학습의 부족은 임상에 대한 이론적 설명을 깊이 이해하

지 못하게 하고, 단지 시술의 달인이 되게 할 수 있다. 이것을 피하
기 위해서, 교육자는 임상적 술기에 더해 개념적 이해를 높이기 위
해 임상적 경험을 이용하는 것이 중요하다고 강조해야 한다(Billett,
1996; Prawat, 1993). 시뮬레이션과 같은 방법은 특히 중요하다고 생각
된 술기나 개념에 학생들의 관심을 집중시킨다(Grossman et al.,
2009). 예를 들어, 많은 의과대학이 쇼크의 병태생리에서 중요한 개
념을 가르치기 위해서 시뮬레이션을 이용해 연습하는 것이다.

통합이라는 목표를 이루기 위해서 분할된 내용을 가지고 이론만
으로 또는 술기만으로 평가하는 일은 피해야 한다. 예를 들어, 한
OSCE(Objective Structured Clinical Examination, 구조화된 객관적 임상시
험, 이하 OSCE) 스테이션이 비장이 만져지는 환자에 대한 것이라고
하자. 연습은 불안한 환자와 라포를 형성하고 전신적 및 국소적 복
부 검진을 행하는 학생의 능력을 직접 관찰하는 것으로 하였다. 가
장 능숙한 학생은 환자의 비장이 커진 것을 알 수 있을 것이다. 그렇
지만 비장 비대를 찾아내는 것이 가장 중요한 점은 아니다. 모든 학
생들은 복부 검사로 비장 비대를 발견한다는 것과 실험실 검사에서
빈혈, 현저한 백혈구 증가증, 중등도의 혈소판 감소증이 있다는 것
을 듣게 될 것이다. 학생들은 감별 진단을 해야 하고, 가장 가능한
진단의 분자유전학을 토론한다. 이런 방법으로 한 OSCE 스테이션
이 진행되었어도 대인기술, 신체 검사 술기, 문제를 공식화하기, 기
초과학 이해 등을 통합적인 방법으로 평가할 수 있다. 비슷하게, 임
상적으로 동기 부여된 누적 학습에 바탕한 접근법에서는 전에 다뤘
던 자료들에 대한 책임을 학생들에게 묻는다. 따라서 종양을 다루는

블록에서는 그 분자의학적 기전들, 상대정맥증후군으로 임상 표현
된 환자 증례가 폐암 역학의 이해와 함께 혈관 해부학에 대한 학생들
의 이해를 평가하는 데 사용될 수 있다. 이런 방식으로, 교육과정과
학생의 숙달도의 평가는 진정으로 통합적이고 누적적이다.

　의학교육을 시작하는 의대생들이 경험해야만 하는 또 다른 중요
한 통합이 있다. 그것은 바로 건강 관리 체계에서 어떻게 건강 관리
전문가들이 함께 환자들을 위해 요구되는 성과들을 달성하는가에
대한 정교한 이해를 하는 것이다(Baker, Salas, King, Battles, & Barach,
2005). 의학교육은 학습자가 팀의 모든 구성원들의 역할과 책임감을
이해하면서 통합 건강 관리팀의 일원으로서 효율적으로 같이 일하
도록 준비시키는 데 실패해 왔다. 교육과정들은 의학도들이 정기적
으로 미래의 동료들인 간호사, 약사, 물리치료사 등등의 다른 보건
의료 분야 학습자들과 일정 기간 동안 문제점들에 대해 팀 바탕 작
업을 완성하고, 이에 대해 단일팀으로 점수를 주는 방식을 취해야
한다.

　호기심과 전공 분야 구축　　저학년 의학교육의 과제는 의학 지식
의 역동성과 의학적 '진리'의 임의성을 납득시키는 데 있다. 학생들
은 오래전부터 보증되지 않은 진리인 의학공부를 하러 온 것이다
(Mylopoulos & Regehr, 2009). 학생들은 현재 이해하는 것이 불완전하
지만 매년 진리에 가깝게 다가서고 있다고 생각한다. 이러한 생각은
자연과학을 전공하는 대학원생들과는 다르다. 자연과학 전공학생
들은 한 가지 모형을 검증해 보고 옳지 않은 내용은 기각하고 옳은

내용은 도입하는 방식으로 실험을 한다(Bereiter & Scardamalia, 1993). 의학도 이와 비슷한 정신을 키워 줘야 한다.

의과대학 저학년 학생들을 탐구와 향상에 참여하도록 하는 교육과정은 1학년 학생들에게 의사의 직업을 보여 주는 것이다. 전공 분야 구축이 단지 고전적인 생명과학연구만이 아니라는 것은 중요하다. 학생들이 환자를 위하고 공중보건의 향상을 가져오는 기회가 다양하다는 것을 이해하는 것이 중요하다. 우리의 이해와 효율성을 향상시키는 모든 노력은 가치가 있다. '탐구심과 전공 분야 구축' 교육과정의 두 번째 면은 개방적 구조다. 대부분 강의 중심으로 이뤄진 일정을 가진 교육과정보다는 학생들에게 문제를 주고 개인적 또는 집단적으로 탐구하고 해답을 찾아내는 일정이 필요하다(Martin, Rayne, Kemp, Hart, & Diller, 2005). 교수진들과 일부 학생들은 이 설계가 비효율적이라고 거부할 수 있는데, 이들은 결국 교육의 유일한 목표가 지식의 일방적인 전달이라고 생각한다. 여러 교육 단계에서 경험적 활동은 전공 분야가 역동적이라는 것을 이해하도록 반복해서 가르치기 위해서, 그리고 학생들을 전공 분야 구축자로 참여시키기 위해서, 학습자가 비록 그들이 이전에 확립된 지식과 개념을 다시 발견하더라도 참여할 필요가 있다. 학생들의 기술이 발전하면서, 이전에 선택된 문제들로부터 변화된 교육과정은 학생이 핵심 분야와 개념을 마주하는 것을 보장하는 쪽으로, 학생이 자신의 일상 경험에서 문제점과 질문을 고안하도록 하는 더 자연스러운 방법 쪽으로, 마치 PBL 교육과정처럼 고안되었다.

호기심과 전공 분야 구축 교육 설계는 페다고지가 필요하다. 교수들은 자신이 전달한 진리에 대해서 토의하고 있는 학생들과 호기심을 보이는 학생들을 모두 격려해야 한다(Schwarz & Martin, 2004). 교수 접근법은 일상적 전문성(expertise)과 적응적 전문성을 동시에 개발하도록 도와주는 것이다. 일상적 전문성은 익숙한 상황을 거침없고, 정확하고, 효율적으로 처리하는 것을 의미한다. 이러한 상황은 흔하거나 비교적 흔하지 않은, 고 위험(high-stakes)이나 저 위험(low-stakes)일 수 있다. 그러나 의학적 개입을 예측하면서 반응하는 것을 기대할 수 있다.

적응적 전문성은 이와는 대조적으로 평범한 것으로부터 어떤 것이 개입되는 것이다(Barnett & Koslowski, 2002; Baroody, 2003; Hatano & Oura, 2003). 적응적 전문성은 무엇보다도, 어떤 것이 다르다는 것과 일상 시술이 적합하지 않다는 것을 인식하는 능력을 필요로 한다. 둘째로 필요한 것은 자동적인 반응보다는 상황에 보다 적절할 것 같은 접근을 위해 근본적인 이해를 바탕으로 후퇴할 수 있는 능력이다. 일반적 전문성을 적응적 전문성보다 우선적으로 습득해야 한다고 생각하기 쉽지만, 이런 직선적인 일련성은 일상적 전문성에 대한 과신을 키워 줄 수 있다(Feltovich et al., 1997).

박사급 수준의 자연과학 연구 업적은 호기심과 영역을 구축하는 의과대학에서 초기 학습자들 사이에 적응적 전문성의 발전을 지지하는 가르침을 어떻게 할 것인가에 대한 통찰력을 제공해 준다. 자연과학에서는 대학원생이 연구실에 들어오면, 연구 그룹의 일원이 된다. 학생들은 연구실에서 진행되고 있는 연구의 핵심 부분의 과정을 듣고, 관련 있는 과학문헌들과 친해지는 동시에 연구실이 탐색

중인 질문과 토론에 참여하고 대면하게 된다. 실로, 그들이 더 빠르게 그들의 그 분야, 확증된 이해들, 미해결 문제들로 안내될수록 그리고 더 빨리 연구실의 과정에 편해질수록 (일상 전문성 개발), 확실하고 완전하게 새로운 이해를 만들고 검증하는 실제 작업에 참여할 수 있다. 무엇보다 교육자의 입장이 호기심과 영역 구축의 교육학이론의 가장 중요한 요소다. 핵심 양상은 강한 동료 관계, 적절한 수준의 도전의 공급, 지지적인 조언이다.

　이 호기심과 전공 분야 구축을 강조하는 프로그램의 평가는 사실들의 숙달과 일상 전문성의 달성도 중요하지만 그 이상의 영역에도 정성을 기울여야 한다. 새로운 지식에 기여하는 학생들의 헌신, 실제로 '충분히 좋지 않은' 상황을 인지하거나 그들의 임상 경험으로부터 생산적이고 중요한 질문들을 규정할 수 있는 그들의 능력과 어려운 문제들을 직면했을 때, 그들의 창의력과 회복력 또한 중요한 속성들이다. 이러한 중요성은 협력자들과 스승들의 전반적인 평가에서 드러나며, 그리고 가장 중요한 것은 문제에 참여하는 과정에서 평가하는 것이다. 실험실 연구자가 사용하는 연구와 같은 포트폴리오는 이 목적에 잘 부합한다(Carraccio & Englander, 2004).

도덕적 공동체에 가입하기　강조한 바와 같이 의학교육에서 절대적으로 중요한 한 가지(아마 가장 중요한)는 정체성의 변화다. 이것이 우리가 '의사 되기'라고 할 것이다. 의학교육에서 우리가 하는 모든 것과 프로그램적 접근법들의 설명에서 우리가 주장한 모든 목표는 의학의 근본적인 목적과 가치에 대한 메시지를 전달한다. 그러나 이런 취지들의 많은 부분은 함축적이다. 의과대학들은 이름 뒤에 'M.D.'를 적기 3, 4년 전임에도 불구하고, 그들은 이미 의사들의 공동체에 들어가 있고, 그 특권과 책임감들을 공유하기 시작했다는 것에 가치를 두며, 학생들에게 이것을 강조하고 있다. 우리는 이와 관련하여 저학년의 의학교육에 대한 한 가지 접근법을 제시하고자 한다.

'도덕적 공동체에 가입하기' 접근법에서 핵심적인 교육과정 활동은 개인이 만든 책무에 대한 성명서를 달성해 가는 협상의 과정이다. 아마도 이것은 Edward R. Murrow가 만들었고, Norman Gediman이 2004년에 되살렸던 라디오 연속물인 'This I Believe'에 나온 것을 모델로 만들어진 것이다. Anna Sheffield가 경험했던 대로, 이 프로그램은 학생들이 의학이라는 천직에 대한 그들의 생각을 끄집어내어 간단한 에세이를 작성하는 것으로 시작된다. 이러한 에세이는 소그룹에서 토론되며, 거기서 공통점과 차이점을 찾아보게 된다. 이런 시작 단계에서의 개인적 가치 이해를 위한 집단적인 만남은 의학윤리의 역사, 의사들에 의한 여러 선서, 현대 전문직업성에 대한 요약, 다양한 환자집단에 대해 다양한 치료를 위한 도전 등을 조사하기 위한 환경을 제공한다. 도덕적 공동체에 가입하기를 통해 학생들은 어떻게 그들의 환자들과의 경험이 그들의 성명서인 '의사들로서의 우리의 이상향(Our Ideals as Physicians)'에 영향을 주는지 생각해보게 된다. 그리고 학생은 그들의 성명서에서 핵심적인 가치들의 좋은 예가 되는 의사들의 사례를 주의깊에 보게 된다. 중요한 것은 도덕공동체에 가입하는 접근법들에서 기초나 임상 교수들 모두가 관계된

다는 것이다. 이 프로그램은 교수진이 그들 자신이 '의사로서의 이
상향' 성명서를 작성해보길 권고한다. 즉시성, 준비, 그리고 전문가
적 특성으로서 다양한 관점을 가지고 존중하면서 참여하기와 같은
특성에 분명한 주의를 기울이고, 학생과 교수진 모두 환자가 있든
없든 간에 '위원회'를 통해 높은 표준을 지지하기를 기대한다.

　이야기 말하기, 의식, 역할 모형은 학생을 의사로 만들 때 중요한
요소다. 교수진은 교육학이론의 요소로 교수와 학생 관계가 중요하
다는 것을 안다(Haidet et al., 2008, Kenny et al., 2003). 도덕적 공동체
가입하기를 진행하는 프로그램에서는 학생들이 환자를 보기 때문
에, 의과대학을 시작할 때 '가운 예식'을 하는 것이 적절하다(Huber,
2003). 학생이 의과대학 생활 중에 그들의 전문 직업성에 많은 공격
을 받을 수 있기 때문에 '도덕 공동체 가입하기'는 그들의 생각과 고
민들을 공유할 수 있도록 전문직업성 개발 수업 시간에 주기적으로
다뤄야 한다. 1학년 때 만들어 놓은 소그룹들을 이런 토론을 위해 재
소집해야 한다. 신뢰할 만한 교수들, 1, 2년 정도 위의 선배가 좋다.
이러한 포럼에서 학생들은 서로에게 공식적인 피드백을 줄 수 있다.
예를 들어, 학생들은 그 소그룹에서 존경받는 다른 학생을 자신과 동
일시할 수 있다. 상호보완적으로, 학생들은 그들이 학습자로서 해야
할 것을 선택해서, 그들 중 한 명이 그 일을 진행하게 할 수 있다. 이
협력적인 프로젝트의 초점은 세상을 뒤흔드는 특별한 것이 될 필요
는 없다(예를 들어, 한 학생이 소그룹 활동에 보다 정기적으로 참여하겠다
고 결심하는 것, 보다 충실하게 준비하는 것에 초점을 맞출 수 있다). 핵심
은 학생들이 자신이 선택한 영역들에서 서로 코치로서 봉사한다는

점이다. 이 방식으로, 독립성과 상호 책임감을 북돋아 줄 수 있다.

　의학의 가장 높은 가치들을 '의사 되기' 과정에만 둘 수는 없고, 교육과정 전체에 걸쳐 배치해야 하기 때문에, 모든 교수진은 전문성 평가에 참여해야 한다(Goldstein et al., 2006). 비록 심각한 결손이 있는 학생들을 찾아내고 상담해 주는 체계도 있지만 이것은 비교적 흔치 않은 문제이기 때문에, 모든 학생들이 큰 차원의 전문성(책임감, 인본주의, 수월성, 이타주의)을 갖게 도와주는 것이 강조되어야 한다(Arnold & Stern, 2006). 평가 과정의 중심은 학생들이 작성한 자기평가다. 학생은 앞에서 기술했던 집단적 자기 향상 프로젝트의 파트너들에 대한 촌평도 쓸 수 있다.

의과대학 고학년

올해 대학교 3학년인 Harris Roberts는 늘 과학자가 되기를 원했다. 처음에는 화학자가 되고자 했지만, 고등학생 때 인간의 질병에 관심을 갖기 시작하면서 의사가 되어 그의 목적을 이룰 수 있을 것으로 생각했다. 고등학교 시절에, 그는 여름방학 자원봉사활동으로 실험실에서 일하면서 공동으로 작문(논문 집필)을 하고 재학 중에 국제회의에도 참석했다. 의사이자 연구자의 생활이 쉽지 않다는 것을 알고 있기 때문에 충분한 훈련을 받고 싶어 했다. 그러나 M.D.뿐만 아니라 Ph. D.를 취득하기 위해서 별도로 시간을 소비해야 하는 점이 마음에 내키지는 않았다.

그는 자신이 자원봉사활동으로 일하는 실험실의 상급자와 좋은 관계를 맺고 있기 때문에, 혁신적인 발견학습법을 증진시키고 있는 이 의과대학에서 의학 공부를 하기로 했다. 오리엔테이션에서, 학교 지도자들이 의학에 대해 설명하기를 새로운 의료 실천, 혁신, 그리고 향상을 위해서 연구할 것으로 기대되는 의료계의 모든 관계자들과 함께 '전공 분야를 구축하는 훈련'이라고 설명했다. 그는 실험실 에만 근무했기 때문에, 학교에 연구 자원이 매우 풍부하다는 사실에 놀라움을 금 치 못했다. Harris는 처음 2년 동안 보건의료 전달체계 향상 또는 환자와 의사 간 의 관계에 대한 집필 활동을 희망하는 급우들과 함께 그가 느꼈던 것을 나누었다.

Harris가 3학년이 될 때까지, 그는 6년이 넘도록 시스템 생물학을 공부해 왔 다. 지난 2년간의 의과대학 생활을 하는 동안 3년에서 5년간의 전공의와 연구강 사 훈련은 물론, 자신이 이 분야에서 평생을 종사해야 한다는 것이 즐겁지 않았 다. 다행히, 그가 다니는 학교는 최근에 '종적인 교실 외 현장 수업(longitudinal ambulatory structure)' 과정을 개발해서 3학년 과정에 적용했다. 비록 이러한 교육과정을 개발한 원래 목적이 3학년 또는 4학년 학생들이 2년 동안 팀 기반 모델로 외래환자들을 다루는 것이기는 했지만, 새로운 교육과정은 여러 가지 부 수적인 이점이 많이 있는 것으로 나타났다. 3, 4학년 수업은 4인 1조로 혼합해서 편성되었다. 어떤 달에는 3명의 학생이 외래환자를 다루면서 다른 임상 활동에 참여를 하고, 1명은 비임상 활동에 참여한다. 그래서 Harris는 임상 활동을 하는 대부분의 달에는 매주 하루 또는 이틀 반 동안 연구에 참여할 수 있었을 뿐 아니 라, 3학년 수업을 받는 동안 3개월을 풀 타임으로 연구에 참여할 수 있었다. 이 것은 약간의 묘수가 필요로 하기는 했지만, 그는 자신이 근무했던 연구실의 상급 자가 같은 방법으로 자신의 직업 생활의 여러 가지 다른 면을 교묘하게 균형을 잡는 것을 보아 왔기 때문에 가능했다.

Harris는 4학년에, 바로 인턴십 과정에 들어가기로 결심을 했다. 그가 다니는 학교의 내과 전공의 프로그램은 임상과학자를 위한 약간의 인턴십 기간을 제공하 고 있는데, 이 과정은 특별한 멘토링과 전공의 기간 중의 연구 기회, 그리고 펠로 우십을 위해서 전공의가 선호하는 고려사항을 제공하고 있었다. 그러나 그가 8년 동안을 같은 기관에서 보냈기 때문에, 변화에 대비해야 할 필요를 느꼈으며, 그가 관심을 가지고 있는 기초 실험을 뒷받침할 전공의 프로그램을 찾을 수 있는 자신감이 있었다.

　그동안 그가 3학년 학생으로서 임상 활동을 잘 수행했기 때문에, 자신의 전공의 훈련이 그와 같은 기술을 잘 발전시킬 것으로 확신을 가지고 있어서, 그는 4학년 과정의 임상 활동에는 최소한의 시간을 보내기로 결심을 했다. Harris는 내과 서브인턴, 중환자실 그리고 임상선택 과목으로 구성된 단 3개월간의 임상 스케줄을 잡고, 자신이 원하는 연구에 몰두하는 데 4학년의 나머지 8개월을 보내기로 했다. 의과대학의 초급 과정부터 특히 가장 중요한 3학년에서는 이렇게 비임상 활동에만 몰두하는 것은 허용되지 않을 것이고, 허용되었어도 임상 영역을 지속적으로 잘 수행하지 못했을 것이다.

　의과대학의 후기 단계는 학생들이 입원환자와 외래환자를 돌보는 데 참여해서 질병의 진행 경과와 수많은 주요 질병의 변화 과정을 평가하는 능력을 증진시키는 것으로 구성되어 있다. 비록 3학년이 전형적인 의학전문 과정으로 편성되어 있다고는 하지만, 우리는 그렇게 한다고 다양한 (중환자실) 회진 능력을 향상시키는 것은 아니라고 생각한다. 학생들의 역량을 증진시키는 것은 그보다는 오히려 학생들이 환자를 돌보는 것을 이해해서, 환자들이 겪는 여러 가지 질병과 그에 따른 고통을 충분히 공감하고, 복잡한 문제를 효과적으로 다루기 위한 훈련을 통해서 의사들이 협력하는 방법을 배우며, 자신이 인턴십 훈련 과정을 위해서 준비해야 하는 다양한 요건을 충분히 이해하는 데 달려 있을 것이다(Hauer, O'Brein, & Poncelet, 2009,

Hirsh et al., 2007). 동시에 학생들은 자신이 세계보건, 기초실험, 의학 인문학, 또는 보건의료 전달체계를 향상하는 중요한 책무를 포기해 서는 안 된다.

여기에서 설명하는 프로그램에 입각한 접근 방법은 의과대학의 3, 4학년에 개별화 및 표준화, 통합, 탐구 및 역량 향상, 그리고 전문 가로서 정체성 형성에 역점을 두어서 중점적으로 다룰 수 있는 방법 을 보여 준다.

전문가적 책무 발전시키기 3학년이 되면, 의과대학 저학년 시기 에 이루어진 '핵심과 깊이' 프로그램의 핵심이었던 학생들 간의 사 전지식 불균형의 문제는 덜 중요해진다. 전문가적 책무 증진에 초점 을 맞추는 방법은 집중적으로 임상학습을 해야 하는 기간 동안에, 주로는 비임상적인 개인적 학습 기회를 통해 얻게 된다. 이러한 방 법은 표준화된 결과와 개별화된 과정의 목표에 중점을 두어서 다루 며, 개별화된 요소는 학생들이 탐구 및 역량 증진을 하는 연구 활동 을 할 수 있는 여지를 제공한다.

Harris가 경험한 이 프로그램의 3학년에서의 임상 구성요소는 종 적 통합방식(longitudinal integrated format)으로 이루어져 있다. 4명의 학생들로 그룹을 구성해서, 학생들은 팀으로 환자들을 돌보게 된다. 한 학생은 링싱 팀에 힙류히지 않고 개별 탐구 및 여량 증진 활동을 한다. 따라서 그 학생은 역량 달성 여부에 따라 적절히 조절할 수 있 는 임상적 구성요소로 3학년의 75%를 임상 연구에, 그리고 25%는 비임상 연구를 하는 데 보낸다.

당초에는 그해(3학년)는 학생들이 25세션은 매일 반나절을 내과 외래환자를, 15세션은 산부인과, 그리고 12세션은 정신신경과 실습을 하는 것으로 구성되어 있는 경우에, 예를 들어 특정 학생이 정신신경과보다 내과 분야에 대한 역량을 충족한다면, 추가로 정신신경과에 초점을 맞추도록 당해 학년도 중간에 세션횟수를 조정할 수 있다. 세션횟수를 조정할 수 있는 융통성은 더 느리게 습득하는 과목에 중점을 둘 뿐만 아니라, 임상 연구를 조기에 증진시키거나 개인의 탐구 및 역량 증진을 위한 시간을 증가시킬 수 있다.

4학년은 학생들이 비임상 관심 분야에 자신의 전문성을 향상시킬 수 있는 충분한 시간(Harris가 했던 것처럼)을 제공한다. 선발된 학생들은 3학년 말에 곧바로 졸업 후 교육과정 1년차(PG1) 특정 교육과정으로 들어갈 수 있다. 학생들이 환자 진료에 참여해서 임상 환경을 경험하기 때문에, 심도 깊은 의료전문가 책무에 초점을 맞추는 프로그램 교육과정의 실질적인 요소는 팀을 이루어서 협력적으로 환자를 돌보면서 임상적 경험을 공유하는 것이다.

의료전문인 책무에 초점을 맞추는 프로그램의 독특한 교육 특징은 시간이 지나면서 학생, 전공의, 그리고 교수들을 모두 수반하는 관심 분야에 참여하는 것이다. Anna Sheffield는 그녀가 의과대학 기초 과정 때 우연히 아프리카에서 근무하는 전공의를 만났을 때 그와 같은 관심 분야를 접한 적이 있다. Harris는 시스템 생물학 연구실에서 오랫동안 근무한 멤버다.

좋은 기회에 접근하는 방법은 학생이 상당히 전문적인 관심사항을 공유하는 멘토 교수와 종적인 관계 형성을 통해서 이루어진다.

이러한 관계가 변함없이 지속되기 때문에, 그들은 3학년 과정에서 반드시 해야 하는 임상 실습 요구 조건에 초점을 맞추고 학습할 수 있다. 학생들은 자신의 학습 목표를 설정해야 하는 것을 잘 알고, 그들이 해야 할 탐구 및 역량 증진 활동을 위해서 멘토와 협력해서 ILP(individual learning plan, 개별학습계획)을 수립한다.

임상 및 비임상적 연구 방법의 요소들 모두의 분명한 특징은 주도면밀하게 계획된 경험(전문문헌에서는 주로 '주도면밀한 연습'이라고 부른다)으로, 학생들은 이러한 경험을 통해서 학습 진도가 처진 분야에서 자신의 지식과 기술을 증진한다(Moulaert, Verwijnen, Rikers, & Scherpbier, 2004).

그와 같은 접근 방법의 임상적 구성요소에 대한 식견을 가지게 되면 강한 경쟁력을 지향할 수 있어서(Ringsted et al., 2006), 자신이 적절한 임상수행 능력 수준에 도달해야 하는 분야를 공부하는 것뿐만 아니라, 더 많은 경험을 필요로 하는 분야를 식별하는 데 도움이 된다. 프로젝트 멘토의 형성적 피드백과 전체적 평가를 제공하는 포트폴리오 평가를 통해서 연구 성과가 나타난다. 임상팀은 환자 치료 및 임상 결과의 품질에 대한 책임을 지고 있다(Haan et al., 2008). 그래서 개인적인 탐구 활동 및 역량 증진 구성요소에서, 가장 중요하게 초점을 맞추는 평가는 연구 성과 그 자체다.

상황과 관점   순차적 교과목 단위로 구성된 3학년의 교육과정 구조는 통합 학습을 증진시키지 못한다. 교육과정은 학생들의 전공과 관련이 있는 지식과 기술에 초점을 맞추어서, 전반적으로 유사성과 상호연관성이 없으며, 공부하는 것과 실제 임상 환경 간의 차이를 발생시킨다. 3장에서 살펴보았듯이, 일부 학교는 3학년 과정을 주로 외래환자 중심으로 종적 임상 구조(특정기간에 걸친 임상관찰 구조)로 편성해서 학생들에게 환자 치료에 더 많은 통합적 관점을 제공하기 위한 대안모델을 실험하기 시작했다(Ogur & Hirsh, 2009). 이러한 종적 임상 구조에 다양한 프레임을 적용할 수 있도록, 우리는 '상황과 관점(Settings and perspectives)'이라고 부르는 접근 방법을 제공한다.

이러한 접근 방법에 초점을 맞춘 프로그램에서, 교육과정은 병원과 외래환자 병동, 가정, 그리고 기타 보건시설에서 환자를 훌륭하게 돌보는 데 필요한 일반적인 지식과 기술을 강조하고 있다. 그래서 이것은 전형적인 병원 실습에서 우선적으로 특정 지식을 훈련시키는 것과는 상반된다. 학생은 한 병동에서 다른 병동으로 이동하면서 환자를 관찰해서 환자의 상태에 따른 접근 방법은 다루게 되는 상황으로부터 영향을 받는다는 올바른 이해를 하게 된다. 학생들은 단편 혹은 일시적인 질병의 순간보다는, 치료에 대한 반응뿐만 아니라, 진단을 해서 치료 방법을 결정하고 치료 계획을 수립하는 과정을 통해서 질병이 나타나는 움직임을 알 수 있다. 3장에서 설명한 바와 같이, 병원 실습 전 학습 과정과 순차적인 단위학습 스타일의 병원 실습이 특징인 '폭식과 단식' 대신에 학생들은 자신이 습득해야 하는 기술이 축적되어서 일반적으로 훈련 분야를 통해서 적용할 수 있다는 사실을 알게 된다. 따라서 학생은 정신과 프리셉터십에서 학습한 기술과 방법이 수술불안 환자를 관리하는 데 연관되어 있다는 사실을 알게 되는 것이다.

상황 및 관점 방식의 핵심적인 목적은 복합질병을 가진 환자의 치료에 관련된 보건전문가와 비공식 보호자의 다양성에 대한 폭넓은 이해와, 이러한 의료팀의 구성원들의 다양한 관점에 대한 올바른 평가, 그리고 의사가 환자에게 유익하도록 다른 의사들과 협력하는 방법에 대한 감각을 학생들에게 제공하는 것이다(Hall & Weaver, 2001). 이것은 학생들이 후속 병원 실습에서 거의 전공의에 초점을 맞추는 것과는 상반된다. 종적 외래환자 기반 프로그램이 학습자와 그들이 다루는 환자 사이의 연관성을 강하게 구축하는 대신에, 학생들은 의사의 관점과 환자 및 그 가족들이 선호하는 것 사이의 차이점을 다루어야 한다. 또한 그들은 환자의 요구사항에서 보건관리 전달 체계의 불연속성과 모순, 일차진료의사와 이차진료의사 사이의 관리 불일치에 대한 불안과 질병이 환자에게 미치는 영향, 그리고 의료시술 계획 결과가 입원환자와 재택관리팀 사이에 제대로 조정되지 않는다는 사실을 알고 있다.

교육은 상황과 관점 방법이 교과목을 넘어서서 통합이 촉진되도록 뒷받침한다. 학생들은 자신의 학습 목표를 설정해서 임상적 집단 감수성 훈련으로 촉구되는 이슈를 선정해서 추구하기 때문에, 교수는 학생들이 어떻게 한 주제가 원래 생겨났던 과목 이외의 과목에서 마주칠 수 있는 방법을 생각해보도록 격려해야 한다. 예를 들어, 내과, 소아과, 그리고 외과에서 어떻게 급성신장장애가 존재하는가? 이러한 분야에서 의사들이 사용하는 방법의 유사점과 차이점은 무엇인가? 통합적 교육은 학생들이 기본적인 과학, 정신적 이슈, 그리고 이슈에 대한 핵심적인 임상 내용과 실천 방법뿐만 아니라, 보건

의료 전달체계에 대한 학습을 자극하는 데 임상적 경험을 사용하는 것을 보장하는 자기 자신의 학습을 감시하도록 촉진시킨다(Dornan et al., 2005). 이러한 방법으로, 학생들은 세부적인 '개념 지도'를 개발하는데, 이것은 여러 가지 차별적 인지 영역에 대한 지식과 이해를 통합해 준다(West et al., 2002).

통합을 촉진하는 방법을 평가하는 것은 학생들이 다른 학생들과 협력해서 하나의 환경에서 습득하는 기술을 이해하고 적용하는 능력에 초점을 맞추게 된다. 포트폴리오 훈련에서, 학생들은 적어도 두 교육장소(예, 입원환자 치료병동, 외래진료실, 숙련간호시설, 또는 재택간호와 같은)에서 살펴본 동일하거나 유사한 질병 상태를 가진 환자에 대한 노트(환자를 식별할 수 있는 사람을 동행하지 않은 채)를 포함할 것인지 질문을 받을 수도 있다. 포트폴리오 기록은 간단한 연속성과 비연속성, 유사성과 비유사성에 대한 반영을 포함하게 된다. 유사한 연습은 관점에 초점을 맞추게 된다. 학생들은 그들이 잘 알고 있는 환자가 복합질병을 가지고 있다는 점을 고려해서 환자, 친척 또는 친구, 일차 및 이차진료의사들의 관점 중 세 가지의 임상적 에피소드를 고찰하라는 질문을 받을 수 있다. 지식 중심 평가에서, 학생들은 모든 교육을 통해서 분명히 역량이 증진할 것으로 기대하면서 여러 가지 특수한 분야에 대한 전망으로 환경을 토론할 수 있을 것이다. 예를 들어, OSCE에서 평가는 학생들이 치료 옵션, 상대적 효율성, 그리고 장기적인 합병증에 대한 의문을 가지고 있는 전립선 암 환자의 가족을 상담하도록 요구하고 있다. 그들이 환자를 돕는 과정에서 치료 옵션과 어떤 기술에 대한 기본을 이해해서 그것

을 표현하고, 상당한 불확실성과 논쟁이 있는 분야에 대한 상담을
할 수 있을 것으로 기대된다. 환자 및 가족상담 연습을 하고 난 후,
학생들은 자신이 상담했던 요소들과 외과 의사가 되고자 하는 이유
에 대한 집필 연습을 할 수 있을 것이다. 학생들이 환자 관리와 팀워
크에 대한 전망이 다르다는 것을 배우기 때문에, 이러한 다양한 자
원으로부터의 피드백은 학생들을 위한 평가와 공식적인 정보에 사
용될 수 있을 것이다.

전공의 초기 과정

Shalini Prasad는 올해 24세로, 의과대학원 가정의학과 1년차(PG1)를 마치게
된다. 그녀는 뉴델리의 의과대학을 졸업했으며, USMLE 1단계와 2단계에서 좋은
성적을 얻어서 MBBS 학위를 취득했다. 그녀는 새로운 세계에 대한 도전과 자신
의 지식을 넓히고자 미국에서 전공의 과정을 마쳤다. 미국에서 전공의 과정을 마
치고 그곳에 거주하려고 하는 인도 친구들과는 달리, 그녀는 인도로 돌아가서 보
건 관리 시스템과 환자치료를 결합해 보고자 했다.

Shalini는 도시보다는 미국 중서부 가정의학과 전공의 과정에 지원하는 것이
좋다고 생각했다. 그녀가 이후 인도에서 적용할 수 있는 광범위한 가정의학 분야
지식을 얻을 수 있고, 특히 간단한 수술 경험을 쌓을 수 있기 때문이다. 따라서 장
차 인도에서 의술을 펼칠 수 있는 좋은 경험을 하게 될 것이라 생각했다. 그녀가
공부하는 전공의 프로그램은 인구 30만 명의 소도시 지역병원에 기반을 두고 있
으며, 의료센터가 후원하는 졸업 후 교육 프로그램이다. 소도시임에도 불구하고,
이곳에는 6명의 가정의학과 전문의와 두 명의 일반내과 전문의를 비롯해서, 심장

전문의, 소아과 전문의, 그리고 일반외과 전문의가 있다. 또한 이곳에서 90분 정도 떨어진 주에서 다른 전문의를 만날 수 있다.

일단 그녀는 자신이 원하는 조건을 찾았다는 떨리는 마음으로 전공의 과정에 지원했다. 그녀의 가족은 모두 인도에 살고 있으며, 그녀가 고등학교 때 미국의 대도시를 여행한 것이 전부였다. 그래서 그녀는 새로운 과정에 대한 불안감은 물론, 미국의 중서부 시골 지역에 적응하고 환자들을 대해야 한다는 점을 걱정했다. 이러한 염려는 그녀의 프로그램 지도자로 인해서 이내 사라졌다. 인턴 과정의 절반 정도가 모두 외국에서 온 사람이었다. 가정의학과 프로그램은 다양한 문화를 가진 사람들이 쉽게 공부할 수 있도록 개발되어서 이들이 쉽게 적응할 수 있었다. 6월 셋째 주에 인턴십 과정이 시작되지만, 그들은 오리엔테이션과 과제 활동을 위해서 적어도 2주 전에 참여를 해야 한다. 이 프로그램은 이들이 여러 가지 진단을 내리는 능력과 도움이 필요한 급성 또는 불안정한 상황을 식별할 수 있는 능력뿐 아니라, 환자의 병력과 의사 시험에 대한 새로운 인턴 능력에 초점을 맞추는 6단계의 OSCE를 수행하게 된다. 또한 OSCE는 약물중독 환자와 자살을 시도하는 환자들과 상담을 해야 하기 때문에, 영어구사 능력과 대인관계 접근 방법을 평가한다. 그들은 하나 이상의 분야에서 부가적인 역할을 해야 하기 때문에, OSCE를 강화할 기회가 있다.

Shalini가 전공의 과정을 생각했을 때, 그녀는 '지역 파트너'에 특별한 관심을 가지고 있어서, 전공의 과정에서 이 과목을 선택했다. 가족 중에 지난 2년 이내에 병원에 입원한 적이 있는 가족은 새로운 인턴 과정에 호스트가 될 수 있는 기회를 제공받는다. 호스트 가족은 사전 인턴십 환영회에 참석하고, 한 달에 한 번씩 브런치나 저녁식사에 참석하며, 교회 활동과 같은 지역 공동체의 이상적인 활동과 독립기념일과 같은 특별행사에 참석한다. 이러한 목적은 가정으로부터 멀리 떨어져 있는 전공의에게 집과 같은 곳을 만들고, 인턴이 지역의 역사와 문화를 배우는 데 도움을 주며, 지역민이 병원에 대해서 느끼는 것을 공유하고자 하는 것이다.

고등학생 학부모는 자신의 아이가 다른 문화를 가진 젊은 의사를 만나는 기회를 가진다는 것을 매우 기뻐했다. 그래서 일부 호스트 가족의 부모는 지역 파트너의 가족을 자기 나라와 가정으로 초청하는 등 교환 방문이 이루어지고 있다.

Shalini도 이러한 행사에 참여하는 것을 무척 기쁘게 생각하고 있다. 각 인턴은 6명의 가정 전문의 중 한 명과 함께 배치되어서 매주 하루나 이틀 반을 함께 공부한다. 이러한 배치는 Shalini의 임상적인 집과 같은 역할을 했다. Shalini가 의도한대로, 그녀의 지도교수는 Shalini의 임상 수련 진행 과정과, 사생활 및 미래 계획에 상당한 관심을 보여 주었다. 그녀는 매우 빨리 수련에 적응했으며, 비록 그녀의 지도교수가 돌보는 대부분의 환자가 Shalini가 전공의라는 사실을 알고 있다 하더라도, 대부분은 Shalini가 자신의 주치의라고 생각하고 있었다.

이러한 도움에도 불구하고, Shalini의 인턴 과정은 어려움이 있었다. 그녀는 3년차 전공의와 함께 입원환자 회진을 했는데 3년차 전공의는 너무 높은 수준을 요구해서 Shalini가 따라가기 힘들었다. 1월의 을씨년스러운 어느 날, 독감으로 입원한 14살 소년이 죽고 말았는데, M & M회의에서 그 전공의가 Shalini가 인공호흡기 관리에 대한 판단을 잘못해서 그 소년이 죽는 데 영향을 줬을 수 있다고 의견을 제시했다. 이 일로 Shalini는 엄청난 좌절을 겪었고 2월에 있는 전공의 수련회때서야 겨우 극복할 수 있었다. 때마침 그녀의 인턴십 지도교수는 인턴 수련 기간에 학생들이 최상의 상황, 최악의 상황, 그리고 팀과 환자 간의 갈등에 대한 집필을 하도록 했다. 그래서 그들은 함께 토론하면서 의견을 나누었다.

반대로 Shalini가 가장 좋았던 시간은 지역의 사설의료기관에서 의료봉사에 집중하면서 지역에서 소아과 진료를 하던 달이었다. Shalini는 3월에도 지역의 소아과의원에서 외래환자를 돌봐야 했지만, 그녀는 이미 첫 번째달의 말경에 인

턴 수준에서 갖춰야 할 학습 성과에 도달하였다. 따라서 인턴 수준의 학습 성과
를 달성해야 하는 다른 인턴이 그녀의 두 번째달의 임무를 맡고, Shalini는 주 정
부의 소아과교수와 함께 공공의료기관의 프로젝트를 수행하는 일을 맡을 수 있었
다. 이것이 그녀가 처음으로 경험한 실질적인 의료보건 시스템으로, 인도에서도
이와 같이 근무하고 싶어졌다.

전공의 과정의 초기 단계는 의과대학의 3학년 과정과 유사하다.
전공의 1년차(PG1s) 과정, 긴 전공의 수련 과정의 2년차(PG2s) 과정
에서는 광범위한 의료지식 기반을 갖추고 자신이 선택한 전공과목
에 대한 기본적인 술기에 익숙해지도록 한다. 3~4년차 학생들은 의
사들이 다른 의사와 기타 건강 관리 팀원들과 상호 협력하는 방법을
관찰하면서, 입원 및 외래환자들을 통해서 의학전공 지식을 쌓는다.
의과대학의 후기 단계가 진행되는 동안은 학생들이 자신의 전공과
목에 따라 내과나 외과로 가서 8주에서 14주 동안 전반적인 개요만
을 다루게 된다. 따라서 의과대학 졸업생은 전공의 과정에 입학해
서 자신이 선택한 전공의사들이 실제로 치료를 하는 환경에서 체계
적인 수업을 받게 된다. 그래서 임상, 교습, 그리고 실습을 혼합해서
풍부한 임상지식 기반을 쌓는 기회와, 전공과목을 숙련시킬 수 있
는 충분한 기회를 접하도록 해서 환자를 안전하게 치료할 수 있게
만든다.

4장에서 살펴보았듯이, 전공의 초기 과정 과제와 임무를 부여해
서 교육과정을 결정하기 때문에(Jagannathan et al., 2009, Ringsted et

al., 2006, Sheehan et al., 2005), 전공의 1년차(PG1s)와 2년차(PG2s)의 주요 교육과정에 대한 결정은 전공의 프로그램 배치 계획과 관계가 있다. 이러한 결정은 외래환자 병동에서 보게 될 환자의 수를 평가하는 것으로 시작된다. 그래서 대부분의 전공의 초급 과정 학생은 상당히 바쁜 환자진료 임무를 부여받게 된다. 전공의 초급년차 의사들은 4장에서 설명했던 계층적 감독 시스템의 중간 단계에서 생활하고 있다. 그래서 그들은 자신의 선배 전공의들이 의사들과 함께 진단방식을 상담하는 것을 관찰하면서(Rogoff et al., 2003), 처음에는 겨우 약간만 보조하는 보조자가 된다. 의과대학과 연계한 학문적 기반을 닦는 전공의의 경우에는, 의과대학 3학년 학생들이 진찰 과정에서 자신이 배운 기술을 갈고닦는 것과 기본적인 의료시술 방법을 학습해서 실습하는 것, 그리고 임상적 커뮤니케이션 기술을 구축하는 것을 감독한다. 비록 초급 전공의들은 질병 사례 검토회의와 임상회의와 같은 시간에 참여하기는 해도, 그들이 학습하는 것 대부분은 동료들과의 상호작용으로 이루어진다. 평가는 실행자의 역할에 있어서 1년차 과정이 얼마나 효과가 있었는지에 중점을 두어야 한다. 따라서 조직, 시간 관리, 효용성, 협력, 그리고 다른 사람들과 화합하는 능력과 같은 기여도는 긍정적인 평가를 받게 된다.

전공의 프로그램은 전공의가 학습해야 할 것을 위해 임상 서비스에 배치할 임상 환경이 갖춰져 있는지를 고려한 것이어야 한다. 만약에 학습에 필요한 것이 전공의 초기 과정에 입원환자 진료를 통해서 충족할 수 없는 것이라 판단되면, 프로그램은 그들이 할 수 있는 새로운 배치 방법을 개발해야 할 것이다. 따라서 우리는 여러 가지 방법을 제시한다.

문제점 재정립 전공의는 병원 근무를 병행하기 때문에, 개별화와 표준화된 학습 성과를 달성하기 위해서 탄력적으로 움직여야 한다. 이것은 전공의들에게 병원 진료를 할 수 있는 달을 할당하는 것과 매우 유사하다. 그래서 이것은 모든 전공의들이 스스로 개발해야할 교육적 요건과 특정 경력을 위해 집중할 수 있도록 보장해 주어야 한다. 어떤 전공의는 그의 동료들이 2달 안에 달성할 수 있는 것을 5개월만에 해내는 경우도 있다. 또한 동일한 회진이 전공 분야가 다른 모든 전공의에게 적당하지 않을 수도 있다. 그럼에도 불구하고, 환자들은 치료가 필요하며, 전공의가 자신의 학습을 위해서 회진을 하면서 적절한 숫자의 환자를 살펴볼 필요가 있다. 따라서 많은 전공의들이 환자 진료에 참여하는 방법이 매월 규칙적이지 못한 것은 교육이나 임상적 차원에서 바람직하지 못하다. 그렇다면 전공의 수련 프로그램이 복잡한 질병을 가진 환자들을 다루는 현실에 직면하게 되는 전공의를 위해서 어떻게 각 전공의의 진료경험과 표준화된 성과와 조화를 이룰 수 있을 것인가?

첫째, 전공의의 모든 임상 회진은 교육적 가치가 입증되어야 하며, 전공의 학습에 확실히 기여해야 한다(Maddaus et al., 2008). 이러한 방법으로 설계된 전공의 프로그램은 먼저 다음과 같은 원칙으로 시작된다. 이 전공과목의 신입 의사가 감독하에서 직면하는 임상 경험이란 무엇인가? 전공의가 얼마나 많은 진료 사례를 보아야 하는가? 어느 정도의 교양이나 능력 수준을 달성해야 하는가?

둘째, 임상 기회를 파악하는 것이다. 이 기회는 페이스를 적절히 맞추고 문헌을 검토하면서 반영할 수 있는 적절한 시간, 그리고 사려 깊게 흥미를 유발시켜서 학습을 지원하는 교수진에게서 지원을 받는 훌륭한 교육 조건을 바탕으로 전공의에게 미리 원하는 경험을 제공한다. 전공의 프로그램이 단지 임상 기회를 혼합하는 것만은 아니기 때문에, 이 프로그램 설계 과정은 임상회진이 여러 가지 긍정적인 특징을 가지고 있음에도 불구하고, 이미 프로그램에서 제공한 임상사례를 여러 번 반복하는 잠재적인 임상회진을 별개로 설정하는 것을 포함하고 있다. 그와 같이 세심하게 계획을 세우게 되면, 전공의들이 필요로 하는 것, 부족한 것과 반드시 개발해야 할 것들이 잘 드러나게 된다. 그러한 회진 표본에서 드러나는 분명한 차이의 대부분은 모든 전공과목에서 전공의들이 외래환자들의 회진을 완전하게 할 수 있도록 기능적으로 배열하는 것이다. 프로그램은 원칙적으로 각 전공의가 충분한 진료 경험을 가지고 전공과목 전반에 대한 자격을 갖추도록 설계되어서, 전공의들이 다양한 외래환자들을 진료하면서 전문의가 될 수 있는 기회를 보장하게 된다. 예를 들어, Shalini는 2년차(PG2) 과정 때, 지역의 조그만 재택 간호 및 환자 치료를 하는 장소에서 근무하면서, 그들에게 의료 서비스를 하기로 했다.

핵심적인 능력을 충족시키기 위해서 전공의에게 적절한 생산적 임상 경험을 제공하는 것은 반드시 필요하다. 그러나 이러한 경험이 다양한 회진을 적절히 배치하는 것을 보장하지만 전공의를 지원하는 과정에서 발생하는 문제점은 역점을 두어서 다루지 않고 있다. 그 해결책은 당해 전공의의 수준에 맞게 그 전공의가 여러 차원의 회진 업무에 참여하도록 만드는 것이다. Shalini의 경우에는 그녀의 동료가 Shalini가 해야 하는 2개월차의 소아과 외래진료를 대신 수행할 수 있었다. 그렇지 않았더라면, 소아과 지도교수는 그달에 전공의가 없었을 것이다. 입원환자의 경우에는 해결 여부를 떠나 이와 같은 상황이 약간 복잡하다. 예를 들어, 내과에 두 명의 전공의가 2년차 과정의 2월에 심장 분야 회진을 계획하고 있는 경우다. 한 전공의는 여전히 급성 및 불안정 심장질환을 가진 환자를 치료할 수 있는 확실한 역량을 갖추기 위해서 지식과, 기술, 그리고 경험을 쌓고 있는 중이고, 다른 한 명의 전공의는 이전의 경험, 적성, 또는 어떤 동기로 이미 2년차 과정에서 공부해야 할 기본과정을 마스터했다. 두 명의 전공의가 입원환자를 밤새 치료하고, 1년차를 지도 감독한다고 생각해보자. 첫 번째 전공의는 병동에 남아 교수와 임상강사의 지도 아래 심장질환 환자들을 치료하는 기술을 갈고닦는다. 두 번째 전공의는 팀과 함께 일하면서, 심장질환에 대한 상급 문제에 전념하는 것이 자유로울 것이다. 그래서 어쩌면 선임 전공의가 지역사회에서 개시했던 활동을 계속하거나, 환자에게 따르는 문제점을 다루거나 의료 서비스를 제공할 것이다. 이러한 방법으로 동일한 의료 서비스에 배치된 전공의들은 자신의 전공을 발전시키는 데 적절한 수준에서 현장에서 본 문제점을 다룰 수 있다.

분명히 이와 같은 시스템으로 인턴과 전공의의 학습을 지원하는 것은 전공의가 달성한 학식을 벤치마크해서 인턴과 전공들에게 필요한 사항을 충분히 지도할 수 있는 교수단 일원에 대한 능력을 고려할 필요가 있으며, 필요성이 대두되는 만큼 교수를 전공의와 연결시켜 주는 전공의 프로그램에 대해서 고려할 필요가 있다. 외과 전공의 프로그램은 절차를 관찰할 수 있기 때문에, 인지적인 과목들 보다 적어도 기술적인 학습 성과 면에서는 전공의의 역량을 끌어올 리도록 가르치는 것이 더욱 가능하다. 그래서 '일을 맡길 수 있는 전 문적인 활동'에 초점을 맞추는 교수 발전은 비술기적 과목에서의 교 수가 자신이 가르치는 전공의의 역량 수준을 확실하게 인지하는 데 도움이 될 것이다(Ten Cate & Scheele, 2007).

　과목을 망라해서 전공의 역량 평가 식별을 용이하게 하는 구조적 요인은 지도교수가 전공의와 조를 이루는 기간이 적절히 지속되는 것이다. 이렇게 유지하는 관계는 전공의의 역량을 잘 이해해서 전공 의가 더 큰 문제점을 다루는 데 필요한 다음 문제에 초점을 맞추기 위한 학습 기회를 제공하는 데 도움이 된다. 이러한 점은 특히 외과 에서 더욱 분명한데, 외과 지도교수가 낯선 전공의를 만나면, 전공 의의 보조를 요구하는 데 있어서 보수적인 입장을 취할 수 있다. 보 조 전공의가 지도교수를 제대로 보조하지 않게 되면, 전공의가 현장 에서 실습을 통해서 얻게 되는 교육적 가치가 떨어진다. 교수와 전 공의 간의 관계를 오래 지속할수록 전공의의 역량을 더욱 정확하게 평가할 수 있으며, 전공의는 더욱 진보된 치료 성과를 얻을 수 있고, 그 결과 자립할 수 있는 훌륭한 준비를 할 수 있다. 이러한 방식이 제대로 작동하려면, 신뢰할 수 있는 역량기반 평가는 추가적인 임상 경험을 필요로 하는 전공의와 교육 수준이 동일하다 하더라도 치료 절차 재설계에 초점을 맞출 준비가 되어 있는 전공의를 식별하는 것 이 필요하다.

불확실성, 자신감과 책임감 인턴십은 많은 스트레스를 동반하며 많은 요구사항을 접하게 한다. 그리고 다양한 방법으로 전문의료인을 육성한다. 초기전공의 교육과정은 전문의료인을 육성하는 것인데, 즉 새로 부임한 의사들의 임상 부담, 불확실성, 환자의 죽음, 팀 갈등, 그리고 그들 자신의 부정적인 감정을 극복하는 방법을 알도록 해 주는 것이다. 당직시간이 있다해도 업무량은 엄청나게 많다. 전공의가 말하기를, "최악의 상황은 오후 5시에 회진을 하는 것이다. 그러고 나면 선임 전공의가 이전에 준 100가지 일에, 다시 100가지 일이 내게 주어진다. 상급전공의는 이전에 준 일 중에서 50개 또는 75개 정도는 했을 것이라 생각하지만 나는 하나도 하지 않았다."(Ackerman, Graham, Schmidt, Stern, & Miller, 2009, p. 30)

불행히도 많은 전공의 프로그램은 인턴이 겪어야 하는 이런 일을 무시하거나 부적절하게 다루고 있다(Levine et al., 2006). 비록 Shalini가 정규교육과정을 이수하지 않았다 하더라도, 그녀의 전공의 과정은 이러한 이슈를 고찰하기 위해서 몇 가지 포럼을 만들었다. 인턴 수련회에서뿐만 아니라, 그녀의 가정의학 지도교수가 자기에게 자신감을 심어 주고 정신적인 지원과 자문을 해 준다는 사실을 알았다. 또한 그녀의 전공의 프로그램 수련이 개방적이고 신뢰할 수 있는 것이기 때문에, 다른 전공의들은 M & M컨퍼런스 후에 그녀에게 다가왔으며, 샬리니가 제대로 대접을 받지 않았던 것으로 느낀다고 말했다.

전공의가 자신감을 갖는 데 도움이 되는 전공의 프로그램 교육은 프로그램 지도자와 지도교수들이 몇 가지 핵심적인 관계를 맺도록 만들어 준다. 예를 들어, Shalini의 전공의 프로그램에서, 몇몇 가정 의학과 지도교수들은 그 프로그램을 이수했기 때문에, 세대를 이어 주는 강한 연속성을 가지고 있었다. 그들은 지도교수가 되기 전에, 프로그램 지도자와 함께 공식적인 교수 개발 세션을 가지는데, 이 세션에서 그들의 역할에 대한 중요성이 강조되고, 그들은 감정 이입 을 해서 특별 수업을 받는다. 지도교수들은 일 년에 여러 차례 만나 게 되는데, 이것은 주로 인턴 수련회가 끝나고 나서 이루어지기 때 문에, 인턴 중에 누구라도 특별한 도움을 필요로 한다면, 프로그램 지도자가 인턴들에게 조언을 할 수 있다. 지도교수가 살펴야 할 것 은 인턴이 도움이 필요할 때가 아니면 그들이 전문가적인 신뢰성을 유지하고 진작시켜야 할 때인지를 알아보는 것이다(Kennedy, Regehr, Baker, & Lingard, 2009). 가정의학과는 상담할 때를 아는 것이 중요한 역량이기 때문에, 지도교수는 의사로서 그들이 하는 일을 설 명해 주고 문제들을 어떻게 해결하는지 알려 준다.

전공의가 불확실성에서 역량과 책임을 가진 의료전문인으로 성 장하는 것을 지원하기 위한 평가는 분명하지만 또한 형성적 평가개 념을 갖는다. 주 평가자는 전공의와 가정의학과 지도교수가 된다. 이러한 평가는 전공의의 활동을 비롯하여 외래환자 진료팀과 지도 교수의 실습 관계, 도움 요청, 그리고 의사의 역할에 중점을 두게 된다.

전공의 상급 과정

Dr. Dan Chen은 3분의 1은 시뮬레이션 센터의 책임자를 보좌하고, 3분의 2는 혈관외과 의사로 일하는 교수가 되기 위해 인터뷰를 준비하고 있다. 그는 의과대학을 마칠 무렵에 의학교육에 관심을 가지게 되었으며, 전공의 수련을 하면서도 그 연구를 계속하고 싶었다. 특히, 여러 분야 간 협력 수술팀이 제공하는 수술 후에 치료를 향상시키기 위한 시뮬레이션 사용에 관심을 가지고 있다.

Dr. Chen은 중학교 때부터 의사가 되겠다고 결심해서 열심히 공부했다. 그는 MCAT(Medical College Admission Test)를 잘 치렀지만, 면접을 통과하지 못해서 의과대학 진학을 하지 못했다.

그는 이듬해 두 병원에서 자원봉사 활동으로 몇몇 의사들을 보조하면서, 환자 및 건강 관리 전문가들과 좋은 유대관계를 맺는 방법을 배웠다. 그가 다시 의과대학에 지원했고 원만한 대화를 할 수 있어서 입학 승인을 받을 수 있었다.

그는 의과대학에서 처음 2년 동안은 커뮤니케이션과 대인관계 기법에 대한 공부를 계속했다. 3학년 중반이 되자, 자신의 지식을 응용하는 것이 가능하다는 것을 느끼고, 이러한 지식을 임상 분야에 적용해서, 환자들과 동료들 사이의 대인관계에서 초급 전문가 역할을 할 수 있었다. Dr. Chen은 수술에서 얻게 되는 경험을 특별히 선호했는데, 여기에서 그는 수술실에서 팀워크와 협력을 통해서 수행되는 강도와 촉지 감각에 매력을 느꼈다. 그는 또한 외과 수술에서 일부 훌륭한 역할 모델과 멘토를 했다. 그는 3학년 동안에 혈관외과의 Dr. Card와 조를 이루어서 4주간의 대부분을 함께 보냈다. 그러는 동안, 그는 3명의 환자를 수술 전부터 수술을 마치고 난 후 사후 관리까지 세밀히 관리하게 되었다. Dr. Card는 Chen이 이렇게 환자를 돌보는 것을 지원하면서 Chen을 학생이라기보다 후임 파트너처럼 대했다. Dr. Card는 Chen이 미래를 위해서 외과의사로서 능력을 제대로 갖출 수 있도록 다른 전공 분야도 학습하는 방법을 조언해 주었다.

Dr. Chen은 기본적인 임상수행 술기를 학습하는 동안 시뮬레이션 센터의 중요성을 경험하고 나서, 의학교육을 선택과목으로 등록하기로 결정하고, 수술 중 팀의 커뮤니케이션을 향상시키기 위한 시뮬레이션 사용을 연구하는 프로젝트에 합류했다. 이러한 경험은 의학교육과 관련된 코스와 수술실에서의 의사소통에 대한 연구로 구성된 선택 프로그램에 관심을 갖도록 해 주었다. 그는 4학년을 이 연구 프로젝트에 집중시키기로 결정했다.

Dr. Chen은 임상수행 시뮬레이션 센터 프로그램이 강한 다른 대학의 외과 전공의 프로그램에 들어갔다. 비록 그가 그 시뮬레이션 센터에서 전공의 기간 중에 많은 시간을 보낼 수 없다 하더라도, 그 센터에서 현재 연구되고 있는 몇몇 연구에 그의 연구를 적용할 수 있다는 사실을 알았다. 그는 연구 과정에 참여하는 외과 교수들과 함께 근무할 수 있어서 의과대학의 수술 경험을 쌓을 수 있었다. 수술실의 커뮤니케이션에 대한 그의 연구 결과로 인해서, 수술실의 팀 기능 향상을 추구하는 병원 품질 향상위원회에 참여하도록 초대를 받았다.

그가 이 외과 프로그램을 선택하게 된 한 가지 이유는 외과 임상강사 과정에 빨리 들어갈 수 있었기 때문이다. 그래서 그는 3년간의 일반외과 수련을 마치고 나서, 모든 자격을 갖춘 다음 혈관외과 임상강사가 되었다. 이 프로그램은 그에게 역량 증진 기회를 제공할 뿐만 아니라, 미래 혈관외과의를 교육시키는 데 있어 시뮬레이션 센터에서 책임 교육자들을 어떻게 활용하는지에 대한 연구와 개발에도 도움이 되었다.

전공의 상급 과정은 인턴십 과정과는 분명히 다른 목적을 제공한다. 상급 전공의들은 독자적이고 지도 없는 임상 수행을 준비한다. 전공의는 임상의사가 주로 겪게 되는 임상 상황을 잘 이해하는 선배

의사들의 계획을 수행하기보다, 현실적인 임상 문제를 다루기 때문에 환자가 고통을 받고 있는 질병에 대한 중요한 특징을 빠르게 식별하고, 광범위한 지식 기반을 효과적으로 적절히 사용하며, 복잡한 절차를 효과적으로 수행해서, 규칙적으로 행해지는 통상적인 순서와 방법, 그리고 적응적 전문지식을 보여 줘야 한다. 또한 비록 지도교수가 주로 환자를 치료하는 데 책임을 지고 있다 하더라도, 그와는 관계없이 전공의 상급 과정은 의료 서비스 수행 과정에 상당한 책임이 있으며, 매 상황마다 임상팀을 리드하고 후임을 지도해야 하며, 모든 팀원을 가르칠 책임이 있다. 3년차 전공의 과정 중에서 리더십 훈련은 2년차에 시작하며, 외과의 경우에는(5년 과정), 3년차 중반에 시작하지만, 4년차와 5년차에는 학업 방법이 독특한 특징을 가지고 있다.

고급 역량을 갖출 수 있도록 교육하기 위해서 설계된 교육 프로그램은 인턴 과정 기술개발 프로그램과는 완전히 다르게 보일 수 있다. 4장에서 설명했듯이, 외과 전공의와 같은 술기 지향 전공의 프로그램과 가정의학과와 신경과와 같은 비술기적 전공의 프로그램은 상급 전공의들이 더욱 수준 높은 임상 활동을 수행하도록 해서 발달할 수 있도록 한다. 이러한 역량은 전공의들이 통상적이면서 익숙한 문제점을 가진 환자 치료 과정에서 더욱 중요한 역할을 하도록 함으로써, 또는 치료 조건이 상당히 어려운 환자를 전공의에게 할당해서 치료 경험을 쌓게 함으로써 달성할 수 있다. 비록 이러한 두 가지 방법 중에서도 비술기적 전공의 프로그램이 더 일반적이고, 술기적 프로그램이 그다음이기는 하지만, 기본적인 교육문제는 동일하다. 그래서 전공의들이 많은 임상 경험을 쌓으면서, 환자의 안전을 보장하고 상급 전공의로서 갖추어야 할 역량을 증진시키기 위한 충분한 감시 감독을 유지하는 동안 점진적으로 증가하는 임상 문제를 극복하고 독자적으로 대처할 수 있는 역량을 강화시킨다. 이러한 관점에서 전공의들은 독자적이며 자기 지향적인 학습자가 되어야 한다. 그러나 교수들은 미묘한 차이가 있는 접근방법과 광범위한 대응 레퍼토리를 개발하는 과정에서 자신의 경험을 공유함으로써 자신이 지도하는 전공의들을 도와줄 수 있다.

의사의 영향력　의사는 사회에서 중요한 역할을 많이 하기 때문에, 전공의 프로그램은 전공의들이 비임상 분야의 의사 역할을 경험할 수 있는 기회를 제공해야 한다. Dr.Chen이 시뮬레이션 및 커뮤니케이션 연구와 병원 품질 향상위원회에 참여한 것이 이와 같은 기회의 좋은 본보기가 된다. 다른 전공의들은 자신의 졸업 후 교육 프로그램이 수행되고 있는 지역 공동체에 참여하는 것을 선택할 수도 있으며, 그 외에도 자신의 전공과 관련이 있는 전문 분야를 선택할 수도 있다. 이러한 한 사람의 시민으로서 의사역할은 전공의들이 광범위한 환경에서 의료를 알 수 있도록 도움이 되며, 피고용자, 고용자, 정부, 그리고 정책 입안자의 생각을 평가하는 것이다. 의사이자 시민으로서 역할을 하도록 전공의를 수련시키는 것은 전공의 수련 프로그램의 책무 중 한 부분이다(Gruen et al., 2004). 전공의를 위해서라도 이제는 의과대학생을 위해서 사용할 수 있는 '학문적 집중' '탐구 경로' '집중 분야'와 같이 부르는 경험 종류를 개발해야 한다.

이러한 프로그램들을 학부(UME) 수준으로 광범위하게 구상하는 것이 중요하다. 그래서 우리는 단순히 생물과학 연구 기회처럼 구상하지는 않는다. 오히려, 전공의들은 공중보건 분야에서 일할 수 있는 기회를 가지고, 자신의 전공 분야와 관련이 있는 전문기관에서 봉사하고, 주 정부의 건강 관리위원회와 같은 곳에서 학외연수를 해야 한다.

이러한 유형의 활동에 중점을 두어서 이루어지는 평가는 진취성, 자기주도성, 협동성, 그리고 리더십과 같은 전공의 특징에 초점을 맞추게 된다. 물론, '의사의 역할' 활동의 일환으로서 취하는 직무효용성도 연관이 있다. 전공의는 멘토의 개념을 습득해서 최종적인 평가뿐만 아니라 자신과 동료들이 성장해 나가는 데 조언을 해 줄때 필요한 형성적 평가를 사용하게 된다.

일상의 혁신 및 개선   일상 혁신과 개선을 중심으로 하는 전공의 프로그램에서, 전공의들은 치료 성과를 극대화하기 위해서 다른 건강 관리 전문가들과 협력한다. 전공의들은 병원의 치료 시스템이 작동하는 방법에 대한 기본적인 경험을 충분히 하게 된다. 그러나 대체로 이러한 지식이 환자의 이익을 위해서 충분히 활용되지 못하고 있다. 이것이 건강 관리 시스템을 개선할 수 있는 기회를 놓치는 원인이 될 뿐만 아니라, 전공의의 일원을 감소시키게 되며, 관리 기법 개선과, 조직 발전, 그리고 프로그램 평가를 위한 주요한 기술을 배우는 기회를 앗아 가게 된다. 전공의들은 교육 및 경험에 의한 지식으로 자신의 기술을 독자적으로 적절히 활용해서 환자를 돌보게 된

다. 그러나 전공의들은 사무 등 비의료 분야 업무를 수행하거나 자신
의 교육에 도움이 되지 않는 치료 업무를 제공하는 데 동원되지 않기
때문에, 대부분의 전공의는 자신이 연구하는 치료 시스템의 개선 프
로젝트에 참여할 수 있는 시간이 있다. 이러한 프로젝트는 개인 또는
그룹으로 분리되어서 일정 기간 동안 지속될 수도 있다. '일상 혁신'
이라는 것은 Mylopoulos와 Scardamalia가 사용한 용어로, 이것은 일
부 의사들이 만족스럽지 못한 치료 방법에 대응하기 위한 통상적인
조정을 설명하기 위한 것이다. 이 프로젝트는 더 훌륭한 치료 기회
에 대한 전공의의 관심을 불러일으켜야 하며, 전공의가 환자의 치료
성과와 안전을 향상시킬 수 있는 지역 공동체와 협력할 수 있는 기
회를 만들어야 한다. 훌륭한 치료 기회에 관심을 가지고 있는 상급
전공의들은 의료보건 서비스 전달 및 품질과 관련된 모든 위원회와
특수집단에 봉사해야 한다. 기타 전공의들은 지역 주민의 건강 증진
에 더 많은 관심이 있을 수도 있다.

　일상 혁신과 개선을 지원하도록 교육하면, 전공의들이 환자의 상
태를 알 수 있을 뿐만 아니라, 자신이 종사하는 시스템이 환자에게
의료 서비스를 효과적으로 전달하도록 지원하거나 중재하는 방법을
고려하도록 만들게 된다. 일상 혁신 개선에 초점을 맞춘 프로그램은
광범위하게 구성되어서 학교교육용 프로그램뿐 아니라, 지역사회
기반 전공의 프로그램으로 활용할 수 있다. 관련 교수들은 전공의들
과 연계해서 그들이 연구하기에 훌륭한 환경에서 효과적으로 환자
치료를 개선할 수 있는 방법을 이해하도록 지원하게 된다. 치료성과
개선을 중심으로 형성된 관심 분야는 전공의와 지도교수 간의 협력

을 증진한다. 전공의들은 프로젝트를 제안하고, 개선 활동에 참여하며, 자신이 학습한 것을 활용하는 동기를 부여받게 된다.

물론 평가는 전공의들의 프로젝트에 초점을 맞추게 된다. 성과 측정은 의도된 프로젝트의 변화와 언급된 이슈의 중요성을 생산하는 과정에서 전공의의 프로젝트가 성공했는지 여부를 고려하게 된다. 그래서 이것으로 포트폴리오를 만들 수 있다(Carraccio & Englander, 2004). 뿐만 아니라 팀원들은 자신의 동료들의 선도 및 협동성, 그리고 생산성을 평가하게 된다(Farmer, Beard, Dauphinee, LaDuca, & Mann, 2002).

수월성에 대한 책임감 수월성에 대한 책임감 중심으로 계획된 전공의 프로그램은 우수한 전문의료인 육성을 촉진한다. 환자에 대한 최선의 결과를 달성하기 위한 노력은 의료전문인이 개별적으로 유지해야 할 중요한 특성이다. 이러한 목적에 초점을 맞춘 프로그램은 지속적으로 환자의 치료 성과를 향상시키는 것에 중점을 두는 환경에서 이루어지는 학습이 갖는 강력한 긍정적 영향력을 활용할 수 있다. 그와 같은 프로그램에서 전공의들과 학생들은 치료 성과를 향상시키는 데 헌신적인 노력을 하는 미시 체계(microsystems)에 속하게 된다(Nelson, Godfey, Batalden et al., 2008). 주요 교육과정 요소는 개선 그 자체를 위해 연구하는 것이겠지만, 우리가 2장에서 고찰한 것처럼 모든 학습자의 수준에서 생각하는 습관과 문제점 재정립, 그리고 전문적인 임상 수행을 위해서 노력이 필요한 재투자에 대한 분명한 설명이 있어야 한다. 보다 근본적으로, 수월성이 의사의 전문가

적 자아정체성에서 당연히 기대되는 점이라는 것으로 관심을 끌어
내야 할 것이다. 전공의와 의대생들은 단순한 질병 지향 지식을 넘
어서 환자의 치료 성과를 향상시키기 위해서 주변의 동료들과 교수
들의 하는 일을 관찰하도록 격려되어야 한다.

　이러한 종류의 작업에 교육학이 바로 코칭(coaching)의 역할을 한
다. 전공의들은 우수한 역량을 공유할 가치가 있는 환경의 대학 동
료들과 지도자들과의 관계를 통해서 도움을 받으면서 성장한다
(Viggiano et al., 2007). 이러한 학습 환경이 잘 작동할 때, 자기평가와
상호 책임은 환자의 치료 품질과 치료 성과를 향상시키기 위한 기초
과정으로 간주된다. 그래서 훌륭한 치료를 달성할 수 있도록 탐구하
는 방법으로 자신을 가르치는 교사들의 브리핑과 같은 방법을 모델
로 삼을 수 있다. 이를 통해 의료전문인팀에 의해서 표현되는 다양
한 견해의 중요성을 알게 되며, 전공의와 학생들은 의사가 아닌 일
반 동료들에게 피드백을 추구하는 방법을 배우게 되는데, 이것은 전
문의료인 간의 협력을 통한 이상적인 작업 때문이 아니라, 환자를
위한 보다 훌륭한 치료 성과를 추구하기 때문이다(Eva & Regeher,
2005).

　환경 그 자체와 그런 환경에 살고 있는 사람은 더욱 우월해지려고
노력한다. 따라서 평가 전략은 학습자의 자기평가에 초점을 맞추게
된다. 비록 이러한 작업의 본질이 행동 동기의 내면화가 필요하다
할지라도, 그와는 상관없이 이 일은 상당히 상호의존적이며 협력적
이다. 예를 들어, 프로젝트팀은 동료에게 주기적으로 다른 피드백을
제공할 뿐만 아니라, 자신의 연구 성공과 협력 방법의 효용성을 협

력적으로 평가할 수 있을 것이다. 포트폴리오 평가도 우수성에 대한
책임을 지는 전공의의 역량 증진을 평가하는 데 적합할 것이다.

🩺 변화를 위한 행동

　의과대학과 전공의 프로그램 교과과정 편성위원회는 각자 자신
의 프로그램 내에서 이러한 권장사항을 어떻게 실행하고 향상시킬
까에 대해서 창의적으로 생각하는 과정에 적극적으로 참여할 필요
가 있다. 각 프로그램은 그들만의 고유한 상황을 찾아내서, 그 상황
에서 필요한 사항을 충족할 수 있는 설계를 적용해야 할 것이다. 이
렇게 재설계한 프로그램을 배우고 실행하는 것을 지원하기 위해, 교
수단은 마치 환자 치료에 문제가 되는 점을 개선하는 것처럼 개선
노력에 대해 의견을 나누고, 협력해야 한다. 그러나 이러한 체계적
인 노력의 효과는 의학교육에 대한 적절한 규정 변화와 재정지원이
없다면 제한적일 것이다. 8장에서는 우리가 기대하는 의학교육의
수월성을 촉진하고 지원하게 되는 정책 변화를 생각해 보고자 한다.

Chapter 08

효과적인 정책을 통한
수월성 지원

　미국에서 전문 직업으로서 의학은 의학교육 관계자들이 교육과 진료 행위의 높은 표준을 지속적으로 요구하였기 때문에 번창하게 되었다. 의학교육 관련자는 의과대학 학장, 교수와 교수 대표, 수련 병원의 원장, 진료부장, 교육수련부장과 졸업 후 교육을 담당하는 학장, 인증과 면허를 담당하는 조직의 대표, 의료전문가 조직의 대표, 연방과 주 정부 공무원, 협회 대표, 메디케어, 메디케이드 그리고 환자들이 있다. 이들 모두가 다양한 방법으로 의학교육의 설계, 수행, 그리고 재정에 영향을 미친다. 교육과정 담당 학장, 교육수련부장, 그리고 교육과정과 임상 실습 담당 부장들이 의학교육 프로그램의 설계와 제공에 대한 직접적인 책임을 갖고 있음에도 불구하고 그들은 외부 기관의 요구에 반응하고 외부 기관의 압박 속에서 일하고 있다. 우리가 7장에서 제시한 프로그램은 미국의 의학교육에 대한 재정 지원과 규제를 담당하는 주 및 전국적 수준에서 이루어진 변화에 의해 촉진된다. 실제로 의과대학과 전공의 프로그램의 성공적 혁신을 위해서는 의학교육을 통제하고 영향을 미치는 재정 및 규제 당국 그리고 전문가 조직이 이러한 개혁 노력에 능동적으로 참여하여야 한다. 의학교육 관련집단은 서로 협력하고 맡은 임무를 조정해 나가야 한다. 개별적으로나 집단적으로나 각각의 이해당사자는 의학교육의 새로운 비전을 활성화시키는 역할을 한다.

우리는 의학교육의 핵심 이해당사자들이 미국 의학교육을 증진시키고 궁극적으로 대중의 건강을 향상시키기 위해 다음의 7단계를 거쳐야 한다는 점을 제안한다.

1단계: AAMC와 의과대학은 의예과 과정의 기준과 입학 과정을 개선하기 위해 함께 일한다.

2단계: 인가, 인증과 면허 기관들은 함께 CME를 위한 일관된 틀을 개발하고 표준의 조정과 관할권의 갈등 해결을 위해 효과적 체제를 수립한다.

3단계: 수련병원의 병원장과 교육수련부장은 환자 진료와 임상교육을 개선하기 위해 협력하고 진료 기준과 일치하도록 교육 프로그램을 개발한다.

4단계: 의과대학 학장과 수련병원의 병원장은 재정, 멘토링, 교수개발, 평가, 학문적 발전안 등을 제공함으로써 교육 목표를 지원한다.

5단계: 의과대학 학장과 수련병원의 병원장은 의학교육이 투명하고 공정하며 의과대학교 수련병원의 미션과 잘 결합되도록 재정을 사용한다.

6단계: AAMC, AMA, ACGME, 의학전문가협회, 그리고 의과대학
은 의학교육에 있어서 기본 구조, 혁신, 연구 등을 지원하
기 위하여 민간, 연방, 주정부의 재정 지원이 지속되도록
노력한다.

7단계: AAMC, AMA, ACGME, 의학전문가협회, 그리고 의과대학
은 미국 의학 분야의 정책 개발을 위해 협력한다. 의학교
육 비용, 수련 기간, 진료 활성화 등을 다루고 국가가 대중
의 필요에 반응하기 위한 전문의와 분과전문의의 구성 비
율을 확보하기 위해 다양한 개입이 요구된다.

🩺 1단계: 교육과정의 기준과 입학 과정 개선하기

백 년 전에 Flexner는 의과대학의 필수 교육과정 목록을 개발하였
다. 이러한 목록은 현재까지도 사용 중에 있다. 그렇지만 그때 이후
로 많은 것이 변화하였다. 전체적으로 새로운 영역이 의학의 기초로
간주되었는데, 그중에 유전학, 분자과학, 통계학, 인구학, 심리학,
사회학, 그리고 학습과학 등이 포함되어 있다. AAMC와 의과대학은
함께 일하면서 기초, 임상, 사회과학의 통합적 성격을 실제적으로
반영하고 의사에게 기대되는 핵심 역량을 광범위하게 표현하는 더
폭넓고 더 실제적인 그리고 더 미래 지향적인 필수교과목을 개발해
야 한다(Emanuel, 2006).

AAMC와 하워드 휴 의학연구소(Howard Hughes Medical Institute)
에서 발간한 '미래의 의사를 위한 과학적 기초'(2009)는 의예과와 의
과대학의 과학적 역량에 대해 다루고 있다. 보고서는 또한 과학 과
정에 관한 대학들의 권고, 즉 입학 과정에 관한 입학위원회, MCAT
시험 구성에 관여하는 AAMC, 통합적인 기초 과학 역량에 관한 의과
대학 교육과정위원회의 권고에 있어서 소통의 중요성을 인식하고
있다. 이러한 권고를 법제화하는 것은 협력적인 노력과 이러한 기관
들 간에 조정을 가능하도록 만드는 것이다.

의료 전문 직업과 의과대학의 수업이 다양해져야 한다는 것은 매
우 중요한 일이다. 질이 높으면서도 다양한 수업이 되어야 한다. 다
양성은 교육의 질을 강화하고 다양한 환자에게 더 준비된 서비스를
제공하는 문화적으로 역량이 높은 의사를 양성한다. 백인이 아닌 인
종의 의사들이 못 사는 지역에서 진료하는 경향이 더 크며, 그들은
영어가 아닌 타언어를 사용할 줄 알고, 건강을 향상시키는 데 필수
적인 언어적·물리적 장벽을 다룰 줄 아는 경향이 크다(Coleman et
al., 2008). 그러므로 백인이 아닌 의사를 양성하기 위한 다양한 경로
의 의과대학 프로그램이 필요하다.

입학 과정 자체는 모든 의사에게 기대되는 역량을 성취할 수 있는
잠재력 있는 지원자를 선발하기 위해 재설계되어야 한다. 불행하게
도 대부분의 의과대학 선발 과정은 기초 과학에 관한 지식에 초점이
맞추어져 있어서 의료 현장에서 요구되는 광범위한 기여 부분을 충
분하게 평가하는 데에 실패하였다. 더욱이 현재의 입학 기준은 다양
성을 손상시킨다. 지원자들은 전형적으로 학교 성적과 MCAT 점수

로 골라지고 이러한 내적이고 기계적인 선발 과정은 취약 계층의 지원자에게 불리하게 작용한다. 표준화된 면접은 면접관이 그들과 같이 보이는 지원자를 더 선호하는 경향이 있기 때문에 문제를 더 악화시킨다(Kreiter et al., 2004). 다중 미니 면접(multiple mini-interview: 이하 MMI)와 같은 혁신적 방법은 선발 과정에서 비인식적인 요소를 더 실질적으로 평가할 수 있어서 확대되어 적용되어야 한다(Eva, Reiter, Fosenfeld, & Norman, 2004a, 2004b; Eva, Rosenfeld, et al., 2004; Lemay, Lockyer, Collin, & Brownell, 2007; Reiter & Eva, 2005; Reiter, Salvatori, Rosenfeld, Trinh, & Eva, 2006; Rosenfeld, Reiter, Trinh, & Eva, 2008). AAMC는 입학 과정에서 가장 최선의 방법을 고안할 필요가 있고, 지역 수준에서 이러한 과정을 의과대학이 적용할 수 있도록 도울 필요가 있다.

🩺 2단계: CME를 위한 틀과 효과적인 체제 수립하기

사람들의 안전을 보장하기 위해 인가, 인증, 면허 당국은 엄격하게 대중의 기대를 조정하고 적절한 관할권을 규정해야 한다. 5장에서 설명한 것처럼 의학교육의 규제와 재정에 관한 책임이 단일 기관에 한정되어 있지 않다. 복수의 기관들이 이러한 과정에 참여하고 있는데, 종종 프로그램과 학습자의 일치하지 않는 기대가 지속되곤한다. 그러나 LCME, ACGME와 그들의 수련심사위원회들, 그리고

CME를 위한 인가위원회(Accrediting Council for Continuing Medical Education)가 함께 일함으로써 UME로부터 GME, CME에 이르기까지 각 수준에서 적절한 성과 표준을 갖고 일반적인 역량 범위를 설정할 수 있다. 그렇게 함으로써 의학교육의 일관성이 증가하고 모든 단계에서 전공의 질이 향상되고, 교수와 학습자의 지속적인 의사소통을 가능하게 하며, 학교와 수련 프로그램의 부담을 줄일 수 있을 것이다(Committee on the Health Professions Education Summit, 2003).

　면허와 인증은 비슷하게 업데이트되고 정렬되어야 한다. 5장에서 설명한 것처럼, 미국의 의사들은 세 단계로 되어 있는 USMLE를 통과함으로써 의료 행위에 요구되는 기초적인 지식을 증명해야 하고 그런 다음에 의료 행위를 희망하는 주의 면허를 취득하게 된다. 기초교육과정이 끝나는 시점(2학년), 임상 실습교육이 끝나는 시점(4학년), 그리고 인턴이 끝나는 시점에 이루어지는 USMLE의 단계는 1920년에 적용된 의학교육의 세 단계를 반영하고 있다. 그러나 그들 단계는 현대의 의학교육에 관하여 시점이 제대로 맞지 않고 우리가 옹호한 통합과 유연성에 뒤처져 있다. 조기임상노출이 교육과정의 첫 2년 안에 달성해야 할 기준이 되었기 때문에 기초 과학에 대한 지식에 초점이 맞추어져 있는 USMLE 1단계는 낡아 버린 단계가 되었다. 마찬가지로 USMLE의 세 번째 단계 역시 일차의료의 준비가 단지 M.D. 학위와 1년의 인턴십을 포함하는 시대가 되면서 시대착오적인 것이 되었다. 시험기관들(NBME, FSMB, ABMS)이 서로 구별되고 다른 이해를 가지고 있기 때문에 현 상황이 지속되고 있다.

　FSMB는 면허를 주기 전 단계의 국가시험은 주들이 면허 후보자를 평가하기 위한 단일한 평가 기준을 주기 위하여 필요하다고 주장한다. 우리도 이러한 주장을 부정하지 않는다. 그러나 독립적인 행위를 보정하는 면허로는 졸업 후 1년은 시기상조일 뿐 아니라, USMLE 3단계의 내용 역시 과도기적인 인턴십을 하고 있는 소수의 의과대학을 제외하고 대부분의 의과대학에서 부적절하다.

대신에 우리는 3년차 말 또는 4년차 초에 기초과학, 임상 지식, 임상 실습을 통합적으로 평가할 수 있는 단일한 USMLE 시험을 제안한다. 현재 인턴십 동안에 진행되는 USMLE 3단계는 모든 의사가 독립적인 진료 행위를 하기 위해 요구되는 전문의 시험은 폐지되어야 한다. 이러한 시험은 일정한 감독하에 진료 행위가 가능하도록 의과대학 끝날 때에 치러지는 통합된 USMLE 시험과 모든 주가 독립적인 진료 행위를 위한 면허를 부여하기 위해 이용할 수 있는 교육수련 프로그램의 완성에 관한 전문의 시험 등 두 단계의 일련의 국가시험으로 성립될 것이다.

다양한 당국의 경쟁적 이해관계는 의학교육뿐 아니라 환자 진료에도 제대로 부응하지 못한다. 대중들은 수련을 마친 전공의가 독립적인 진료를 수행할 준비가 되었는지 그리고 임상의사가 평생 동안 지식과 술기를 향상시키는 것을 지속하는지를 보장받아야 한다. 관할권에 관한 논쟁이 결정될 수 없다면, 이를 관장하는 국가 기구는 의학교육에 관련되어 있는 모든 인가, 인증, 면허 당국을 조정 연계해야 함에 틀림없다. 유사하게 평생에 걸쳐 전문 진료 역량을 유지하는 데에 의사를 지원할 수 있는 수련 후 기관에 관한 신뢰할 만한 의학교육 체계를 생성하기 위해서는 전문의 인증, 의사 면허, 그리

고 CME 인가에 관한 기대와 목표가 합리화되어야 하고 그들의 노력
이 조정 연계되어야 한다.

3단계: 진료 기준에 따른 환자 진료와 임상교육의 결합

수련 중인 의사들은 환자 진료 환경과 그 환경 속에서 자신들의
수월성이 향상되기도 하고 때론 방해받기도 한다는 것을 배운다. 높
은 수준의 환자 진료는 우리가 미래의 전문가들에게 기대하는 진료
습관을 형성하기 위한 최상의 '학습 실험실'이다. 환경과 관계없이
학습에 이용되는 임상 진료는 환자 중심적 방법으로 진료 결과의 질
과 직접적으로 연계되어 있는 의료전달 체계의 지속적인 재설계를
지지해야 한다. 학생, 전공의, 그리고 전임의는 환자 안전과 질 향상
활동을 유도하기 위해 도움을 줄 수 있어야 한다(Spear, 2006).

그렇지만 학생 및 전공의가 질에 대한 책임을 져야 하는 것은 아
니다. 병원과 임상 행정가들 그리고 교수들이 학생과 전공의가 환자
가 처음으로 만나게 되는 환경에서 일할 수 있도록 보장해야 한다.
수련병원은 더 나은 보건의료 체계를 위한 방향을 보여 주는 훌륭한
모범이 되어야 하고 개별 환자뿐 아니라 인구 집단과 지역사회의 건
강을 향상하는 방법을 제시해야 한다(Committee on the Roles of
Academic Health Centers in the 21st Century, 2003).

효과적인 환자 진료의 요소는 좋은 팀워크다. 학생과 전공의 등

수련 중인 의사들은 다른 보건의료 전문 분야의 피훈련생과 함께 잘 기능한 팀에서 일하고 학습할 기회가 필요하다. 또한 임상 환경의 문화는 의사, 간호사, 다른 보건의료 전문가가 함께 일하는 방법과 피훈련생의 모델에 강하게 영향을 미친다(Gittell, 2009).

전공의 프로그램은 전문의 진료에서 기대되는 성과와 밀접하게 결합되어 있는 훈련을 제공해야 한다. 특히, 임상 교육은 입원 위주의 교육에서 벗어나 대다수 의사들의 실제 미래에서 수행하게 될 행위를 더 잘 반영하는 외래 의원과 같은 환경을 포함하는 서비스 중심의 훈련 모델이 필요하다. 이를 실현하기 위해서 ACGME는 전공의에 의해 진료가 이루어진 환자의 결과에 초점을 맞추어야 한다. 개별 전공의에 의해 진료를 받은 환자의 결과를 특성화하고 환자 결과를 개선하는 데에 전공의를 지원하기 위한 전공의 프로그램의 능력은 전공의 프로그램 평가의 한 부분이 되어야 한다. 마지막으로 전공의 교육을 지원하기 위해 필요한 재원은 의료기관의 원장보다 교육자에게 제공되어야 한다.

4단계: 재정, 멘토링, 교수 개발, 평가, 그리고 학문적 발전안 제공하기

미국 의학교육이 필요한 혁신과 개혁을 달성하는 것은 교육자로 준비되고 존경받는 교수들이 없다면 불가능하다. 현실은 임상에서 생산성에 대한 압박이 증가하면서 교육 시간에 영향을 주고 있다.

이러한 상황이 일어나서는 안 되며 교육은 꾸준히 지원을 받아야 한다. 교육과정 개혁이 의학교육의 구조를 바꿀 때에 교수들에게 새로운 역할과 책임이 주어질 것이다. 이러한 새로운 교육 책임감에는 교수 개발과 경험과 능력을 갖춘 선임 교수로부터의 멘토링이 요구된다.

교수 개발은 전통적으로 교수에게 일반적인 강의법을 개발하기 위한 워크숍 형태로 이루어진 확장된 교수법 훈련 방법으로 이루어졌다(Steinert et al., 2006). 이러한 노력에 더하여 6장에서 다룬 교육학자 프로그램(Teaching Scholars Programs)과 같은 더 광범위한 프로그램이 교육자로서 교수의 역할을 성공적으로 달성하기 위해 요구되는 지식, 술기, 가치 등에 관한 교육을 갖추도록 요구되고 있다(Gruppen, Frohna, Anderson, & Lowe, 2003).

교육자들은 교육자와 학자들 간의 공동체가 필요하고 때때로 교육과 학습에 관한 이슈가 학문적 방법으로 다루어질 수 있는 장소로서 '교육 공동체(a teaching commons)'와 같은 이름으로 불린다(Huber & Hutchings, 2005). 5장에서 우리는 학회에 대해 다루었다. 이들 학회는 교육자를 발전시키고 지원하며, 교수 개발을 제공하고, 교육과정의 개선을 증진하며, 학교와 대학의 교육 목표를 옹호한다.

덧붙여서 교육에 투자하는 교수들은 학문적 증진을 위해 교육적 기여를 위한 문서를 제공할 수 있어야 한다(Simpson et al., 2007). 주요한 교육 책임을 갖고 있는 교수들을 위한 보상과 향상을 위해 대학 승진심사위원회는 그들의 향상의 범주에 이러한 형태의 학문적 영역과 교육 기준에 관한 문서 등을 포함시켜야 한다. 또한 학장단과 의학교육실, 그리고 학회들은 교육 혁신을 증진하고 이러한 활동에 대한 재정적 지원과 교육 평가와 연구에 관한 구조적 지원을 통하여 교육과 학습에 관한 학문을 증진할 수 있도록 해야 한다.

5단계: 투명하고 공정하게, 그리고 목표 달성을 위해 재정 사용하기

의과대학과 수련병원을 지원하기 위한 재원은 환자 진료서비스, 교수 진료, 연구비, 자선, 환자 부담, 수업료, 학생 부담금, 메디케어와 메디케이드 등을 포함한다. 5장에서 다룬 것처럼 하나의 목적을 위해 생성된 자원은 종종 다른 용도로 쓰여지곤 한다. 정말로 민간 보험회사들은 의학교육 비용을 분담하지 않는다. 교수 진료 예산은 일반적으로 교육과 때때로 연구를 지원하기 위해 부과된다. 이러한 비용 이전이나 교차 보조 전략은 과거에는 합리적으로 작동되었지만, 그러한 방식으로 비용을 이전하는 것을 금지하는 규제 장치와 다른 비용을 적용하기 위해 하나의 목적을 초과하는 예산 설정의 어려움에 의해 위기를 맞고 있다.

많은 의과대학교 수련병원은 목표 관련 비용을 목표 관련 예산으로 할당하는 목표 기반 관리로 옮겨지고 있고, 아직까지는 전략적 우선순위로서 교육에 관한 재정은 보호하려고 한다. 기관의 교육, 연구, 환자 진료, 그리고 지역사회 서비스 목표를 위한 교수와 과의 기여가 중시되어야 하고, 예산은 그들 기여의 기초에 할당되고 전략적 우선순위에 결합되어야 한다. 우리는 의과대학이 행정적으로 간단하고 예측 가능하며, 공정하고 책임감을 견지한 투명한 기전을 적용할 것을 권고한다(Detmer & Steen, 2005).

6단계: 기본 구조, 혁신, 연구를 지원하기 위한 지속적인 재정 확보

근본적으로 의학교육은 행위에 기반한 수업이다. 하나의 진료 행위를 학습하고, 그러한 진료 행위를 지속적으로 개정하고 개선하기 위한 학습 과정이다. 그런데 행위에 기반한 학습으로서 의학교육의 관점이 임상적인 영리행위에 구별되는 하부 구조, 교수 자원과 능력, 그리고 연구의 기초를 요구한다는 사실을 감소시키지 않는다. 의학교육은 간단하게 임상 활동의 부산물이 아니다. 정부 및 재단과 같은 재정 당국은 1910년 Flexner가 그의 보고서의 발간 후에 수행했던 것과 같은 혁신 보조금으로 변화를 가져올 수 있다. 록펠러 재단이 지원했던 일반교육이사회의 멤버였던 Flexner는 의과대학이 그들의 교육 프로그램을 개선하는 데에 소요되는 수백 만 달러를 공급되도록 하였는데, 그러한 노력은 그가 북미의 의학교육의 질을 개선하기 위해 수행한 비판만큼 중요한 것이었다(Ludmerer, 1999).

오늘날 이와 유사한 핵심 재원의 유입은 교육 개혁을 위한 안내를 도울 뿐 아니라 에너지원이 된다. 그러한 활동을 통해 확인된 최상의 진료는 확산될 수 있다. AAMC, AMA, ACGME, 전문의학회, 재단

등은 연합하여 혁신적인 생각을 공유하고 지역적 행동을 자극하기 위한 국가적 포럼을 소집하고, 또한 회원들에게 이러한 권고를 공표하여 교육 개혁 과정을 활성화할 수 있다.

현장 연구와 함께 교육 프로그램의 의사결정을 안내하고 교육 혁신을 최대화하기 위해서 교육 혁신 및 의학교육에 관한 연구 기금의 중요하고 지속 가능한 기전이 개발되어야 한다. 그러한 자원이 없다면, 교육 연구는 교육 정책 논쟁에 있어서 한계적 기여밖에 못할 것이다. 현재 강력한 연구 방법으로 사용되는 다기관 연구가 의학교육에서 사용할 수 없는 기금을 요구하고 있다. 그런데, 교육과 기금에서 이루어진 변화가 의학교육의 실질적 개선을 가져오고 환자 진료와 비용에 있어서 차이를 만들 때에만 비로소 그러한 비용이 이 영역으로 들어올 수 있을 것이다.

⚕ 7단계: 미국의 의료 부분의 노동 정책

의학교육은 사회로부터 지원을 받아야 하는 공공재다. 주정부는 전통적으로 졸업 전 의학교육의 재정을 주로 담당하였다. 연방정부는 메디케어와 메디케이드를 통하여 졸업 후 교육에 대한 재정을 담당하고 있다. 그러나 수련 중인 의사들에 대한 총 교육 비용 중 두 기전이 담당하는 비중이 줄어들고 있다. 이러한 문제는 개선되어야 한다.

대부분의 선진외국, 특히 미국에 달성한 건강 성과보다 더 좋은 건강 결과를 달성한 많은 EU 국가에서 의과대학 학생들은 수업료를 지불하지 않거나 매우 적게 지불하고 있다(Ginsburg et al., 2008). 미국에서는 의학교육에 대한 주정부의 지원이 축소되고 있고 수업료가 공립과 사립 대학 모두 계속 오르고 있다. 단지 부자만이 의학교육을 받을 수 있고 젊은 의사들이 그들의 빚을 갚는 것이 불가능하고 모두가 아닌 단지 일부의 전문의만이 온당한 삶을 살 수 있다고 한다면 전문의 분포의 왜곡 문제가 더 커질 것이다. 다양한 활동이 이러한 문제를 개선하기 위해 다루어지고 있는데, 의과대학과 전공의 프로그램에 대한 개선된 그리고 지속적인 정부 지원, 장학금과 저금리 또는 무이자 대출금, 그리고 취약 지역이나 전문과목에 진료하는 의사를 유인하기 위해 설계된 국가보건서비스공단과 같은 조직에서 제공하는 지원 프로그램 등이 그것이다.

졸업 후 의학교육에 대한 재정 지원은 특별히 최소한 두 측면에서 문제를 갖고 있다. 첫 번째로 수련병원에서 이루어지는 진료에 일정한 훈련 비용이 포함된다는 인식의 의도하지 않는 결과로 CMS는 전공의 훈련에 대한 책임을 갖게 된다. 입원환자 환경에서 전공의가 부적절하게 결합되어 있는 것과 더불어 CMS는 비용을 통제하기 위해 메디케어에 의해 지원되는 전공의 총 숫자를 제한하고 있다. 입원과 외래 환경에서 보건의료의 복잡성과 더불어 전공 근무시간의 제한이 증가하고 의과대학을 졸업자 수가 점차 증가하면서 재정 지원을 받는 전공의 숫자의 확대가 요구되고 있다. 졸업 후 의학교육의 재설계가 요구하는 유연성과 혁신을 활성화하기 위해서는 더 광범위하고 덜 정치적인 기금의 흐름이 요구된다. 메디케어는 프로그

램이 실행되었던 45년 전에 비해 보건의료가 전체적으로 매우 달라
졌다는 사실을 인지하면서 최근 많은 변화를 꾀하고 있다. 외래 약
품 비용을 위한 '파트 디(Part D)' 재정지원은 병원 밖에서 보건의료
가 발생하고 비용 문제가 발생한다는 사실에 반응하기 위한 것이었
다. 의학교육에 대한 연방정부의 재정이 CMS를 통해 지속되든 다른
방법으로 조직되든 간에 외래에 있는 전문의로부터 전공의의 참여
가 지원되는 방향으로 재원이 구조화되어야 한다.

두 번째로, 전공의 교육과 관련된 비용을 지원하고 있는 IME와
DME 기금의 수혜자가 반드시 이러한 교육의 책임을 지는 기관은
아니라는 점이다. 달리 말하면 의료기관이 전공의 교육과 관련된 기
금을 받고 있지만, 교육수련부장이나 관련 프로그램 책임자, 그리고
전공의 교육과 관련되어 있는 비용이 발생하는 기관의 책임자 등의
월급을 책임지는 학술부서는 종종 그러한 재원을 받지 못하곤 한다.
전공의 교육을 위해 의료기관에 제공되는 재원은 전공의 교육 프로
그램을 설계하고 집행하는 책임을 갖는 사람들에 의해 관리되어야
한다.

⚕ 협력을 통한 노력

변화의 절박함은 명확하다. 미국의 의학교육이 한 세기 이전의
혁신 모습으로 돌아가는 것만으로는 충분치 않다. 사회에서, 보건
의료의 성격과 전달 체계에서, 그리고 기술과 의사소통에서 이루어

진 심오한 변화는 의학교육에 대한 새로운 개념을 불러일으키고 있다. 학습과학 및 의과대학 학생과 전공의 학습의 현장 모습을 통해 얻어진 통찰력은 의학교육에 대한 변화가 무르익었다는 점을 알려주고 있다.

강력한 옹호가 정책 행동을 위한 제안의 성취를 가능하도록 만들기 위한 의사 공동체가 필요하다. 비록 의학교육의 핵심 이해당사자의 동원이 도전을 받더라도 강력하고 통찰력이 있는 리더십이 이것을 만들 수 있다. 기금 개혁을 위한 옹호를 위해서는 실천이 모든 수준에서 지역과 국가적인 정책 변화에 대한 학교 또는 전공의 프로그램의 교과과정 및 프로그램 혁신으로부터 증진될 수 있다. 전체적으로 보면, 우리의 제안은 모든 수준에서 의학교육의 미래에 관한 청사진과 실천 안건을 제공하고 있다.

의사 교육을 개선해야 한다고 믿는 정책결정권자들은 정책 개선에 관한 제안을 실천하고 우리가 7장에서 제공한 프로그램의 목표를 지원함으로써 대중의 건강에 편익을 가져올 것이다. 이러한 권고의 집행은 의학교육을 새로운 높이의 우수성으로 인도하고 전 세계 전문가 교육을 위한 모델로 자리 잡을 수 있도록 만들 것이다. 가장 중요한 것은 견고한 전문가의 정체성을 가지고 있고, 질문을 통해 우수성을 지속적으로 추구하며, 도덕적인 공동체의 구성원으로서 역할을 수행하는 준비된 의사의 경우 환자를 위한 최상의 진료를 보장하게 될 것이라는 점이다.

참고문헌

Aagaard, E., Teherani, A., & Irby, D. (2004). Effectiveness of the one-minute preceptor model for diagnosing the patient and the learner: Proof of concept. *Academic Medicine, 79*(1), 42-49.

Accreditation Council for Graduate Medical Education. (2001). ACGME high-ligths its standards on resident duty hours?May 2001. Retrieved from http://www.acgme.org/acWebsite/resInfo/ri_OSHAresp.asp

Accreditation Council for Graduate Medical Education. (2007). common program requirements: General competencies. Retrieved from http://www.acgme.org/outcome/comp/General Competencies-Standards21307.pdf

Accreditation Council for Graduate Medical Education. (2009). Retrieved from http://www.acgme.org/acWebsite/newsResleases/newsRel_11_05_08.pdf

Ackerman, A., Graham, M., Schmidt, H., Stern, D., & Miller, S (2009). Critical events in the lives of interns. *Journal of General Internal Medicine, 24*(1), 27-32.

Albanese, M. (2000). Problem-based learning: Why curricula are likely to show little effect on knowledge and clinical skills. *Medical Education, 34*(9), 729-738.

Alexander, P. (2003). The development of expertise: The journey from acclimation to proficiency. *Educational Researcher, 32*(8), 10-14.

Alguire, P. (1998). A review of journal clubs in postgraduate medical education. *Journal of General Internal Medicine, 13*(5), 347-353.

Allison, J., Kiefe, C., Weissman, N., Person, S., Rousculp, M., Canto, J., et al. (2000). Relationship of hospital teaching status with quality of care and mortality for Medicare patients with acute MI. *Journal of the American Medical Association, 284*(10), 1256-1262.

Anderson, G., Greenberg, G., & Wynn, B. (2001). Graduate medical education: The policy debate. *Annual Review of Public Health, 22,* 35-47.

Anderson, J. (1980). *Cognitive psychology and its implications.* San Francisco: W. H. Freeman.

Arnold, L., Shue, C., Kalishman, S., Prislin, M., Pohl, C., Pohl, H., et al. (2007). Can there be a single system for peer assessment of professionalism among medical students? A multi-institutional study. *Academic Medicine, 82*(6), 578-586.

Arnold, L., & Stern, D. (2006). What is medical professionalism? In D. Stern (Ed.), *Measuring medical professionalism* (pp. 15-38). New York: Oxford University Press.

Arora, V., Guardiano, S., Donaldson, D., Storch, I., & Hemstreet, P. (2005). Closing the gap between internal medicine training and practice: Recommendations from recent graduates. *American Journal of Medicine, 118*(680-685).

Association of Academic Health Centers (2009). Criteria for membership. Retrieved from http://www.aahcdc.org/about/memebers.php

Association of American Medical Colleges. (2008). *AAMC data book:*

Medical schools and teaching hospitals by the numbers 2008. Washington, DC: Association of American Medical Colleges.

Association of American Medical Colleges, Ad Hoc Council of Deans. (2004). *Educating doctors to provide high quality medical care: A vision for medical education in the United States.* Washington, DC: Association of American Medical Colleges.

Association of American Medical Colleges & Howard Hughes Medical Institute. (2009). *Scientific foundations for future physicians.* Washington, DC: Association of American Medical Colleges.

Ayanian, J., & Weissman, J. (2002). Teaching hospitals and quality of care: A review of the literature. *Milbank Quarterly, 80*(3), 569-593.

Babbott, S., Beasley, B., Hinchey, K., Blotzer, J., & Holmboe, E. (2007). The predictive validity of the internal medicine in-training examination. *American Journal of Medicine, 120*(8), 735-740.

Baker, D., Salas, E., King, H., Battles, J., & Barach, P. (2005). The role of teamwork in the professional education of physicians: Current status and assessment recommendations. *Journal on Quality and Patient Safety, 31*(4), 185-202.

Barnes, L. (1994). *Teaching and the case method: Text, cases and readings.* Boston: Harvard Business School Press.

Barnett, S., & Koslowski, B. (2002). Adaptive expertise: Effects of type of experience and the level of theoretical understanding it generates. *Thinking and Reasoning, 8*(4), 237-267.

Baroody, A. (2003). The development of adaptive expertise and flexibility: The integration of conceptual and procedural knowledge. In A. Baroody & A. Dowker (Eds.), *Development of arithmetic concepts and skills: Constructing adaptive expertise* (pp. 1-34). Mahwah, NJ: Erlbaum.

Barzansky, B., & Etzel, S. (2004). Educational programs in U.S. medical schools, 2003-04. *Journal of the American Medical Association,* *292*(9), 1025-1031.

Batalden, P., & Davidoff, F. (2007). Teaching quality improvement: The devil is in the details. *Journal of the American Medical Association,* *298*(9), 1059-1061.

Batalden, P., Leach, D., Swing, S., Dreyfus, H., & Dreyfus, S. (2002). General competencies and accreditation in graduate medical education. *Health Affairs, 21*(5), 103-111.

Bates, D., Shore, M., Gibson, R., & Bosk, C. (2003). Patient safety forum: Examining the evidence: Do we know if psychiatric inpatients are being harmed by errors? What level of confidence should we have in data on the absence or presence of unintended harm? *Psychiatric Services, 54*(12), 1599-1603.

Bell, D., Fonarrow, G., Hays, R., & Mangione, C. (2000). Self-study from web-based and printed guideline materials. A randomized, controlled trial among resident physicians. *Annals of Internal Medicine, 132*(12), 938-946.

Bell, S., Krupat, E., Fazio, S., Roberts, D., & Schwartzstein, R. (2008). Longitudinal pedagogy: A successful response to the fragmentation of the third-year medical student clerkship experience. *Academic Medicine, 83*(5), 467-475.

Benner, P. (1984). *From novice to expert: Excellence and power in clinical nursing practice.* Menlo Park, CA: Addison-Wesley.

Benner, P., Sutphen, M., Leonard, V., & Day, L. (2009). *Educating nurses: A call for radical transformation.* San Francisco: Jossey-Bass.

Benner, P., Tanner, C., & Chesla, C. (1996). *Expertise in nursing practice: Caring, clinical judgment, and ethics.* New York: Springer.

Bereiter, C., & Scardamalia, M. (1993). *Surpassing ourselves: An inquiry into the nature and implications of expertise.* Chicago: Open Court.

Berry, P. (2008). Achieving independence: A decision-making framework for doctors in training. *Clinical Medicine, 8*(5), 512-514.

Bhandari, M., Montori, V., Devereaux, P., Dosanjh, S., Sprague, S., & Guytatt, G. (2003). Challenges to the practice of evidence-based medicine during residents' surgical training: A qualitative study using grounded theory. *Academic Medicine, 78*(11), 1183-1190.

Bilimoria, K., Kmiecik, T., DaRosa, D., Halverson, A., Eskandari, M., Bell, R., et al. (2009). Development of an online morbidity, mortality, and near-miss reporting system to identify patterns of adverse events in surgical patients. *Archives of Surgery, 144*(4), 305-311.

Billett, S. (1996). Situated learning: Bridging sociocultural and cognitive theorising. *Learning and Instruction, 6*(3), 263-280.

Billett, S. (2001). *Learning in the workplace: Strategies for effective practice.* Crows Nest, Australia: Allen & Unwin.

Billett, S. (2002). Workplace pedagogic practices: Co-participation and learning. *British Journal of Educational Studies, 50*(4), 457-481.

Billett, S. (2006). Constituting the workplace curriculum. *Journal of Curriculum Studies, 38*(1), 31-48.

Bleakley, A., & Bligh, J. (2008). Students learning from patients: Let's get real in medical education. *Advances in Health Sciences Education Theory and Practice, 13*(1), 89-107.

Bodenheimer, T., Berenson, R., & Rudolf, P. (2007). The primary care-specialty income gap: Why it matters. *Annals of Interal Medicine, 146*(4), 301-306.

Boex, J., Boll, A., Franzini, L., Hogan, A., Irby, D., Meservey, P., et al. (2000). Measuring the costs of primary care education in the ambulatory setting. *Academic Medicine, 75*(5), 419-425.

Boex, J., & Leahy, P. (2003). Understanding residents' work: Moving beyond counting hours to assessing educational value. *Academic*

Medicine, 78(9), 939-944.

Bolman, L., & Deal, T. (2003). *Reframing organizations: Artistry, choice, and leadership.* San Francisco: Jossey-Bass.

Bordage, G. (1994). Elaborated knowledge: A key to successful diagnostic thinking. *Academic Medicine, 69*(11), 883-885.

Bordage, G., & Lemieux, M. (1991). Semantic structures and diagnostic thinking of experts and novices. *Academic Medicine, 66*(9S), S70-S72.

Boshuizen, H., & Schmidt, H. (1992). On the role of biomedical knowledge in clinical reasoning by experts, intermediates, and novices. *Cognitive Science, 16*(2), 153-184.

Boud, D., Cohen, R., & Sampson, J. (Eds.). (2001). *Peer learning in higher education: Learning from and with each other.* Sterling, VA: Stylus.

Boyer, E. (1990). *Scholarship reconsidered: Priorities of the professoriate.* Princeton: Carnegie Foundation for the Advancement of Teaching.

Bragard, I., Razavi, D., Marchal, S., Merckaert, I., Delvaux, N., Libert, Y., et al. (2006). Teaching communication and stress management skills to junior physicians dealing with cancer patients: A Belgian interuniversity curriculum. *Supprot Care Cancer, 14*(5), 454-461.

Brancati, F. (1989). The art of pimping. *Journal of the American Medical Association, 262*(1), 89-90.

Branch, W., Jr. (2000). Supporting the moral development of medical students. *Journal of General Internal Medicine, 15*(7), 503-508.

Branch, W., Jr., Hafler, J., & Pels, R. (1998). Medical students' development of empathic understanding of their patients. *Academic Medicine, 73*(4), 361-362.

Branch, W., Jr., & Paranjape, A. (2002). Feedback and reflection: Teaching methods for clinical settings. *Academic Medicine, 77*(12 Pt 1), 1185-1188.

Branch, W., Jr., Pels, R., Lawrence, R., & Arky, R. (1993). Becoming a doctor: Critical-incident reports form third-year medical students. *New England Journal of Medicine, 329*(15), 1130-1132.

Bransford, J., Brown, A., & Cocking, R. (1999). *How people learn: Brain, mind, experience and school.* Washington, DC: National Academies Press.

Brooks, M. (2009). Medical education and the tyranny of competency. *Perspectives in Biology and Medicine, 52*(1), 90-102.

Busari, J., & Scherpbier, A. (2004). Why residents should teach: A literature review. *Journal of Postgraduate Medicine, 50*(3), 205-210.

Buyx, A., Maxwell, B., & Schone-Seifert, B. (2008). Challenges of educating for medical professionalism: Who should step up to the line? *Medical Education, 42*(8), 758-764.

Carraccio, C., Benson, B., Nixon, L., & Derstine, P. (2008). From the educational bench to the clinical bedside: Translating the Dreyfus developmental model to the learning of clinical skills. *Academic Medicine, 83*(8), 761-767.

Carraccio, C., & Englander, R. (2004). Evaluating competence using a portfolio: A literature review and web-based application to the ACGME competencies. *Teaching and Learning in Medicine, 16*(4), 381-387.

Cave, M., & Clandinin, D. (2007). Revisiting the journal club. *Medical Teacher, 29*(4), 365-370.

Christakis, N. (1995). The similarity and frequency of proposals to reform U.S. medical education: Constant concerns. *Journal of the American Medical Association, 274*(9), 706-711.

Chumley-Jones, H., Dobbie, A., & Alford, C. (2002). Web-based learning: Sound educational method or hype? A review of the evaluation literature. *Academic Medicine, 77*(10S), S86-S93.

Clark, J., & Simpson, A. (2008). Integrating basic science into clinical teaching initiative (IBS-CTI): Preliminary report. *Journal of Pediatrics, 153*(5), 589-590e2.

Cohen, P. (2009). Training for expertise: The Harvard Medical School Cambridge Integrated Clerkship tutorial. *The Clinical Teacher, 6*(3), 28-33.

Coates, W., Crooks, K., Slavin, S., Guiton, G., & Wilkerson, L. (2008). Medical school curricular reform: Fourth-year colleges improve access to career mentoring and overall satisfaction. *Academic Medicine, 83*(8), 754-760.

Coleman, A., Palmer, S., & Winnick, S. (2008). *Roadmap to diversity: Key legal and educational policy foundations for medical schools.* Washington, DC: Association of American Medical Colleges.

Collins, J. (2001). *Good to great: Why some companies make the leap and others don't.* New York: HarperCollins.

Collins, J. (2005). *Good to great and the social sectors.* Boulder, CO: Jim Collins.

Colliver, J. (2000). Effectiveness of problem-based learning curricula: Theory and practice. *Academic Medicine, 75*(3), 59-76.

Colthart, I., Bagnall, G., Evans, A., Allbutt, H., Haig, A., Illing, J., et al. (2008). The effectiveness of self-assessment on the identification of learner needs, learner activity, and impact on clinical practice: BEME Guide no. 10. *Medical Teacher, 30*(2), 124-145.

Committee on the Health Professions Education Summit, Institute of Medicine. (2003). *Health professions education: A bridge to quality.* Washington, DC: National Academies Press.

Committee on Quality of Health Care in America, Institute of Medicine. (2000). *To err is human: Building a safer health system.* Washington, DC: National Academies Press.

Committee on Quality of Health Care in America, Institute of Medicine.

(2001). *Crossing the quality chasm: A new health system for the 21st century.* Washington, DC: National Academies Press.

Committee on the Roles of Academic Health Centers in the 21st Century, Institute of Medicine. (2003). *Academic health centers: Leading change in the 21st century.* Washington, DC: National Academies Press.

Commonwealth Fund. (2003). *Envisioning the future of academic health centers. Final report of the Commonwealth Fund Task Force on Academic Health Centers.* New York: Commonwealth Fund.

Cook, D. (2006). Where are we with web-based learning in medical education? *Medical Teacher, 28*(7), 594-598.

Cooke, M., Irby, D., & Debas, H. (2003). The UCSF Academy of Medical Educators. *Academic Medicine, 78*(7), 666-672.

Core Committee, Institute for International Medical Education. (2002). Global minimum essential requirements in medical education. *Medical Teacher, 24*(2), 130-135.

Coverdill, J., Ardales, G., Finlay, W., Mellinger, J., Anderson, K., Bonnell, B., et al. (2006). How surgical faculty and residents assess the first year of the Accreditation Council for Graduate Medical Education duty-hour restrictions: Results of a multi-institutional study. *American Journal of Surgery, 191*(1), 11-16.

Cox, K. (2001). Stories as case knowledge: Case knowledge as stories. *Medical Education, 35*(9), 862-866.

Croskerry, P. (2003). The importance of cognitive errors in diagnosis and strategies to minimize them. *Academic Medicine, 78*(8), 775-780.

Croskerry, P. (2005). The theory and practice of clinical decision-making. *Canadian Journal of Anesthesiology, 52*(6), R1-R8.

Cruess, R., & Cruess, S. (2006). Teaching professionalism: General principles. *Medical Teacher, 28*(3), 205-208.

Custers, E. (2008). Long-term retention of basic science knowledge: A review study. *Advances in Health Sciences Education: Theory and Practice*. Retrieved from http://www.springerlink.com/content/e77v5w36j07n7576/

DaRosa, D., Bell, R., jr., & Dunnington, G. (2003). Residency program models, implications, and evaluation: Results of a think tank consortium on resident work hours. *Surgery, 133*(1), 13-23.

Davis, D. (2005). Knowledge translation: The next big thing. *Canadian Journal of Continuing Medical Education, 17*(4), 102-106.

Davis, D., O'Brien, M., Freemantle, N., Wolf, F., Mazmanian, P., & Taylor-Vaisey, A. (1999). Impact of formal continuing medical education: Do conferences, workshops, rounds, and other traditional continuing education activities change physician behavior or health care outcomes? *Journal of the American Medical Association, 282*(9), 867-874.

Davis, D., & Ringsted, C. (2006). Accreditation of undergraduate and graduate medical education: How do the standards contribute to quality? *Advances in Health Sciences Education: Theory and Practice, 11*(3), 305-313.

Davis, M., Karunathilake, I., & Harden, R. (2005). AMEE education guide no. 28: The development and role of departments of medical education. *Medical Teacher, 27*(8), 665-675.

de Virgilio, C., Chan, T., Kaji, A., & Miller, K. (2008). Weekly assigned reading and examinations during residency, ABSITE performance, and improved pass rates on the American Board of Surgery examinations. *Journal of Surgical Education, 65*(6), 499-503.

Department of Veterans Affairs. (2004). *VERA educational funds guidelines.* Washington, DC: Department of Veterans Affairs.

Detmer, D., & Steen, E. (2005). *The academic health center: Leadership and performance.* New York: Cambridge University Press.

Detsky, A. (2009). The art of pimping. *Journal of the American Medical Association, 301*(13), 1379-1381.

Dewey, C., Friedland, J., Richards, B., Lamki, N., & Kirland, R. (2005). The emergence of academies of educational excellence: A survey of U.S. medical schools. *Academic Medicine, 80*(4), 358-365.

Dienstag, J. (2008). Relevance and rigor in premedical education. *New England Journal of Medicine, 359*(3), 221-224.

diFrancesco, L., Pistoria, M., Auerbach, A., Nardino, R., & Holmboe, E. (2005). Internal medicine training in the inpatient settings: A review of published educational interventions. *Journal of General Internal Medicine, 20*(12), 1173-1180.

Dornan, T., Boshuizen, H., King, N., & Scherpbier, A. (2007). Experience-based learning: A model linking the processes and outcomes of medical students' workplace learning. *Medical Education, 41*(1), 84-91.

Dornan, T., Hadfield, J., Brown, M., Boshuizen, H., & Scherpbier, A. (2005). How can medical students learn in a self-directed way in the clinical environment? Design-based research. *Medical Education, 39*(4), 356-364.

Downing, S. (2002). Assessment of knowledge with written test forms. In G. Norman, D. Newble, & C. van der Vleuten (Eds.), *International handbook of research in medical education* (pp. 647-672). Dordrecht, Netherlands: Kluwer.

Dreyfus, H., & Dreyfus, S. (1986). *Mind over machine: The power of human intuition and expertise in the era of the computer.* New York: Free Press.

Driessen, E. (2009). Portfolio critics: Do they have a point? *Medical Teacher, 31*(4), 279-281.

Driessen, E., van Tartwijk, J., van der Vleuten, C., & Wass, V. (2007).

Portfolios in medical education: Why do they meet with mixed success? A systematic review. *Medical Education, 41*(12), 1224-1233.

Dweck, C. (2000). *Self-theories: Their role in motivation, personality and development.* Philadelphia: Psychology Press.

Elger, W. (2006). Managing resources in a better way: A new financial management approach for the University of Michigan Medical School. *Academic Medicine, 81*(4), 301-305.

Emanuel, E. (2006). How to redefine a medical education. *Chronicle of Higher Education, 53,* B12-B15.

Epstein, R. (1999). Mindful practice. *Journal of the American Medical Association, 282*(9), 833-839.

Epstein, R. (2007). Assessment in medical education. *New England Journal of Medicine, 356*(4), 387-396.

Epstein, R., & Hundert, E. (2002). Defining and assessing professional competence. *Journal of the American Medical Association, 287*(2), 226-235.

Ericsson, K. (2002). Attaining excellence through deliberate practice: Insights from the study of expert performance. In M. Ferrari (Ed.), *The pursuit of excellence through education* (pp. 21-55). Mahwah, NJ: Erlbaum.

Ericsson, K. (2004). Deliberate practice and the acquisition and maintenance of expert performance in medicine and related domains. *Academic Medicine, 79*(10S), S70-S81.

Ericsson, K. (2007). An expert-performance perspective of research on medical expertise: The study of clinical performance. *Medical Education, 41*(12), 1124-1130.

Eva, K. (2005). What every teacher needs to know about clinical reasoning. *Medical Education, 39*(1), 98-106.

Eva, K., & Cunnington, J. (2006). The difficulty with experience: Does practice increase susceptibility to premature closure? *Journal of Continuing Education in the Health Professions, 26*(3), 192-198.

Eva, K., Cunnington, J., Reiter, H., Keane, D., & Norman, G. (2004). How can I know what I don't know? Poor self-assessment in a well-defined domain. *Advances in Health Sciences Education, 9*(3), 211-224.

Eva, K., & Regehr, G. (2005). Self-assessment in the health professions: A reformulation and research agenda. *Academic Medicine, 80*(10S), S46-S54.

Eva, K., Reiter, H., Rosenfeld, J., & Norman, G. (2004a). The ability of the multiple mini-interview to predict pre-clerkship performance in medical school. *Academic Medicine, 79*(10S), S40-S42.

Eva, K., Reiter, H., Rosenfeld, J., & Norman, G. (2004b). The relationship between interviewer characteristics and ratings assigned during a multiple mini-interview. *Academic Medicine, 79*(6), 602-609.

Eva, K., Rosenfeld, J., Reiter, H., & Norman, G. (2004). An admissions OSCE: The multiple mini interview. *Medical Education, 38*(3), 314-326.

Farmer, E., Beard, J., Dauphinee, W., LaDuca, T., & Mann, K. (2002). Assessing the performance of doctors in teams and systems. *Medical Education, 36*(10), 942-948.

Feltovich, P., Spiro, R., & Coulson, R. (1997). Issues of expert flexibility in contexts characterized by complexity and change. In P. Fletovich, K. Ford, & R. Hoffman (Eds.), *Expertise in context: Human and machine* (pp. 125-146). Menlo Park, CA: AAAI/MIT Press.

Feudtner, C., Christakis, D., & Christakis, N. (1994). Do clinical clerks suffer ethical erosion? Students' perceptions of their ethical environment and personal development. *Academic Medicine, 69*(8), 670-679.

Fiedler, F. (1967). *A theory of leadership effectiveness.* New York: McGraw-Hill.

Flexner, A. (1910). *Medical education in the United States and Canada*. New York: Carnegie Foundation for the Advancement of Teaching.

Flexner, A. (1925). *Medical education: A comparative study*. New York: Macmillan.

Flexner, A. (1940). *I remember: The autobiography of Abraham Flexner*. New York: Simon and Schuster.

Flexner, A. (1943). *Henry S. Pritchett: A Biography*. New York: Columbia University Press.

Forsythe, G. (2005). Identity development in professional education. *Academic Medicine, 80*(10S), S112-S117.

Foster, C., Dahill, L., Golemon, L., & Tolentino, B. (2005). *Educating clergy: Teaching practices and pastoral imagination*. San Francisco: Jossey-Bass.

Gardner, H. (2007). *Responsibility at work: How leading professionals act (or don't act) responsibly*. San Francisco: Wiley.

Garg, M., Boero, J., Christiansen, R., & Booher, C. (1991). Primary care teaching physicians' losses of productivity and revenue at three ambulatory-care centers. *Academic Medicine, 66*(6), 348-353.

Gbadebo, A., & Reinhardt, U. (2001). Economists on academic medicine: Elephants in a porcelain shop? *Health Affairs, 20*(2), 148-152.

Ginsburg, J., Doherty, R., Ralston, J. Jr, Senkeeto, N., Cooke, M., Cutler, C., et al. (2008). Achieving a high-performance health care system with universal access: What the United States can learn from other countries. *Annals of Internal Medicine, 148*(1), 55-75.

Gittell, J. (2009). *High performance healthcare: Using the power of relationships to achieve quality, efficiency and resilience*. New York: McGraw Hill.

Glassick, C., Huber, M., & Maeroff, G. (1997). *Scholarship assessed: Evaluation of the professoriate*. San Francisco: Jossey-Bass.

Goldman, L., Caldera, D., Southwick, F., Nussbaum, S., Murray, B., O' Malley, T., et al. (1978). Cardiac risk factors and complications in non-cardiac surgery. *Medicine, 57*(4), 357-370.

Goldstein, E., Maestas, R., Fryer-Edwards, K., Wenrich, M., Oelschlager, A., Baernstein, A., & Kimball, H. (2006). Professionalism in medical education: An institutional challenge. *Academic Medicine, 81*(10), 871-876.

Golub, J., Weiss, P., Ramesh, A., Ossoff, R., & Johns, M., III. (2007). Burnout in residents of otolaryngology?head and neck surgery: A national inquiry into the health of residency training. *Academic Medicine, 82*(6), 596-601.

Gore, D. (2006). National survey of surgical morbidity and mortality conferences. *American Journal of Surgery, 191*(5), 708-714.

Grady, M., Batjer, H., & Dacey, R. (2009). Resident duty hour regulation and patient safety: Establishing a balance between concerns about resident fatigue and adequate training in neurosurgery. *Journal of Neurosurgery, 110*(5), 828-836.

Grant, H., & Dweck, C. (2003). Clarifying achievement goals and their impact. *Journal of Personality and Social Psychology, 85*(3), 541-553.

Grantcharov, T., Bardram, L., Funch-Jensen, P., & Rosenberg, J. (2003). Learning curves and impact of previous operative experience on performance on a virtual reality simulator to test laparoscopic surgical skills. *American Journal of Surgery, 185*(2), 146-149.

Greenhalgh, T. (2001). Storytelling should be targeted where it is known to have greatest added value. *Medical Education, 35*(9), 818-819.

Greeno, J. (2006). Learning in activity. In K. Sawyer (Ed.), *The Cambridge handbook of the learning sciences* (pp. 79-96). New York: Cambridge University Press.

Gross, C., Donnelly, G., Reisman, A., Sepkowitz, K., & Callahan, M.

(1999). Resident expectations of morning report: A multi-institutional study. *Archives of Internal Medicine, 159*(16), 1910-1914.

Grossman, P., compton, C., Igra, D., Ronfeldt, M., Shahan, E., & Wiliamson, P. (2009). Teaching practice: A cross-professional perspective. *Teachers College Record, 111*(9), 2055-2100. Retrieved from http://www.tcrecord.org

Gruen, R., Pearson, S., & Brennan, T. (2004). Physician-citizens: Public roles and professional obligations. *Journal of the American Medical Association, 291*(1), 94-98.

Gruppen, L., & Frohna, A. (2002). Clinical reasoning. In G. Norman, D. Newble, & C. van der Vleuten (Eds.), *International handbook of research in medical education* (pp. 205-230). Dordrecht, Netherlands: Kluwer.

Gruppen, L., Frohna, A., Anderson, R., & Lowe, K. (2003). Faculty development for educational leadership and scholarship. *Academic Medicine, 78*(2), 137-141.

Guest, C., Regehr, G., & Tiberius, R. (2001). The lifelong challenge of expertise. *Medical Education, 35*(1), 78-81.

Haan, C., Edwards, F., Poole, B., Godley, M., Genuardi, F., & Zenni, E. (2008). A model to begin to use clinical outcomes in medical education. *Academic Medicine, 83*(6), 574-580.

Hafferty, F. (1998). Beyond curriculum reform: Confronting medicine's hidden curriculum. *Academic Medicine, 73*(4), 403-407.

Hafferty, F. (2006). Professionalism: The next wave. *New England Journal of Medicine, 355*(20), 2151-2152.

Hafferty, F., & Franks, R. (1994). The hidden curriculum, ethics teaching, and the structure of medical education. *Academic Medicine, 69*(11), 861-871.

Haidet, P., Hatem, D., Fecile, M., Stein, H., Haley, H., Kimmel, B., et al.

(2008). The role of relationships in the professional formation of physicians: Case report and illustration of an elicitation technique. *Patient Education and Counseling, 72*(3), 382-387.

Haidet, P., Kelly, P., Bentley, S., Blatt, B., Chou, C., Fortin, A., et al. (2006). Not the same everywhere: Patient-centered learning environments at nine medical schools. *Journal of General Internal Medicine, 21*(5), 405-409.

Haidet, P., Kelly, P., Chou, C., & Communication, Curriculum, and Culture Study Group (2005). Characterizing the patient-centeredness of hidden curricula in medical schools: Development and validation of a new measure. *Academic Medicine, 80*(1), 44-50.

Haidet, P., & Stein, H. (2006). The role of the student-teacher relationship in the formation of physicians. The hidden curriculum as process. *Journal of General Internal Medicine, 21*(1S), S16-S20.

Hall, P., & Weaver, L. (2001). Interdisciplinary education and teamwork: A long and winding road. *Medical Education, 35*(9), 867-875.

Hamdy, H., Prasad, K., Anderson, M., Scherpbier, A., Williams, R., Zwierstra, R., et al. (2006). BEME systematic review: Predictive values of measurements obtained in medical schools and future performance in medical practice. *Medical Teacher, 28*(2), 103-116..

Hammond, I., Taylor, J., Obermair, A., & McCenamin, P. (2004). The anatomy of complications workshop: An educational strategy to improve the training and performance of fellows in gynecologic oncology. *Gynecologic Oncology, 94*(3), 769-773.

Hamstra, S., Dubrowski, A,, & Backstein, D. (2006). Teaching technical skills to surgical residents: A survey of empirical research. *Clinical Orthopedics and Related Research, 449*, 108-115.

Hansen, L., Brandt, S., Christopherson, C., Gilmore, H., Halverson, K., Hinkley, L., et al. (1992). The Yankton Model Program. *South*

Dakota Journal of Medicine, 45(4), 103-107.

Hargadon, A., & Sutton, R. (2000). Building an innovation factory. *Harvard Business Review, 78*(3), 157-166.

Hart, L., Skillman, S., Fordyce, M., Thompson, M., Hagopian, A., & Konrad, T. (2007). International medical graduate physicians in the Untied States: Changes since 1981. *Health Affairs, 26*(4), 1159-1169.

Hatala, R., Brooks, L., & Norman, G. (2003). Practice makes perfect: The critical role of mixed practice in the acquisition of ECG interpretation skills. *Advances in Health Sciences Education, 8*(1), 17-26.

Hatano, G., & Oura, Y. (2003). Commentary: Reconceptualizing school learning using insight from expertise research. *Educational Researcher, 32*(8), 26-29.

Hauer, K., O'Brien, B., & Poncelet, A. (2009). Longitudinal, integrated clerkship education: Better for learners and patients. *Academic Medicine, 84*(7), 821.

Hebert, R., & Wright, S. (2003). Re-examining the value of medical grand rounds. *Academic Medicine, 78*(12), 1248-1252.

Hemmer, P., Hawkins, R., Jackson, J., & Pangaro, L. (2000). Assessing how well three evaluation methods detect deficiencies in medical students' professionalism in two settings of an internal medicine clerkship. *Academic Medicine, 75*(2), 167-173.

Hewson, M. (1991). Reflection in clinical teaching: An analysis of reflection-on-action and its implications for staffing residents. *Medical Teacher, 13*(3), 227-231.

Hirsh, D., Gutterson, W., Batalden, M., Beck, S., Bernstein, C., Callahan, J., et al. (2006). The Harvard Medical School-Cambridge Integrated Clerkship. *Journal of General Internal Medicine, 21*(S4), 186.

Hirsh, d., Ogur, B., Thibault, G., & Cox, M. (2007). "Continuity" as an organizing principle for clinical education reform. *New England*

Journal of Medicine, 356(8), 858-866.

Hitchcock, M. (2002). Introducing professional educators into academic medicine: Stories of exemplars. *Advances in Health Science Education, 7*(3), 211-221.

Hoff, T., Pohl, H., & Bartfield, J. (2004). Creating a learning environment to produce competent residents: The roles of culture and context. *Academic Medicine Special Themes: Educating for Competencies, 79*(6), 532-540.

Hoffman, K., & Donaldson, J. (2004). Contextual tensions of the clinical environment and their influence on teaching and learning. *Medical Education, 38*(4), 448-454.

Hogan, A., Franzini, L., & Boex, J. (2000). Estimating the cost of primary care training in ambulatory settings. *Health Economics, 9*(8), 15-26.

Holmboe, E. (2004). Faculty and the observation of trainees' clinical skills: Problems and opportunities. *Academic Medicine, 79*(1), 16-22.

Holmboe, E., Lipner, R., & Greiner, A. (2008). Assessing quality of care: Knowledge matters. *Journal of the American Medical Association, 299*(3), 338-340.

Horwitz, I., Horwitz, S., Daram, P., Brandt, M., Brunicardi, F., & Awad, S. (2008). Transformational, transactional, and passive-avoidant leadership characteristics of a surgical resident cohort: Analysis using the multifactor leadership questionnaire and implications for improving surgical education curriculums. *Journal of Surgical Research, 148*(1), 49-59.

Howe, A (2020). Professional development in undergraduate medical curricula: The key to the door of a new culture? *Medical Education, 36*(4), 353-359.

Huber, M., & Hutchings, P. (2005). *The advancement of learning: Building the teachig commons.* San Francisco: Jossey-Bass.

Huber, S. (2003). The white coat ceremony: A contemporary medical ritual. *Journal of Medical Ethics, 29*(6), 364-366.

Humphrey, H., Smith, K., Reddy, S., Scott, D., Madara, J., & Arora, V. (2007). Promoting an environment of professionalism: The University of Chicago "Roadmap." *Academic Medicine, 82*(11), 1098-1107.

Hundert, E., Hafferty, F., & Christakis, D. (1996). Characteristics of the informal curriculum and trainees' ethical choices. *Academic Medicine, 71*(6), 624-642.

Hutchins, E. (1995). *Cognition in the wild.* Cambridge, MA: MIT Press.

Iglehart, J. (1999). Support for academic medical centers: Revisiting the 1997 Balanced Budget Act. *New England Journal of Medicine, 341*(4), 299-304.

Iglehart, J. (2008). Medicare, graduate medical education, and new policy directions. *New England Journal of Medicine, 359*(6), 643-650.

Irby, D. (2007). Educational continuity in clinical clerkships. *New England Journal of Medicine, 356*(8), 856-857.

Irby, D., Cooke, M., Lowenstein, D., & Richards, B. (2004). The academy movement: A structural approach to reinvigorating the educational mission. *Academic Medicine, 79*(8), 729-736.

Irby, D., & Wilkerson, L. (2003). Educational innovations in academic medicine and environmental trends. *Journal of General Internal Medicine, 18*(5), 370-376.

Issenberg, S., McGaghie, W., Petrusa, E., Gordon, D., & Scalese, R. (2005). Features and uses of high-fidelity medical simulations that lead to effective learning: A BEME systematic review. *Medical Teacher, 27*(1), 10-28.

Jacobsohn, V., DeArman, M., Moran, P., Cross, J., Dietz, D., Allen, R., et al. (2008). Changing hospital policy from the wards: An introduction to health policy education. *Academic Medicine, 83*(4), 352-356.

Jagannathan, J., Vates, G., Pouratian, N., Sheehan, J., Patrie, J., Grady, M., et al. (2009). Impact of the Accreditation Council for Graduate Medical Education work-hour regulations on neurosurgical resident education and productivity. *Journal of Neurosurgery, 110*(5), 820-827.

Jarrell, B., Mallot, D., Peartree, L., & Calia, F. (2002). Looking at the forest instead of counting the trees: An alternative method for measuring faculty's clinical education efforts. *Academic Medicine, 77*(12), 1255-1261.

Jeffe, D., Andriole, D., Sabharwal, R., Paolo, A., Ephgrave, K., Hageman, H., et al. (2006). Which U.S. medical graduates plan to become specialty-board certified? Analysis of the 1997-2004 National Associationof American Medical Colleges Graduation Questionnaire database. *Academic Medicine, 81*(10S), S98-S102.

Jellison, J. (2006). *Managing the dynamics of change: The fastest path to creating an engaed and productive workforce.* New York: McGraw-Hill.

Johnson, S., & Finucane, P. (2000). The emergence of problem-based learning in medical education. *Journal of Evaluation in Clinical Practice, 6*(3), 281-291.

Jones, R., & Korn, D. (1997). On the cost of educating a medical student. *Academic Meducation, 72*(3), 200-210.

Kane, R., Bershadsky, B., Weinert, C., Huntington, S., Riley, W., Bershadsky, J., et al. (2005). Estimating the patient care costs of teaching in a teaching hospital. *American Journalof Medicine, 118*(7), 767-772.

Kanna, B., Deng, C., Erickson, S., Valerio, J., Dimitrov, V., & Soni, A. (2006). The research rotation: Competency-based structured and novel approach to research training of internal medicine residents.

BMC Medical Education, 6(52). Retrieved from http://www. tcrecord.org

Kendrick, S., Simmons, J., Richards, B., & Roberg, L. (1993). Residents' perceptions of their teachers: Facilitative behaviour and the learning value of rotations. *Medical Education, 27*(1), 55-61.

Kennedy, T., Lingard, L., Baker, G., Kitchen, L., & Regehr, G. (2007). Clinical oversight: Conceptualizing the relationship between supervision and safety. *Journal of General Internal Medicine, 22*(8), 1080-1085.

Kennedy, T., Regehr, G., Baker, G., & Lingard, L. (2005). Progressive independence in clinical training: A tradition worth defending? *Academic Medicine, 80*(105S), S1-S6.

Kennedy, T., Regehr, G., Baker, G., & Lingard, L. (2009). Preserving professional credibility: Grounded theory study of medical trainees' requests for clinical support. *BMJ, 338*(b128). Retrieved from http://www.gmj.com/

Kenny, N., Mann, K., & MacLeod, H. (2003). Role modeling in physicians' professional formation: Reconsidering and essential but untaped educational strategy. *Academic Medicine, 78*(12), 1203-1210.

Knapp, R. (2002). Complexity and uncertainty in financing graduate medical education. *Academic Medicine, 77*(11), 1076-1083.

Kneebone, R. (2005). Evaluating clinical simulations for learning procedural skills: A theory-based approach. *Academic Medicine, 80*(6), 549-553.

Koh, G., Khoo, H., Wong, M., & Koh, D. (2008). The effects of problem-based learning during medical school on physician competency: A systematic review. *Canadian Medical Association Journal, 178*(1), 34-41.

Kotter, J. (1996). *Leading change.* Boston: Harvard Business School

Press.

Kouzes, J., & Posner, B. (1995). *The leadership challenge: How to keep getting extraordinary things done in organizations.* San Francisco: Jossey-Bass.

Krajewski, K., Siewert, B., Yam, s., Kressel, H., & Kruskal, J. (2007). A quality assurance elective for radiology residents. *Academic Radiology, 14*(2), 239-245.

Kravet, S., Howell, E., & Wright, S. (2006). Morbidity and mortality conference, grand rounds, and the ACGME's core competencies. *Journal of General Internal Medicine, 21*(11), 1192-1194.

Kreiter, C., Yin, P., Solow, C., & Brennan, R. (2004). Investigating the reliability of the medical school admissions interview. *Advances in Health Sciences Education: Theory and Practice, 9*(2), 147-159.

Kuiper, R., & Pesut, D. (2004). Promoting cognitive and metacognitive reflective reasoning skills in nursing practice: Self-regulated learning theory. *Journal of Advanced Nursing, 45*(4), 381-391.

Kuo, A., Irby, D., & Loeser, H. (2005). Does direct observation improve medical students' clerkship experiences? *Medical Education, 39*(5), 518-555.

Lai, C., Aagaard, E., Brandenburg, s., Nadkarni, M., Wei, H., & Baron, R. (2006). Brief report: Multiprogram evaluation of reading habits of primary care internal medicine residents on ambulatory rotations. *Journal of General Internal Medicine, 21*(5), 486-489.

Lave, J., & Wenger, E. (1991). *Situated learning: Legitimate peripheral participation.* Cambridge, England: Cambridge University Press.

Leach, D. (2002). Competence is a habit. *Journal of the American Medical Association, 287*(2), 243-244.

Lemay, J., Lockyer, J., Collin, V., & Brownell, A. (2007). Assessment of non-cognitive traits through the admissions multiple mini-interview.

Medical Education, 41(6), 573-579.

Levine, R., Haidet, P., Kern, D., Beasley, B., Bensigner, L., Brady, D., et al. (2006). Personal growth during internship: A qualitative analysis of interns' responses to key questions. *Journal of General Internal Medicine, 21*(6), 564-569.

Levine, R., O'Boyle, M., Haidet, P., Lynn, D., Stone, M., Wolf, D., et al. (2004). Transforming a clinical clerkship with team learning. *Teaching and Learning in Medicine, 16*(3), 270-275.

Liaison Committee on Medical Education (2008). Functions and structure of a medical school: Standards for accreditation of medical education programs leading to the M.D. degree. Retrieved from http://www.lcme.org/functions2008jun.pdf

Lingard, L., Schryer, C., Garwood, K., & Spafford, M. (2003). "Talking the talk": School and workplace genre tension in clerkship case presentations. *Medical Education, 37*(7), 612-620.

Linn, M. (2007). Creating lifelong science learners: What models form a firm foundation? *Educational Researcher, 25*(5), 18-24.

Littlefield, J., DaRosa, D., Paukert, J., Williams, R., Klamen, D., & Schoolfield, J. (2005). Improving resident performance assessment data: Numeric precision and narrative specificity. *Academic Medicine, 80*(5), 489-495.

Loeser, H., O'sullivan, P., & Irby, D. (2007). Leadership lessons from curricular change at the University of California, San Francisco, School of Medicine. *Academic Medicine, 82*(4), 324-330.

Long, D. (2000). Competency-based residency training: The next advance in graduate medical education. *Academic Medicine, 75*(12), 1178-1183.

Ludmerer, K. (1985). *Learning to heal: The development of American medical education.* New York: Basic Books.

Ludmerer, K. (1999) *Time to heal: American medical education from the turn of the century to the era of managed care.* Oxford, England: Oxford University Press.

Ludmerer, K. (2000). Time and medical education. *Annals of Interal Medicine, 132*(1), 25-28.

Lyon, H., Healy, J., Bell, J., O'Donnell, J., Shultz, E., Moore-West, M., et al. (1992). PlanAlyzer, an interactive computer-assisted program to teach clinical problems solving in diagnosing anemia and coronary artery disease. *Academic Medicine, 67*(12), 821-828.

Maddaus, M., Chipman, J., Whitson, B., Groth, S., & Schmitz, C. (2008). Rotation as a course: Lessons learned from developing a hybrid online/on-ground approach to general surgical resident education. *Journal of Surgical Education, 65*(2), 112-116.

Madsen, P., Desai, V., Roberts, K., & Wong, D. (2006). Mitigating hazards through continuing design: The birth and evolution of a pediatric intensive care unit. *Organization Science, 17*(2), 239.

Mallon, W. (2009). Introduction: The history and legacy of mission-based management. *Academic Medicine, Management Series: Mission-Based Management.* Retrieved from http://journals.lww.com/academicmedicine/Documents/00001888-200604001-00001.pdf

Mandin, H., Harasym, P., Eagle, C., & Watanabe, M. (1995). Developing a "clinical presentation" curriculum at the University of Calgary. *Academic Medicine, 70*(3), 186-193.

Mandin, H., Jones, A., Woloschuk, W., & Harasym, P. (1997). Helping students learn to think like experts when solving clinical problems. *Academic Medicine, 72*(3), 173-179.

Martin, T., Rayne, K., Kemp, N., Hart, J., & Diller, K. (2005). Teaching for adaptive expertise in biomedical engineering ethics. *Science and Engineering Ethics, 11*(2), 257-276.

Maudsley, G. (1999). Do we all mean the same thing by "problem-based learning"? A review of the concepts and a formulation of the ground rules. *Academic Medicine, 74*(2), 178-185.

Maudsley, R. (2001). Role models and the learning environment: Essential elements in effective medical education. *Academic Medicine, 76*(5), 432-434.

Mayo Clinic. (2009). Mayo's mission. Retrieved from http://www. mayoclinic.org/about/missionvalues.html

McDonald, F., Zeger, S., & Kolars, J. (2007). Factors associated with medical knowledge acquisition during internal medicine residency. *Journal of General Internal Medicine, 22*(7), 962-968.

McGlynn, E., Asch, S., Adams, J., Keesey, J., Hicks, J., DeCristofaro, A., et al. (2003). The quality of health care delivered to adults in the United States. *New England Journal of Medicine, 348*(26), 2635-2645.

Mechanic, R., Coleman, K., & Dobson, A. (1998). Teaching hospital costs: Implications for academic missions in a competitive market. *Journal of the American Medical Association, 280*(11), 1015-1019.

Megali, G., Sinigaglia, S., Tonet, O., & Dario, P. (2006). Modeling and evaluation of surgical performance using hidden Markov models. *IEEE Transactions on Biomedical Engineering, 53*(10), 1911-1919.

Melck, A., Weber, E., & Sidhu, R. (2007). Resident continuity of care experience: A casualty of ambulatory surgery and current patient admission practices. *American Journal of Surgery, 193*(2), 243-247.

Michaelsen, L., Knight, A., & Fink, L. (2004). *Team-based learning: A transformative use of small groups in college teaching.* Sterling, VA: Stylus.

Miflin, B., Campbell, C., & Price, D. (2000). A conceptual framework to guide the development of self-directed, lifelong learning in problem-based medical curricula. *Medical Education, 34*(4), 299-306.

Miller, G. (1980). *Educating medical teachers.* Cambridge, MA: Harvard University Press.

Mistiaen, P., Francke, A., & Poot, E. (2007). Interventions aimed at reducing problems in adult patients discharged from hospital to home: A systematic meat-review. *BMC Health Services Research,* 7(47). Retrieved from http://www.biomedcentral.com/1472-6963/7/47

Montgomery, K. (2006). *How doctors think: Clinical judgment and the practice of medicine.* New York: Oxford University Press.

Moulaert, V., Verwijnen, M., Rikers, R., & Scherpbier, A. (2004). The effects of deliberate practice in undergraduate medical education. *Medical Education, 38*(10), 1044-1052.

Moulton, C., Dubrowski, A., MacRae, H., Graham, B., Grober, E., & Reznick, R. (2006). Teaching surgical skills: What kind of practice makes perfect? A randomized, controlled trial. *Annals of Surgery, 244*(3), 400-409.

Moulton, C., Regehr, G., Lingar, L., Merritt, C., & McRae, H. (2010). Operating from the other side of the table: Control dynamics and the surgical educator. *Journal of the American College of Surgeons, 210*(1), 79-86.

Mueller, P., Segovis, C., Litin, S., Habermann, T., & Thomas, A. (2006). Current status of medical grand rounds in departments of medicine at U.S. medical schools. *Mayo Clinic Proceedings, 81*(3), 313-321.

Muijtjens, A., Schuwirth, L., Cohen-Schotanus, J., Thoben, A., & van der Vleuten, C. (2008). Benchmarking by cross-institutional comparison of student achievement in a progress test. *Medical Education, 42*(1), 82-88.

Mylopoulos, M., & Regehr, G. (2007). Cognitive metaphors of expertise and knowledge: Prospects and limitations for medical education.

Medical Education, 41(12), 1159-1165.

Mylopoulos, M., & Regehr, G. (2009). How student models of expertise and innovation impact the development of adaptive expertise in medicine. Medical Education, 43(2), 127-132.

Mylopoulos, M., & Scardamalia, M. (2008). Doctors' perspectives on their innovations in daily practice: Implications for knowledge building in health care. Medical Education, 42(10), 975-981.

Nasca, T., Veloski, J., Monnier, J., Cunningham, J., Valerio, s., Lewis, T., et al. (2001). Minimum instructional and program-specific administrative costs of educating residents in internal medicine. Archives of Internal Medicine, 161(5), 760-766.

Nelson, E., Batalden, P., Huber, T., Mohr, J., Godfrey, M., Headrick, L., et al. (2002). Microsystems in health care: Part 1. Learning form high-performing front-line clinical units. Joint Commission Journal on Quality Improvement, 28(9), 472-493.

Nelson, E. C., Godfrey, M. M., Batalden, P. B., et al. (2008). Clinical microsystems: Part 1. The building blocks of health systems. Joint Commission Journal on Quality and Patient Safety, 34(7), 367-78.

Nendaz, M., & Bordage, G. (2002). Promoting diagnostic problem representation. Medical Education, 36(8), 760-766.

Neufeld, V., & Barrows, H. (1974). The "McMaster philosophy": An approach to medical education. Academic Medicine, 49(11), 1040-1050.

Newton, B., Barber, L., Clardy, J., Cleveland, E., & O'Sullivan, P. (2008). Is there hardening of the heart during medical school? Academic Medicine, 83(3), 244-249.

Norcini, J. (2003). Peer assessment of competence. Medical Education, 37(6), 539-543.

Norcini, J., Blank, L., Duffy, F., & Fortina, G. (2003). The mini-CEX: A method for assessing clinical skills. *Annals of Internal Medicine,* *138*(6), 476-481.

Norman, G. (2005). Research in clinical reasoning: Past history and current trends. *Medical Education, 39*(4), 418-427.

Norman, G. (2006). Building on experience: The development of clinical reasoning. *New England Journal of Medicine, 355*(21), 2251-2252.

Norman, G., Eva, K., Brooks, L., & Hamstra, S. (2006). Expertise in medicine and surgery. In K. Ericsson, N. Charness, P. Feltovich, & R. Hoffman (Eds.), *The Cambridge handbook of expertise and expert performance* (pp. 339-353). New York: Cambridge University Press.

Norman, G., & Schmidt, H. (1992). The psychological basis of problem-based learning: A review of the evidence. *Academic Medicine, 67*(9), 557-565.

Norman, G., & Schmidt, H. (2000). Effectiveness of problem-based learning curricula: Theory, practice and paper darts. *Medical Education, 34*(9), 721-728.

Nutter, D., Bond, J., Coller, B., D'Alessandri, R., Gewertz, B., Nora, L., et al. (2000). Measuring faculty effort and contributions in medical education. *Academic Medicine, 75*(2), 199-207.

O'Brien, B., Cooke, M., & Irby, D. (2007). Perceptions and attributions of third-year student struggles in clerkships: Do students and clerkship directors agree? *Academic Medicine, 82*(10), 970-978.

Ogur, B., & Hirsh, D. (2009). Learning through longitudinal patient care-narratives from the Harvard Medical School-Cambridge Integrated Clerkship. *Academic Medicine, 84*(7), 844-850.

Ogur, B., Hirsh, D., Krupat, E., & Bor, D. (2007). The Harvard Medical School-Cambridge Integrated Clerkship: An innovative model of clinical education. *Academic Medicine, 82*(4), 397-404.

Paget, M. (2004). *The unity of mistakes: A phenomenological interpretation of medical work.* Philadelphia: Temple University Press.

Palincsar, A. (1998). Social constructivist perspectives on teaching and learning. *Annual Review of Psychology, 49*(1), 345-375.

Papa, F., & Harasym, P. (1999). Medical curriculum reform in North America, 1765 to the present: A cognitive science perspective. *Academic Medicine, 74*(2), 154-164.

Papadakis, M., Arnold, G., Blank, L., Holmboe, E., & Lipner, R. (2008). Performance during internal medicine residency training and subsequent disciplinary action by state licensing boards. *Annals of Internal Medicine, 148*(11), 869-876.

Papadakis, M., Hodgson, C., Teherani, A., & Kohatsu, N. (2004). Unprofessional behavior in medical school is associated with subsequent disciplinary action by a state medical board. *Academic Medicine, 79*(3), 244-249.

Papadakis, M., & Loeser, H. (2006). Using critical incident reports and longitudinal observations to assess professionalism. In D. Stern (Ed.), *Measuring medical professionalism* (pp. 159-174). New York: Oxford University Press.

Papadakis, M., Loeser, H., & Healy, K. (2001). Early detection and evaluation of professionalism deficiencies in medical students: One school's approach. *Academic Medicine, 76*(11), 1100-1106.

Papadakis, M., Osborn, E., Cooke, M., & Healy, K. (1999). A strategy for the detection and evaluation of unprofessional behavior in medical students. *Academic Medicine, 74*(9), 980-990.

Papadakis, M., Teherani, A., Banach, M., Knettler, T., Rattner, S., Stern, D., et al. (2005). Disciplinary action by medical boards and prior behavior in medical school. *New England Journal of Medicine,*

353(25), 2673-2682.

Pauwels, J., & Oliveira, A. (2006). Three-year trends in the costs of residency training in family medicine. *Family Medicine, 38*(6), 408-415.

Petrusa, E. (2002). Clinical performance assessments. In G. Norman, D. Newble, & C. van der Vleuten (Eds.), *International handbook of research in medical education* (pp. 673-709). Dordrecht, Netherlands: Kluwer.

Philibert, I. (2008). Accreditation Council for Graduate Medical Education and Institute for Healthcare Improvement, 90-Day Project. Involving residents in quality improvement: Contrasting "top-down" and "bottom-up" approaches. Retrieved from http://www.acgme.org/acWebsite/ci/90Day ProjectReportDFA_PA_09_15_08.pdf

Poncelet, A., & O'Brien, B. (2008). Preparing medical students for clerkships: A descriptive analysis of transition courses. *Academic Medicine, 83*(5), 444-451.

Pradhan, A., Sparano, D., & Ananth, C. (2005). The influence of an audience response system on knowledge retention: An application to resident education. *American Journal of Obstetrics and Gynecology, 193*(5), 1827-1830.

Prawat, R. (1993). The value of ideas: Problems versus possibilities in learning. *Educational Researcher, 22*(6), 5-16.

Prince, J., Vallabhaneni, R., Zenati, M., Hughes, S., Harbrecht, B., Lee, K., et al. (2007). Increased interactive format for morbidity and mortality conference improves educational value and enhances confidence. *Journal of Surgical Education, 64*(5), 266-272.

Ramsey, P., Coombs, J., Hunt, D., Marshall, s., & Wenrich, M. (2001). From concept to culture: The WWAMI program at the University of Washington School of Medicine. *Academic Medicine, 76*(8), 765-

775.

Ratanawongsa, N., Teherani, A., & Hauer, K. (2005). Third-year medical students' experiences with dying patients during the internal medicine clerkship: A qualitative study of the informal curriculum. *Academic Medicine, 80*(7), 641-647.

Regehr, G. (2001). *Report to Canadian institutes of health research committee: Research in medical education fund.* Ottawa, Canada: Association of Canadian Medical Colleges.

Regehr, G., & Mylopoulos, M. (2008). Maintaining competence in the field: Learning about practice, through practice, in practice. *Journal of Continuing Education in the Health Professions, 28*(1S), S19-S23.

Reiter, H., & Eva, K. (2005). Reflecting the relative values of community, faculty, and students in the admissions tools of medical school. *Teaching and Learning in Medicine, 17*(1), 4-8.

Reiter, H., Salvatori, P., Rosenfeld, J., Trinh, K., & Eva, K. (2006). The effect of defined violations of test security on admissions outcomes using multiple mini-interviews. *Medical Education, 40*(1), 36-42.

Rich, E., Liebow, M., Srinivasan, M., Parish, D., Wolliscroft, J., Fein, O., et al. (2002). Medicare financing of graduate medical education: Intractable problems, elusive solutions. *Journal of General Internal Medicine, 17*(4), 283-292.

Ringsted, C., Skaarup, A., Henriksen, A,. & Davis, D. (2006). Person-task-context: A model for designing curriculum and in-training assessment in postgraduate education. *Medical Teacher, 28*(1), 70-76.

Robins, L., Brock, D., Gallagher, T., Kartin, D., Lindhorst, T., Odegard, P., et al. (2008). Piloting team simulations to assess interprofessional skills. *Journal of Interprofessional Care, 22*(3), 325-328.

Rogoff, B., Paradise, R., Arauz, R., Correa-Chavez, M., & Angelillo, C. (2003). Firsthand learning through intent participation. *Annual*

Review of Psychology, 54, 175-203.

Rosen, J., Hannaford, B., Richards, C., & Sinanan, M. (2001). Markov modeling of minimally invasive surgery based on tool/tissue interaction and force/torque signatures for evaluating surgical skills. *IEEE Transactions on Biomedical Engineering, 48*(5), 579-591.

Rosenfeld, J., Reiter, H., Trinh, K., & Eva, K. (2008). A cost efficiency comparison between the multiple mini-interview and traditional admissions interviews. *Advances in Health Sciences Education: Theory and Practice, 13*(1), 43-58.

Rosinski, E. (1988). *The society of directors of research in medical education: A brief history.* San Francisco: University of California, San Francisco.

Ruedy, J., MacDonald, N., & MacDougall, B. (2003). Ten-year experience with mission-based budgeting in the Faculty of Medicine of Dalhousie University. *Academic Medicine, 78*(1), 1121-1129.

Salomon, G. (1993). *Distributed cognitions: Psychological and educational considerations.* New York: Cambridge University Press.

Scardamalia, M., & Bereiter, C. (2006). Knowledge building: Theory, pedagogy, and technology. In K. Sawyer (Ed.), *The Cambridge handbook of the learning sciences* (pp. 97-115). New York: Cambridge University Press.

Schackow, T., Chavez, M., Loya, L., & Friedman, M. (2004). Audience response system: Effect on learning in family medicine residents. *Family Medicine, 36*(7), 496-504.

Schauer, R., & Schieve, D. (2006). Performance of medical students in a nontraditional rural clinical program, 1998-99 through 2003-04. *Academic Medicine, 81*(7), 603-607.

Schmidt, H. (2004). Alternative approaches to concept mapping and implications for medical education: Commentary on reliability, validity and future research directions. *Advances in Health Sciences Education: Theory and Practice, 9*(3), 251-256.

Schmidt, H., & Boshuizen, H. (1993). On the origins of intermediate effects of clinical case recall. *Memory & Cognition, 21*(3), 338-351.

Schneider, J., Coyle, J,. Ryan, E., Bell, R., Jr., & DaRosa, D. (2007). Implementation and evaluation of a new surgical residency model. *Journal of the American College of Surgeons, 205*(3), 393-404.

Sch , D. (1987). *Educating the reflective practitioner.* San Francisco: Jossey-Bass.

Schwartz, D., Bransford, J., & Sears, D. (2005). Efficiency and innovation in transfer. In J. Mestre (Ed.), *Transfer of learning: Research and perspectives* (pp. 1-52). Greenwich, CT: Information Age.

Schwartz, D., & Martin, T. (2004). Inventing to prepare for future learning: The hidden efficiency of encouraging original student production in statistics instruction. *Cognition and Instruction, 22*(2), 129-184.

Searle, N., Hatem, C., Perkowski, L., & Wilkerson, L. (2006). Why invest in an educational fellowship program? *Academic Medicine, 81*(11), 936-940.

Searle, N., Thompson, B., Friedland, J., Lomax, J., Drutz, J., Coburn, M., et al. (2010). The prevalence and practice of Academies of Medical Educators: A survey of U.S. medical schools. *Academic Medicine, 85*(1), 48-56.

Searle, N., Thompson, B., & Perkowski, L. (2006). Making it work: The evolution of a medical educational fellowship program. *Academic Medicine, 81*(11), 984-989.

Sharif, I., & Ozuah, P. (2001). Resident pairing: A successful way to meet RRC requirements in the ambulatory setting. *Academic Medicine, 76*(5), 569-570.

Sheehan, D., Wilkinson, T., & Billett, S. (2005). Interns' participation and learning in clinical environments in a New Zealand hospital. *Academic Medicine, 80*(3), 302-308.

Sheppard, S., Macatangay, K., Colby, A., & Sullivan, W. (2008). *Educating engineers: Designing for the future of the field.* San Francisco: Jossey-Bass.

Shuell, T. (1996). Teaching and learning in a classroom context. In D. Berliner & R. Calfee (Eds.), *Handbook of educational psychology* (pp. 726-764). New York: Simon & Schuster Macmillan.

Shulman, L. (2005a). Foreword. In M. Huber & P. Hutchings (Eds.), *The advancement of learning: Building the teaching commons* (pp. v-viii). San Francisco: Jossey-Bass.

Shulman, L. (2005b). Signature pedagogies in the professions. *Daedalus, 134*(3), 52-59.

Simpson, D., Fincher, R., Hafler, J., Irby, D., Richards, B., Rosenfeld, G., et al. (2007). Advancing educators and education by defining the components and evidence associated with educational scholarship. *Medical Education, 41*(10), 1002-1009.

Simpson, D., Marcdante, K., Duthie, E., Jr., Sheehan, K., Holloway, R., & Towne, J. (2000). Valuing educational scholarship at the Medical College of Wisconsin. *Academic Medicine, 75*(9), 930-934.

Sloan, T., Kaye, C., Allen, W., Magness, B., & Wartman, S. (2005). Implementing a simple approach to mission-based planning in a medical school. *Academic Medicine, 80*(11), 994-1004.

Smith, C., Morris, M., Francovich, C., Hill, W., & Gieselman, J. (2004). A qualitative study of resident learning in ambulatory clinic: The importance of exposure to "breakdown" in settings that support effective response. *Advances in Health Sciences Education: Theory and Practice, 9*(2), 93-105.

Smith, C., Morris, M., Hill, W., Francovich, C., & Christiano, J. (2006). Developing and validating a conceptual model of recurring problems in teaching clinic. *Advances in Health Sciences Education: Theory and Practice, 11*(3), 279-288.

Smith, K., Saavedra, R., Raeke, J., & O'Donell, A. (2007). The journey to creating a campus-wide culture of professionalism. *Academic Medicine, 82*(11), 1015-1021.

Smith, M., Wood, W., Adams, W., Wieman, C., Knight, J., Guild, N., et al. (2009). Why peer discussion improves student performance on in-class concept questions. *Science, 323*(5910), 122-124.

Sobral, D. (2002). Cross-year peer tutoring experience in a medical school: Conditions and outcomes for student tutors. *Medical Education, 36*(11), 1064-1070.

Spear, S. (2006). Fixing healthcare from the inside: Teaching residents to heal broken delivery processes as they heal sick patients. *Academic Medicine, 81*(10S), S144-S149.

Springer, L., Stanne, M., & Donovan, S. (1999). Effects of small-group learning on undergraduates in science, mathematics, engineering, and technology: A meta-analysis. *Review of Educational Research, 69*(1), 21-51.

Stanley, A., Khan, K., Hussain, W., & Tweed, M. (2006). Disorganized junior doctors fail the MRCP(UK). *Medical Teacher, 28*(1), e40-42.

Starfield, B. (1992). *Primary care: Concept, evaluation and policy.* New York: Oxford University Press.

Stefanidis, D., Scerbo, M., Sechrist, C., Mostafavi, A., & Heniford, B. (2008). Do novices display automaticity during simulator training? *American Journal of Surgery, 195*(2), 210-213.

Steinert, Y., Cruess, S., Cruess, R., & Snell, L. (2005). Faculty development for teaching and evaluating professionalism: From programme design to curriculum change. *Medical Education, 39*(2), 127-136.

Steinert, Y., Mann, K., Centeno, A., Dolmans, D., Spencer, J., Gelula, D., et al. (2006). A systematic review of faculty development initiatives designed to improve teaching effectiveness in medical education: BME Guide No. 8. *Medical Teacher, 28*(6), 497-526.

Stern, D., & Papadakis, M. (2006). The developing physician: Becoming a professional. *New England Journal of Medicine, 355*(17), 1794-1799.

Stewart, J. (2008). To call or not to call: A judgment of risk by pre-registration house officers. *Medical Education, 42*(9), 938-944.

Stiles, B., Reece, T., Hedrick, T., Garwood, R., Hughes, M., Dubose, J., et al. (2006). General surgery morning report: A competency-based conference that enhances patient care and resident education. *Current Surgery, 63*(6), 385-390.

Stites, S., Vansaghi, L,. Pingleton, S., Cox, G., & Paolo, A. (2005). Aligning compensation with education: Design and implementationof the Educational Value Unit (EVU) system in an academic internal medicine department. *Academic Medicine, 80*(12), 1100-1016.

Sullivan, W. (2004). *Work and integrity: The crisis and promise of professionalism in America* (2nd Ed.). San Francisco: Jossey-Bass.

Sullivan, W., Colby, A., Wegner, J., Bond, L., & Shulman, L. (2007). *Educating lawyers: Preparation for the profession of law.* San Francisco: Jossey-Bass.

Sullivan, W,, & Rosin, M. (2008). *A new agenda for higher education: Shaping a life of the mind for practice.* San Francisco: Jossey-Bass.

Sweeney, G. (1999). The challenge for basic science education in problem-based medical curricula. *Clinical and Investigative Medicine, 22*(1), 15-22.

Tamblyn, R. (1998). Use of standardized patients in the assessment of medical practice. *Canadian Medical Association Journal, 158*(2), 205-207.

Tang, T., Hernandez, E., & Adams, B. (2004). "Learning by teaching" : A peer-teaching model for diversity training in medical school. *Teaching and Learning in Medicine, 16*(1), 60-63.

ten Cate, O., & Scheele, F. (2007). Competency-based postgraduate training: Can we bridge the gap between theory and clinical practice? *Academic Medicine, 82*(6), 542-547.

ten Cate, O., Snell, L., Mann, K., & Vermunt, J. (2004). Orienting teaching toward the learning process. *Academic Medicine, 79*(3), 219-228.

Tess, A., Yang, J., Smith, C., Fawcett, C,. Bates, C., & Reynolds, E. (2009). Combining clinical microsystems and an experiential quality improvement curriculum to improve residency education in internal medicine. *Academic Medicine, 84*(3), 326-334.

Teunissen, P., Boor, K., Scherpbier, A., van der Vleuten, C., van Diemen-Steenvoorde, J., van Luijk, S., et al. (2007). Attending doctors' perspectives on how residents learn. *Medical Education, 41*(11), 1050-1058.

Teunissen, P., & Dornan, T. (2008). Lifelong learning at work. *BMJ, 336*(7645), 667-669.

Teunissen, P., Scheele, F., Scherpbier, A., van der Vleuten, C., Boor, K., van Luijk, S., et al. (2007). How residents learn: Qualitative evidence for the pivotal role of clinical activities. *Medical Education, 41*(8), 763-770.

Thompson, B., Schneider, V., Haidet, P., Levine, R., McMahon, K., Perkowski, L., et al. (2007). Team-based learning at ten medical schools: Two years later. *Medical Education, 41*(3), 250-257.

Timmermans, S., & Angell, A. (2001). Evidence-based medicine, clinical uncertainty, and learning to doctor. *Journal of Health and Social Behavior, 42*(4), 342-359.

Torbeck, L., & Canal, D. (2009). Remediation practices for surgery residents. *American Journal of Surgery, 197*(3), 397-402.

Torbeck, L., & Wrightson, A. (2005). A method for defining competency-based promotion criteria for family medicine residents. *Academic Medicine, 80*(9), 832-839.

Torre, D., Daley, B., Stark-Schweitzer, T., Siddartha, S., Petkova, J., & Ziebert, M. (2007). A qualitative evaluation of medical student learning with concept maps. *Medical Teacher, 29*(9), 949-955.

Tresolini, C. (1994). *Health professions education and relationship-centered care: Report of the Pew-Fetzer Task Force on advancing psychosocial education.* San Francisco: Pew Health Professions Commission.

United States Medical Licensing Examination. (2009). Overview. *2009 USMLE Bulletin.* Retrieved from http://www.usmle.org/general_information/bulletin/2009/overview.html

van der Vleuten, C. (1996). The assessment of professional competence: Developments, research and practical implications. *Advances in Health Sciences Education, 1*(1), 41-67.

van der Vleuten, C., & Schuwirth, L. (2005). Assessing professional competence: From methods to programmes. *Medical Education, 39*(3), 309-313.

Vernon, d., & Blake, R. (1993). does problem-based learning work? A meta-analysis of evaluative research. *Academic Medicine, 68*(7), 550-563.

Viggiano, T., Pawlina, W., Lindor, K., Olsen, K., & Cortese, D. (2007). Putting the needs of the patient first: Mayo Clinic's core value, institutional culture, and professionalism covenant. *Academic Medicine, 82*(11), 1089-1093.

Viggiano, T., Shub, C., & Giere, R. (2000). The Mayo Clinic's clinician-educator award: A program to encourage educational innovation and scholarship. *Academic Medicine, 75*(9), 940-943.

Vinson, D., & Paden, C. (1994). The effect of teaching medical students on private practitioners' workloads. *Academic Medicine, 69*(3), 237-238.

Vinson, D., Paden, C., & Devera-Sales, A. (1996). Impact of medical student teaching on family physicians' use of time. *Journal of Family Practice, 42*(3), 243-249.

Vroom, V., & Yetton, P. (1973). *Leadership and decision making*. Pittsburgh: University of Pittsburgh Press.

Wamsley, M., Julian, K., & Wipf, J. (2004). A literature review of "resident-as-teacher" curricula: Do teaching courses make a difference? *Journal of General Internal Medicine, 19*(5p2), 574-581.

Wartman, S. (2004). Revisiting the idea of a national center for health professions education research. *Academic Medicine, 79*(10), 910-917.

Watson, R. (2003). Rediscovering the medical school. *Academic Medicine, 78*(7), 659-665.

Watson, R., & Romrell, L. (1999). Mission-based budgeting: Removing a grave-yard. *Academic Medicine, 74*(6), 6276-6340.

Wayne, D., Butter, J., Siddall, V., Fudala, M., Wade, L., Feinglass, J., et al. (2006). Mastery learning of advanced cardiac life support skills by internal medicine residents using simulation technology and deliberate practice. *Journal of General Internal Medicine, 21*(3), 251-256.

Wear, D., & Castellani, B. (2000). The development of professionalism: Curriculum matters. *Academic Medicine, 75*(6), 602-611.

Wear, D., & Zarconi, J. (2008). Can compassion be taught? Let's ask our students. *Journal of General Internal Medicine, 23*(7), 948-953.

Weinberg, E., O'Sullivan, P., Boll, A., & Nelson, T. (1994). The cost of third-year clerkships at large nonuniversity teaching hospitals. *Journal of the American Medical Association, 272*(9), 669-673.

Wenger, E. (1998). *Communities of practice: Learning, meaning, and identity.* new York: Cambridge University Press.

West, D., Park, J., Pomeroy, J., & Sandoval, J. (2002). Concept mapping assessment in medical education: A comparison of two scoring systems. *Medical Education, 36*(9), 820-826.

Wilen, W. (1991). *Questioning skills for teachers. What research says to the teacher* (3rd ed.). West Haven, CT: Natioanl Education Association.

Wilkerson, L., & Irby, d. (1998). Strategies for improving teaching practices: A comprehensive approach to faculty development. *Academic Medicine, 73*(4), 387-396.

Williams, R., Klamen, D., & McGaghie, W. (2003). Cognitive, social and environmental sources of bias in clinical performance ratings. *Teaching and Learning in Medicine, 15*(4), 270-292.

Wilson, M., & Scalise, K. (2006). Assessment to improve learning in higher education: The BEAR Assessment System. *Higher Education, 52,* 635-663.

Woloschuk, W., Harasym, P., Mandin, H., & Jones, A. (2000). Use of scheme-based problem solving: An evaluation of the implementation and utilization of schemes in clinical presentation curriculum. *Medical Education, 34*(6), 437-442.

Wolpaw, T,, Wolpaw, D., & Papp, K. (2003). SNAPPS: A learner-centered model for outpatient education. *Academic Medicine, 78*(9), 893-898.

Wright, K., Rowitz, L., Merkle, A., Reid, W., Robinson, G., Herzog, B., et al. (2000). Competency development in public health leadership.

American Journal of Public Health, 90(8), 1202-1207.

Yao, D., & Wright, S. (2005). National survey of internal medicine residency program directors regarding problem residents. *Journal of the American Medical Association, 284*(9), 1099-1104.

Zeidel, M., Kroboth, F., McDermot, S., Mehali, M., Clayton, C., Rich, E., et al. (2005). Estimating the cost to departments of medicine of training residents and fellows: A collaborative analysis. *American Journal of Medicine, 118*(5), 557-564.

Zemlo, T., Garrison, H., Patridge, N., & Ley, T. (2000). The physician-scientist: Career issues and challenges at the year 2000. *FASEB Journal, 14*(2), 221-230.

찾아보기

|인명

Ackerman, A. 384
Albanese, M. 150
Alexander, P. 104
Alvarado, S. 79
Anderson, G. 97, 254, 404
Angelillo, C. 115
Arauz, R. 115
Arnold, L. 236

Baker, D. 360, 385
Barach, P. 360
Barber, L. 180
Barrows, H. 148
Battles, J. 360
Bereiter, C. 103, 316
Billett, S. 115
Bolman, L. 322
Boshuizen, H. 91
Boyer, E. 74, 337
Brownell, A. 399

Caldwell, S. 78
Castellani, B. 88, 194
Chen, D. 386

Clardy, J. 180
Clark, J. 259
Cleveland, E. 180
Cohen, R. 168
Colby, A. 16, 17
Collin, V. 399
Collins, J. 316, 318, 320
Colliver, J. 151
Cooke, M. 15, 74, 155
Correa-Chavez, M. 115
Cox, G. 185
Croskerry, P. 100
Cruess, R. 333
Cunnington, J. 109, 111
Custers, E. 69

Davis, D. 62, 332
Deal, T. 322
Dewey, C. 338
Diller, K. 361
Dreyfus, H. 92, 248
Dweck, C. 105

Epstein, R. 121, 123, 187, 188, 190,

195
Ericsson, K. 101
Eva, K. 58, 95, 109, 111, 399

Fiedler, F. 320
Flexner, A. 7, 9, 11, 12, 27, 28, 29,
    30, 32, 34, 36, 44, 141, 143, 144,
    151, 152, 397
Franks, R. 121
Friedland, J. 338
Frohna, A. 254, 404

Gardner, H. 318
Glassick, C. 337
Goldstein, E. 240
Golub, J. 237
Graham, B. 384
Gruppen, L. 254, 404

Hafferty, F. 121
Haidet, P. 121
Hammond, I. 259
Harden, R. 332
Hargadon, A. 327
Hart, L. 361
Hauer, K. 368
Hirsh, D. 369
Hoffman, K. 155
Holmboe, E. 243
Huber, M. 336, 337
Hundert, E. 187, 195

Hutchings, P. 336
Hutchins, E. 97

Irby, D. 15, 74, 155, 318, 333

Jacobsohn, V. 235
Johns, M. 237

Karunathilake, I. 332
Kemp, N. 361
Kennedy, T. 385
King, H. 360
Klamen, D. 243
Kohlberg, L. 17
Kotter, J. 316, 318
Kouzes, J. 316, 318

Lamki, N. 338
Lave, J. 89, 114, 115, 355
Lingard, L. 385
Littlefield, J. 243
Loeser, H. 318, 320
Lowe, K. 254, 404
Lowenstein, D. 74
Ludmerer, K. 49, 277

Maeroff, G. 337
Martin, T. 361, 362
Maudsley, G. 250
McGaghie. W. 243
Michaelsen, L. 169

Miller, G. 331, 384
Mylopoulos, M. 391

Newton, B. 180
Norcini, J. 249
Norman, G. 58, 91, 111, 151, 200, 399

O' Brien, B. 16, 155, 368
O' Sullivan, P. 180, 318
Obermair, A. 259
Ossoff, R. 237

Paradise, R. 115
Poncelet, A. 368
Posner, B. 316, 318
Prasad, S. 375
Pritchett, H. 7, 9, 10, 17, 44

Ramesh, A. 237
Rayne, K. 361
Regehr, G. 385
Reiter, H. 399
Richards, C. 74, 338
Roberts, H. 366
Rogoff, B. 115
Rosenberg, J. 91

Salas, E. 360

Salomon, G. 97
Scardamalia, M. 103, 105, 316, 391
Schmidt, H. 91, 151, 191, 384
Schön, D. 108
Schwartz, D. 103, 362
Sheffield, A. 353
Shulman, L. 75, 163, 337
Simpson, D. 259, 338, 404
Snell, L. 333
Spear, S. 402
Steinert, Y. 254, 333
Stern, D. 236, 384
Sullivan, W. 16
Sutton, R. 327
Sweeney, G. 148

Taylor, J. 259

Viggiano, T. 250

Watson, R. 51
Wear, D. 88, 194
Weiss, P. 237
Wenger, E. 89, 114, 115, 355
Wilkerson, L. 333
Williams, R. 243
Wolpaw, T. 174
Wright, K. 318

| 내용

AAHC 274

AAMC 51, 274, 278, 340, 397, 398

AAMC 웹 340

ABMS 54, 278

Academic Medicine 341

ACGME 53, 188, 208, 213, 215, 241, 397, 399

AHA 278, 279, 223

ARS 223

Atlantic Health 19, 250

Cambridge Health Alliance 19

CMSS 279

CPX 189

DME 기금 409

DSH 기금 295

Evaluation in the Health Professions 341

Flexner 모델 199

Flexner 보고서 9, 46

FSMB 48, 400

Galveston 20

GME 69, 222, 235, 265, 400

GME 과정 142

GME 비용 296

GME 프로그램 233

Henry Ford Health System 19

IME 236, 409

LCME 274, 278, 399

LMB 48

Medical Education 341

Medical Teacher 341

MIT 161

NBME 47, 191, 283

NCSE 48

NIH 335

OSCE 189, 359, 374

PDSA 235, 264

RRCs 279

SNAPPS 174

Teaching and Learning in Medicine 341

UCLA 149, 160

UCSD 161

UCSF 15, 161, 237

UME 254, 400

UME 교육자 222

USCF 214

USMLE 48, 189, 190, 283, 400

강의 167, 168

강의 중심 교육 59

개념 지도 191

개념적 이해 222

개별화 64, 66, 67, 266

객관적 구조 평가 246

경험적 지식 200

계속치료 클리닉 210, 211, 212

관계 123

교과목 중심 교육과정 144, 145, 150
교과목 중심 모델 144
교수 개발 403, 404
교수 공동체 338
교수평가 시스템 312
교육 공동체 404
교육 비용 291
교육과정위원회 311, 312
교육병원 19, 225, 310, 325
교육책임자 326
교육학 148
교육학자 프로그램 404
근거 기반 의학 177
기초의학 257
기호 교육학 163

내용적 지식 91
누적학습 접근법 358

다중 미니 면접 399
도덕적 공동체 363
도덕적 공동체에 가입하기 352
동료 평가 189, 194
드루 시골지역 의료소외자 프로그램
    160

리더십 264, 309, 310, 312, 320, 321,
    326

메디케어 52, 126, 276
메디케이드 52, 276

메이오 클리닉 218, 303
멘토 161, 179
멘토링 132, 154, 403
면허 277, 282, 399
목표 달성 405
문제 중심 교과과정(PBL) 51, 148,
    149, 150, 151, 163, 168, 176,
    177, 208, 252
문제바탕학습 148
문제점 재정립 352
미국의학교육협회(AMACME) 44
미국의학협회(AMA) 44
미스터리 쇼퍼 251

반성적 수행 107
발견 학습 과정 149
발견의 길 161
발견학습 148
발달 기준점 활용하기 197
복합 학위 프로그램 162
복합학위과정 162
분배적 지능 97, 98
비계설정 179

사례 발표 164, 165, 166
사례바탕학습 148
사회보장법 293
사회적 교육학 179
상황과 관점 352, 371
상황학습이론 143
서브인턴십 160

선택 과정 160
선택형 시험 189
성찰 251
소그룹학습 148
소집단 168
수련병원 294
수련중평가 218
수술 수행 평가 시스템 246
수월성 395
수월성에 대한 책임감 352, 392
스냅사진 찍기 195
스키마 151
스탠퍼드 161
시간 기반 순환 시스템 67
시뮬레이션 198, 213, 226, 227, 244,
    249, 251, 359
실습기반학습 253
실행공동체 113, 115, 118

역량 기반 수련 프로그램 67
예비 의학교육 57
외래환자 212, 368
원 미닛 프리셉터 174
원격진료 213
웹 기반 학습 170, 171
의과대학 고학년 352
의과대학 의학교육 59, 141, 162, 163,
    167
의과대학 인증 278
의과대학 입문시험(MCAT) 58
의과대학 저학년 352

의료센터 203, 207
의사되기 77
의사면허 자격시험 189
의사보조원(PA) 55
의사의 영향력 352
의학교육 7
의학교육 전문가 332
의학교육실 341
의학교육연구책임자학회 332
의학연구원 335
의학전문가협회 397
인가 399
인권의사협회 117
인증 277, 399
인지과학 148
인턴 203, 213, 218
일상의 혁신 및 개선 352
일상적 전문성 362
임상 몰입 경험 174
임상 실습 152, 153, 159
임상 실습 교육과정 151
임상 실습 전 교육 162
임상 실습 전 교육과정 143, 144, 152
임상 추론 150, 200
임상 표현 모델 150
임상교육 402
임상수행평가 191
임상의학입문 152
임상적 과제 접근법 91
임상적 누적학습 358
임상적 추론 262

임상적 추론 능력 262
임상적인 누적 학습 352
입원환자 208, 213, 214, 368
입학 과정 397

자격증 277
자기 및 동료 평가 198
자기개념 105
자기인식 122
자기조절학습 109
자기주도학습 148, 218
자기평가 251
장기 계통별 교육과정 146
장기 계통별 통합교육 150
장기 계통별 통합교육과정 146
장기 계통별 통합교육과정 모델 146
장기간 임상 실습 156
장기간 통합 임상 실습 156, 158, 162
장기간 통합 임상 실습 모델 158, 159
장기간 통합 임상 실습 컨소시엄 157
재정 286, 403
저널클럽 219, 220
적응적 전문성 102, 362
전공과 중심의 임상 실습 154, 156
전공과 중심의 임상 실습 모델 158
전공과 중심의 임상 실습 162
전공의 교육 243
전공의 교육프로그램 316
전공의 상급과정 352
전공의 수련 과정 203
전공의 수련 프로그램 329

전공의 초기과정 352
전공의 프로그램 394
전공의의 전문성 형성 250
전문 교육 77
전문가 공동체 85, 112
전문가적 책무를 발전시키기 352
전문성 역량 187
전문성 형성 65, 71, 88, 124, 150,
　　　180, 181, 194, 236, 240, 247,
　　　248, 249, 250, 252
전문성 형성을 위한 교육학 185
전문의 과정 48
전문직업성 81
절차적 술기 91, 248
절차적 술기 평가 244
절충된 혼합형의 임상 실습 158
조기 임상 노출 201
조정제도 277
졸업 후 의학교육 48, 60, 141, 201,
　　　205, 207
졸업 후 의학교육과정 203
종합평가 200
중개연구 258
증거 바탕 의학 232
증례토의 222, 224
지식 평가 244
지식의 구조 91
지역기반 프로그램 117

체계적 접근 351
체제 기반 실습 253

총괄평가 187, 188, 189, 192

카네기 교육발전재단 7, 8, 18, 337
컨퍼런스 213
케이스웨스턴리저브 161
코칭 393
쾌속조형술 329
클리블랜드 161

탐구 83, 176, 232
탐구 습관과 향상 65
탐구, 혁신, 향상을 위한 교육학이 약
    한 179
탐구와 향상 70, 101, 111
통합 64, 68
통합교육 162
통합교육과정 147
팀 기반 학습 169
팀워크 402

평가 403
평가인증보고서 311
평생 교육 254
평생 의학교육(CME) 62, 396, 400
평생 학습 252
포커스 그룹 인터뷰 155
포트폴리오 178, 189, 194, 197, 198,
    251, 312, 392
표준화 64, 66

표준화 환자 149, 172, 173, 178
프리메디컬 코스 58

하워드 휴 의학연구소 57
학내 커뮤니티 336
학부 성적(GPA) 58
학술적 의료기관 259
학습 환경 감독하기 197
학습과학 30, 31
학습의 나선형 347
학습이론 199
학장 311
핵심 교육 목표 346
핵심 임상 실습 154, 160
핵심과 깊이 352, 355
향상을 위한 교육학 176
혁신 176, 232
형성평가 187, 189, 200
형식적 지식 200
형식적 지식의 평가 189
형식적인 지식 습득 150
호기심과 전공 분야 구축 352
환자 만족도 평가 194
환자 일지 189
환자의 만족도 평가 197
회의 213
회진 214
휴 의학연구소 398

Molly Cooke

MD인 Molly Cooke는 '카네기 교육발전재단'에서 의학교육연구 분야 책임을 맡고 있다. 그녀는 UCSF 의과대학의 교수이자 UCSF의 William G. Irwin 기금 의장을 역임하고 있다. Cooke는 미국의과대학협회에서 수여하고 있는 'Robert J. Glaser/AOA Distinguished Teacher Award'의 2006년도 수상자이기도 하다. 그녀는 미국 의사 면허를 관장하는 의사국가고시위원회의 위원이다. 그녀는 'American College of Physicians'에서 활동하고 있고, 현재 Governors 위원회 의장이면서 Regents 위원회의 위원으로 봉사하고 있다. Cooke는 또한 교육자의 권리를 옹호하고 강의 지원 기금을 강화하는 데에 의학교육에서 중요한 역할을 담당하고 있는 의학전문대학원 교수 커뮤니티 'Haile T. Debas 의학교육학회'의 책임을 맡고 있다. 그녀는 스탠퍼드 대학교에서 의학박사를 취득했다.

David M. Irby

교육학 박사인 David M. Irby는 '카네기 교육발전재단'에서 의학교육연구 분야의 공동 책임을 맡고 있다. Irby는 UCSF 의과대학 교수이자 교육부학장을 역임하고 있고, 의학교육실 책임을 맡으면서 학부교육과 대학원 교육, 그리고 졸업 후 교육 프로그램을 지도하고 있다. 그는 미국 교육연구자협회에서 수여한 우수학술상, 의사국가고시위원회에서 수여한 'John P. Hubbard Award', 하버드 의과대학과 Beth Israel Deaconess Medical Center로부터 의학교육 리더십에 관한 'Daniel C. Tosteson Award', Graceland 대학교에서 수여한 'Distinguished Service Award', Vanderbilt 의과대학에서 수여한 'John E. Chapman Medal Award'를 수상하였다. 그는 워싱턴 대학교에서 교육학으로 박사학위를 취득했고, Union Theological Seminary에서 신학으로 석사학위를 취득하였고, 하버드 의과대학 학술행정 분야에서 박사후과정을 마쳤다.

Bridget C. O'Brien

교육학 박사인 Bridget C. O'Brien은 카네기 교육발전재단의 의학교육연구 분야에 참여하고 있고, 개념적인 질문의 틀을 잡는 것에서부터 현장 작업과 원고 작성에 이르기까지 프로젝트의 모든 면에서 중요한 역할을 담당하였다. 그녀는 UCSF의 의과대학 조교수이자, 의학교육실의 연구원을 겸하고 있다. O'Brien은 UCSF에서 보건의료전문가 교육과정과 교육자프로그램(Teaching Scholars Program)에서 임상 교육에 관한 연구와 강의를 담당하고 있다. 그녀는 코넬 대학에서 학사를 취득하고 UC 버클리의 Haas 경영대학원에서 석사학위를 취득했으며, UC 버클리 대학원에서 교육학 박사를 취득하였다.

역자 소개

✦ 신익균

고려대학교 졸업 / 의학박사

가천의과학대학교 부총장 및 의학전문대학원 원장, 가천대학교 길병원 원장, 한국 의학·치의학·한의학전문대학원협회 회장 역임

현 가천대학교 의학전문대학원 심장내과 교수

　　대한심장학회 회장

✦ 정욱진

연세대학교 졸업 / 의학박사

가천대학교 의학전문대학원 의학교육실장, 스탠포드대학교 심장내과 초빙부교수 역임

현 가천대학교 의학전문대학원 학생부원장

　　가천대학교 의학전문대학원 심장내과 부교수

✦ 박이병

고려대학교 졸업 / 의학박사

가천대학교 의학전문대학원 의학교육실장 역임

현 가천대학교 의학전문대학원 교무부원장

　　가천대학교 의학전문대학원 내분비내과 교수

✦ 박귀화

부산대학교 졸업 / 교육학박사

현 가천대학교 의학전문대학원 의학교육실 조교수

　　한국의학교육학회 학술간사

　　한국의학교육평가원 제도위원

　　한국교육심리학회 운영위원

+ 유찬종

전북대학교 졸업 / 의학박사

가천대학교 의학전문대학원 의학교육실장 역임

현 의학전문대학원 신경외과 교수

+ 박정율

고려대학교 졸업 / 의학박사

한국의학교육학회 상임이사, 전공의교육연구회장, 한국의학교육평가원 졸업후교육위원회위

원장, 아시아태평양의학교육학회 사무총장 역임

현 고려대학교 의과대학 신경외과 교수

+ 임기영

연세대학교 졸업 / 의학박사

현 아주대학교 의과대학 학장

  아주대학교 의과대학 인문사회의학교실 주임교수

  아주대학교 정신건강의학교실 교수

  한국의학교육평가원 의학교육인증단장

+ 임준

고려대학교 졸업 / 의학박사

현 가천대학교 의학전문대학원 예방의학과 부교수

  가천대학교 의학전문대학원 의학교육부원장

의학교육의 개혁과 미래
Education physicians:
A Call for Reform of Medical School and Residency

2014년 1월 2일 1판 1쇄 인쇄
2014년 1월 10일 1판 1쇄 발행

지은이 • Molly Cooke • David M. Irby • Bridget C. O'Brien
옮긴이 • 신익균 · 정욱진 · 박이병 · 박귀화 · 유찬종 · 박정율 · 임기영 · 임준
펴낸이 • 김진환
펴낸곳 • (주) **학지사**
　　　　　121-837 서울시 마포구 서교동 352-29 마인드월드빌딩 5층
대표전화 • 02-330-5114　　팩스 • 02-324-2345
등록번호 • 제313-2006-000265호

홈페이지 • http://www.hakjisa.co.kr
커뮤니티 • http://cafe.naver.com/hakjisa

ISBN 978-89-997-0255-6　03370
정가 22,000원

인터넷 학술논문 원문 서비스 **뉴논문** www.newnonmun.com

이 도서의 국립중앙도서관 출판시도서목록(CIP)은 서지정보유통지원
시스템 홈페이지(http://seoji.nl.go.kr)와 국가자료공동목록시스템
(http://www.nl.go.kr/kolisnet)에서 이용하실 수 있습니다.
(CIP 제어번호: CIP2013025327)